U0644756

中華老學

泰禹慈善基金全程资助文化项目

第四辑

道常无为

主编　詹石窗　宋崇道　谢清果

九州出版社　全国百佳图书出版单位

图书在版编目（CIP）数据

中华老学. 第四辑 / 詹石窗，宋崇道，谢清果主编
. -- 北京 ：九州出版社，2021.5
ISBN 978-7-5225-0013-3

Ⅰ．①中… Ⅱ．①詹… ②宋… ③谢… Ⅲ．①道家②
《道德经》－研究 Ⅳ．①B223.15

中国版本图书馆CIP数据核字(2021)第088624号

中华老学·第四辑

作　　者	詹石窗　宋崇道　谢清果　主编
出版发行	九州出版社
责任编辑	郝军启
地　　址	北京市西城区阜外大街甲 35 号 (100037)
发行电话	(010)68992190/3/5/6
网　　址	www.jiuzhoupress.com
印　　刷	北京九州迅驰传媒文化有限公司
开　　本	720 毫米 ×1020 毫米　16 开
印　　张	25.5
字　　数	416 千字
版　　次	2021 年 6 月第 1 版
印　　次	2021 年 6 月第 1 次印刷
书　　号	ISBN 978-7-5225-0013-3
定　　价	78.00 元

★版权所有　侵权必究★

道常無爲

中华老学编委会

主　　办：华夏老学研究会

　　　　　四川大学老子研究院

　　　　　厦门大学老子道学传播与研究中心

　　　　　道德经文化国际交流促进会

　　　　　宜春市崇道宫

协　　办：华夏传播研究会

　　　　　四川大学道教与宗教文化研究所

　　　　　厦门大学传播研究所

　　　　　厦门大学道学与传统文化研究中心

　　　　　宜春学院宗教文化研究中心

全程赞助：湖南泰禹慈善基金会

首席顾问：熊铁基　陈鼓应　许抗生　安乐哲（美国）　陈雅岚

学术顾问：王中江　刘固盛　曹　峰　陈　霞　郑　开　方　勇　高华平　陈荣庆

主　　编：詹石窗　宋崇道　谢清果

副 主 编：盖建民　吴文文　陈大明

学术委员会：尹志华　张丰乾　邓联合　张永宏　黄永锋　于国庆　辛红娟

　　　　　　蔡觉敏　杨玉英　宋德刚　王威威　袁　青　李　健　陈成吒

　　　　　　张彦龙　颜文强　柴晓明　董延喜　陈大明　李　冀　胡瀚霆

　　　　　　陈起兴　管国兴　张丽娟　钟海连　肖海燕

　　　　　　（排名不分先后）

法律顾问：帝衡律师事务所

本辑统筹：孙瑞雪　张丽霞

本辑校对：张丽霞　陈　铭　亓　尹　叶　俊

《道德经》对文化自信的当代意义

（代序）

2013 年 3 月 19 日，习近平总书记在人民大会堂接受金砖国家媒体联合采访时，他说："老百姓的衣食住行，社会的日常运行，国家机器的正常运转，执政党的建设管理，都有大量工作要做。对我来讲，人民把我放在这样的工作岗位上，就要始终把人民放在心中最高的位置，牢记人民重托，牢记责任重于泰山。这样一个大国，这样多的人民，这么复杂的国情，领导者要深入了解国情，了解人民所思所盼，要有'如履薄冰，如临深渊'的自觉，要有'治大国如烹小鲜'的态度，丝毫不敢懈怠，丝毫不敢马虎，必须夙夜在公、勤勉工作。人民是我们力量的源泉。只要与人民同甘共苦，与人民团结奋斗，就没有克服不了的困难，就没有完成不了的任务。"[①]

习总书记讲话中"治大国如烹小鲜"这句话，现在已经是家喻户晓了。问出处，总书记信手拈来的治国智慧来源于《道德经》第六十章，虽解释各不相同，但强调的要义核心不会变：国之大，之多样，之复杂，做任何事都要恰到好处、精心用心。

一、《道德经》是开智慧的中华哲学原典

时下，总会有人谈"经"色变，一说《道德经》，不问究竟，就把宗教的帽子扣下来。我们先来从文献看"经"的诠释：

清代陈昌治刻本《说文解字·卷十三》：

经：织也。从糸巠声。九丁切〖注〗﹑坙，古文。

《说文解字白话版》：

经，纺织。字形采用"糸"作边旁，采用"巠"作声旁。

---

① 人民网 - 中国共产党新闻网：《"治大国若烹小鲜"（2013 年 3 月 19 日）》，《习近平在接受金砖国家媒体联合采访时答问的一部分》，引自：http://cpc.people.com.cn/xuexi/n/2015/0721/c397563-27338741.html，刊录时间：2015 年 7 月 21 日，引用时间：2020 年 11 月 16 日。

清代段玉裁《说文解字注》：

织从丝也。从丝二字依太平御览卷八百二十六补。……织之从丝谓之经。必先有经而后有纬。是故三纲五常六艺谓之天地之常经。大戴礼曰：南北曰经，东西曰纬。抑许云绞，缢也。缢，经也。缢死何言经死也。谓以绳直悬而死。从丝之义之引申也。平者，立者皆得谓之从。按独言从丝者，蒙上文专言帛。以谓布之有从缕同也。从糸。巠声。九丁切。十一部。

综上注解可以知道，"经"是织和丝，有线，能连贯。

后人根据织和丝的特点，对"经"引申的意义就更齐全了，限于篇幅，笔者不一一罗列，但《新华字典》中有几条解释则能清晰表达"经"所代表的意义：

一、作为思想、道德、行为等标准的书，亦称宗教中讲教义的书，或称某一方面事物的专著：诗经。易经。经书。经卷。经文。经义。经传（zhuàn）（儒家经典与注疏的合称）。四书五经。经史子集。黄帝内经。

二、治理，管理：经理。经营。经商。经济。经纪。经天纬地。

三、通过：经过。经历。经验。经手。经办。经年累月。经久不息。

四、禁受：经受。经风雨，见世面。

五、常行的，历史不变的：经常。经费。荒诞不经。

综上，我们就可以归纳"经"的实质意义，那就是被作为罗列思想的、贯穿一致的，经得起岁月、可以流传的，有导引意义的某一方面思想行为的专著或宗教教义书籍。

故而，"经"不一定是具有宗教教义的书籍，也可以是某一领域的思想专著。正如老子所著的《道德经》。

从历史角度而言，《道德经》成书于春秋战国时期，张道陵创制度道教于东汉，因为《道德经》的伟大思想智慧，张道陵从宗教制度化的角度，认为它符合道教推崇的"道"的核心思想要义，能达到利益民众、教化民众、净化社会的目的，因而将它作为宗教智慧修习的最高理论经典，《道德经》并没有主张以"人神"为本体的神性思想，而是以符合天地自然客观规律为主导的"天道"思想，这一点恰恰是与宗教的"人神"本体是相对的，而张道陵创立以"人神"为起点制度道教，也可看出其将《道德经》作为最高经典的实质是教化民众最终实现从"尊人神"到"尊道""法自然"的目的，"非以其无私邪，故能成其私"（《道德经》第七章）。所以，这恰恰有力证明《道德经》并非宗教经典。

另外，从《道德经》这本经典的本质而言，是中华优秀传统文化原典，隶属哲学范畴经典。"哲学"一词在西方语言中出自古希腊，是由"爱"和"智慧"组成的，意思是"爱智慧"。中华民族是爱智慧的民族，不可能拒绝任何可以开智慧的经典。

二、《道德经》，救世之书也

《道德经》，无论是在历史和当下，国内和国际产生过并将继续产生深远影响的中华优秀文化典籍。历代为它"注疏者代不乏人，有学者考证，历代文献所著录的注本约有 2000 种。《道德经》还是被翻译成外文版本和语种最多的中国典籍，据不完全统计，迄今为止《道德经》的外文译本已近 500 种，涉及 30 多个语种"①。

《道德经》是中国具有完整哲学体系的标志性著作，它建构了以"道"为核心的哲学体系，同时将人放入自然宇宙中来讨论，提出的"道生万物"的宇宙论，也是先秦诸子百家思想最伟大的创举。北京大学哲学大家许抗生教授说："老子哲学在中国哲学史上是第一个提出比较系统的宇宙生成论和宇宙本体论的哲学，以至整整影响了两千多年来中国哲学宇宙论（包括宇宙生成论和宇宙本体论）的发展过程。在先秦时期，老子哲学直接影响了稷下黄老哲学、庄子哲学和申不害、韩非的哲学，也影响了孔子、孟子、荀子的天人学说，乃至《易传》和《吕氏春秋》的哲学思想。"②

同样，《道德经》的政治智慧，也是历代君王所重视的，清末思想家魏源（1794—1857）在《老子本义》中曾说："老子之书，上之可以明道，中之可以治身，推之可以治人。""《老子》救世之书也。故二章统言宗旨。此遂以太古之治，矫末世之弊。"他这话是综合历代帝王对《道德经》的注疏评价而言的。

唐玄宗李隆基（685—762）在《御制道德真经疏》中说《道德经》："其要在乎理身、理国。理国则绝矜尚华薄，以无为不言为教。理身则少私寡欲，以虚心实腹为务。"

宋太宗赵炅（939—997）说："伯阳五千言，读之甚有益，治身治国，并在其中。"③宋真宗赵恒（998—1003）说："老子《道德经》，治世之要。"道君宋徽宗赵佶（1082—1135 年）在《御解道德真经》颁行的诏书中说："道无乎不在，在儒以治世，在士以修身，末始有异，殊途同归，前圣后圣，若合符节。由汉以来，析而异之，黄老之学遂与尧、舜、周、孔之道不同。故世流于末俗，不见大全，道由之以隐，

① 《国际道德经论坛在港活动拉开序幕》，《西安日报》2007 年 4 月 27 日。
② 许抗生：《老子与道家》，北京：新华出版社，前言，第 1 页。
③ 《宋朝事实》卷三《圣学》。

千有余岁矣。朕作而新之，究其本始，使黄帝、老子、尧、舜、周、孔之教，偕行于今日。"

明太祖朱元璋 (1162—1227) 在《御注道德经》中说："朕虽菲材，惟知斯经乃万物之至根，王者之上师，臣民之极宝。"

三、《道德经》是毛泽东钟爱的智慧之学

史学研究者就统计过，毛泽东通晓熟读《道德经》并融会贯通而用之。他的读书笔记《讲堂录》[①] 中便记有"《老子》:天下莫柔弱于水,而攻坚强者莫之能胜。""最好的《老子》注是王弼作的,最好的《庄子》注是郭象作的。"[②] 并在中国革命战争时期多处引用《道德经》来处理各种问题和矛盾：

1936 年 12 月，毛泽东在《中国革命战争的战略问题》文中谈："关于丧失土地的问题，常有这样的情形，就是只有丧失才能不丧失，这是'将欲取之必先予之'[③] 的原则。"

1945 年，他在"七大"闭幕作总结时说："我曾经同国民党的联络参谋讲过，我们的原则是三条，第一条不打第一枪。《老子》上讲'不为天下先'[④]，我们不先发制人，而是后发制人。"

1949 年 8 月毛泽东又在《别了，司徒雷登》引用《道德经》之言警告当时美国搞封锁："多一点困难怕什么。封锁吧，封锁十年八年，中国的一切问题都解决了。中国人死都不怕，还怕困难吗？老子说过，'民不畏死，奈何以死惧之'。"（《道德经》第七十四章）

1949 年后，毛泽东还常读《道德经》，曾指名带上《道德经》，并评注说"其中有辩证法"[⑤]，也曾评价"《道德经》是一部兵书"。

1957 年 2 月，毛泽东在第十一次最高国务会议（扩大）上所作的题为《关于正确处理人民内部矛盾》的讲话中说："我们必须学会全面地看问题，不但要看到事物的正面，也要看到它的反面。在一定的条件下，坏的东西可以引出好的结果，好的东西也可以引出坏的结果。老子在二千多年以前就说过：'祸兮福所倚，福兮祸所伏'

---

①《讲堂录》是毛泽东在湖南第一师范学校的课堂笔记，共 47 页，一万多字，字全部为毛泽东用"兰亭体"小楷字书写而成。

② 刘继兴:《毛泽东为何说〈老子〉是一部兵书？》，网址：http://ljxzbj6039.blog.sohu.com/265235833.html，刊载时间：2013-05-26，引用时间：2020 年 11 月 23 日。

③《道德经·第三十六章》"将欲取之，必固与之"演化。

④《道德经·第六十七章》"不敢为天下先"演化。

⑤ 刘继兴:《毛泽东为何说〈老子〉是一部兵书？》，网址：http://ljxzbj6039.blog.sohu.com/265235833.html，刊载时间：2013-05-26，引用时间：2020 年 11 月 23 日。

（《道德经》第五十八章——引者注）。日本人打到中国，日本人叫胜利。中国大片土地被侵占，中国人叫失败。但是在中国的失败里面包含着胜利，在日本的胜利里面包含着失败。历史难道不是这样证明了吗？"

1964 年 8 月，毛泽东有一次谈话中说："我看老子比较老实，他说'将欲取之，必先予之'要打倒你，先把你抬起来。"①

四、结合道德经智慧浅议当前新政

"执古之道，以御今之有。"《道德经·第十四章》

习近平总书记曾深刻指出："中华优秀传统文化是中华民族的精神命脉，是涵养社会主义核心价值观的重要源泉，也是我们在世界文化激荡中站稳脚跟的坚实根基。"②《道德经》作为中华民族优秀传统文化的重要载体，进入新时代，习总书记无论是谈论治国理政重大问题，还是国事访问，在阐述对重大问题的观点立场时，都善于从《道德经》中旁征博引，恰到好处地表达了在新时代国家的立场、观点和方法。

我们可以分别从《道德经》蕴含的智慧来看当下抗疫、长江禁捕以及制止餐饮浪费等系列治国思想：

（一）《道德经》科学理性辩证思维与抗疫战

2020 年疫情发生以来，"中国最早直面挑战，打响了一场抗击疫情的人民战争"，"习近平主席多次同外国领导人及国际组织负责人通电话，出席重大多边活动，引领中国全方位参与国际抗疫合作"③。我们的国家始终以"生命至上、举国同心、舍生忘死、尊重科学、命运与共"的伟大抗疫精神所富含科学理性思维、辩证思想，为世界抗疫提供了有效的中国智慧，其中就包含了《道德经》中提倡的治国智慧："圣人无常心，以百姓心为心"（《道德经》第四十九章），"为之于未有，治之于未乱"④，"慎终如始，则无败事"（《道德经》第六十四章）。2020 年 11 月 21 日，二十国集团领导人第十五次峰会以视频方式进行，习总书记发表讲话说："后疫情时代，必将如凤凰涅槃、焕发新生。让我们携手努力，共同创造更加美好幸福的生活，共同推动构建人类命运共同体。"

---

① 陈晋主编：《毛泽东读书笔记解析》，广州：广东人民出版社，第 619 页。
② 摘自 2014 年 10 月 15 日《习近平在文艺工作座谈会上的讲话》。
③ 新华社：《推动全球抗疫 习近平这样倡议》，刊载时间：2020 年 11 月 23 日。http://www.xinhuanet.com/politics/leaders/2020-11/23/c_1126772618.htm，引用时间：2020 年 11 月 25 日。
④ 摘自 2014 年 10 月 8 日《习近平在党的群众路线教育实践活动总结大会上的讲话》，典出《道德经》第六十四章。

国家指导的这场抗疫战虽还没结束，但从其所反映出来的精神看，包含着《道德经》从量变引起质变的思想："合抱之木，生于毫末；九层之台，起于垒土；千里之行，始于足下。"（《道德经》第六十四章）世卫组织总干事谭德塞就曾赞扬饱含中国智慧的抗疫战说："中国为防疫作出的努力，全世界都可以见证，因为数字和事实不会说谎，世卫组织用不着来粉饰和吹嘘。"[1]"有太多人评论我称赞中国，但我对中国的称赞是实至名归的，我还将继续赞扬中国。我会称赞任何从源头上大力抗击疫情，为保护本国人民和世界人民不惜付出巨大代价的国家。"[2]

（二）《道德经》勤俭节约思想与制止餐饮浪费行动

先来看联合国发布的一个数据：2020 年 7 月《世界粮食安全和营养状况》报告预测，"在全球范围内，由于新冠肺炎疫情引发的经济衰退，2020 年饥饿人数至少新增 8300 万，甚至可能新增 1.32 亿"。[3]

我们知道，习近平总书记向来高度重视粮食安全和提倡"厉行节约、反对浪费"的社会风尚，多次强调要制止餐饮浪费行为，在 2020 年 8 月针对餐饮浪费严重现象，再次作出重要指示，其中用"触目惊心、令人痛心"八个分量很重的字！

勤俭节约，是中华民族的美德，也是中国共产党的光荣传统。节约是美德，拒奢尚俭无论对国家还是对个人而言都是不可或缺的价值支柱。而这恰恰印证了《道德经》中"见素抱朴，少私寡欲"（《道德经》第十九章）、"治人事天，莫若啬"（《道德经》第五十九章）等尚俭戒奢、艰苦朴素、勤俭节约的思想。"不论我们国家发展到什么水平，不论人民生活改善到什么地步，艰苦奋斗、勤俭节约的思想永远不能丢。艰苦奋斗、勤俭节约，不仅是我们一路走来、发展壮大的重要保证，也是我们继往开来、再创辉煌的重要保证。"[4]

习近平的重要批示反映国家是要坚决反对铺张浪费，是要在全社会营造"浪费可耻、节约光荣"的浓厚氛围。他说过，"艰难困苦、玉汝于成"。"无论是一个家庭的富裕，还是一个国家的强大，都离不开开源节流、勤俭持家，这就需要我们全民

① 《中国日报》双语新闻："'中国逼着你们表扬？'记者挑衅发问，WHO 总干事的回答太帅了！"，刊登网址：http://news.hnr.cn/202002/18/93954.html，刊载时间：2020 年 02 月 18 日，引用日期：2020 年 10 月 25 日。

② 中华人民共和国驻卡塔尔国大使馆：《世卫组织总干事：我对中国的称赞是实至名归的，我还将继续赞扬中国》，刊登网址：http://qa.china-embassy.org/chn/dsxx/zyhd/t1745592.htm，刊载时间：2020 年 02 月 17 日，引用日期：2020 年 10 月 25 日。

③ 中央广播电视总台央广网：《艰苦奋斗、勤俭节约的思想永远不能丢》，刊载时间：2020 年 8 月 14 日，http://m.people.cn/n4/2020/0814/c25-14343572.html，引用时间：2020 年 11 月 25 日。

④ 摘自 2019 年 3 月 5 日《习近平总书记在参加十三届全国人大二次会议内蒙古代表团审议时发表的讲话》。

形成勤俭之风。只有全社会的节约意识树立起来，坚决抵制铺张浪费的不良风气，才能真正营造出浪费可耻、节俭为荣的氛围，才能培育出积极健康的节俭风尚。这不仅关系到每个人、每个家庭的切身利益，更关系着国家的长远发展。"①

（三）《道德经》和谐共生理念与长江禁捕、退捕

《道德经》中说："人法地，地法天，天法道，道法自然。"它强调依据自然之性，尊重自然规律的"天人合一""和谐共生"理念，这些也与我们国家近年来倡导的"和谐发展""人与自然和谐共生"等理念是相通的。

2020 年 1 月 1 日起，根据国家总体部署，长江流域 332 个水生生物保护区已经按期实现全面禁捕；并从 2021 年 1 月 1 日起，长江流域重点水域将实行为期 10 年的禁捕。

习近平总书记 2020 年 8 月 18 日至 21 日在安徽视察，再次强调长江禁渔是为全局计，为子孙谋的重要决策。2020 年 10 月 29 日中国共产党第十九届中央委员会第五次全体会议通过的《中国共产党第十九届中央委员会第五次全体会议公报》提出，"推动绿色发展，促进人与自然和谐共生。坚持绿水青山就是金山银山理念，坚持尊重自然、顺应自然、保护自然，坚持节约优先、保护优先、自然恢复为主，守住自然生态安全边界。深入实施可持续发展战略，完善生态文明领域统筹协调机制，构建生态文明体系，促进经济社会发展全面绿色转型，建设人与自然和谐共生的现代化。要加快推动绿色低碳发展，持续改善环境质量，提升生态系统质量和稳定性，全面提高资源利用效率"。②

五、弘扬好《道德经》对文化自信的当代意义

2020 年 9 月，习总书记主持召开教育文化卫生体育领域专家代表座谈会并发表重要讲话，提出许多非常重要的概念、提法，十分亮眼。其中，习近平总书记强调文化四个"重要"："要坚定文化自信，推动中华优秀传统文化创造性转化、创新性发展，继承革命文化，发展社会主义先进文化，不断铸就中华文化新辉煌，建设社会主义文化强国。统筹推进'五位一体'总体布局、协调推进'四个全面'战略布局，文化是重要内容；推动高质量发展，文化是重要支点；满足人民日益增长的美好生活需要，文化是重要因素；战胜前进道路上各种风险挑战，文化是重要力量源

---

① 中央广播电视总台央广网：《艰苦奋斗、勤俭节约的思想永远不能丢》，刊载时间：2020 年 8 月 14 日，http://m.people.cn/n4/2020/0814/c25-14343572.html，引用时间：2020 年 11 月 25 日。

② 新华社：《中国共产党第十九届中央委员会第五次全体会议公报》，刊载时间：2020 年 10 月 29 日，http://www.gov.cn/xinwen/2020-10/29/content_5555877.htm，引用时间：2020 年 11 月 25 日。

泉。"①且强调坚守中华文化立场："要坚持马克思主义在意识形态领域的指导地位，坚守中华文化立场，坚持以社会主义核心价值观引领文化建设，紧紧围绕举旗帜、聚民心、育新人、兴文化、展形象的使命任务，加强社会主义精神文明建设，繁荣发展文化事业和文化产业，不断提高国家文化软实力，增强中华文化影响力，发挥文化引领风尚、教育人民、服务社会、推动发展的作用"。②

这也再次警醒我们，千万不要将《道德经》这一伟大哲学著作宗教标签化，也不要将《道德经》这一伟大智慧之学宗教狭隘化，它的救世性、广泛性、哲学性高度是任何文化经典难以企及的。另外，它所提出的人生观、价值观、道德观与治国理政之道共同构成逻辑严谨的治理和思想体系，是滋润中华民族成长和进步的文化源泉，是对中华民族的形成、壮大，对中华民族精神的净化、升华，对中华文明的延绵、丰富都起过无与伦比的作用。所以通过认真研究，正确理解，准确翻译，让道德经中的文字活起来，把中华文明起源、发展和成就以及对人类文明的重大贡献清晰、全面地呈现给世界，"为国家治理现代化提供有益的借鉴"，"为人类贡献深刻的思想体系"，"让世界了解中国历史、了解中华民族精神，认识源远流长、博大精深的中华文明，加深对当今中国的认识和理解"是所有《道德经》爱好者和研究者义不容辞的历史责任。③

宋崇道
2020.11

（作者系维多利亚大学管理学院工商管理博士，中国宗教学会理事，国家"十三五"规划文化重点工程——《中华续道藏》监修委员，道德经文化国际交流促进会会长，华夏老学研究会常务副会长，《中华老学》主编，宜春学院兼职研究员，中国道教协会权益保护委员会委员，南昌市道教协会顾问，宜春市袁州区道教协会会长，宜春市崇道宫住持）

---

① 习近平：《在教育文化卫生体育领域专家代表座谈会上的讲话》，引自：http://www.xinhuanet.com/politics/leaders/2020-09/22/c_1126527570.htm，刊载日期：2020年9月22日，引用日期：2020年10月25日。
② 同上。
③ 柴晓明：《重新阅读〈道德经〉》，《第三届道德经文化及应用博士学术论坛论文集》。

目　录

特　稿

邵雍先天易学思想与《道德经》管窥

——以《观物篇》《渔樵问对》《伊川击壤集》为视阈

宋崇道　尉海生[*]

内容提要：邵雍，谥康节，北宋著名道士、易学家、理学家，师从李之才，学习《周易》。李之才师从穆修，穆修师从种放，种放师从道教祖师陈抟，得陈抟"太极先天图"（或叫"无极图"）。而陈抟的易学思想，就是以《道德经》为主轴。南宋"心学"代表陆九渊就评价说："希夷之学，老氏之学也。"邵雍则将《周易》与《道德经》思想相结合，形成"易""道""心""先天易学"思想，理学家程颢评价说："邵雍是当世唯一能谈论宇宙问题的人。"历史学家钱穆评价说："邵雍是儒门中的庄周。"我们知道，《道德经》，是中华优秀传统文化的一座丰碑，虽只有短短五千余字，但其却能明天地之来源，揭万物之奥妙，仰观宇宙之变化，俯察世事之沉浮。其博大精深，玄之又玄，纵观古今，终不得见多少学者能悟透《道德经》所有智慧。本文从康节先生邵雍的部分著作《观物篇》和《渔樵问对》《伊川击壤集》作为理论参考视阈，分五个部分，从"'道'的论述、以'阴'为体、'道'之体用、观物思想、反者道之动"来窥探康节先生邵雍"先天易学"思想与《道德经》理论相通之端倪。

关键词：邵雍　先天易学　道德经

邵雍（1012—1077 年），字尧夫，谥康节，是北宋著名的道士、理学家、哲学家、数学家，也是宋代理学诗派的代表诗人。"五代末宋初道士陈抟以《先天图》传种放，种放传穆修。穆修传北海李之才（字挺之）。李之才摄共城令，听说邵雍好学，

---

* 宋崇道（1974—）男，工商管理博士，全真道士，全真龙门派天仙得戒弟子，戒号：上元子，中国宗教学会理事，国家"十三五"规划文化重点工程——《中华续道藏》监委，宜春学院兼职研究员，道德经文化国际交流促进会会长，华夏老学研究会常务副会长，南昌道教协会顾问，《中华老学》主编，宜春市袁州区道教协会会长，宜春市崇道宫住持；尉海生（2000—），男，道名：尉山海，山西大同人，浙江道教学院宫观管理本科生。

便造访其庐，对他说：'子亦闻物理性命之学乎？'邵雍愿从受教，乃师事之才，从学义理、性命与物理之学，习《周易》。邵雍将陈抟的《先天图》演化为'象数'体系，即'先天之学'。他提出'心为太极'，构造了一个纳自然、社会、人生为一体的宇宙观。"①北宋理学大家程颢"称邵雍为'振古之豪杰'，曰：'尧夫，内圣外王之学也。'认为邵雍讲人格修养，可以成圣人，讲经世致用，可以称王称霸。"②

张弦生著作所述"先天之学"，即是康节先生邵雍所创的"先天易学"，从《宋元学案·百源学案》中记载欧阳修之子评价康节先生邵雍时可以知道他的思想源流是从《道德经》③思想中吸取的："雍少笃学，有大志。久而后知道德之归。且以为学者之患，在于好恶先成乎心，而挟其私智以求于道，则弊于所好，而不得其真。故求之于四方万里之远，天地阴阳屈仰消长之变，无所不可，而必折中于圣入。虽深于象数，先见默识，未尝以自名也。其学纯一而不杂，居之而安，行之而成，平夷浑大，不见圭角，其自得深矣……按谥法，温良好乐曰康，能固所守曰节，谥曰康节先生。"

康节先生的主要著作有哲学著作《皇极经世书》12 卷、诗集《邵尧夫先生诗全集》《伊川击壤集》20 卷、易学著作《渔樵问对》1 卷、《梅花易数》（或称《梅花心易》）、《铁板神数》以及自传《无名公传》，其之所以成为北宋易学大家、理学大家，是离不开其"道学"的滋养，尤其是《道德经》的思想应用研究，将《周易》思想与《道德经》思想相结合，并用"易"来诠释"道"。他认为，天地万物之理都在道教祖师陈抟所传的《太极先天图》中，"图虽无文，吾终日言而未尝离乎是，盖天地万物之理，尽在其中矣"，且认为如果学会用道，天下的事做起来都很容易，"天地之道备于人，万物之道备于身，众妙之道备于神，天下之能事毕矣"（《渔樵问对》）。故理学家程颢评价说："邵雍是当世唯一能谈论宇宙问题的人。"历史学家钱穆评价说："邵雍是儒门中的庄周。"

康节先生对《道德经》的独特理解，也引发我们对《道德经》更深层次的认知和探求。本文试图从他的《观物篇》《伊川击壤集》和《渔樵问对》等著作中，窥探其"先天易学"思想与《道德经》理论相通之端倪。

一、"道"的论述

康节先生的"先天易学"思想是借助《道德经》"道"的概念来延展完善的。

他认为，道，乃天地之本源，于先天而有，又为无形。而且道能生成天地万物，

① 张弦生：《北宋理学家邵雍及其著作》，《河南图书馆学刊》2002 年 12 月第 26 卷第 6 期。
② 张弦生：《北宋理学家邵雍及其著作》，《河南图书馆学刊》2002 年 12 月第 26 卷第 6 期。
③ 本文所引用《道德经》文字均为王弼注《老子道德经注》版本（中华书局）。

人也应该以道为准则。《观物内篇》中记载："道为天地之本,天地为万物之本。"①"天
由道而生,地由道而成,物由道而形,人由道而行。天地人物则异也,其于由道一
也。夫道者也,道也,道无形,行之则见于事矣,如道路之道,坦然使千亿年行之,
人知其归者也。"②

这也正应合《道德经》:"有物混成,先天地生,寂兮廖兮,独立而不改,周行
而不殆,可以为天地母。吾不知其名,字之曰道,强为之名曰大。"③"道之为物,惟
恍惟惚,惚兮恍兮,其中有象,恍兮惚兮,其中有物,窈兮冥兮,其中有精,其精
甚真,其中有信。"④"道冲,而用之或不盈。渊兮,似万物之宗。挫其锐,解其纷,
和其光,同其尘。湛兮,似或存。吾不知谁之子,象帝之先。"⑤

道是先天地而生,先天地而成的。道,生成万物,但空虚无形却又真实存在,
广如深渊,乃是万物之主,万物之母,不知道它的名字,只好勉强叫作"道"吧。

又如:《观物外篇》中言:"太极,一也,不动,生二。"⑥"道为太极。"⑦在《渔樵对
问》中,"易为太极",太极是"无为之本也","太极生两仪","两仪,天地之祖也,
非止为天地而已也。太极分而为二,先得一为一,后得一为二。一二谓两仪"。康
节先生把"太极"定位为"道"的高度,他认为"道"就是"太极","太极"就是
"道",区别就是"太极,道之极也"⑧,"道"在"道之极"时,就是"太极","太极"
就是"一"。这与《道德经》"道生一,一生二,二生三,三生万物"⑨是一理。"两仪
生四象",生四象是"易"衍变的第三步,或者说是第三个层次,可以理解为"二生
三"。"四象生八卦",八卦本身就是代表"世间万物",易学者都知道一个概念——
"八卦万物类象",易学是以"八卦"为模型归类"世间万物"的,故"四象生八卦"
也就与《道德经》"三生万物"吻合上了。

从上可知,康节先生的"先天易学"所描述的"道"的模型与《道德经》"道"
的模型同理相一致,只是表达方式不同而已,只是康节先生的"先天易学"模型是
具体化的,是战术型的。道是易,一是太极,二是两仪,三是四象,万物是八卦。
而《道德经》是抽象化的,是战略型的,它把"道"的衍变过程分成五个层次:先
是"道",然后衍变为第二层"一",其次衍变为第三层,即"二"。再次衍变为第四

---

① (宋) 邵雍:《邵雍集》,郭彧整理,北京:中华书局,2010 年,第 9 页。
② (宋) 邵雍:《邵雍集》,郭彧整理,第 33 页。
③ (魏) 王弼,楼宇烈校释:《老子道德经注》,北京:中华书局,2011 年,第 65 页。
④ (宋) 邵雍:《邵雍集》,郭彧整理,第 55 页。
⑤ (宋) 邵雍:《邵雍集》,郭彧整理,第 12 页。
⑥ (宋) 邵雍:《邵雍集》,郭彧整理,第 162 页。
⑦ (宋) 邵雍:《邵雍集》,郭彧整理,第 152 页。
⑧ (宋) 邵雍:《邵雍集》,郭彧整理,第 164 页。
⑨ (宋) 邵雍:《邵雍集》,郭彧整理,第 120 页。

层，"三"，最后衍变为第五层，即"万物"。

那么，又如何理解"道"？为什么不直接分"二"，而是必须先要生"一"后才可分"二"呢？既然"道为太极"、"太极，道之极也"，也即是"道"与"太极"其实是一回事。但为何还要"道生一"后才可"生二"呢？

康节先生《观物外篇》的答案是："语其体则天分而为地，地分而为万物，而道不可分也。"[1] 这一观点同样与《道德经·二十五章》相符："有物混成，先天地生，寂兮廖兮，独立而不改，周行而不殆。"道是独立且永恒的，是不可改变的，所以"道不可分"。所以，"道"要衍化万物，只能先生个"一"来，因为"一"是可以分裂的。再让"一"来生二生三生万物，这就合理了，也就符合"道"之本质。

二、以"阴"为体

《道德经》曰："万物负阴而抱阳，冲气以为和。"[2] 这即是说，万物都是包含阴阳的，万物背阴而向阳。为什么是背阴向阳呢？引申堪舆学上"负阴抱阳"的概念可能会更好理解：阳，简单理解代表"阳光"，例如，盖房子面朝阳面是基本原则，所以盖房子大多都会"坐北朝南"来争取充足的阳光。坐北朝南，即坐"阴"向"阳"，也便是以"阴"为靠山，"阳"以"阴"为基，以"阴"为体之意。"夫物芸芸，各复归其根。归根曰静，静曰复命，复命曰常，知常曰明。"[3] 天下万物虽然复杂纷纷，但最终都会回归到他们的本根。返回本根叫作"静"。这个规律，是宇宙万物的常性。天动地静，动阳静阴，这是《道德经》中体现的以"阴"为体的思想。

康节先生则将《道德经》中"以阴为体"的思想做了进一步阐述。

他在《观物外篇》中说："本一气也，生则为阳，消则为阴，故二者一而已矣。"[4] 可以看出，康节先生认为，阴阳本是一回事，同出而异名。只是作用不同，一个主生，一个主消。生为阳为造，消为阴为化，阴阳者，即为造化。

后又言："无极之前阴含阳也，有象之后阳分阴也，阴为阳之母，阳为阴之父。"[5] "阳不能独立，必得阴而后立，故阳以阴为基；阴不能自见，必待阳而后见，故阴以阳为唱。"[6] "阳能知而阴不能知，阳能见而阴不能见也。能知能见者为有，故阳性有而阴性无也。阳有所不遍，而阴无所不遍也。阳有去，而阴常居也。无所不遍而常

① （宋）邵雍：《邵雍集》，郭彧整理，第114页。
② （宋）邵雍：《邵雍集》，郭彧整理，第120页。
③ （宋）邵雍：《邵雍集》，郭彧整理，第39页。
④ （宋）邵雍：《邵雍集》，郭彧整理，第146页。
⑤ （宋）邵雍：《邵雍集》，郭彧整理，第144页。
⑥ （宋）邵雍：《邵雍集》，郭彧整理，第145页。

居者为实，故阳体虚而阴体实也。"①他认为：阴阳在无极之前是不分的，本是一体。有了万物，才细分出了阴阳，就有了阴阳消长，阴阳就会有本质区分了。万物都有阴阳，但阴阳又相互统一，缺一不可。"阳"以"阴"为基，以"阴"为体。阴是无，阳是有。因其有，故有所不遍；因其无，故无所不遍。有所不遍者为虚，无所不遍者为实，故阳为虚，阴为实。所以在无极之前阴含阳。阳可见，而阴不可见，故可见者为虚，不可见者为实。

当然，康节先生"以阴为体，以阴为本"的易学思想论述，在《道德经》中也常多有对应："天下万物生于有，有生于无"②，"知其雄，守其雌，知其白，守其黑，知其荣，守其辱"③，"柔弱胜刚强"④，"天下之至柔，驰骋天下之至坚"⑤，"江海所以能为百谷王者，以其善之下，故能为百谷王者"⑥，"吾有三宝，持而保之，一曰慈，二曰俭，三曰不敢为天下先，夫慈故能勇，俭故能广，不敢为天下先，故能成器长"⑦，"弱之胜强，柔之胜刚"⑧等等。

继前面所说，康节先生认为"阳为虚，阴为实；阳为有，阴为无；阳有所不遍而阴无所不遍"，这对《道德经》中的"无为"思想是一种很好的通俗易懂解释，《道德经》中的"无为"便是"以阴为体"的观点。虽然当下很多人把"无为"解释为"无所作为""只敢消极退缩，不敢积极正面面对问题"等等，但《道德经》对"无为"已经做了清晰的论述，"道常无为而无不为"⑨。那么，到底是"无为"还是"无不为"呢？其实他们俩是一个意思，"同出而异名"⑩。"无为"为阴，阴的性质就是"无所不遍"，也是"无所不为"，关键站什么角度！

综上，老子《道德经》中所表达的中心思想，皆是"以阴为体"。这也直接影响到康节先生的学术思想，他所创立的"先天易学思想"进一步肯定和发展了老子《道德经》"以阴为体"的思想体系。

三、"道"之体用

康节先生认为，道是永恒存在，万物皆是其所生成，但又不自己显现，而天地

① （宋）邵雍：《邵雍集》，郭彧整理，第145页。
② （宋）邵雍：《邵雍集》，郭彧整理，第113页。
③ （宋）邵雍：《邵雍集》，郭彧整理，第75页。
④ （宋）邵雍：《邵雍集》，郭彧整理，第93页。
⑤ （宋）邵雍：《邵雍集》，郭彧整理，第123页。
⑥ （宋）邵雍：《邵雍集》，郭彧整理，第175页。
⑦ （宋）邵雍：《邵雍集》，郭彧整理，第176页。
⑧ （宋）邵雍：《邵雍集》，郭彧整理，第195页。
⑨ （宋）邵雍：《邵雍集》，郭彧整理，第95页。
⑩ （宋）邵雍：《邵雍集》，郭彧整理，第2页。

万物却又离不开并遵循效法它，万物由它生，又由它而成。"一阴一阳之谓道，道无声无形，不可得而见者也。故假道路之道而为名人之有。行必由乎道。一阴一阳，天地之道也。物由是而生，由是而成者也。"①"是以道生天地而不自见也。天地万物，亦取法乎道矣。"②

这一思想是援引《道德经》"生而不有，为而不恃，是谓玄德"③"天长地久，天地之所以长且久者，以其不自生，故能长生"④"功遂身退，天之道也"⑤。

另外，他认为：道的作用表现在阳性可见之属性，而道的本质表现在阴性不可见的属性上。"阴"为无，为实，为无所不普遍于万物中。阳为"有"，为虚，为有所不普遍于万物之中。概括来讲，就是道的作用是"有"，表现在可见的万物中，是有局限性的，是"虚"的；而道的本质是"无"，是不可见的，是先天地之前的，是没有局限性的，是"实"的。"阳者道之用，阴者道之体，阴用阳，阳用阴，以阳为用则尊阴，以阴为用则尊阳。"⑥"阳能知而阴不能知，阳能见而阴不能见也。能知能见者为有，故阳性有而阴性无也。阳有所不遍，而阴无所不遍也。阳有去，而阴常居也。无所不遍而常居者为实，故阳体虚而阴体实也。"⑦

所以，康节先生认为，这世界上一切有形的实体，一切的存在，一切的可见，都是属于"有"的，都是"道"的作用而非"道"的本质，是"虚"的，是有局限性而非永恒的。

同样，《道德经》开章应该就是他这一思想的源流："道，可道，非常道。名，可名，非常名。无，名天地之始。有，名万物之母。"道，是可以说和称道的，但能说出来和称道的都是"有"，是道的作用，能说出来并称道的，并非永恒之"道"，永恒之道是"无"，是道的本质，是"常道"。我们给"道"命名，也是可以的，但这并不是"常道"之名，而是"非常道"之"名"。王弼注释《道德经·一章》时，就说得很干脆："可道之道，可名之名，指事造形，非其常也。故不可道，不可名也。"⑧"无"，是生于天地万物之前的，天地万物产生之前就是"无"，就是道的本质，是道之"体"，所以"无"，称天地之始。有了"有"后，就有了天地万物，所以"有"，称万物之母。天下万物生于"有"，"有"生于"无"。天地万物可以承载

① （宋）邵雍：《邵雍集》，郭彧整理，第164页。
② （宋）邵雍：《邵雍集》，郭彧整理，第143页。
③ （宋）邵雍：《邵雍集》，郭彧整理，第141页。
④ （宋）邵雍：《邵雍集》，郭彧整理，第21页。
⑤ （宋）邵雍：《邵雍集》，郭彧整理，第23页。
⑥ （宋）邵雍：《邵雍集》，郭彧整理，第143页。
⑦ （宋）邵雍：《邵雍集》，郭彧整理，第145页。
⑧ （宋）邵雍：《邵雍集》，郭彧整理，第2页。

"道"，用来体现出"道"的本质，这就是"道"的作用。

"有"为"阳"，"无"为"阴"，正是基于对"道之体用"的认同，康节先生说，"阳"为"道"之用，"阴"为"道"之体，"阴几于道"①。

四、观物思想

"观物思想"是康节先生所创"先天易学"中一个非常具有标志性的思想理论，所以才有《观物篇》。如今的《观物篇》分为《观物内篇》和《观物外篇》。据考，《观物内篇》是康节先生邵雍自己所写，而《观物外篇》是他儿子邵伯温以及他的学生弟子们根据其平生授课讲学内容所整理而成。

何为观物？

康节先生的观物就是观尽"物之理"，观尽"物之性"。他认为，"道"的本质无形无象，但是可以作用在世间万物上显示出来，即"物之理"，"观物"也是一个"悟道"的过程。

他把"观物思想"分为两种：

一种则是"以物观物"，即："水之能一万物之形，又未若圣人之能一万物之情也。圣人之所以能一万物之情者，谓其圣人之能反观也；所以谓之反观者，不以我观物也。不以我观物者，以物观物之谓也。既能以物观物，又安有我于其间哉？"②"以物观物，性也，以我观物，情也。性公而明，情偏而暗。"③康节先生提倡"以物观物"而非"以我观物"，因为他认为"以物观物"是客观而明理的，这才是正确的认知万物的方法，而"以我观物"是偏颇而晦涩的，是没办法能正确认识事物本质的。所以想要正确认知世界，正确认识万物的本质，必须"以物观物"。

另一种是"以理观物"，即："天所以谓之观物者，非观之以目而观之以心，非观之以心而观之以理也。"④"命之在我谓之性，性之在物谓之理。"⑤"天下之物莫不有理焉"。⑥ 他认为"以物观物，性也"，而"性之在物，理也"，天下万物，皆有其理。故，"以物观物"就是"以理观物"，只不过是更具体化到"物"身上而已。

康节先生的"观物思想"，在他的《伊川击壤集序》也有论述："是知以道观性，以性观心，以心观身，以身观物，治则治矣，然独未离乎害者也。不若以道道道，以性观性，以心观心，以身观身，以物观物，则虽欲相伤，其可得乎！若然，则以

① 邵雍：《邵雍集》，郭彧整理，第143页。
② 邵雍：《邵雍集》，郭彧整理，第49页。
③ 邵雍：《邵雍集》，郭彧整理，第143页。
④ 邵雍：《邵雍集》，郭彧整理，第49页。
⑤ 邵雍：《邵雍集》，郭彧整理，第155页。
⑥ 邵雍：《邵雍集》，郭彧整理，第154页。

家观家，以国观国，以天下观天下，亦从而可知之矣。"①他强调的是，如果我们能做到"以物观物"，那么天地万物便无所不得其理了！

当然，这种"观物思想"同样源自《道德经》："故以身观身，以家观家，以乡观乡，以国观国，以天下观天下。吾何以之天下然哉？以此。"②

"以物观物"之"身观天下"思想在《道德经·十三章》中也可见："吾所以有大患者，为吾有身，及吾无身，吾有何患？故贵以身为天下，若可寄天下；爱以身为天下，若可托天下。"③笔者认为，文中"身"非是指肉身，"为吾有身"应理解为"以己身为身"，所以，不以己身为身，而以天下视为己身，就可以把天下寄托给他，把天下视为己身来爱惜的，就可以把天下托付给他。故"圣人无常心，以百姓心为心"④，"我无为，而民自化；我好静，而民自正；我无事，而民自富；我无欲，而民自朴"⑤。要做到"以物观物"，首先要"无身"，即不以己身为身，也即是"我"。"以我观物"，则吾有大患；"以物观物"，则"身观天下"。只有无"我"后，才能做到"以物观物"。

康节先生《观物内篇》中讲道："是知我亦人也，人亦物也，我与人皆物也"⑥，"不我物，则能物物"⑦。很明显，可以看出，他依旧赞同道德经中的"无我"而反对有"我"。《伊川击壤集》中"物理窥开后，人情照破时"⑧"尽物之性，去己之情"⑨等等，都是印证他的前述"观物思想"。

《道德经》所持的"观物"态度，是"致虚极，守静笃，万物并作，吾以观复"⑩，即"致虚守静"。康节先生也在《伊川击壤集》中进一步赞同："居暗观明，居静观动，居简观繁，居轻观重"，"向静中观物动，向闲处看人忙"，"闲将岁月观消长，静把乾坤照有无"，"著身静处观人事，放意闲中炼物情"等等。

如此，我们可以知道，康节先生的"观物思想"，实质与《道德经》思想是"表征"与"本源"的关系。

① 邵雍：《邵雍集》，郭彧整理，第180页。
② 邵雍：《邵雍集》，郭彧整理，第147页。
③ 邵雍：《邵雍集》，郭彧整理，第32页。
④ 邵雍：《邵雍集》，郭彧整理，第134页。
⑤ 邵雍：《邵雍集》，郭彧整理，第154页。
⑥ 邵雍：《邵雍集》，郭彧整理，第131页。
⑦ 邵雍：《邵雍集》，郭彧整理，第152页。
⑧ 邵雍：《邵雍集》，郭彧整理，第497页。
⑨ 邵雍：《邵雍集》，郭彧整理，第457页。
⑩ 邵雍：《邵雍集》，郭彧整理，第39页。

五、反者道之动

康节先生著作中说:"时有代谢,物有荣枯,人有衰盛,事有废兴。"① "天道有消长,地道有险夷,人道有兴废,事道有盛衰。"② "事无大小,皆有道在其间。"③ 这就是说,世间万物,离不开道,有阴阳两极,阴与阳之间,相互矛盾,又相互依存,"阳非独阳,阴非独阴"④,"阳不能独立,必得阴而后立,故阳以阴为基;阴不能自见,必待阳而后见,故阴以阳为唱"⑤,"阴用阳,阳用阴,以阴为用则尊阳,以阳为用则尊阴也"⑥,"阴生阳,阳生阴。阴复生阳,阳复生阴,是以循环而无穷"。⑦

这种阴阳此消彼长,互相转化的观点也与《道德经》"万物负阴而抱阳,冲气以为和"⑧ "反者道之动"⑨ 形成呼应。在《道德经》所构建的世界观中,循环往复是万物的生长发展规律,对立面双方是会相互依存和转化的,这也是万物的运动发展规律。比如,"天下皆知美之为美,斯恶已;皆知善之为善,斯不善已。故有无相生,难易相成,长短相形,高下相倾,音声相和,前后相随"⑩。正因为世间万物"负阴而抱阳",所以肯定它们是有对立面的,且相互依存。再如,"祸兮福之所倚,福兮祸之所伏"⑪ "大曰逝,逝曰远,远曰返",⑫ "致虚极守静笃,万物并作,吾以是观其复。夫物芸芸,各复归其根"。⑬ 阴阳矛盾是事物相互转化的两个矛盾面,故"反者道之动"。

"动之始则阳生焉,动之极则阴生焉。"⑭ "侈不可极,奢不可穷,极则有损,穷则有凶。"⑮ "人盛必有衰,物生须有死。"⑯ "物之大者,无若天地,然而亦有所尽也。"⑰ 当然也可用《道德经》中"反者道之动"来概括康节先生的思想,"希言自然,飘风不终朝,骤雨不终日,孰为此者? 天地。天地尚不能长且久者,而况于人乎",世间万

---

① 邵雍:《邵雍集》,郭彧整理,第 405 页。
② 邵雍:《邵雍集》,郭彧整理,第 329 页。
③ 邵雍:《邵雍集》,郭彧整理,第 160 页。
④ 邵雍:《邵雍集》,郭彧整理,第 109 页。
⑤ 邵雍:《邵雍集》,郭彧整理,第 145 页。
⑥ 邵雍:《邵雍集》,郭彧整理,第 143 页。
⑦ 邵雍:《邵雍集》,郭彧整理,第 143 页。
⑧ 邵雍:《邵雍集》,郭彧整理,第 120 页。
⑨ 邵雍:《邵雍集》,郭彧整理,第 113 页。
⑩ 邵雍:《邵雍集》,郭彧整理,第 7 页。
⑪ 邵雍:《邵雍集》,郭彧整理,第 156 页。
⑫ 邵雍:《邵雍集》,郭彧整理,第 65 页。
⑬ 邵雍:《邵雍集》,郭彧整理,第 39 页。
⑭ 邵雍:《邵雍集》,郭彧整理,第 158 页。
⑮ 邵雍:《邵雍集》,郭彧整理,第 375 页。
⑯ 邵雍:《邵雍集》,郭彧整理,第 477 页。
⑰ 邵雍:《邵雍集》,郭彧整理,第 1 页。

物一切都是逃不过这个规律，"是以万物皆反生"①。

然而，"物壮则老，谓之不道，不道早已"②。也就是说，"物壮则老"虽是世间万物发展变化"反者道之动"的表现特征之一，但这并不是"道"的本质，因为"道"是生生不息、绵绵不绝、永恒存在的，是不仅仅存在"壮""老"的。"壮"即是"强刚"，"不壮"即是"柔弱"。《道德经》推崇"柔弱胜刚强"，"上善若水"③，就是把自己永远保持"若水"的状态下，"利万物而不争，处众人之所恶，故几于道。居善地；心善渊；与善仁；言善信；正善治；事善能；动善时"，④皆去应于"道"。

六、结语

综述全文，暂时撇开《周易》不说，康节先生邵雍的"先天易学"核心思想则主要发端还是《道德经》。

当然，这与康节先生邵雍本身作为道士，师从北海共城令李之才而受其影响是有极大关系的。他的思想中充满了道教的"安乐逍遥"味道，"将自己的诗集取名为'击壤'，即寓太平自乐之意"⑤。"静坐多饮茶，闲行或道装。傍人休用笑，安乐是吾乡。"⑥"道家仪用此衣巾，只拜星辰不拜人。何故尧夫须用拜，安知人不是星辰。"⑦

再就是想说明的是，本文也只是管中窥豹，抛砖引玉，所论及的仅是康节先生邵雍宏大的"先天易学思想"冰山一角，无论之于"道的论述"，还是"以阴为体""道之体用""观物思想"以及"反者道之动"等思想，都与他对宇宙认识的本源起于"道"有直接关系，而这些思想也正是《道德经》的思想。

康节先生邵雍"先天易学思想"，正像唐明邦教授评价的"'别开生面'，以之'弥纶天地，出入造化，进退古今，表里人物'"⑧，开学术之先河，创大家之风范。

---

① （宋）邵雍：《邵雍集》，郭彧整理，第 76 页。
② （宋）邵雍：《邵雍集》，郭彧整理，第 150 页。
③ （宋）邵雍：《邵雍集》，郭彧整理，第 22 页。
④ （宋）邵雍：《邵雍集》，郭彧整理，第 22 页。
⑤ 张弦生：《北宋理学家邵雍及其著作》，《河南图书馆学刊》2002 年 12 月第 26 卷第 6 期。
⑥ （宋）邵雍：《邵雍集》，郭彧整理，第 401 页。
⑦ （宋）邵雍：《邵雍集》，郭彧整理，第 396 页。
⑧ 唐明邦：《邵雍评传》，结束语，南京：南京大学出版社，1998 年。

老子思想新诠

老子"不尚贤"之误解与臆测

邓伟龙[*]

内容提要：历史上老子因其提倡"不尚贤"进而被误读为反智、"愚民"，甚至主张倒退的代名词。因而对老子"不尚贤"的辨析，不仅可以正确评价老子是否反智、"愚民"和主张倒退，而且也可深入认识其以"道""自然""无为"为主要范畴的哲学观。事实上，老子"不尚贤"的观点，是其从"道"而来的"自然""无为"的哲学观在社会治理层面的政治观或执政观的具体反映。

关键词：老子 "不尚贤" 反智 愚民 倒退 哲学观 执政观

老子作为雅斯贝尔斯所说的"轴心时代"的中国代表人物之一，其思想对中国传统文化的影响无疑是深远的，因为"人类一直靠轴心时期所产生的思考和创造的一切而生存，每一次新的飞跃都回顾这一时期，并被它重燃火焰……轴心期潜力的苏醒和对轴心期潜力的回归，或者说复兴，总是提供了精神的动力"①。从韩非子《解老》《喻老》以来历代都有对其高度的评价，汉初司马谈就说其"因阴阳之大顺，采儒墨之善，撮名法之要"（《论六家要旨》）。近代范文澜更认为"老子是有极大智慧的古代哲学家"，"在马克思主义的唯物辩证法传入中国以前，古代哲学家中老子确是杰出的无与伦比的伟大的哲学家"。②高亨亦云："《老子》虽只五千言，但辞要而趣

---

　　* 邓伟龙（1973—），男，湖南洞口人，文学博士，韩山师范学院教授，主要研究方向为文学理论、美学、中国古代文论等。

　　① 轴心时代（the Axial Period）：是德国哲学家卡尔·西奥多·雅斯贝尔斯（Karl Theodor Jaspers，1883—1969）在其1949年出版的名著《历史的起源与目标》一书提出的著名概念。他认为公元前800至前200年之间，尤其是公元前600至前300年间，是人类文明的"轴心时代"。其发生的地区大概是在北纬30度上下，也就是北纬25度至35度区间。这段时期是人类文明精神的重大突破时期。在轴心时代里，各个文明都出现了伟大的精神导师：古希腊有苏格拉底、柏拉图、亚里士多德，以色列有犹太教的先知们，古印度有释迦牟尼，中国有孔子、老子……人类至今赖形成以自我意识的世界几大文化模式（中国、印度、西方）大致同时确立起来。参见：卡尔·雅斯贝尔斯《历史的起源与目标》，魏楚雄、俞新天译，北京：华夏出版社，1989年，第14页。

　　② 范文澜：《中国通史简编》（修订本第1编），北京：人民出版社，1953年，第199页。

远，语精而义深；运思浃而无名，立说超乎有相，凡宇宙之奥理，史乘之轨迹，物
类之象征，人事之法仪，率以片言，摄其妙谛。"①但长期以来人们对其《道德经》历
来误解不少，这或许就如潘德荣所谓："经典之所以成为经典，原初的文本固然是一
重要因素，但更为重要的，恰恰是在于读者及其时代那里所引起的共鸣。它的重要
性取决于人们的理解和接受以及进一步的诠释，并因之而得以流传"②的缘故吧。而
对老子"不尚贤"的探讨不仅涉及其是否反智、"愚民"甚至主张倒退，更是其哲学
观和政治观等深层次问题的反映，因此本文不惧浅陋，在版本上以王弼今通行本为
基础，同时参照竹简本、帛书本、傅奕本和河上公本，结合学界的相关研究成果试
为一辨，希以蠡测海求教于方家。

一、老子"不尚贤"的文字表述及误解

老子不尚贤的观点集中体现在今本《道德经》的第三章，其原文为："不尚贤，
使民不争。不贵难得之货，使民不为盗。不见可欲，使民心不乱。是以圣人之治，
虚其心，实其腹，弱其志，强其骨。常使民无知无欲，使夫智者不敢为也。为无为，
则无不治。"此章竹简本没有相对应的文字。傅奕本文字与今本只有第五句"是以圣
人之治也"多一"也"字，和第九句"使夫智者不敢为"少一"也"字，而这一增
一减，对全章文意没有影响。长沙马王堆帛书甲、乙本除写"尚"为"上"（此为同
义互用）、"常"为"恒"（此为今本避汉文帝刘恒之讳）、及第三句为"不见可欲，
使民不乱"少一"心"字外，文字脱落较多且略有不同，在此不烦全文引出（注：
下列引文小括号内的文字原为脱缺，现或以乙补甲，或以甲补乙，或依今本补之。
个别则为异体或通假字）。其甲本为："不上贤，（使民不争。不贵难得之货，使）民
不为（盗。不见可欲，使）民不乱。是以声（圣）人之（治也，虚其心，实其腹，
弱其志，）强其骨。（恒）使民无知无欲也。使（夫智者不敢，弗为而已，则无不治
矣）。"乙本为："不上贤，使民不争。不贵难得之货，使民不为盗。不见可欲，使民
不乱。是以 耶（圣）人之治，虚其心，实其腹，弱其志，强其骨。恒使民无知无欲
也。使夫知（智）者不敢，弗为而已，则无不治矣。"而河上公本中除有"安民"题
目，第三句表述为"不见可欲，使心不乱"少一"民"字，第四句中"是以圣人治"
少一"之"字外，其余皆同。当然对于"不见可欲，使民心不乱"这句，河上公本
少一"民"和帛书甲乙本少"心"字这点，高明在《帛书老子校注》一书中引刘师

① 高亨：《高亨著作集林》（第5卷），北京：清华大学出版社，2004年，《老子正诂·序》，第14
页。
② 潘德荣：《文字·诠释·传统——中国诠释传统的现代转化》，上海：上海译文出版社，2003年，
第64页。

培、易顺鼎、马叙伦、蒋锡昌等人的论述有所辨析,此不赘述①。还应当指出的是,《道德经》中还有两处用到贤字,一是今本第七十五章:"夫唯无以生为者,是贤于贵生。"不过此处之"贤",陈鼓应理解为"胜"②;高亨亦解释为:"贤,犹胜也"③;杨鹏注为:"贤,指重视、崇尚"④。可见这与第三章所说的贤能、智慧之"贤"无涉,此不论。另一处为今本第七十七章:"是以圣人为而不恃,功成而不处,其不欲见贤。"此处之"贤"很明显与上引第三章"不尚贤"之"贤"意义相似,陈鼓应依蒋锡昌之说训为"多财也"⑤;高亨亦理解为"自己的贤能"⑥;杨鹏则注为"自己的贤德"⑦。因而此处的"圣人不想表现自己的贤能、贤德"(其不欲见贤),可以看作老子"不尚贤"的观点的另一种表述。

从上可知,无论就哪种版本而言,第三章老子之意并非全论"不尚贤",而是主要在于阐述其"圣人之治"的"为无为,则无不治"的思想,其中"不尚贤"与"不贵难得之货""不见可欲"都为"圣人之治"的执政策略或方式手段之一,但由于其以"不尚贤"开头,而且老子的"不尚(上)贤"的意思也是非常明显的,所以任何企图否定其"不尚贤"的观点也是不可能的,因而学界在这点上是一致的,故在谈论老子"不尚贤"时均聚焦于此章。但有意思的是,很多学者将此与十九章的"绝圣弃智",六十五章的"古之善为道者,非以明民,将以愚之。民之难治,以其智多。故以智治国,国之贼;不以智治国,国之福也"以及第八十章的"小国寡民"等联系起来,从而推论老子不仅"不尚贤"、轻视人才,而且反智、禁欲和提倡愚民甚至倒退的。试举例一二:

陈敏之就认为:"《老子》……第三章'不尚贤,使民不争……为无为,则无不治'这段话来看,有两方面的问题值得注意:第一,这里说得再也清楚不过,圣人之所以能够'为无为',是以'常使民无知无欲,使夫知者不敢为也'为前提、为基础的。……纵使不是暴政,总也该不是什么王道德政吧!第二,'不尚贤','不贵难得之货','不见可欲'……'虚其心,实其腹,弱其志,强其骨',算不算是政治?……这不是为了圣人的表面上的'无为'政治而必须有所为,甚至'无不为'么?这不是明明白白的撒谎和欺骗么?所谓'无为'政治,拆穿了,奴隶不过换了一个牛马的名称,其真实的目的还不是为了能够借以巩固圣人之世,不过换了一个商标,还

---

① 高明:《帛书老子校注》,北京:中华书局,1996年,第236页。
② 陈鼓应:《老子注释及评介》,北京:中华书局,2009年,第328页。
③ 高亨:《高亨著作集林》(第5卷),第403页。
④ 杨鹏:《老子详解——老子执政学研究》,北京:中国文史出版社,2003年,第393页。
⑤ 陈鼓应:《老子注释及评介》,第335页。
⑥ 高亨:《高亨著作集林》(第5卷),第407页。
⑦ 杨鹏:《老子详解——老子执政学研究》,第401页。

是半文钱不值。"并进而言之："老子的愚民政策、概括起来，可以有以下几条：（一）他认为'民之难治'，是因为'以其智多'（第十九章），因此，必须'将以愚之'，就是说必须采取一切措施使老百姓愚昧无知，这样就可使他的"无为"政治推行起来没有障碍，而这是一种'玄德'。（二）为了使老百姓愚昧无知，就要采取'虚其心，实其腹，弱其志，强其骨，常使民无知无欲'（第三章），'为腹不为目'等措施。而这是一种把老百姓当作猪牛来加以饲养，只要塞饱肚子就行，不要其他一切的办法（郭沫若语）。（三）既然老百姓不过是和猪牛一样的东西，当然根本不需要什么经济、文化的进步和发展，因此他也就反对一切经济、文化的进步和发展，而要'绝巧弃利'，'绝学无忧'。"①

尹振环也同样认为："今本《老子》六十五、八十、三这三章，能否说是明显的愚民章呢？看来是的。……三章的愚民主张也是不好抹杀的：'不尚贤……则无不治矣。'空虚人民的头脑，削弱人民的意志，使他们无知无欲，使聪明的人不敢为，'则无不治矣'，说得何等清楚！'愚之而已矣。'但它得有个前提，这就是填饱肚皮，强壮筋骨。没有这个物质前提，那就难了。而精神上的虚心弱志，则必须做到此章开头与结尾的两条：第一，不推崇贤能；第二，使那些智者不敢为。智者，不只是聪明人、贤能者，而是指当时已形成的知识阶层。这些，老子看得十分准确。智者、贤能、知识阶层，是社会的头脑、耳鼻口舌，有时也是社会的良心。但是他们又是名位、财货、权力的追逐者。他们的智慧，他们的贪欲与竞争，常常引起社会的波动。所以他们有时是稳定的因素，有时又是不稳定的因素。只要'不尚贤'，'使夫智者不敢为'，民心是不会乱的。……《墨子·尚贤》主张'尚贤'……老子正与此相反，他主张"不尚贤"，也不提倡教育，而是主张愚民，'绝圣弃智'。"②在《老子愚民思想考》一文中，尹振环进而将老子的"愚民"策略推论为"不尚贤"→"弃智"→"下智"，而其理由就是将《道德经》中本来是老子第十七章前几句"太上，下知有之；其次，亲而誉之；其次，畏之；其次，侮之。""创造性"地臆断为："大上下智，有之其次，亲誉之其次，畏之其下（次），侮之。"并解释为："最好是轻视卖弄聪明的智者，其次则是使他们富有，亲近和赞誉他们是再次的办法了，最坏莫过畏惧他们。应该轻慢、低下他们。"这是老子"要从根本上创造一个纯朴诚正、寡欲无争的社会条件，就得'绝圣弃知'，这一点也许不太可能，那么也得'下智'，这

---

① 陈敏之：《关于〈老子〉的笔记》，《上海社会科学院学术季刊》1988 年第 1 期。亦见：顾准：《顾准文集》，福州：福建教育出版社，2010 年，第 355—358 页。

② 尹振环：《老子的愚民思想及对待智者的方策——兼与陈鼓应先生商榷》，《贵州大学学报》（人文科学版）1991 年第 4 期。

才谈得上愚民。"①

高亨也认为:"他又认为物质生活的提高增长了人类的贪欲,文化生活的提高增长了人民的智慧,而贪欲是争夺的源泉,智慧是争夺的工具,所以主张取消已经提高的物质生活和文化生活,使人类无知无欲……这就是他的愚民政策和朴民政策。所以他说:'常使民无知无欲'。他的政治目的是把已经进步的社会倒退到原始社会,把已经进化的人类倒退到原始人类。"②此类观念影响之深乃至于有青年学生都认为:"老子可能是先秦思想家中少有的几个明确提出反对'尚贤'的人,他主张'不尚贤,使民无争'……老子思想的这种特征固然是想恢复其理想政治下'小国寡民'的原始形态,……于是我们发现,老子的思想是在打着'复古'的口号,行专制之实,其'反智识主义'的主张,不过是为了实现其'侯王得之以为天下正'的真实目的罢了。"③

像这样的例子还可以举出很多,那么老子的"不尚贤"是否真的是反智和提倡愚民甚至倒退呢?如果这是误读那么其原因又是什么呢?下文对此试图一说。

二、由老子"不尚贤"到"愚民"的误解探析

上文已经说到老子的"不尚贤"的意思也是非常明显的,所以任何企图否定其"不尚贤"的观点也是不可能的,但由此而认为老子是反智和提倡愚民甚至倒退是不是误解呢?对此我们还需进入老子的原文。本来第三章在文字上并没有太多难解的地方,如以句号为断,则全章六句,讲的都是理想的"圣人之治"应该采取的措施或手段并加以总结,因而每句话的主语或施动者都是"圣人"这是没问题的。对于前三句"不尚贤,使民不争。不贵难得之货,使民不为盗。不见可欲,使民心不乱"历来解释者大体一致:比如薛蕙这样解释:"古之圣人虽用贤而未尝尚贤"。"苟无荣利,民将奚争?"④释德清则言:"此言世人竞有为之迹,尚名好利嗜欲之害,教君人者治之之方。""盖尚贤,好名也。名,争之端也。故曰'争名于朝'。若上不好名,则民自然不争。"⑤詹石窗则认为:"不要特别推重与标榜才干杰出的人,以免让人去争相谋取虚名与禄位。"⑥事实上王弼对此三句之注颇有代表性,他说:"'贤'犹'能'也,'尚'者,嘉之名也。'贵'者,隆之称也。唯能是任,尚也曷为?唯用是施,贵之何为?尚贤显名,荣过其任,为而常校能相射。贵货过用,贪者竞趣,穿窬探

① 尹振环:《老子愚民思想考》,《贵州文史丛刊》1985年第2期。
② 高亨:《高亨著作集林》(第5卷),第5页。
③ 王少林:《先秦尚贤观念变迁研究》,苏州大学硕士学位论文,2012年,第43页。
④ 薛蕙:《老子集解》,北京:中华书局,1985年,第2页。
⑤ 释德清:《道德经解》,上海:华东师范大学出版社,2009年,第37页。
⑥ 清宁子(詹石窗):《老子道德经通解》,北京:宗教文化出版社,2010年,第8页。

箧，没命而盗，故可欲不见，则心无所乱也。"高明在引用这段文字之后解释说："'相射'犹言'相胜'，即相互争胜。'为而常校能相射'，乃谓'尚贤显名，荣过其任'，势必使民相互竞技比能，争强好胜，遂即诈虑之谋起矣。"① 所以比如陈鼓应将其通俗地翻译为："不标榜贤才异能，使民众不争功名；不珍贵难得的财货，使民众不起窃盗；不显耀可贪的事物，使民众不被惑乱"② 也就多为学者所接受了。总之，从这前三句中可以明显看出老子为什么"不尚（上）贤"的理由：尚贤与贵难得之货、见可欲一样，都是引起社会纷争甚至动荡的根本原因之一。

但是对接下来的第四句"是以圣人之治，虚其心，实其腹，弱其志，强其骨"的理解则众说纷纭，而根源在于对该句中四个"其"字的不同理解。大家知道，"其"在古代汉语中，除了做句中语气词、形容词词头、连词表假设、指示代词等外，主要的还是用作第三人称代词用。但"其"在做第三人称代词时既可做相对于第三人称的第三人称的代词"他（们）""他（们）的"来理解，而这种用法最多，故无须举例；也可做相对于第三人称的第一人称代词"他（们）自己""他（们、）自己的"来理解，甚至还可以灵活运用代说话人自己或对话人相当于第一人称"我""自己"，这在古汉语中也多见，比如"知其不可为而为之"（《论语·宪问》）、"工欲善其事必先利其器"（《论语·卫灵公》）、"攻其恶，勿攻人之恶，非修慝与？"（《论语·颜渊》）等。正由于此，如果我们把这句中的四个"其"字理解为相对于第三人称的"圣人"的第三人称也即指代"人民"或"老百姓"的"他（们）"或"他（们）的"来理解，那么其句意就是"所以有道的人治理政事，就是要使民众心灵空虚，生活温饱，意志柔弱，体格强健"了。比如高亨在解释该章三句就是如此："亨按：四'其'皆指民言。虚其心者，使民无知无欲也。实其腹者，使民无饥也……"③ 循此理解思路，后面的第五句"常使民无知无欲，使夫智者不敢为也"则自然也就理解为"常使民众没有心智、没有欲念，从而使那些有智慧的人不敢有所作为"了。再加上第五章的"圣人不仁，以百姓为刍狗"、第十九章的"绝圣弃智""见素抱朴，少私寡欲"、第二十章的"众人皆有余，而我独若遗。我愚人之心也哉"、第六十五章的"古之善为道者，非以明民，将以愚之。民之难治，以其智多。故以智治国，国之贼；不以智治国，国之福"、第八十章的"小国寡民"等这些"铁证"，那么老子自然成为反知识、智慧、贤能、不重视甚至反对人才、主张愚民甚至反文明文化的代名词了，而上文中提到的那些误解，其根源无一不是与将"其"理解为与"圣人"或统治者相对的"他们"即"民众"有关。

① 高明：《帛书老子校注》，第 236 页。
② 陈鼓应：《老子注释及评介》，第 70 页。
③ 高亨：《高亨著作集林》（第 5 卷），第 44 页。

但如果将以上章句中的"其"按第二种情况来理解的话，那么则会得到完全相反的结论：老子第三章的"是以圣人之治，虚其心，实其腹，弱其志，强其骨"，其实是要圣人也即统治者自己"使自己的心虚（心灵空虚，无太多贪欲）、使自己的腹实（只求温饱、勿养生过厚）、使自己的志弱（勿以上凌下、好大喜功等）、使自己体格强健（可以更好地服务民众吧）"之义，因而通过对自己这样的严格要求、身体力行，从而影响并达到下两句的使整个国家或社会的"常使民无知无欲，使夫智者不敢为也。为无为，则无不治"，也即"常使民众没有（伪诈的）心智、没有（争盗的）欲念。使一些自作聪明的人不敢妄为。依照无为的原则去处理世务，就没有不上正规的"①目的。同样，对于老子第六十五章的"古之善为道者，非以明民，将以愚之。民之难治，以其智多。故以智治国，国之贼；不以智治国，国之福"句，我们只有了解其中的"民之难治，以其智多"才能正确地掌握老子的原意，而如果将"以其智多"的"其"解释为"他们"也即"民众"或"老百姓"，那么循此思路并联系上下文，则老子无疑是在提倡或主张"愚民"了。但这样的理解恐不仅违背了老子的原意，而且于文句也是不通的：因为整章中的施动者也即主语是"善为道者"，也即圣人或统治者，而"民众"或"老百姓"是不可能统治或治理国家的，可见"民之难治，以其智多"中的这个"其"只能是指代"善为道者"也即圣人或统治者"自己"，也就是说，在老子看来"民之难治"，原因在于统治者"自己"自以为"智"而强力有为甚至妄为，所以统治者的这种强力有为甚至妄为的即"以智治国"当然就是"国之贼（国家的灾祸）"，而不以这种强力有为甚至妄为的顺道而为的"为无为"即"不以智治国"就是"国之福"。再者，老子一书中，其所谓的"愚"并非是我们今天所说的"愚昧（蠢）"或"使……愚昧（蠢）"，而是基本与其"见素抱朴"的"素""朴"同义，这也是为后来学者多为接受的。所以在注释子第六十五章的"古之善为道者，非以明民，将以愚之"的"愚"时，王弼注为："'愚'为无知，守其真顺自然也。河上公注为："使朴质不诈伪也。"范应元说："'将以愚之'使淳朴不散，智诈不生也。所谓'愚之'者，非欺也，但因其自然不以穿凿私意导之也。"②因此上引本章的前几句只有这样解释："从前善于行道（以道治国）之人，不是教民众精巧（伪诈狡智），而是让民众淳朴（少伪诈之智）。民众之所以难以治理，是因为统治者使用太多的智巧心机。所以用智巧心机去治理国家，是国家的灾祸，反之则是国家的幸福"才是较为合理的也更符合老子的原意。

进而，我们还需指出的是，老子也不是简单地反对或否定人的一切欲望甚至是

---

① 陈鼓应：《老子注释及评介》，第70页。
② 陈鼓应：《老子注释及评介》，第299—300页。

所谓的"禁欲主义"。老子认为任何人都有一个欲望的身体，因而那些包括宠辱、畏惧、爱憎等在内的基本欲望也是合理的，因而在很多方面老子也和常人一样。比如他说："宠辱若惊，贵大患若身。……吾所以有大患者，为吾有身，及吾无身，吾有何患？"（十三章）"人之所畏，不可不畏。"（二十章）"人之所教，我亦教之。"（四十二章）但是老子又认为过多的欲望甚至是贪欲则对个人、社会和国家都是不利的，而且还是引起社会纷争、国家动荡的根源，所以老子严厉批评那些纵欲而不知满足者："咎莫大于欲得；祸莫大于不知足。"（四十六章）又说："五色令人目盲；五音令人耳聋；五味令人口爽；驰骋畋猎，令人心发狂；难得之货，令人行妨。"（十二章）"天下多忌讳，而民弥贫；人多利器，国家滋昏；人多伎巧，奇物滋起；法令滋彰，盗贼多有。"（五十七章）而这些对于有道者而言是"余食赘形。物或恶之，故有道者不处"（二十四章）。因而老子提出："绝圣弃智，民利百倍；绝仁弃义，民复孝慈；绝巧弃利，盗贼无有……见素抱朴，少私寡欲。"（十九章）要"欲不欲，不贵难得之货"（六十四章），这样"不欲以静，天下将自正"（三十七章）。这里应尤其注意其中的"绝圣弃智""绝仁弃义""绝巧弃利"和"欲不欲"等句。先说"欲不欲"。老子此处绝无简单否定一切欲望，其第一个"欲"就是对欲望的肯定，但老子又在肯定人们的欲望或欲求的同时，要求圣人当然也是对一般的民众要"不欲"，也即不要有过多的贪欲或非分之欲。换言之，对于正当正常的欲求而言，老子是肯定而且主张"欲"的，但对于贪欲或非分之欲而言，老子则要求"不欲"，这大概才是老子"欲不欲"的本意，因而说老子否定欲望甚至主张"禁欲"无疑是荒谬的。

同样，"绝圣弃智""绝仁弃义""绝巧弃利"等句仿佛是老子由"不尚贤"进而反对"智"也则"反智"，但正如高明解释的那样："'圣智'、'仁义'、'巧利'皆人之憧憬竞逐而不可尽得者，老子力主于'绝'者何也？……夫'绝圣弃智'、'绝仁弃义'则不以美与善累其心矣。……盖'绝圣弃智'、'绝仁弃义'，不尚贤之尽也；绝而弃之，则非特不尚而已。'绝巧弃利'，不贵难得之货之尽也；绝而弃之，则非特不贵而已。……能绝圣弃智而复其初，则其利百倍矣。……不尚贤，使民不争；'民利百倍'，'民复孝慈'，则非特不争而已。"①作为相当于今天国家图书馆、科技馆、档案馆三馆合一的馆长的周守藏之史的老子，不仅自己是为知识的拥有者、智者，同时也不可能"反智"，即使他有所谓的"反智"，反对的也是如同上文中的"贪欲"、淫（过度的）欲一样的"淫巧伪诈"之智，而对于人类正常之智也即必要的智慧甚至大智慧老子不但不反，反而是大力提倡的。事实上在《道德经》一书中，老子多处强调了"智"或"知"的重要性，他不仅强调人要有"智"比如他说："使我介然

---

① 高明：《帛书老子校注》，第312—313页。

有知"（五十三章），"复命曰常，知常曰明。不知常，妄作凶"（十六章），"知者不言，言者不知"（五十六章）等，并且认为更重要的要有大智慧的"自知"，所谓"知人者智，自知者明"（三十三章），不然就是"知不知，尚矣；不知知，病也"（七十一章）。而所谓的圣人也只是"是以圣人自知不自见，自爱不自贵"（七十二章）而已。此外老子还强调"教"和"学"，比如他说："是以……圣人行不言之教"（二章），"人之所教，我亦教之"（四十二章），"为学日益"（四十八章）等。可见那些说老子因"不尚贤"进而认为其"反智"的观点无疑也是错误的。因而在这点上，至少可以说"老子的'不尚贤'断不是'尚不贤'"①。而且老子虽然"不尚贤"但并非主张不"用贤"，他知道国家、天下还是需要人来治理，虽然他认为理想的圣人是顺道而治的"为无为"（将有专文详论），但即使在这种理想的治理下还是需要"用贤"的。这在第二十八章有明确的表述："朴散则为器，圣人用之则为官长。"这就是说："圣人需要立官长，这就需要用贤。"只不过是"圣人能在不尚贤的情况下用贤，乃至使贤者虽为其用而不自以为贤，且他人也不以贤者为贤"②而已，而要"用贤"自然也就不可能"反智"了。

再说"小国寡民"，这也是老子主张"不尚贤"进而反智、提倡愚民甚至倒退的"铁证"之一。但事实上"小国寡民"既非老子的社会或政治理想，同时也不是提倡愚民倒退的，不过为了本文不至于游离主题和冗长，我将有专文论及，这里只简单参考学界已有的成果来说明。先说第一点。大家知道，一般而言在任何著作或文章中，相同或相近的词汇出现的频次往往体现着作者的情感、意识和思想倾向甚至是理性判断和价值选择等，越是出现频次高的相同或相近词汇越体现作者的关注度，这应该是没问题的。而在今本《道德经》一书中，提到"小国"和"小邦"的只有分别1次和4次，同时仅出现于八十章和六十一两章，而提及"大国"1次一章（六十章）、"大邦"者5次一章（六十一章）、"天下"一词则出现的频率达60次涉及32章之多。其中"大邦""小邦"或"大国""小国"所具的国家（包括诸侯国）意义自不用说，"天下"一词的意义据严敏考证，除了（1）表示世界或宇宙（如二章：天下皆知美之为美；四十章：天下万物生于有；四十三章天下之至柔，驰骋天下之至坚；四十七章：不出户，知天下；五十二章：天下难事，必作于易。等）、（2）相当于天下人（如三十五章：执大象，天下往；六十六章：是以天下乐推而不厌……故天下莫能与之争；六十七章：天下皆谓我道大，等）等意义外，最主要的还是（3）

① 杜高琴、徐永安：《老子"不尚贤"与墨子"尚贤"的比较及其意义》，《湖北工程学院学报》（人文科学版）2013年第1期。
② 林榕杰《从"不尚贤"到"无不治"——〈老子〉第三章新解》，《福建论坛》（人文社会科学版）2013年第7期。

如现代意义上所说的"国家"或"全国"之义（如十三章：故贵以身为天下，若可寄天下，爱以身为天下，若可托天下；二十六章：奈何万乘之主而以身轻天下；二十九章：将欲取天下而为之；三十章：不以兵强天下，等）。但不管哪种意义，"可以说老子的社会政治理想不是'小国寡民'，他关注的是天下，他的社会政治理想是圣人无为而治，天下归心，天下大治"。"老子关注的政治地域概念不是寡民之小国而是拥有众民之天下。""老子心中常系天下，胸中常怀天下人，而非止于小国、寡民。所以我说老子的政治理想决非是'小国寡民'，而是大治之天下，是天下人都能享安宁、和平、康泰与富足的太平盛世。"①而关于第二点张松辉的观点是最令人称道的，兹引如下："老子所描绘的社会，几乎被所有的学者都误认为是生产力极度低下的原始社会，所以对于老子的这一思想，人们几乎毫无例外地是持批判态度，因为他明显是在开历史倒车。但我们认为，老子所描写的社会并非真正的原始社会，而是经过文明发展以后再对自然生活回归的社会。原始社会的基本特征就是生产力极度落后，人们的文化水平非常低下。而老子的'小国寡民'社会并不具备这些特征，因为在'小国寡民'的社会里，还有舟船、甲兵、文字等先进的东西，只是不去使用它们而已……人类的初期阶段，没有车船、甲兵等什伯之器，也没有文字，后来人们发明创造了这些东西，人类把这些东西制造出来后，当然是为了使用它们。使用一个阶段之后，又发现使用这些东西给自己带不来多少幸福，反而添了不少麻烦，于是又自觉地把这些东西放置在一边不再使用，重新回到结绳而治的纯自然生活状态。这是一个经过否定之否定的历史过程：没有什伯之器和文字可用，过纯自然生活—发明了什伯之器和文字，过所谓文明生活—虽有什伯之器和文字而不用，重新恢复纯自然生活，通过这一过程的显示，我们不难明白，老子所提倡的小国寡民社会不是蒙昧落后的原始时代，而是经过否定之否定后……是一种看似原始社会而实际属于文明形式更高的社会。"②虽然这也可能不是对老子"小国寡民"的确解，但老子非愚民和提倡倒退则是可以肯定的。

综上，我们大致对老子的"不尚贤"可以这样认识了：老子之所以"不尚贤"是因为在现实中"尚贤"与"贵难得之货""见可欲"一样，都是引发人民的贪欲、引起社会纷争甚至动荡的根本原因之一。但老子虽"不尚贤"却并不是"尚不贤"，也不反对"用贤"；其次老子也不因此主张"禁欲"，老子深知人之正常欲望的合理性，在此前提下他主张"欲不欲""见素抱朴"，其所反对的只是人过度的贪欲而已；同样老子因此也不反慧，作为古代智者，老子不仅有智，而且提倡和崇尚"自知"

---

① 严敏：《〈老子〉辨析及启示》，成都：巴蜀书社，2003年，第371—373页。
② 张松辉：《老子译注与解析》，长沙：岳麓书社，2008年，第262—263页。

和"知不知"的"大智",在获得智慧的路径上,老子是提倡教育和学习的(虽然他更看重的圣人是"行不言之教"和"学不学"),因而说其反智是不合实际的,其所反对的只是"淫伪巧诈"或"强作妄为"之智而已;最后,老子也并非因"不尚贤"而主张"愚民"和"倒退",而这点如上所言此不赘述了。因此,对于老子的"不尚贤",或许正如孙以楷所说:"学术界一些先生认为老子是非道德主义者,因为他主张绝仁弃义,老子又是弃智主义者和不重视知识和人才的人,因为他主张不尚贤。实际上这些指责,都是出于对老子学说的本质和主旨不甚了解或心存偏见。……老子的'不尚贤',就是不执着于'贤',不是人为的贤。老子认为只有这样才不会失败。"①

三、余论:作为开头的结尾

以上我们对老子的"不尚贤"观点和由此引起的误解以及误解的原因进行了较为的简单的辨析,到此本文也似乎可以结束了,但事实上还有一个更大也更重要的问题并没有解决,那就是:老子为何提倡"不尚贤"呢?其背后有着怎样深层次的原因呢?而对这个问题的探讨,绝非本文有限的篇幅所能揭示得了的。因此,本文在此只做一个观点的简单描述,具体论证则另行撰文阐释,这也算做是对这个问题的简单开头而作为本文的仓促结尾吧。那就是:

由于任何哲学都是世界观(也即认识论)和方法论(也即实践论)的统一,而且有什么样的世界观(认识论)决定什么样的方法论(实践论)。通过研究我们可以发现,对于老子而言,由于其哲学观的基本或核心范畴是"道","道"生万物(包括宇宙),这就是老子哲学中的世界(或宇宙)观(也即认识论);而又由于"道"即"自然"也即"自己而然"或"自其然而然","道"虽然成就了万物,却是无外力强迫让万物自生、自化、自成,因而也是无目的、无意志、无有用心的;在这种世界观(认识论)的基础上,老子与之相适应的方法论或实践论就是"无为"或"为无为",而这个"无为"或"为无为"并非什么都不做的"无所作为",而是顺应或适合"道"的"自己而然"的"无妄为"而不是自以为是的任意强为或妄为。进而这种认识论或实践论落实到社会和社会治理也即政治或执政的层面,这就形成了以顺道"自己而然"的"无为"或"为无为"的"不尚贤"的政治观、执政观。再者,从老子所处时代和社会环境来看,老子所处的时代所崇尚的"贤"已经是和顺道"自己而然"的"无为"或"为无为"背道而驰的"有为""强为"甚至"妄为"了,而这在老子看来是不可能成功的,因而老子从其道、自然的世界观(认识论)出发提

---

① 孙以楷:《"不尚贤"说解》,《华夏文化》2002 年第 2 期。

出要符合"道"的、"自己而然"的、"无为"或"为无为"的"不尚贤"的政治观、执政观。因而，可以说，老子"不尚贤"的思想是其政治观、执政观或者说是其方法论或实践观的表现，而这个政治观或实践观的背后深层次的是其世界观或认识论。换言之，正是老子独特的世界观或认识论决定或导致了老子独特的"不尚贤"的政治观、执政观或实践观。

《老子》"大美""上善"论的文艺理论内涵及其意义

内容提要:《老子》对"大美""上善"的区分和强调,不仅树立了人类"美""善"追求的崇高目标,而且开创了"素朴"美学的先河,促使中国文艺作品走上了重视"意"和"味"的发展道路。不止于此,《老子》所构建的"大美""上善"理论也没有放弃对形式美学的拓展和深化,并对崇高美学有所发扬,在赞美力量、壮阔、雄浑的同时,更加注重"化"的作用,终使中国文艺作品呈现出一种和谐融通的力量之美。

关键词:《老子》 大美 上善 比较诗学

　　《老子》文本对"美""善"等一类表示抽象概念的名词尤其偏爱,并通过引入"大(上)"等内含比较层级意义的语词,将一般的"美""善"与"大美"和"上善"加以区分,以此最终指向对终极问题的揭示。而且,这些概念不但涉及了哲学中的价值判断命题,更是在古代和现代文艺理论当中被较多地使用和发挥。可以说,《老子》文本关于"美""善""大(上)"的种种言论,已经深刻影响到了后之时代对文艺作品评判标准的制定,乃至改变或者重新塑造了中国文艺理论发展的方向和演变进程。

一、《老子》"美""善""大(上)"系列概念的提出及理论建构

　　《老子》对于"美"和"善"的认识是十分深刻和发人深省的,在谈到"美"和"善"的同时,也提出了"恶"和"不善"的概念。《老子》的作者时刻提醒着人们"美与恶""善与不善"始终是作为两两相对的矛盾体而共同存在的。《老子》言"天下皆知美之为美,斯恶已;皆知善之为善,斯不善已",这并不是旨在说明"如果天

---

　　* 作者简介:耿晓辉(1982—),男,河北保定人,文学博士,北京电子科技学院人文社科部讲师,中国社会科学院文学研究所访问学者。研究方向:中国古代文学。

下都知道美是何物，那么美就会变成恶"，而是在强调"美与恶"之间的关系不是绝对而是相对的，庄子正是看破了这一点，才会一针见血地指出，"毛嫱西施，人之所美也；鱼见之则深入，鸟见之则高飞，麋鹿见之决骤，四者孰知天下之正色哉"，① 可见"人之所美"很可能就是"物之所恶"，世间一切事物和标准都不是绝对的和一成不变的，而是处在相对的、永不停歇的变化当中。

明于此，也就能明白《老子》作者的一番苦心，正如王弼所言，"美者，人心之所乐进也；恶者，人心之所恶疾也。美恶犹喜怒也，善不善犹是非也。喜怒同根，是非同门，故不可得而偏举也"。② 这不但是在告知人们，"美与恶""善与不善"总是如影随形，知道了什么是"美和善"，也就知道了什么是"恶和不善"。同时，也是在告诫人们，一味追求"人心之所乐进"的"美和善"，其实也隐藏着相当的风险。因为"五色令人目盲，五音令人耳聋，五味令人口爽，驰骋田猎令人心发狂，难得之货令人行妨"，为此《老子》不得不以圣人立说，再次提醒人们，"是以圣人为腹不为目，故去彼取此"。

显而易见，这里的"为腹不为目"着重阐释了一个适度的原则："为腹，即求建立内在宁静恬淡的生活；为目，即追逐外在食欲的生活。一个人越是投入外在化的漩涡里，则越是流连忘返，使自己产生自我疏离，而心灵日益空虚。因而老子唤醒人要摒弃外界物欲生活的诱惑，而持守内心的安足，确保固有的天真。"③ 正所谓"为腹者以物养己，为目者以物役己"，美善的事物虽好，但也不能一味贪多妄求，否则人很可能成为无生命之物的奴隶并任由其支配，人也就会被物化变得人将不人。所以，《老子》作者极力说服人们，一定要成为无生命之物的主人，一定要管住内心的欲望，力求成为一个真正的大写的"人"。

为此，《老子》还特意为人们树立了一个更为高远的目标，人生来就不是为了追求眼前的"小美""小善"，而是要心存更为高远的"大美"和"上善"。《老子》云"信言不美，美言不信"，以此说明"美"是靠不住的，而"信"才是真实可靠的东西。庄子接过《老子》作者的话头，将其进一步论述为"天地有大美而不言，四时有明法而不议，万物有成理而不说"，④ 是以有"大美不言"的通俗说法，并和老子所言"大音希声，大象无形"形成了对应关系。这一切都表明，在一般的"美""音""象"之外，还存在着一种更为本质的东西。王弼认为"听之不闻名曰希，

---

① 语出《庄子·齐物论》，见陈鼓应：《庄子今注今译》（最新修订重排本），北京：中华书局，1983年，第90页。

② （魏）王弼：《老子道德经注》，楼宇烈校释，北京：中华书局，2011年，第7页。

③ 陈鼓应：《老子注译及其评介》（修订增补本），北京：中华书局，1984年，第107页。

④ 语出《庄子·知北游》，见陈鼓应：《庄子今注今译》（最新修订重排本），第601页。

不可得闻之音也。有声则有分，有分则不宫而商矣。分则不能统众，故有声者非大音也"，①意在阐明"大音"的本质就是"无声"或"无"，以此类推"大美"的本质就是"视之不足见"，最后也能归结为"无"，也就是《老子》"天下万物生于有，有生于无"的本体论。

同样，《老子》又说"上善若水"，这就是在明白向世人宣告，在一般的"善"之外，还存在着一种常人不易察觉的"上善"，其特点是"若水"。而"水"又是《老子》作者十分偏爱的一种本原意象，有着"善利万物而不争"的本质特性，蕴含着"谦退""居后"等深刻意旨，故《老子》以此为喻其主要的目的乃在于消弭人类的占有冲动，②这实际上是另一种形式的"无"。由此可见，"大美"和"上善"之间是有着共通的本质的，"大美"的特点"无言"正对应着"上善"的特性"若水"。换言之，"大美"和"上善"是"美"和"善"的高级阶段，也是"美"和"善"的最终归宿。

因此，《老子》才会反复强调"大美"和"上善"的重要性，而对于一般而言的"美"和"善"，总是语带贬斥。《老子》云"美言可以市，尊行可以加人"。③此句表面上是在讲美好的言辞可以用作交易，而高尚的行为则可以对他人施加以影响。实际上，此句的话里话外还暗含着对"美言"的反向思考。河上公注曰"美言者独可于市耳，夫市交易而退，不相宜善言美语，求者欲疾得，卖者欲疾售也"，④意在言明一旦"美言"用作交易，势必会成为"求者欲疾得，卖者欲疾售"之物，那么，"美言"也就相应失去了它之所以被定性为"美"的本质特征。因为"大美无言"，其非功利、无目的性的特质决定了它对交易行为的天然排斥，真正的"大美"是不可能被交易的，也不可能通过简单的交易而获得。这层意思，通过王夫之一语破的，其言"不善人保之，善所以贵。然可市而不市，可加而不加，斯乃为奥"，⑤这已是在明确说明真正的"美言"是不可以拿去交易的，正因为它有"可以交易而又不能拿去交易"的特性，才构成了它不可言说的奥妙之处。同样，老子还有"和大怨，必有余怨，安可以为善"之语，这是在用反问语气表明一般意义上的善行，如"和大怨"或"以德报怨"，都称不上是真正的善行，真正的善行乃是从不与人结怨，这样也就没有调和怨仇的必要了。总之，《老子》通过对一般意义上的"美"和"善"进行必

① （魏）王弼：《老子道德经注》，楼宇烈校释，第 116 页。

② 陈鼓应：《中国哲学的创始者：老子新论》，北京：中华书局，2015 年，第 163 页。

③ 此句王弼通行本作"美言可以市，尊行可以加人"，《淮南子·道应训》及《人间训》引作："美言可以市尊，美行可以加人"。俞樾及奚侗以为当从《淮南子》。然验之帛书甲、乙本，正与王弼本及其他古本同。见陈鼓应：《老子注译及其评介》（修订增补本），第 291 页。

④ 王卡：《老子道德经河上公章句》，北京：中华书局，1993 年，第 241 页。

⑤ （清）王夫之：《老子衍》，王孝鱼点校，北京：中华书局，2009 年，第 33 页。

要的批判，更加凸显出了"大美"和"上善"的本质特征，即可以被无限放大或提升的最高级的"美"和"善"。

正如《老子》所描述的那样，"大曰逝，逝曰远，远曰反"，"大"在这里最基本的含义就是幅度或广度的无限延展。而且，"大"在更多的时候还是用来形容"天""地""人""道"等"域中四大"的专门用语。"上"的使用情况也与之类似，除"上善"之外，还有"太上""上德""上士""上礼""上仁""上义"等种种用法，"上"在其中的含义也多为"最高级""最上等层次"之意。① 《老子》以这样的词汇来形容"美"和"善"，不但赋予了"美"和"善"的最高等级名称，同时也指出了在最高层次上"美"和"善"都要以"域中四大"为目标，只有不断向"四大"靠近，才能维持在最高层级而不流于浅表。庄子对此做了进一步阐释，其《天道》篇曰："夫天地者，古之所大也，而黄帝、尧、舜之所共美也。故古之王天下者，奚为哉？天地而已矣。"② 及至其《知北游》篇又再次重申，"天地有大美而不言，四时有明法而不议，万物有成理而不说"，这些都是在说明唯有天地之美、善，才可以称得上是真正的美、善，才是人们需要倡导不断学习的美、善之源和目标所在。

二、《老子》"美""善""大（上）"思想对素朴美学的开创意义

《老子》对于一般的美、善所采取的贬斥态度，以及他对天地之"大美""上善"的追求，不但被以庄子为代表的先秦道家学派所继承，同时也深深影响到了中国古代文艺理论的生成和发展。随着魏晋时期王弼注《老子》版本的流行，王弼所理解的"大美配天而华不作"③ 的《老子》审美思想精髓也成了魏晋时人的文艺审美风潮。在王弼看来，因为"大美"有着与天地一样之广大深邃的属性，所以其美的外在形式首先表现为"素朴"，王弼在其著作《老子指归》中这样论述道：

夫素朴之道不著，而好欲之美不隐，虽极圣明以察之，竭智虑以攻之，巧愈思精，伪愈多变，攻之弥甚，避之弥勤。则乃智慧相欺，六亲相疑，朴散真离，事有其奸。盖舍本而攻末，虽极圣智，愈致斯灾，况术之下此者乎！夫镇之以素朴，则无为而自正；攻之以圣智，则民穷而巧殷。故素朴可抱，而圣智可弃。夫察司之简，则避之亦简；竭其聪明，则逃之亦察。简则害朴寡，密则巧伪深矣。夫能为至察探幽之术者，匪唯圣智哉？其为害也，岂可记乎！故百倍之利未渠多也。④

---

① 张松辉：《老子译注与解析》，长沙：岳麓书社，2008 年，第 124 页。
② 陈鼓应：《庄子今注今译》（最新修订重排本），第 372—373 页。
③ （魏）王弼：《老子道德经注》，楼宇烈校订，第 100 页。
④ （魏）王弼：《王弼集校释》，楼宇烈校释，北京：中华书局，1980 年，第 198 页。

从这段话中可以看出"素朴"乃是"美"的根本，是"无为而自正"的源泉，而"好欲之美"则是"美"的表象，有着"巧愈思精，伪愈多变"特性，所以人们对于"素朴"之美的认识常常会受到来自"好欲之美"的干扰。较多的时候人们更愿意去追求"五色"或"五音"带给眼睛或耳朵的精彩刺激，而忽略或选择性失察其背后可致人"目盲"和"耳聋"的隐忧。这说明，"素朴"之美总是隐藏在所有"美"的表象之中，只有深谙"至察探幽之术"的人，才能够在所有"美"的表象中窥见"素朴"的真容，参悟其中"大"的本质，这也就是《老子》所说的"大音希声""大象无形"等的本质所在。不止于此，这种由"素朴"而发展起来的美学观，通过落实到人们对"大音""大象"的认识，也进一步深入到人们对于语言文字乃至文艺作品的认识当中，主要产生了两方面的结果。一方面，在创作上，因为"素朴""大美""上善"的美学追求影响所及，亦即庄子所谓"朴素而天下莫能与之争美"，"淡然无极而众美从之"，①中国古代的文艺作品也把追求"素朴""大美""上善"等作为了其创作的终极追求，特别是自魏晋以来，文艺作品中"返璞归真"的思潮便不绝如缕。据《世说新语·巧艺》载："顾长康画人，或数年不点目睛。人问其故，顾曰：'四体妍蚩，本无关妙处，传神写照，正在阿堵中。'"②这表明在绘画领域，以"四体妍蚩"为代表的那种表象的美已不再是人们追求的目标，而"传神写照"则成为人们对于绘画的更高要求，这也是为什么顾恺之画裴楷会在其面颊上增加三撇胡须、画谢鲲会将其画在岩石之中的道理所在。同样，在诗歌和文章领域，陆机早就提出"放言遣词，良多变矣"③的命题，以此说明文章创作中存在着许多深奥微妙之处，所以陆机才会时常有"意不称物，文不逮意"的忧虑。因为"人是这样一种活物，其语言让其生命遭受质疑"，④为了寻求人生中的"大美"和"上善"等终极意义，司空图不得不以饮食为喻点醒世人，其言"梅止于酸，盐止于咸，饮食不可无盐梅，而其美常在咸酸之外"。⑤饮食如此，诗文则更甚，其后陆游指出"大抵诗欲工，而工亦非诗之极也。锻炼之久，乃失本指，斫削之甚，反伤正气"，⑥明代李东阳也说

① 语出《庄子·天道》及《庄子·刻意》。见陈鼓应注译：《庄子今注今译》（最新修订重排本），第364、424页。
② （南朝·宋）刘义庆：《世说新语译注》，张万起，刘尚慈译注，北京：中华书局，1998年，第707页。
③ 张少康集释：《文赋集释》，北京：人民文学出版社，2006年，第1页。
④ [意]阿甘本：《语言的圣礼：誓言考古学》，蓝江译，重庆：重庆大学出版社，2016年，第152页。
⑤ 语出司空图《与李生论诗书》，收入（清）董皓等编：《全唐文·卷八百七》（影印本），上海：上海古籍出版社，1990年，第3760页。
⑥ 语出陆游文《何君墓表》，收入曾枣庄、刘琳主编：《全宋文》，上海：上海辞书出版社，2006年，第223册第264页。

"诗贵意，意贵远不贵近，贵淡不贵浓。浓而近者易识，淡而远者难知"，[①] 这些都是在说明除了语言文字层面的形式之美，诗文尤为看重的乃是其语言文字背后的"意"和"味"，也就是从来无言的"大美"和"上善"。

　　另一方面，从诗文接受的层次上讲，因为"大美"和"上善"等诸多妙处在文学作品中的普遍存在，所以要理解或准确把握诗文核心意旨其实是相当困难的，因此必须经过《老子》所谓"致虚极，守静笃，万物并作，吾以观复"的过程，才能"涤除玄览"并最终有所发现，此亦即陆机所说"伫中枢以玄览"的精义所在。这一过程，既适用于文学作品的产生之初作家对世界的观察和理解，同样也适用于读者在解读作品时对作品深微奥妙之处的还原。正因为诗文从来都力求"不着一字，尽得风流"，所以才会有读者"超以象外，得其环中"的用力，而且还会"遇之匪深，即之愈稀"，最后才能达到"诵之思之，其声愈稀"[②] 的境界。此后，这些闪光的象征性说辞最终发展成为中国文论中的"妙识"或"妙悟"说。正如谢灵运《从斤竹涧越岭溪行》诗云："情用赏为美，事昧竟准辨。观此遗物虑，一悟得所遣。"[③] 严羽在《沧浪诗话》中更为明确地指出："大抵禅道惟有妙悟，诗道亦在妙悟"，"唯悟乃为当行，乃为本色"。[④] 这即是在说明，当欣赏文学作品时，须使文学审美"主体深深地沉入对象的生命内核，于物我俯仰绸缪之际，天趣人心猝然相逢，生命激荡，瞬息之间，电光火石之机，领悟到天地之精华，造化之玄妙，生命之意旨，直接把握蕴藉于对象深层结构中的审美意蕴"。[⑤] 明乎此，也就能明了"妙悟"说的真谛，当然也会对理解《老子》的"大美"和"上善"有所帮助。

三、《老子》"美""善""大（上）"思想对形式美学的肯定深化

　　《老子》虽然极力倡导"大美"和"上善"，但这并不代表《老子》对表层的"美""善"现象总是视而不见，《老子》作者从来没有完全否定表层"美""善"的积极方面，正如《老子》言"知者不言，言者不知"，并不代表《老子》完全否定语言文字在表达思想方面的作用，否则《老子》作者也不会写出洋洋五千言以论述其"道德"学说的精妙。实际上，《老子》提倡"希言"、反对"多言"，其意并不在

---

　　①　语出李东阳《怀麓堂诗话》，收入李东阳著，周寅宾点校：《李东阳集》（第2卷），第529页。
　　②　语出司空图《二十四诗品》，分别见杜黎均著：《二十四诗品注译评析》，北京：北京出版社，1988年，第61、68、167等页。
　　③　收入逯钦立辑校：《先秦汉魏晋南北朝诗》，北京：中华书局，1988年，第1167页。
　　④　郭绍虞校释：《沧浪诗话校释》，北京：人民文学出版社，1961年，第12页。
　　⑤　李天道：《老子美学思想的当代意义》，北京：中国社会科学出版社，2008年，第159页。

否定语言，而是尤其珍视语言的表现。①《老子》提出"信不足，焉有不信焉。悠兮其贵言"，即是在申明语言之珍贵，尤其表现在"信"的方面。"信"含有出于真诚、合乎实际、恪守不渝等可贵本质，也是语言文字得以存续的根基。刘勰正是因为深晓此理，才会一针见血地指出："老子疾伪，故称'美言不信'，而五千精妙，则非弃美矣。"②王弼对此种辩证关系亦有着十分精当的阐释，其言："若温也则不能凉矣，宫也则不能商矣。形必有所分，声必有所属。故象而形者，非大象也；音而声者，非大音也。然则，四象不形，则大象无以畅，五音不声，则大音无以至。四象形而物无所主焉，则大象畅矣；五音声而心无所适焉，则大音至矣。"③

综合刘勰和王弼的观点，不难看出，在《老子》的"大美"和"上善"观里，除了对"大美""上善"的追求、对一般意义上"美"和"善"贬抑，同时还包含着对"大美"与"美"、"上善"与"善"之间辩证关系的深刻分析。王弼所理解的《老子》首先认为，"大美"是不能通过对"声"和"形"的简单辨析而达到的，通过"声"和"形"认识到的"美"，仅仅是一般的"美"的境界，永远也不能和"大美"之境的高度和广度相提并论。

但是，从相反的方向看，"大美"之所以可以呈现出来也并非和"声"与"形"的配合完全无关，所谓"大音希声""大象无形"，其"希声"和"无形"本身就是一种"声"和"形"的形态，只不过这乃是一种极为特殊的形态罢了。因为，"四象不形，则大象无以畅，五音不声，则大音无以至"，这说明"四象"和"五音"仍然是"大象"和"大音"得以展示出来的基础，其间蕴藏着的内容丰富的"大美"和"上善"也赖此而为人所感觉到并"心向往之"。正所谓"四象形而物无所主焉，则大象畅矣；五音声而心无所适焉，则大音至矣"，《老子》很好地解构了其间相互矛盾和吊诡的地方，并将"声""形""美""善"等外在的表象的"美"最终统一到了其"大美""上善"的理论范畴之中。将此种理论引入艺术领域，谢赫遂谓"风范气候，极妙参神。但取精灵，遗其骨法。若拘以物体，则未见精粹。若取之象外，方厌膏腴，可谓微妙也"，④这便是在讲，绘画既不能"拘以物体"，但又不能毫无章法，而是要"但取精灵"、超然象外，这样才能形神兼备而达绘画之至境。同样，刘勰也在《老子》"美—大美""善—上善"辩证统一理论的影响下，提出了文学创作领域关于"情采"和"质实"须辩证看待的理论观点，其谓：

① 王云熙、顾易生：《中国文学批评通史》（先秦两汉卷），上海：上海古籍出版社，2011年，第163页。
② 范文澜注：《文心雕龙注》，北京：人民文学出版社，1962年，第537页。
③ 楼宇烈校释：《王弼集校释》，第195页。
④ 王伯敏标点注译：《古画品录》，北京：人民美术出版社，1959年，第8页。

是以联辞结采，将欲明经，采滥辞诡，则心理愈翳。故知翠纶桂饵，反以失鱼。言隐荣华，殆谓此也。是以衣锦褧衣，恶文太章；贲象穷白，贵乎反本。夫能设谟以位理，拟地以置心，心定而后结音，理正而后摛藻，使文不灭质，博不溺心，正采耀乎朱蓝，间色屏于红紫，乃可谓雕琢其章，彬彬君子矣。[①]

　　在这段话中，刘勰主要表达了三层意思，一是在一篇文章或文学作品中内容永远都是关键，没有内容的文章是不能称其为文章的，因为"联辞结采"的最终目的总是要指向"将欲明经"，而辞采泛滥、谎话连篇的文章，则只能证明作文者心理的阴暗，所以愈是用"翠纶桂饵"去钓鱼，反而愈是容易失去鱼，也即失去作文的意义，而堕入"恶文太章"的境地。其次，刘勰还强调了文章须"反本归真"，也就是"贲象穷白，贵乎反本"，这与《老子》"反朴归真"的思想是一脉相承的。然而，只有"反本"而没有"情采"文章毕竟只是理论上的最佳状态，在现实情况下，或者说是出于现实交流的需要，"情采"也是一篇文章必不可少的要素之一。当然"情采"所起到的作用，只是为了辅助表达文章的"质实"和内容，凸显文章的思想和意义，亦即刘勰所谓"文不灭质，博不溺心"。唯其如此，才能创作出一篇既文采飞扬又内容充实、文质相得益彰的文章或文学作品，就如同一位文质彬彬的君子那样给人以无限遐想。

　　刘勰的这种辩证看待文质关系的思想在魏晋时期是十分流行的，这也从一个侧面证明了《老子》"大美""上善"辩证思想的影响深远。首先，反映在魏晋时人对人物的品藻上就是。魏晋时代的知识分子在追求自然率真的君子人格、推崇"法天贵真，不拘于俗"的君子人格美的同时，也同样重视人物的容貌和风度。魏晋文人对于容貌靓丽的男子从来都不缺乏赞美之词，例如赞美嵇康则云，"嵇康身长七尺八寸，风姿特秀。见者叹曰：'萧萧肃肃，爽朗清举。'或云：'肃肃如松下风，高而徐引。'山公曰：'嵇叔夜之为人也，岩岩若孤松之独立；其醉也，傀俄若玉山之将崩'"，赞美潘岳则谓"潘岳妙有姿容，好神情"，并使用"蒹葭倚玉树""连璧""玉人"[②]等等优美的词汇来形容更多优秀的男子，这些都足以说明魏晋文人对其外在容貌的在意和重视。

　　其次，除了容貌，魏晋时人更加看重风度。风度一词，语出《后汉书·窦融传论》"尝独详味此子之风度，虽经国之术无足多谈，而进退之礼良可言矣"[③]之语，特

---

① 范文澜：《文心雕龙注》，第538—539页。
② 张万起、刘尚慈译注：《世说新语译注》，第587—593页。
③ （南朝·宋）范晔：《后汉书》，（唐）李贤等注，北京：中华书局，2012年，第634页。

指人的言谈举止和仪态，魏晋时期还多有气概、器量之意。① 南朝·宋颜延之《庭诰文》曰："昔之通乎此数者，不为剖判之行，必广其风度，无挟私殊，博其交道，靡怀异曲。"② 因此，综合来看，风度的内涵不仅涉及容貌，还包括从人的外在容貌和言谈举止中所生发出的精神气质和气概。风度乃是人的外在表现与内在素质的完美结合，也是人之感性形式与理性内容的有机统一。比如那个曾被"看杀"的才子卫玠、那个曾卧眠美妇之侧而心无旁骛的阮籍、那个随时准备"死便埋我"的刘伶，就都是真性情、美资容和高尚品德及真才实学的统一体。

最后，在老子"大美"理论和魏晋人格、文学审美的双重作用下，适时形成了中国文学既注重声律又强调风骨的文学观，也就是唐人殷璠在论盛唐诗时提出的"声律风骨始备矣"。③ 无疑，盛唐诗的创作很好地实践了殷璠的这一理论，无论是李白的"蓬莱文章建安骨"，还是杜甫的"晚节渐于诗律细""语不惊人死不休"等，都是将诗歌的外在语言形式和其内在表现的深刻意义进行了有机融合。所以，才会产生出令后世文学难以企及的一座座丰碑。其影响所及不只使后人始终会有种"李杜文章在，光焰万丈长"的感觉，而且更是令中国文学形成了一个煅字谋篇、内外兼修的传统，苏轼将其总结为，"凡文字，少小时须令气象峥嵘，采色绚烂，渐老渐熟，乃造平淡。其实不是平淡，绚烂之极也"。④ 可见，平淡和绚烂之极乃是一种内在统一的关系，而归根结底，这一切最终都能上溯到《老子》的"大美""上善"理论中去，其意义之重大和影响之深远亦由此可见一斑。

四、《老子》"美""善""大（上）"思想指引对崇高美学的追求

在更深层面，《老子》"美—大美"、"善—上善"的二元对立体系，还直接与《老子》核心思想中的"有—无"体系形成了对应关系。《老子》云，"天下万物生于有，有生于无"，以此对照来看，《老子》所说的"美"和"善"自当处于"有"的层面，而"大美""上善"则处于"无"的层面，其中"无"是更为根本的存在。那么，《老子》的以大为美、以上为善，其更为本质的意涵自然也可以归结为"无"，而"无"的本质又是什么呢？《说文解字》释曰："无，亡也。"段注云："形声中有会意，凡物必自多而少而无。"另，"奇字无也。通于元者，虚无道也。"段注云："谓虚无之道上通元气寂寞也。"《玉篇》曰："无，虚无也，奇字之元与篆文之义乃微别。许说其

---

① 汉语大词典编纂处编：《汉语大词典》，上海：上海辞书出版社，2011 年，第 12 卷第 606 页。
② 见（清）严可均辑：《全上古三代秦汉三国六朝文》，北京：中华书局，1958 年，第 2634 页。
③ 语出殷璠《河岳英灵集叙》，收入殷璠、元结等选：《唐人选唐诗》（十种），上海：上海古籍出版社，1958 年，第 40 页。
④ 语出苏轼文《与二郎侄》，收入孔凡礼点校：《苏诗文集》，北京：中华书局，1986 年，第 2393页。

义，非仅说其形也。"①可见，"无"乃是一个形而上的哲学概念，王弼据此注曰："以无形始物，不系成物，万物以始以成，而不知其所以然，故曰'恍兮惚兮，[其中有物]（依俞樾说补）'、'惚兮恍兮，其中有象'也。"②在注释老子"寂兮廖兮，独立不改"之语时，王弼亦曰："寂寥，无形体也。无物匹之，故曰'独立'也。返化终始，不失其常，故曰'不改'也。"③

由此可见，"无"首先关涉的是万物之所以诞生的一种伟力，其本身不仅具有"恍兮惚兮"的朦胧美和神秘感，而且还具有以"惚兮恍兮"之功而造万物的崇高感。"无"并不是一无所有和一无是处，而是"三十辐共一毂，当其无，有车之用。埏埴以为器，当其无，有器之用。凿户牖以为室，当其无，有室之用。故有之以为利，无之以为用"。认识到"无"的作用，当然也就能认识到其作用之宏大，甚至可以大到包裹天地、囊括宇宙、造化万物，所以，"无"和"大"在本质也是相同的。《尔雅》释"大"曰："弘、廓、宏、溥、介、纯、夏……将、业、席，大也。"郭注云："廓落、宇宙、穹隆、至极，亦为大也。"④所有这些构成了《老子》"大美""上善"理论的又一重要内涵，并可与西方审美理论中的"崇高"概念相互发明。

康德在分析"崇高"的内核时指出："自然界的美是建立于对象的形式，而这形式是成立于限制中。与此相反，崇高却是也能在对象的无形式中发现，当它身上无限或由于它的机缘无限被表象出来，而同时却又设想它是一个完整体：因此，美好像被认为是一个不确定的悟性概念的，崇高却是一个理性概念的表现。于是在前者愉快是和质结合着，在后者却是和量结合着。"⑤这段话虽然看上去很是拗口，但康德却精确区分出了"美"和"崇高"的区别："美"主要是令人感到愉悦的东西，颇为类似《老子》所言"五色""五音"等能带给人感官刺激的事物；而"崇高"则是"量"的方面的提升，包括数量的无穷延展和力量的无限扩大，以致达到"无形式"的状态，并将其自身的"无限性"和"整体性"充分表露出来。康德为"崇高"定义的这些特性都十分类似《老子》所论"大美""上善"中所表现出的"大"和"无"的本质。康德还提出："真正的崇高只能在评判者的心情里寻找，不是在自然对象里。"⑥《老子》也说："我独泊兮其未兆，如婴儿之未孩。累累兮若无所归。众人皆有余，而我独若遗。我愚人之心也哉！沌沌兮！"这些都是在讲人内心的无限性、整体性和无形的特点，说明崇高感是可以向人的内心深处寻找的，并且越是能达到内

---

① （清）段玉裁注：《说文解字注》，上海：上海古籍出版社，1988年，第634页。
② 楼宇烈校释：《老子道德经注》，第55页。
③ 楼宇烈校释：《老子道德经注》，第65页。
④ （晋）郭璞注，王世伟点校：《尔雅》，上海：上海古籍出版社，2015年，第1页。
⑤ [德]康德著，宗白华译：《判断力批判》（上），北京：商务印书馆，1964年，第83页。
⑥ [德]康德著，宗白华译：《判断力批判》（上），第95页。

心无我的境界，其内心的崇高感就会变得越是强烈。这说明，在心理机制方面，康德的"崇高"和《老子》的"大美""上善"也存在着相通的可能。

此外，康德还提出了"美是道德的象征"的命题，把崇高看作道德的象征以及人的理性精神和自我尊严的胜利。还有他对古今英勇战士的赞美，表明他也十分重视主体精神的伟大崇高，这与《老子》自谓"我愚人之心也哉"的核心思想也存在着诸多不谋而合之处。康德还认为最终"自然会向人生成"。劳承万据此指出"崇高不只是一个自然美的欣赏问题，而是在审美的情感体验中参悟'自然向人生成'、自然与人相统一的和谐境界。"[①] 这也已经非常接近了《老子》所谓的只有当天人合一、物我相忘之际，内心才会感受到的那种"沌沌兮"最高境界。

当然，《老子》"大美""上善"论中所体现出的那种"崇高"，始终是带有显明东方哲学背景的"崇高"特质，其与康德的某些论述虽有几分相似，但他们的差异性也是十分明显。康德认为："关于自然作为一种势力，乃是一种对于诸种大的障碍优越的机能。它叫作一种威力，假使它对于那自身具有力量的抵抗也是优越的。自然，在审美的评赏里看作力，而对我们不具有威力，这就是力学的崇高。……好像要压倒人的陡峭的悬崖，密布在天空中迸射出迅雷疾电的黑云，带着毁灭威力的火山，势如扫空一切的狂风暴，惊涛骇浪中的汪洋以及巨浪，河流投下来的悬瀑之类景物使我们的抵抗力在它们的威力之下相形见绌，显得渺小不足道。"[②] 由此可见，康德所谓"力学的崇高"在更多时候是一种由于巨大的威力而形成的"恐惧的对象"，这会使人们感受到一种无法逃避的真正的恐惧感，当这种恐惧感并没有给人带来切身的危险时，人的内心就会产生一种抵抗的力量以谋求和"力学的崇高"相抗衡，与此同时，人的内心也会在抵抗恐惧的过程中变得无比强大，并最终将恐惧感变成一种战胜自然伟力的自豪和愉悦。

而《老子》所论的"大美"和"上善"则与之完全不同。首先，"大美"和"上善"从来都不是一种破坏力，而是一种完美平静的和谐力量；其次，人类更不会在"大美"和"上善"面前感到恐惧，而只会是一心一意的向往；再次，没有恐惧也就不会有战胜恐惧的自豪和愉悦。在《老子》那里根本不会有对抗，而只有融合，用《老子》作者自己的专用术语说就是"化"，比如《老子》文本中常用的"万物将自化""化而欲作""我无为而民自化"等，其间的关系不可能是剑拔弩张的紧张对抗，而只会是春风化雨、润物无声的渐变结合。所以，康德的"崇高"在本质上多是对立的"撕裂之美"，而《老子》的"大美""上善"则是和平共处的"中和之美"，也

---

① 劳承万等：《康德美学论》，北京：中国社会科学出版社，2001年，第222页。
② 康德：《判断力批判》（上），宗白华译，第100—101页。

即"有无相生，难易相成，长短相较，高下相倾，音声相和，前后相随"的美感特质。正是基于《老子》的这一思想成果，中国文学才会更加强调"此时无声胜有声"的效果。钱钟书以为："听乐时每有听于无声之境。乐中音声之作与止，交织辅佐，相宣互亲，马融《长笛赋》已摹写之：'微风纤妙，若存若亡；……奄忽灭没，晔然复扬。'寂之于音，或为先声，或为遗响，当声之无，有声之用。"[①]因此，中国文学中的"有"即是"无"，"无"也是"有"，只有做到"文有尽而意有余"，才能使"味之者无极，闻之者动心"，[②]并得以到达"诗之至矣"的境界。中国绘画亦是如此，于是"虚实相生，无画处皆成妙境"（笪重光《画筌》）才成为了绘画艺术的最高追求。

总而言之，中国文艺理论与《老子》更加认同"中和"和"化"而不是"对抗"的审美倾向是高度一致的，以致后世所追求的"雄浑""冲淡""劲健""豪放""悲慨"之美，都是围绕"不著一字，尽得风流"八字展开，而中国文艺创作的实践正是沿着这一方向不断前进，无论是在中国古代的诗歌、小说、绘画、书法、戏剧乃至园林设计上都有所体现。比如宋玉《登徒子好色赋》中对"东家之子"美貌"增之一分则太长，减之一分则太短；著粉则太白，施朱则太赤"[③]的形容手法，就留给了读者许多遐想空间。同样，汉乐府《陌上桑》对罗敷的美也不是直接描写，而是假之以众人之口说出，反而收到了更佳的艺术表现效果。在中国绘画中，更是强调恰当留白，园林设计中则十分注重"借景"的运用。曹雪芹正是因为深谙此道，才会在《红楼梦》中构筑了那个美轮美奂的乌托邦世界——大观园，并描绘出了一幅幅"言有尽而意无穷"的末世生存图景。这些无不体现出了《老子》"有之以为利，无之以为用"和相生相成、相化相合的思想内容，并最终集合而成中国艺术的"大美""上善"和其特有的"崇高"之境。同时，这也在相当程度上陶冶着中国人的审美情趣、决定着中国文艺理论的发展道路。

---

① 钱钟书：《管锥编》（1—4册），北京：生活·读书·新知三联书店，2007年，第695页。
② 吕德申：《钟嵘〈诗品〉校释》，北京：北京大学出版社，2013年，第49页。
③ 见（清）严可均辑：《全上古三代秦汉三国六朝文》，第74页。

从老子"浮屠邦"到莫尔"乌托邦"

——读《和生论》随想兼商榷

内容提要： 概要介绍《和生论》提供的关于老子创建浮屠邦和完成《道德经》的史迹史料。进而随想和商榷：（1）老子创建浮屠邦，开创了人类历史上空想社会主义之先河。浮屠邦类似原始部落又高于原始部落，有违背其时历史发展潮流一面，又有反抗剥削压迫、追求理想社会的进步一面。其失败是必然的，却从理论和实践上深刻影响到柏拉图创作《理想国》，又传承于莫尔《乌托邦》，直至马克思科学社会主义壮丽日出。（2）《道德经》是集其前中华文明成果的大成之作，又是吸收其他文明古国思想精华，为人类文明的共同结晶。其非一日之功，版本众多、文字有异可以理解。关键是无违《道德经》主旨——以"万物负阴抱阳，充气以为和""反者道之动"的大道和生为立论根据，以将辩证法转识成智为大道智慧学为方法，以损不足补有余（即剥削）的人间现实之道，必遵循和复归损余补弱（贫）的天之道为社会出路，以"天之道利而不害，人之道为而不争"为总结论，构建出包罗万象、唯物辩证、博大精深的天人合一体系。（3）两点商榷：一是老子认为先天地而生的混成之物字道名大（读太，即元气），字，表义和从属于名，即道从属于大，因而《和生论》认为大从属于道是一误解。二是在讲清老子的不争与不害同义，并非否认矛盾斗争性基础上，大可不必将"水善利万物而不争"擅改为"水善利万物而有争"。（4）贯通中西马，老子是轴心。

关键词： 浮屠邦 空想社会主义 《道德经》 体系 商榷 轴心

　　乌托邦，作为空想社会主义的代名词，早已为学术界所共识。然而，罗尚贤先

---

* 作者简介：王建中（1947—），男，安徽合肥人，安徽广播电视大学滁州分校原校长，副教授，研究方向：老子哲学。

生的力作《和生论》①，为我们展示并让我们明白，比英国莫尔《乌托邦》早两千多年，比古希腊柏拉图《理想国》早两百来年的，人类历史上最早的空想社会主义，是中华老子创建的浮屠邦。

浮屠，又称浮图。北京大学季老羡林先生考证过，浮屠既非佛又非佛陀②，而是下为宽大正方形底座、上为竖于正方形中央粗大圆柱体相构成的简易之塔。此塔，既是开坛布道场所，又是小邦圣人（即首领）的墓地（葬于塔底）。浮屠邦，是"莫知所踪"的老子西出函谷关后，带领函谷关令尹喜等众人，在昆仑山以西乃至伊朗以东广大区域，建浮屠塔开坛布道，以道立天下而陆续创建起来的一塔一邦，共五十多个空想社会主义小邦之国③。

历史上果真出现过浮屠邦？《和生论》给出了肯定的答案。《和生论》作者无昧于学者的良心，心胸坦荡而坦言相陈："关于昆仑实验的史料，从未有人收集过。今如大海捞针，拾取零碎资料，凑在一起，以期抛砖引玉。好在有老子《道德经》和《文子》可认是当时留下的经典，可作研究的指南。"④作者殚精竭虑，以沙里淘金精神，收集提供了遗迹考察和史籍对勘诸多资料，为我们展示了浮屠邦的部分真相，以及散见于《文子》《后汉书·楚王英传》《后汉书·桓帝纪》《后汉书·西域传》《魏书·释老志》和晋人王嘉《拾遗记》等，以及英美等国学者关于浮屠传道的种种可以佐证印证的史料⑤。

鉴于周王朝东迁后，诸侯迭起、礼崩乐坏、天下无道，特别是公元前516年周王室内乱，老子蒙受失职之责，遂愤而辞官西出函谷关（史载司马迁《史记·老子韩非子列传》）。老子出关干什么？《和生论》指出：在他看来，若正天下，须以道立天下。为此，需找到适当的地方进行革命的实验，试行以道立天下，重建人间和谐的方法，总结经验后，再往天下推广。于是他带领他的弟子们西行传道，在守关将领尹喜的支持下，首先在塔里木盆地做实验，然后发展到中国、波斯（即今伊朗）、印度的边境地区⑥。老子最初选定的落脚地是包括"昆仑宫"（约今之塔里木地区）、"玄甫堂"（约今帕米尔、兴都库什山地区）、"阆风巅"（约今克什米尔）的"昆仑山三角"，被《和生论》作者称之为昆仑实验区⑦。当时的实验不仅吸引了中国、波斯、印度的许多智士，还超出亚洲而吸引了希腊的一批智士参加，其中著名的有印度的

① 罗尚贤：《和生论》，广州：广东人民出版社，2012年。
② 罗尚贤：《和生论》，第30页。
③ 罗尚贤：《和生论》，第28—66页，另见41页。
④ 罗尚贤：《和生论》，第29页。
⑤ 罗尚贤：《和生论》，第30、33、39、40及38、140页。
⑥ 罗尚贤：《和生论》，第28页。
⑦ 罗尚贤：《和生论》，第28页。

佛祖释迦牟尼，古希腊的毕达哥拉斯①。老子首创开坛布道方式，以类似当今培训班形式教化慕名而来的仁人志士，以及投奔而来的平民百姓和逃亡奴隶。以"善建者不拔，善抱者不脱，子孙以祭祀不绝"的纵向发展、发扬光大，以及以身观身、以家观家、以乡观乡、以邦观邦的横向发展、示范扩张的愚公移山精神②，终至打拼出多达五十五个大道行之公天下的，实行分邦废封（废除侯王贵族式统治、剥削和压迫）立教施政（圣人教化与百姓自治融为一体）、损余补贫团结互助、民主直选为民不争、平等博爱和谐共生、公心公德上下一心、全民学习六自达德（六自——自知自爱而自宾，自均自正而自化。自宾即自由，自均自正即自我调整自我矫正而自律）、尊重自然注重生态、以奇用兵全民卫邦的浮屠法③，开辟了体现老子"我无为而民自化，我好静而民自正，我无事而民自富，我无欲而民自朴"④之自由自治自立和生精神的浮屠邦崭新天地。这可不是天方夜谭，而是倾注老子心血、寄托老子大道和生理想的实实在在的和生社会。老子活动的中心——檀特山，更是被庄子称其为"建德之邦""道德之乡"，佛祖释迦牟尼美誉为"极乐世界""佛国净土"，古希腊诗人品达尔赞此为"人间乐园"⑤。笔者读至于此，油然联想到我国为科学社会主义而奋斗的民主革命圣地——延安。"解放区的天，是明朗的天。解放区的人民好喜欢。民主政府爱人民，共产党的恩情说不完"，令贪污腐败、失道于天下的国民党反动统治相形见绌，形成鲜明对照的革命延安、民主延安。大道之行天下为公，何尝不曾吸引一批批热血青年如朝圣般奔投而至，居然还令美国的某些人士刮目相看。

历史不无遗憾，浮屠邦终究在亚里士多德学生亚历山大大帝东征入侵中，被横扫一空而如鸟兽散。源于东征入侵的军官记述的古希腊亚里安所著《亚历山大远征记》，为浮屠邦真实存在提供了强有力的佐证⑥。历史的硝烟早已逝去，尘封的历史难以尽觅。《和生论》所提供的弥足珍贵而有限的资料，已足以给我们留下无尽的遐思。笔者愿就以下四点，抒发一己之见。

其一，浮屠邦，是老子带领古中国、古印度、古巴比伦、波斯乃至古希腊的精英们，所创建的人类历史上最早的空想社会主义社会（类似于原始共产主义）。它不是原始社会，因为它不是血缘关系为纽带的氏族部落，且创造了文字和钱币用于交流和交换。但它分邦废封、民主直选、群体议事，却又极类似于没有剥削压迫、家长制民主的原始部落。确切一点说，它是在奴隶主侯王贵族"家天下"，私有制统治

---

① 罗尚贤：《和生论》，第210页。
② 罗尚贤：《和生论》，第33页。另见《道德经》第54章。
③ 罗尚贤：《和生论》，第82—98页。
④ 罗尚贤：《和生论》，第85页。
⑤ 罗尚贤：《和生论》，第71页。
⑥ 罗尚贤：《和生论》，第151页。

有了相当程度发展，并暴露出剥削和压迫之残酷罪恶社会条件下，作为一种与不合天道人性的私有制的对立面而横空出世，类似原始社会却又高于原始社会的人类历史上最早的空想社会主义。

浮屠邦这种空想社会主义性质的和生社会，在当时私有制的发展业已成为世界历史潮流和大趋势，在古中华封建地主新贵取代奴隶主亲贵统治渐成大潮时代条件下，不管多么理想化、人性化，其失败是必然的。这种必然性就在于其只能是低水平的小农经济根源之中。《和生论》设有专门章节，介绍了浮屠邦发行过正反两面不同文字以便于流通交易的货币"道钱"①，设立和实施过邦民社会生活准则而非法律性质的"浮屠法"②，却未能分析和说明浮屠邦的社会形态与经济基础。我们尽管找不出现成的史料，但还是应该而可以推而论之。老子所处的时代，是我国历史上铁器逐步取代青铜器，从奴隶制向封建制过渡和转变的大变革时期。因而浮屠邦的经济基础，只能推定为生产力水平仍极为低下的（自给自足的）小农经济。其以农耕为主，并因发行货币反映有一定的剩余产品可供流通交易，有一定程度的商贸经济为补充。由于浮屠邦在私有制统治势力极为薄弱地区奉行大道，圣人（经民主选举的首领或管理者）行不言之教，柔其志、果其腹、强其骨，为腹不为目（重民生而不搞形式主义花架子），功成而弗居，功遂而身退，无事而无为，故老百姓自正自化自富自朴，过上了没有剥削压迫而自由自治自立的低水平理想生活，是可以能实现于一时的。这样的社会形态，明显地有与封建制取代奴隶制的历史进步性、历史大潮流背道而驰的一面；但又鲜明地有不满大道废弛、反抗剥削压迫而追求理想社会的一面。这样的理想社会，置身于邦境周边私有制社会壁立，且日益兴盛大潮时起的大环境中，虽可以崛起于一时，即使不被入侵的外力摧毁而瘁然凋落，恐怕亦会因其社会内部人口、环境、生产力的发展和交换的发展，以及和邦境外部相比较的弱势而出现生产关系和生产力、经济基础和上层建筑的种种难以调和的矛盾，必定会在逐步演化以顺应历史潮流中而自行解体，犹如18世纪法国圣西门、傅立叶的空想社会主义实验一样。自给自足的小农经济是支撑不起社会主义大厦的。企求在生产力水平极度低下、自给自足小农经济基础上建立具有社会主义性质的理想社会，只能是空想，其失败是必然的。

然而，老子首倡大道和生学说和社会，并躬身付诸社会实践的伟大探索精神却极为难能可贵，在人类历史上开了空想社会主义之先河。老子在浮屠邦中的角色地位，当是无冕之王、精神领袖。其在位时、在世时，无可怀疑他孜孜以求的辉煌业

---

① 罗尚贤：《和生论》，第74—76页。
② 罗尚贤：《和生论》，第82页。

绩。而他身后之事，从其来自众多文明古国的弟子们，在被入侵的外力摧毁后散落亚、欧各地，一度兴建的浮屠邦、浮屠道，如毕达哥拉斯在古希腊[1]，尹喜[2]和文子返回中原本土的作为看，都很难再有兴建中亚地区浮屠邦之大作为，只能顺应新时势而薪火相传大道精神。究其原因，除了上文所提到的经济根源外，那就当与老子的世界观虽然是唯物辩证的，但在社会历史观上却是自然主义的密切相关。人类社会遵循的是有别于自然领域特殊的矛盾运动规律。解开历史之谜的钥匙，是两千多年后资本主义社会历史条件下，由伟大的马克思提供的（历史唯物主义）。老子时代根本不具备建立科学社会主义社会的时代条件，因而也就不具备科学地解决社会主义理想的时代条件。我们不应苛求于老子。即使是科学社会主义，仅靠具备时代条件也不一定能揭示出来，也还需要空想社会主义源流而至的思想和实践资料。老子在《道德经》中以"小邦寡民"（邦，因避刘邦讳而改为国）的独立章节，表达了他对理想社会复归的坚信不疑。老子是从理论到实践，都给人类留下了大道之行公天下的初期空想社会主义宝贵遗产。如是，老子"浮屠邦"→柏拉图《理想国》→莫尔《乌托邦》（还有康帕内拉《太阳城》）→摩莱里（著有《来自乌有之乡消息》）、圣西门、傅立叶，乃至发展出马克思科学社会主义的历史轨迹，便清晰地呈现出来。

对理想社会的追求，是人猿相揖别后人类的天性和本性。老子的事业失败了，但其卓绝的智慧和开先河的探索精神却永续地流传下来。毕达哥拉斯，这位被出自中国和田（昆仑实验的主要地区之一）的古代历史文献《乐师史》列为"第二乐师"[3]的古希腊智者，因用音乐传道参与昆仑实验，受到过老子的高度评价：平淡的道理，谱上乐曲，众人爱听，可以把"浮屠法"推广到天下，让天下人乐于接受[4]。《和生论》援引号称由欧美澳十多个国家的"130多位顶尖专家"合著的《劳特利奇哲学史》指出："总之，存在着一个出现在公元前5世纪中前期，合理而又牢固地同毕达哥拉斯联系在一起的一般观念体，它即将以一种有计划的方式在整个世纪发生影响，并且在公元前4世纪，首要地对柏拉图发生影响。"[5]柏拉图曾明确提出"重构毕达哥拉斯"。《和生论》分析其原因："大概就是因为亚历山大从知识殿堂中获得有关史料，带回了希腊，柏拉图见此史料后，恍然大悟，故提出重构。"[6]由此可见柏拉图与毕达哥拉斯的渊源关系（据说还有受品达赞颂浮屠邦的影响）。重新审视柏拉图的核心著作《理想国》，不难明白老子、浮屠邦、浮屠法对柏拉图的深刻影响。《理想

[1] 罗尚贤：《和生论》，第139—150页。
[2] 罗尚贤：《和生论》，第30页。
[3] 罗尚贤：《和生论》，第138页。
[4] 罗尚贤：《和生论》，第139页。
[5] 罗尚贤：《和生论》，第140页。
[6] 罗尚贤：《和生论》，第141页。

国》共十卷，第一、二卷主要论述公道正义问题，为全书主旨。在柏拉图的思想中，国家的建立是为实现公道正义。柏拉图认为："在任何政府里，一个统治者，当他是统治者的时候，他不能只顾自己的利益，而不顾下属老百姓的利益，他的一言一行都为了老百姓的利益。"① 柏拉图本是奴隶主贵族专制制度的忠诚卫士，却说出和表达了与其身份不符，而与老子所说"圣人常无心，以百姓之心为心"何其雷同的思想。再比如，柏拉图设计理想的国家结构分为三层——护国者（统治阶层，领导为哲学王），卫国者（武士阶层），劳动大众……② 这种结构不正是浮屠邦的社会结构的翻版？哲学王，不正是老子及各邦的首领所担当的精神领袖、无冕之王的再现吗？卫国者（武士阶层）不正是对老子浮屠邦的以奇用兵全民卫邦的借鉴？柏拉图所开创的雅典学院以及讲学形式，不正是效仿老子的布道施教？

历史还告诉我们，深受浮屠邦影响的柏拉图《理想国》虽未付之于实践而变为现实，却为两千年之后英国莫尔《乌托邦》充当了先驱。《理想国》"可以说是近代乌托邦思想源头。莫尔《乌托邦》就是在《理想国》的启发下写就的"③。莫尔的《乌托邦》，宣扬的主旋律是自由、平等、博爱。在乌托邦——一个没有的地方，财产公有、人民平等、按需分配……④ 这样的理想，无不可以在浮屠邦、浮屠法乃至老子的思想中找到传承接续的源头。

当然，纵向比较一下《道德经》、浮屠法与《理想国》、《乌托邦》，我们还应看出，国情不同，时代条件不同，在前人基础上，后继者有所发展，有所变通，也有变味走了样的。无论如何，空想社会主义都曾是人类前行的一面旗帜。其反抗剥削压迫的大道和生主旋律，在历史曲折中昂扬激荡，经久而未息，直至迎来马克思科学社会主义的壮丽日出。

其二，《道德经》是集前人思想与古代文明之大成的经典大作，又是理论思考与社会实践相结合过程中，人类文明精华融合的共同结晶。

《道德经》成书非一日数日之功。不妨合理地推想一下，老子在出函谷关西去之前，《道德经》似并未成书更无书名，而其思想却已广有影响，会不胫而走流落世间。约在战国时，有了《老子》书名，直到魏晋时，形成《道德经》书名。其实它还有别名——《浮屠经》《五千言》。至于传世版本，典型的如楚简本、马帛本、河上公本、王弼本等，彼此大同小异，多有驳杂。而《浮屠经》由浮屠邦邦民听传道时所记录，流传西域各方，更是难以一统、难辨真伪。所有这些情况，当与《道德

---

① 百度百科：柏拉图《理想国》，作品思想／正义观念。
② 百度百科：《乌托邦》，介绍／"实例"柏拉图的乌托邦。
③ 百度百科：柏拉图《理想国》，作品思想／对后世的影响。
④ 百度百科：《乌托邦》，开头的介绍。

经》成书状况相关。老子西出函谷关前，就已有影响和流落世间的《老子》，可以断定不是定稿本。而司马迁在《史记》中记有老子应尹喜所求数日撰下《道德经》，就可算定稿本？似亦不算。《和生论》指出："班固以事实纠正了司马迁的主观猜测之误。《汉书·艺文志》录《关尹子九篇》"，下注："名喜，为关吏，老子过关，喜去吏而从之。"尹喜跟着西行了，不会有强为我著书之事。被称为《老子经》的《道》和《德》，是经昆仑实验后，才可能写出来的。老子道团到西域做以道立天下的社会实验，事有大成，总结规律性认识并吸取印度、波斯的文明成果而写成《道》和《德》，后人合称《老子》书，或《道德经》。"①《和生论》还援引晋人王嘉《拾遗记》卷三："浮提国献神通善书二人，乍老乍少……佐老子撰《道德经》，垂十万言……老子曰：更除其繁紊，有五千言。"《和生论》判定"浮提国"即浮屠邦（提，为屠音译之误。邦，因避刘邦之邦讳，改为国），乍老乍少二人中有一人为文子。"老子等老道君们平日说教，及回答弟子们请教时提出的问题，其言论是很多的。此二人将其收集起来，成浮屠经集成，竟垂十万言。"五千言为《老子》（《道德经》），十万言为《文子》（即《浮屠经集成》）。《文子》中各段落前皆明言"老子曰"。还说："《老子》书写于昆仑实验示范基地的檀特山……尹喜到檀特山访老子时，得到《老子》书，带回中土，而在归（鬼）谷中与道君们一起，据之培养弟子推动中国改革。"②笔者以为，尹喜带回的《老子》，应为老子亲定的全真版本。现今面世的各种版本谁可勘定为全真本？难。倘若某个时日因考古果真有了全真本重大发现，定当功德无量。不过，一时判定不清也大可不必争执不下，好在现今各版本尽管文字有异，却无违《老子》主旨。

《老子》的主旨是"和生论"吗？然也，却又不尽然。老子所处的时代，诸侯迭起，礼崩乐坏。老子身处乱世，面对"损不足补有余"（即剥削）现实社会有违天道的人间现实之道，以非凡的洞察力敏锐地抓住社会向何处去、人世出路何在这样重大的时代课题，目炬苍穹思接千载，上承远古《龙图》《河图》《太极八卦图》《周易》，紧扣古来形成的天人关系思考命题，著书立说以奉天下。通读《老子》书，综览五千言，老子以天之道与人之道关系为主线，揭示天之道负阴抱阳充气为和、反者道之动的辩证本性，形成大道和生思想为立论根本；以转识成智，将辩证法构建成经世致用的大道智慧为重要方法，揭示损不足补有余的人间剥削之道，必定要顺应和遵循"损有余而补不足"的"天之道"为理想出路，最后以"天之道，利而不害。圣人之道，为而不争"的天人合一精辟结论收篇。一部包罗万象、博大精深的

---

① 罗尚贤：《和生论》，第29—30页。
② 罗尚贤：《和生论》，第41—42页。

唯物辩证的天人合一思想体系构建成形，集前人文明成果之大成——《老子》（《道德经》）问世了。

老子不仅是无与伦比的思想家、哲学家，更是知行合一而伟大的躬身践行者。经由浮屠道社会实践和再思考，《道》《德》二经日臻成熟。特别是吸收来自其他文明古国弟子们相传而来的文明精华，一如《和生论》所述，印度《黎俱吠陀》经文中关于宇宙生成孰"有"孰"无"的困惑和发问，老子终以"有无相生"辩证地予以破解[①]。在此启迪之下，《老子》书中吸收了有与无同阴与阳结合，而又突出有与无，成为《老子》一书核心概念。如此，博综钩稽而成皇皇五千言、文体优美音韵铿锵，便于传唱宣传大众之《老子》，终至瓜熟蒂落，不啻为人类文明共同之结晶、之瑰宝。它本就属于全人类，也终究会被确认为人类文明之根底。

诚然，若能弥补上浮屠邦史料，确有助于我们读通读懂《道德经》，亦可更深入全面地理解老子无与伦比的智慧与大德。《道德经》问世后，经弟子们流传各方，虽然命运多舛，却历久弥坚。这还应与意大利传教士利玛窦在我国明代万历十三年（公元 1583 年）来中国后的东学西渐中，《道德经》再度传入欧洲极大影响法德英等国思想界大有关系。据联合国教科文组织统计，而今《道德经》发行量已超过《圣经》，成为世界上发行量最大的文化典籍。其价值之高由此可见一斑。了解浮屠邦，读通《道德经》，也有助于我们坚定对马克思所揭示的复归原始共产主义的科学社会主义的信仰、信念。当今中国，科学社会主义已经初步转变为现实。构建和谐共生互利共赢的人类命运共同体，实现天下大同不再是人类可望而不可求之梦。先人追求的理想社会，烛照前行，终将会成为全人类自由自治自立的理想现实，成为全人类和谐共生的人间乐园。

其三，两点商榷。一是关于先天地而生的混成之物字曰道、名曰大该如何理解。《和生论》直接将名曰大改为名曰太[②]，无疑是正确的。但却把太理解为万物萌发生衍过程状态和趋势（程式）。进而认为：这是老子提出的新概念，是"非常名"。由此可知，老子的太属于道但不等于道[③]。笔者对此不敢苟同，愿相与切磋商榷之。

经查《辞源》《辞海》[④]：大读音为"太"，道家用语，指的是天地混沌未分的元气。未分为一，称为太一或太极，简称为"太"。即是说，强为之名曰大（太）的，先天地而生并且可为天下母（即本体、本源）的混成之物，是元气。由此可以确证，老子是元气一元论的唯物论者。再来说字，老子时代的习俗是，男子生下时即取名，待

---

① 罗尚贤：《和生论》，第 110—113 页。

② 罗尚贤：《和生论》，第 115 页。

③ 罗尚贤：《和生论》，第 115—116 页。

④ 《辞源》，上海：商务印书馆，1979 年，第 650 页，《辞海》第 1442 页。另参见 1915 年版。

年满二十及冠行成人礼方可取字。如孔子的儿子姓孔名鲤字伯鲤，诸葛名亮字孔明等等。字，或形声，或转义，或指代，或指意于名，表名之义而从属于名。这就与《和生论》所理解的恰恰相反——道从属于太，而不是太从属于道。

那么，字曰道之道该作何解？《和生论》提出可道、恒道（或道恒）、非恒道三种不同意义加以区分，认为："客体之道恒与主体之道理的统一，即客观与主观的统一，存在与意识的统一，物质与精神的统一，这就是老子道的内涵。可道、恒道、非恒道（道理）是老子道的外延。"① 如此解读，直令人如坠烟雾、不得要领。笔者则以为，元气既名曰太，仅勉强解决了物质性元气是（本）源是（太）极问题，还须进而取字表达元气有何本性、属性。于是，以道字之，最为合适。因为老子之前即有所谓天之道、人之道的说法。不过，老子开宗明义——道可道，非常道，意思是吾之道可以明说、言说，但不是通常所指的阴阳之道、五行之道，而是特指一阴一阳、负阴抱阳充气致和之道，一无一有、有无相生之道，反者道之动之道。究其实质，此之道表达的内涵即今之对立统一、矛盾（法则）。说白了，老子的道，是元气运行的轨迹，即对立统一规律或矛盾法则。老子时代虽然提炼不出对立统一、矛盾概念、术语，但对立统一和矛盾现象是客观而普遍存在的，能够为人类所认识，当然也就能够为老子所直觉和颖悟。如是，老子为元气取字曰（赋有辩证之义的）道，表明老子独树一帜，实为揭示宇宙演化和万物生成的根本规律——对立统一规律之第一人。这也表明，老子是古代元气一元论的辩证唯物论者。把握此道的辩证本质、本性、本义，则大道之行生一生二生三乃至万物，负阴抱阴充气以为和，其运行轨迹、程式、节奏、节律，绝不是什么"大"，当是：统一—分—统，合—分—合，和—分—和，肯定—否定—肯定，或有（无）—无（有）—（新生之）有（无）。万物化生均遵循着对立统一规律而展开、运动、生成和发展，此可谓之老子的大道辩证之和。

二是关于"不争"与"有争"之辨。《和生论》在第一章第一节"探索和生之道的起点"中，将通行诸版本中老子的"水善利万物而不争"，擅改为"水善利万物而有争"②。笔者以为，这一擅改大可不必、也大为不妥。

将"不争"改为"有争"，《和生论》理由是："老子的不争与有争是辩证统一的……认为讲和谐必否定斗争的观点，并非老子的原意。其原意当是以斗争谋和谐，以和谐促生衍。故善于做适当的斗争是和生之道的题中应有之义。"③ 这段话无疑是正确的，但它恰恰可以作为不必擅改的理由。

老子的不争，似可归纳出三个方面的含义。一是不争的基本之义是不害——天

---

① 罗尚贤：《和生论》，第104—105页。
② 罗尚贤：《和生论》，第7页。
③ 罗尚贤：《和生论》，第7页。

之道利而不害，而不是不讲斗争。这与生而不有、为而不恃、长而不宰、功成不居，功遂身退等是同一含义；二是利与不争是辩证的统一，而不是不争与有争是辩证的统一。因为利之本身即包含有争。若要利之，既必须有付出、服务、奉献、团结等，当然也包含有努力、争取、奋斗、斗争等；三是"不争而善胜"中的不争，应是指不蛮干、不胡来、不轻敌、不打无把握之仗等，而是要慎战、慎斗，要讲究斗争策略和艺术，强调的是要必胜、巧胜、智取而善胜。明乎于此，便能明白不争之争的特殊意义，例如沉默、幽默以对，例如邓小平的不争论，例如不战而屈人之兵等，就是不争之争的高明之处、谋略之妙。吃透这些含义，讲清楚这些含义，还有必要把"水善利万物而不争"，擅改为"水善利万物而有争"吗？如果改为"有争"，那还能体味出不争之争的妙用吗？。

　　千百年来，人们对于老子贵柔守弱，倡和不争确实颇有微词而又不绝如缕。这是未得老子和生哲学辩证之和的精髓和要义。《道德经》有云："万物负阴抱阴，充气以为和"，这是经典性地表达矛盾着的双方相互联结相互作用之下致和致统致合，辩证地致和、致统、致合。大道和生，即大道辩证和生、辩证而生之谓。在现代辩证法中，相互作用，既可指相辅相成，也可指相反相成，当然也可指既相辅又相反而成。相辅相成也好，相反相成也好，无疑都包含着矛盾的斗争性。在这里，旧质的统（和、合）是矛盾斗争性的根据和基础，而矛盾斗争性则是旧质转化、飞跃成新质之统（和、合）的充要条件，新质之统（和、合）又是矛盾斗争性的目的、目标和依归。可见，矛盾斗争性不能随意、任意，即矛盾斗争性不仅是绝对的，也应有相对性，要受矛盾统一性的制约。矛盾的统一性和矛盾斗争性都有各自的绝对性与相对性一面。矛盾如此既统一又斗争，相互联结、不可分割、共同作用，才是事物发展的源泉和动力。《道德经》言简意赅，却十分经典地表达了大道之和深刻的辩证内涵，体现出老子古典辩证法的智慧。如果仍认为老子只讲和、讲退让、不讲斗争，试问，老子为何会发出"民不畏死，奈何以死惧之"的抗争和呐喊？为何能在历史上最早提出区分不得已的自卫战争与杀人的侵略战争[1]？又为何在浮屠法中提出以奇用兵全民卫邦？总之，把握住大道和生哲学辩证之和的要义，才可能防止继续误解老子，还老子之本相，享老子之智慧；才能深刻洞察生动鲜活的现实世界，深入理解沧桑之变的人间正道。当然也才能防止将和生与必要的斗争相割裂，而导致赫拉克利特争斗哲学（片面地主张斗争是源泉和原则）[2]相反的（只讲和抹杀斗，片面地主张统一是源泉和动力）另一个片面化极端。

---

① 老子：《道德经》，第31章。
② 罗尚贤：《和生论》，第144、213、214页。

其四，贯通中西马，老子是轴心。这是笔者读完《和生论》所获的最大启示。应当说，《和生论》堪称这方面的拓荒性力作。《和生论》从第一章"和生之道的渊源：《龙图》《河图》《太极八卦图》及《周易》"开篇，以尽可能搜集到的史料、国外学者的资料和实地考察浮屠邦遗迹所获资料，史论结合，较为全面系统地介绍了老子西出函谷关后兴建浮屠邦的兴衰历程——昆仑实验、创立浮屠法与构建和生哲学（《道德经》定稿版），来自古印度、古巴比伦（即今之伊拉克）、波斯（即今之伊朗）、古中国与古希腊的众弟子，在遭遇战争摧毁以后，返归故里继续以不同方式弘扬大道和生，成立了源自浮屠道的古希腊浮屠邦、火祆教[①]、耆那教[②]、佛教[③]、西域道教[④]、波斯经教（大秦景教）[⑤]等，特别是老子和生哲学对欧洲（主要是古希腊、黑格尔哲学）文化的影响[⑥]，以及与马克思主义的内在联系、马克思主义中国化[⑦]。贯通中西马，可谓脉络清晰、发人深省。一个集大成、展大道、文明四方的轴心人物老子，跃然纸上。当然，真正贯通中西马，要做的工作还太多，需要抢救遗产、深挖史料、思想渊源的接续、描绘文明大道发展的脉络和细节，乃至《和生论》所提供和引用的资料有待官方认可和学界共识……雅斯贝尔斯曾提出"文明轴心说"，卑以为，真正的轴心只有一个，那就是老子。毕达哥拉斯（→苏格拉底→柏拉图→亚里士多德）[⑧]、释迦牟尼、孔子等都不过是老子卓有成效、自成一家的弟子。老子者天下第一，实非虚言妄语。

顺便突出一提的是，笔者于纪念马克思诞辰200周年之际曾撰写《马克思主义理论源头在〈老子〉》[⑨]，文末指出："马克思主义传入中国，其实并非舶来品"，而是老子"少小离家老大回"。今读《和生论》，在文末后记中作者也有一段真知灼见的话："马克思主义之所以在中国不可动摇，根源亦在于马克思主义本来就是龙文化中和生理念的发扬光大。对中国来说，马克思主义并非外来文化。"[⑩]读至于此，我不禁会心一笑。

壮哉，老子！圣哉，老子！伟哉，老子！

① 罗尚贤：《和生论》，第167页。
② 罗尚贤：《和生论》，第168页。
③ 罗尚贤：《和生论》，第171页。
④ 罗尚贤：《和生论》，第184页。
⑤ 罗尚贤：《和生论》，第191页。
⑥ 罗尚贤：《和生论》，第204、206、208页。
⑦ 罗尚贤：《和生论》，第209、219、221、222页。
⑧ 罗尚贤：《和生论》，第206页。
⑨ 詹石窗，谢清果主编：《中华老学（第1辑）》，北京：九州出版社，2019年，第301页。
⑩ 罗尚贤：《和生论》，第260页。

老子的生死观探微

邓剑纯 *

内容提要： 古往今来，人们对生死问题的研究从未中断，对于死亡道家有极其丰富的思想资源，最根本的来源还是体现在老子的《道德经》中。死亡不可避免，不可抗拒，是任何人都不可回避的切身问题。生死亦道，道化万物，世间万物都无法脱离道的范畴。善生善死，探讨老子生死观中蕴含的玄妙智慧。超越生死，从超越的角度看待生死，获得生时的坦然。领会老子的生死观，以道为基点，获得生命存在意义的本真领悟。

关键词： 老子　道　生死观

死亡，意味着生命的终结，在很多人看来是人生的悲剧，于是人们往往会忽视或者说可以忽略对于死亡的探讨。如何过好一生、洞悉人生哲学、获得生命的领悟是每个人人生中非常重要的一课，人之生死的问题是人生哲学的内容核心，对生死问题的反思，才能获得对于生命存在意义的本真领悟。中国古代哲学中关于生死之论，不乏智者与睿者，其中道家生死哲学，以其丰富的理论内容，深刻的思想内涵，脱俗的不凡见解和独特的美学境界，格外醒目地凸显出来，乃是中国生死哲学理论中不可或缺的一笔。

道家的生死思想内容丰富深刻，其中老子作为道家的创始人，他的哲学思想中所涵盖的生死观点在其道家学说中占有不可忽视的地位，包括对后来者庄子的生死观都产生了极大的影响，老子对待生死的看法无疑是中国传统思想中一份宝贵的精神财富。本文旨在对老子的生死观进行哲学反思，在反思中获得老子对待生死的问题的本真把握。

＊　作者简介：邓剑纯，江西师范大学伦理学专业硕士研究生。

生死亦道

要理解老子的生死观，首先要了解老子思想体系的核心——"道"。对于生，老子立足于宇宙的广阔视野来观察，在他看来，宇宙是一个大生命体，是"道"赋予万物以生命的潜能，万物之始便是万物之生。

老子说：

道可道，非常道；名可名，非常名。无，名天地之始；有，名万物之始。[①]

有物混成，先天地生。寂兮寥兮，独立而不改，周行而不殆，可以为天地母。吾不知其名，强字之曰道，强为之名曰大。大曰逝，逝曰远，远曰反。

故道大，天大，地大，人亦大。域中有四大，而人居其一焉。

人法地，地法天，天法道，道法自然。[②]

从上述引言看，老子的道实为宇宙本体，它既是"无"，又是"有"，是有、无之统一。道难以用语言来描述它，只好"强之为名"。"有物混成，先天地生"意指"道"先于天地而存在，万物是由"道"派生的。自然，应是人、地、天、万物的规范。无论是个体的人、宇宙天地万物，还是玄虚的道，都应以自然为其基本原则，即顺应自然之"道"。笔者认为，在老子的思想中，将"自然"视为万物之本性，而"道"则是自然之本性。老子在此强调的是万物的自然性，万物之生或死都是自然而然发生的事，万物生命的持续也不过是任其自然而已。人作为万物中的一员，人的生命和天地万物的生命同理，生死的变化都是由自然之道所决定的。

"生"来源于道，无形无象之道并非虚无缥缈，道在似有似无中是真实存在的，是确定不疑的。"道生一，一生二，二生三，三生万物"，正是由于道的化孕功能，万物才得以生成。而"生"也恰恰体现了苍茫大道之功能。若无生，何见道？然而，在探讨"生"的同时，切不可忘记"生"的对立面——"死"。"死"乃道的另一现象，是道运行变化的规律之一。宇宙间的一切道之体现都必然经历从产生到死亡的全过程。面对死亡，世间万物皆无法抗拒。"生死"是一对范畴，缺一则不平衡。在老子看来，事物总是成双、相对出现的，正是因为有"生"的出现，作为对立面的"死"也就必然出现了。不知死，何以晓生？

老子体悟到，要个体的人排斥死亡是无济于事的。而这种超越于生死的存在，这就是"道"。虽然人总难免一死，但是作为万物的总根源的"道"是永远不会枯竭

---

① 老子：《道德经》，第 1 章。

② 老子：《道德经》，第 25 章。

而亡的。"道"之永恒性表现为其周而复始的运动性，"独立而不改，周行而不殆"，"道"处于不断地运动中，好像渐渐远去，但又慢慢返回起点。而正是在"道"的运动中，万物才获得了产生与存在的动力和依据。"道"之不死，使万物产生与存在成为可能，也因为"道"之永恒，才使人可以有可能超越生死，趋向一种永恒的存在。因此，须将死的变化纳入生死大化之中，纳入"万物将自化"的规律之中，才能够解决人对死亡的恐惧感。

一、善生善死

老子说：
出生入死。生之徒，十有三；死之徒，十有三；人之生，动之于死地，亦十有三。夫何故？以其生生之厚。①

出生入死。这句话是说人离开生路，就走进死路，王弼给这句的注释是"出生地，入死地"。② 这是每个人都必须经历的，万事万物也是如此，有生必有死，有开始就会有结束。

"夫物芸芸，复归其根。归根曰静，是谓复命。"在老子看来，天下万物，万物并作，但最后仍是回归它的根源。落实到生死问题上，就是我们中国文化特色"落叶归根"的传统。"各归其根"，万物回复各自的根源，这代表了天地的自然现象，宇宙为万物之母，生老病死之后，也回归她的怀抱。从这里看老子的生死观可以说他是"自然论"者，老子强调万物的自然性，万物之生或死都是自然而然发生的事，万物生命的持续也不过是任其自然而已。

长寿之人，占十分之三，短命之人，占十分之三，还有十分之三，是那些过分奉养生命之人，本来可以活得很长，但却贪餍好得，伤残身体，最终糟践了自己的性命。只有极少数（十分之一）的人，善于护养自己的身体，能做到少私寡欲，过着清静朴质，纯朴自然的生活。③ 从这一段看，可以证明，老子并不认为生死由"命定"，何时生何时死，是每个人自己的行为导致的。在文中那百分之三十就相当于是自己寻死，过度的养奉身体，最终自掘坟墓。

老子之所以将"生之徒"和"死之徒"看成非人为的因素，是因为他认为生命源本于自然，生存的因素是与生俱来的自然禀赋，死亡则是万物的必然趋向与归宿。

① 老子：《道德经》，第50章。
② 王弼注：《老子注》，上海：上海古籍出版社，1995年，第106页。
③ 陈鼓应注译：《老子今注今译》，北京：商务印书馆，2003年，第167页。

老子这样的生死观中蕴藏着一个重要的人生哲理，就是有些事情的发生是人自找的，富有之人，因为拥有财富，所以奢侈过度，在养生上就会造成养护太过，因此反而丢失了自己的性命。当然老子也认可有一部分人的长寿是属于天生的，但短寿的一部分人也是存在的。老子认为寿命的长短，和贫富没有多大的关系，主要是看你的所为是否符合"道"的标准。人之生死在很大程度上取决于非人为的自然因素。但有的人却因将生看得太重，违背生命发展的固有规律而自益其生，养生过度，导致死亡。所谓"生生之厚"，是说对养生之事的过于看重，而正是由这种过于求生的欲望才不断将人引向死亡之路。

老子强调"闻善摄生者，陆行不遇兕虎，入军不被甲兵"，只因"其无死地"。善于养生的人，根本就不会进入致死的境地。但其实从现实的角度上来讲是说不通的，因为在陆地上遇到老虎，或者在敌营中碰到兵刃，是很难逃生的。老子在这里主要是以象征性的比喻，说明精神修养的重要性，能透过深厚的智慧，看透人生，看穿生死。所以，任何挫折、打击，都无法将其伤害，反而能够越挫越勇。道家重视养生之道，相信透过自然养生，可以获得长寿。正如老子所说，虽然有些人天生长命，但也可能因未珍惜而伤身；有人天生体质虚弱，仍可以透过养生之道来延长生命。这也是老子在提醒人们珍惜生命，善养精神，并且顺应自然、虚静淡泊。

二、超越生死

老子说：

> 知人者智，自知者明。胜人者有力，自胜者强。知足者富。强行者有志。有失其所者久。死而不亡者寿。[①]

老子所追求的生死超越是他的超越意识中的最高层次，是在他提出超越名利、超越是非观念基础之上所达到的至高境界，老子超越生死的思想体现了他对世俗人生的终极思考和终极超越。

在老子的思想中，"死"与"亡"的意思并不相同，"死"指的是生命活力和机能的消失，生命运动的终止，它着重指人的形体而言；而"亡"指消亡，不存在，归于无。在老子看来，一个人的生命就肉体方面来说，有生必然有死，因为其生命活力和机能的存在时间是有限的，但肉体的死亡并不等于整个生命迹象的完全消失，因为生命存在中还包括精神的因素，生命机体可以死亡，但是精神仍然可以继续发

---

① 老子：《道德经》，第33章。

挥作用，这种精神，我认为可以理解为人的一种思想境界。人之所以与动物相异，最大的区别就是人具有思维能力，并能运用精神的力量达到一种人道合一的思想境界来超越死亡带给肉体的痛苦，这也就是老子所说的"死而不亡"。王弼曾解读"死而不亡"，即身亡而道犹存，"道"在老子的思想中本身具有永恒性和超越性，如果人的精神达到与自然之"道"融为一体的境界，就能摆脱死亡对生命的限制性。

老子将道作为人们至高的精神寄托，强调"生"乃道之演化，"死"乃道之复归，最后将"死而不亡"与"道"统摄在一起。死而不亡既是老子对世人的临终关怀，又是其终极死亡观。老子认为生存与死亡不应保持对立，其原因在于："生"使人存在于一定的时空，人们能用思维感知自身与身外之物，此时人之内心是平静的。但"死"犹如时间一样，一去不复返。死亡的可怕就在于人们无法对它加以感知与控制。然而，死亡如同生存一样，它真真切切地存在于每一个生命之中，既然如此，人们为何不能坦然接受死亡呢？在老子看来，死仅仅代表身体消失，而并非灵魂消亡。这里可以看成老子把生命分成了两个部分，即有形之躯体与无形之灵魂。有形的躯体是物质的，故不可长存，它必然在某个时间点由此物化归为彼物。而灵魂是无形之物，凡无形之物往往能与道同体。"不失其所者久。死而不亡者寿。"其中的含义是：不离失根基的就能长久，身死而不朽者才是长寿。这里的根基就是大道，身死指身体消逝，"不朽"指灵魂不灭。使人只有不背离大道，依道而存，才能在身死之后不朽于世。总之，生死处于自然运转之中。

因此，当死亡来临之际，或许绝大多数人恐慌不安，但世人若能领悟生死与道之关系，理解生死之间的关系，那最后也必然归于淡然，进而将一切迷惘与困顿消解于大道之中。在老子看来，安时处顺即为长生，与道合一即为永恒。

三、对当今社会的启迪

老子对生死奥秘的探究目的在于保生灵之命，体生命之真。他既指点人们如何理性面对生命，又引导人们如何直面死亡，让世人从死亡的恐惧中解脱出来，重获精神自由。

（一）面对生命的理性态度

"道法自然"是老子整个哲学体系的核心所在，其"自然"之法也必然贯穿于生命的全过程。生命乃自然化孕之结果，孤儿生命之存与消也必然依附于自然。妄作的结果只能导致生命过早的终结。因此，老子认为，只有将生命之于自然之中，遵从自然之法，才能实现与自然相融合到达生命之永恒。而"少私寡欲""柔弱不争""自然无为"乃是生命与道合为一体的必经之路。

（二）直面死亡的达观气象

死亡是生命的有机组成部分，也是每一个个体都必将经历的过程。我们深知死亡无法回避，但当死亡来临之际，我们或许会心生畏惧。正所谓蝼蚁尚且偷生，更何况于人乎？面对世人临终时的恐惧，老子从生死态度的影响因素，与生命的流转方向这两个角度来论述死亡，以期盼世人能消除内心惶恐达至上善之境。

（三）超越生死的终极期盼

诚如上文所述，老子的确是"生"之推崇者，这不但与他的哲学归旨一致，也与世人之期盼相契合。但他指导人们"生"应当用理性的态度面对，"死"应当用达观的情怀接纳。在老子的世界中，"顺道而生"是生之至高追求，"虽死犹存"是死至高境界。

有人为了使身躯得以保全，生命得以延长，不断借用外力来养奉身体，可遗憾的是，生命非但没有应追逐外物而得以延长，反而大大缩减。这种适得其反的效果正是"妄作"之弊端所在，过分的"妄作"阻碍了生命的自由伸展，终而"动之死地"。因此，追求长生，应秉承"道法自然"之原则，"顺道而生"才是生命久存的秘密所在。

通过对老子"死而不亡"的探析，我们知道不可将个体的死亡看作生命的消逝，依老子之见，人们应当将"生死"融入天道之中，从宇宙生命大系统之中观察个体生命之流转，只有站在道的高度，才能看清生死之间的此消彼长，才能明了死亡最后的归向。只有勘破生死，从生命中超然而出，不为生死而拘束，才能使形而下的生命从此有了形而上的超越；只有理解生死，才能逾越躯体的有限性，进而冲破生死之界限，让生命与道归一，达至"虽死犹存"的不死境界。

四、结语

生死问题是伴随人一生相始相终的问题，与一般人重生而恶死的思想不同，生死是万物变化的必然轨迹，老子教人以一种坦然的态度去面对死亡，老子生死哲学中透露出对生命存在的理性态度和对死亡困境的达观态度，对我们后世的启迪应该是深刻的。老子并没有将我们引向宿命论的歧途，而是让生命从狭窄、困扰、惶恐和死亡的自我冲突中解脱出来，让心灵与自然凝聚成永恒的存在，使人的心灵走向绝对自由的精神家园。

《道德经》人才思想探赜

邹秀季*

内容提要："为政之要，惟在得人"，人才作为治国理政维护国家长治久安的第一资源，历来受到统治者和各大思想流派的高度重视。一方面，老子著《道德经》对其时代朴散为器、尚贤逐利的社会乱象抨击尤甚；另一方面，他在说明"道""自然""无为""圣人"等概念中又实则阐述了知人、举贤对国家治理的重要意义，其人才思想有自身特色，亦有自身的独特价值。《道德经》人才思想主要包括"知人者知""知者不博"的识才观，贵师爱资"勤而行之""大器晚成"的成才观，人尽其才、以德为先的育才观，谦柔处下、洞达宽容的用才观。

关键词：《道德经》 识才 成才 育才 用才

先秦时期诸子百家，立论各有宗旨，但因彼时礼崩乐坏、社会失序的时代环境所致，其著书立说无不以达致社会治理之和谐为基本目的。尽管各大学派在治理国家社会的具体方略上众说不一，但对治国理政需要人才辅佐的认识却是共同的。然而，与儒家等主张"选贤任能"对人才表现出明确而积极的渴望相反，老子说过"不尚贤""绝圣弃智"的话，这使得其一度甚至被贴上"反智主义"的标签，其"正言若反"的语言风格令其有关人才的观点显得略有争议。事实上，正如老子其实并非一概反对人类文明现有成果的"反智主义"者，而仅是对异化的文明保持警惕和批判一样，老子所反对的只是统治者崇尚贤能造成强化人们争名夺誉心智的不端世风。老子的人才思想实则蕴含有丰富的见解，不仅文本中有"善行""善言""善数""善闭""善结""善建""善抱"等技能高超的专业才士，同时其在识人观、成才观、育才观、用才观等方面更具有充分的论述，尤其《道德经》所称述之圣人，更是一位集智慧、道德、事功三方面于一身的理想化楷模。

---

* 作者简介：邹秀季，岭南师范学院马克思主义学院，博士，从事中国哲学、马克思主义中国化研究。岭南师范学院人才专项（ZW1805）。

一、知人者知的识才观

具体的人事工作中，准确识别人才使不同岗位皆有适宜之人十分重要。一般而言，在竞争激烈的岗位招聘中，各项能力表现引人注目的一方往往容易最后胜出。老子对这种识别人才的常规方式表现出怀疑的态度，他认为，"知者不言，言者不知"（《道德经·56 章》）。[1] 真正知"道"者并不言说，而到处言说者其实并不真正知"道"，按照王弼的解释，其不过是竞逐于"造事端也"而已。《道德经》中类似的句子还有较多，"大巧若拙，大辩若讷"（《45 章》），最巧妙的看起来仿佛十分笨拙，最善辩者谈吐却木讷得犹若犯有口吃病一样；"善者不辩，辩者不善"（《81 章》），美善者不屑于夸夸其谈的辩论，好辩者内心充满争强取胜之心实则无纯德；"知者不博，博者不知"（《81 章》），知"道"之人不博学，博学之人非知"道"，世人皆追求广博，以博学为美。这些显得有些另类的识才方略显示了老子正反互彰、以反彰正的语言逻辑，按照张岱年的说法：只有"正面的状态，容纳了反面的成分，才是比较圆满的状态"[2]。事实上，这种认为真正的才能之士也许在某方面表现得较为不足不是老子的独特说法，孔子也有类似的思想："君子欲讷于言而敏于行"。现实中，博者不知的例子亦不鲜见，老子的识才观对于挑选出符合实际的合适人才具有重要的启迪意义。

识才实则是件十分困难的事，它不仅需要有严谨科学的评价标准考察人才的专业技能和未来发展潜力，还需要尽可能了解人才的性格、意志、道德等诸多要素，尤其是人的内心世界十分隐秘，非有一定的眼光和假以时日很难真正完全了解人才的全部特征。老子谈人之"心"可见于多处，一方面既有"心善渊""虚其心""愚人之心""百姓之心"的正面论述，另一方面也有"心发狂""心使气曰强"的反面论述，尽管心的作用不一，但可以肯定的是，对名利欲望的固执以及其发狂时难以控制是"心"的常见形态，对心的这种负面认知，在庄子那里有了进一步发展。庄子明确宣称"凡人心险于山川，难于知天；天犹有春秋冬夏旦暮之期，人者厚貌深情。"（《庄子·列御寇》）相比于高高在上的天依然有四季变换的确定性，作为"域中有四大"的人无论外貌还是情感都表现得深不可测。正因如此，老子认为"知人者知"，准确认识他人的人称得上智者，也只有智者才能完整认识他人。

二、如何成才的路径论

俗语说："十年树木，百年树人。"成才的过程必须经历一段较长的攀登历程，其间面临的各种挑战或许层出不穷，没有一定的意志、科学的方法及良好的习惯等，

---

① 陈鼓应：《老子今注今译》，北京：商务印书馆，2008 年，第 277 页。下文引《道德经》仅引章节。

② 张岱年：《中国哲学发微》，太原：陕西人民出版社，1981 年，第 345 页。

很难最终达到理想的状态。对于普通人如何成长为时代需要的才干之士，老子提出过一系列十分中肯的指导思想。他认为，良师是个人成长路上的指明灯，尊师受教是好学者崇道向善的必备品质，"不贵其师，不爱其资，虽智大迷"（《27章》）。再好的天赋如不珍爱师资，终会陷入迷途，可见良师益友是人才成长过程中的重要资宝。老子还认为，师法的对象不仅是善人，"不善人者善人之资"，不善之人亦是善人成长过程中必不可少的资鉴。

教师的重要价值固然突出，但离开主观努力，一切都是空幻。老子认为，现实中人们对待"道"的态度并非一致，"道"在人间遭到无视乃至非议的情况俯拾皆是，并据此可将人分为上士、中士、下士。"上士闻道，勤而行之；中士闻道，若存若亡；下士闻道，大笑之。不笑不足以为道。"（《41章》）上智之士，笃信至道，享受被"道"浸润滋养的过程，知道要求自己勉力奉行；中智之士，似懂非懂，时而奉行时而背弃，并不能长久坚持守护在"道"左右；而下智之士不但不理解"道"，反而百般嘲讽和刁难。以上说明，成为上智之士需要恪守对"道"的真诚信仰，将之付诸实践，督促自己奋力前行，并需时刻警惕"下士"对"上士"闻道行道过程中可能的干扰与诋毁。道是无味的，学习的过程必然是充满艰辛的，成才之路既长且阻，缺少强力的意志和坚定的信念实难达到成功的彼岸，故而老子特别强调"自胜者强"，只有不断战胜自己，才能日渐顽强，"强行者有志"，勉力而为者有志。

成才还需修养良好的心境，"致虚极，守静笃"（《16章》），保持内心的谦虚、安静，不争过分的名与货，在小有所成时亦不可显露丝毫的骄矜之气，因为"大道泛兮，其可左右"（《34章》），人在"众妙之门"的"道"面前十足的渺小。一方面，老子说"其安易持"，事物在其安定时容易掌握和把控，"躁则失君"，躁动则将失去主宰，内心的最佳状态是"心善渊""光而不耀"，虚静淡漠，深不可测，反之"富贵而骄，自遗其咎"（《9章》）。骄奢跋扈之心是成才的大敌，因而是急需克除的心病。另一方面，"知不知，上也"（《71章》）。最上策的做法是知"道"而若无知，永远保持对外界的求知欲、好奇心，若原本一知半解却自视甚高，甚至以为人都不若己，主观封闭自己，则会招致挫折。

成才还离不开正确的时间观念。现实社会中，成才往往能给自己和家庭带来各种利益的满足，正因如此，人们总是习惯于抱持一种急切的心理，过去曾有拔苗助长的故事，今天的社会在这方面的表现亦不落后于古人。老子认为，圣人的人格与处事原则与一般人有别，圣人不争先而甘居于后，"是以圣人后其身而身先"，恰是因为不以争先为目的，反而最终能达到最优先的结果。故而，凡事皆有其成长发展的客观规律，违背规律，任意妄作，则将带来凶险的结果，"不知常，妄作凶"（《16章》）。人才之成长发展亦是如此，需知"合抱之木生于毫末""千里之行始于足下"

的常理，任何企图超出事物成长规律的跨越式发展，都可能面对遗憾的结局，"企者不立；跨者不行"（《24章》）。鉴于此，老子提出"大器晚成"的人才成长路线，大器之才必然离不开日积月累的打磨，平常之人在出类拔萃之前无不要经历一段刻苦的修行，苦心志、劳筋骨，甘于坐冷板凳。然而必须指出的是，现实生活中追求速成的浮躁现象多如牛毛，有的甚至不惜铤而走险、作奸犯科，这都不可能成为真正的大器之才，老子的警示对当今教育具有重要的现实意义。

三、以"重积德"为目的的人才培养

人才是当今世界最具竞争力的可持续发展资源，人才培养质量的高低决定了一个国家未来发展的潜力。培养人才需要遵循人才成长发展的客观规律，优化培养管理路径，"营造人人皆可成才、人人尽展其才的良好环境"①，只有科学友善的培养管理制度、良好适宜的人才成长环境，才能培养出更多更高水平的人才队伍。老子认为，人才培养首先应坚持人尽其才、物尽其用的原则。这是因为在老子眼里，"万物莫不尊道而贵德"，人们在"尊道"乃至向道学习的本性这点上不存在显著差别，何况"天地不仁"，天地对待万物不曾表现出任何的偏私。因之，老子主张"是以圣人常善救人，故无弃人"（《27章》）。作为老子心目中理想社会人物的代表，圣人对待他人的基本准则是不做善与不善的人为区分，恒常地积极为所有人帮助提供适合其本性成长的生活环境，不放弃任何一人，人人都有其特殊的潜质，理想的社会管理者应取法圣人的行为准则，助力人才健康全面成长。

实际的人才培养管理中，不同风格、不同水平的管理往往在各自的领域各逞其能、互不相让，但作为被管理者的人会更倾向于自由、活力、愉悦的成长环境，而选择主动回避那种处处感觉到压抑甚至敌视的劣质管理者。老子说："太上，下知有之"（《17章》），最优的管理之道，人们只是能知道它存在，但日常中却很难感觉到它发挥作用，运用到当今具体而现实的管理环境中，要求管理者充分尊重人才的个性特征与合理需求，将更多精力关注于为人才成长提供更多更优质的贴心服务，减少直至最终完全避免各项不必要的、有违人才发展客观规律的随意妄作行为。

人才培养需要制定人才培养的具体目标，体现了人才培养的方向，这就需要有关部门去权衡技能培养目标与情感培养目标两者孰先孰后。事实上，当今人才培养主管部门，在制定培养目标时一般能意识到"德才兼备，以德为先"的指导原则，但是由于各种客观原因使然，重技能轻情感道德的教育模式依然较为广泛。老子说："是以大丈夫处其厚不居其薄；处其实，不居其华。故去彼取此。"（《38章》）教育

---

① 中共中央文献研究室编：《习近平关于科技创新论述摘编》，北京：中央文献出版社，2016年，第119页。

需要培养什么样的人是需要慎重抉择的，而老子选择的是大丈夫，这是因为大丈夫恪守的是道德之本，摒弃的是各种细枝末流。故而，老子明确提倡"重积德"的人才培养目标，而过分渲染技能教育缺乏必要的道德涵养浸润，则容易陷入争名夺利，破坏社会发展的和谐局面。老子其时面临的时代环境，正是礼崩乐坏、道德失序的混乱时代，老子给时代发展提出的解药，正是恢复人类淳朴天真的"上德""玄德"，将道德教育放在人生最重要的地位。

四、科学用人的方法论

育才、识才、引才最终必然落实到用才中，能否留住人才关键也在于能不能用好聚集起来的人才。老子认为，善于使用人才最重要的是用人者要放低自己、谦和处下，"善用人者为之下"，这在用人哲学上称为"不争之德"，就像江海之所以能容纳百谷成为百谷之王是因为江海能甘居下流一样，用人者柔弱处下，就能吸引更多人才愿意投奔而来筑巢安居，也能营造良好的工作环境，充分激发人才工作的活力。

其次，用人者要能有充分的度量宽容人才无意犯下的错误和缺点。人无完人，再优秀的人也有某些方面的缺陷和不足，正因为任何人都是矛盾的统一体，所以在引进人才时，需要同时容忍人才的种种不足，不求全责备，不吹毛求疵。老子说："知常容"，只有胸怀足够宽广，知道人之不足是恒常的道理，才能懂得容纳他人。不仅如此，"古之善为士者，……旷兮其若谷"（《15章》），洞达包容也是古之得道者的基本素质之一，是老子心目中理想的道德人格之一。宽容之所以成为用人的基本原则和理想人格，"因为他的最高原则是'道法自然'。这一原则希望万物中的个体都能自然而然地发展自己的潜能，希望群体之间能有和谐的关系，而宇宙万物的整体状态也能体现自然而然的秩序与和谐"[1]。

再次，用人者需要建立公平公正的评价考核制度，用人以公，方得贤才。老子认为，"道"是公正的本体，"道"不偏私谁，更不偏私自己，正是因为"道"的公正不阿，不追求个人私利，反而最终能成就最大的私。如何做到这个公心，老子给出的回答是学习圣人，"圣人无常心，以百姓心为心"（《49章》）。圣人眼里只有百姓的利益，思考的是如何使共同体利益最大限度实现。

综上，人才是国家第一资源，人才强国战略是未来中国实现伟大复兴中国梦的关键要素。《道德经》所蕴含的丰富人才思想虽然迄今已有数千年，但其包含的智慧对今天国家引进人才、培育人才、评价人才等许多方面都具有深刻的启迪意义。譬如：《道德经》认为在人才识别过程中，不可过分执着于人才素质的全面，需知"知

---

① 刘笑敢：《老子古今》（下卷），北京：中国社会科学出版社，2006年，第492页。

者不博"的道理；《道德经》重视人才的"重积德"教育，主张教育的目的要以培养"大丈夫"型人才为己任，衡量人才的最高标准应看其是否能自觉担当历史和时代的重任，不汲汲于个人富贵，服膺于"以身为天下""利万物而不争"的奉献精神；《道德经》认为成才之路既阻且长，学习的过程甚至可能遭致不理解者的非议和嘲弄，故而诫勉人才务必树立坚强的意志奋力前行，要能时刻战胜自己，战胜自己则会日渐顽强；《道德经》劝导用人者柔弱谦下，要像空旷之谷一样拥有宽广的胸襟容忍他人的错误，避免求全责备，从而为人才发展提供一个健康、宽松的成长环境，等等。

《道德经》中静的思想研究

卢 珊 聂 威 *

内容提要：在通常以虚静为特点研究《道德经》的成果中，既没有体现虚的独立价值，也没有体现静的独立价值。诚然，虚与静的关系在工夫与境界上关系密切，但是静作为道的基本作用属性、静为保存生命的生命哲学、静为指导人生实践的人生哲学、静为工夫修养的方法以及虚的虚空义都应该依照《道德经》的文本分别体现出来。

关键词：静　虚　虚静　《道德经》

在对《道德经》的研究中，通常比较重视道、无、玄、自然、无为等概念的思想内涵。诚然这些都是道家、道教思想中的核心要义，但是"致虚极，守静笃"作为《道德经》中一个非常重要的体道方法，也应该重视和丰富《道德经》中静的思想内容。在当下的研究成果中，对《道德经》中静的思想所做的专题研究主要是把虚与静结合在一起理解。这样做当然也有一定的道理，虚与静在某些方面有相同的内涵，但这却不能体现出静的独立价值。因此，本文集中关注《道德经》中静的思想，朗现出静的思想独立价值。

一、《道德经》中静的思想研究现状

学术界关于《道德经》中静的思想研究主要有两个方面：

一是静为修养方法，能够清澈、明晰认识心。徐复观认为虚静的自身是超越时空而一无限隔的存在，因此当其与物相接，也是超时空而无限隔的相接。[②]这是徐复观对认识心的肯定。心保持虚静的状态，其认识能力就能无限广大、超越时空，其

---

* 作者简介：卢珊（1994—），女，江西宜丰人，山东大学在读哲学博士研究生；聂威（1992—），男，江西高安人，哲学硕士。

② 徐复观：《中国艺术精神》，上海：华东师范大学出版社，2001年，第49页。

认识之物的各种属性也能超越时空，人的智慧也就不会留滞。这与牟宗三所讲的由虚一静的工夫使得生命虚而灵、纯一无杂、不浮动是相同的意思，此时主观的心境就呈现无限心的作用，无限心呈现就可以"观复"。① 略有不同的是牟宗三所看到的是虚静的生命哲学，徐复观看到的是虚静的艺术哲学，此两者虽说不同但是可以共通，高境界的生命智慧表现出来就是艺术生活。

李怀春认为在《道德经》的思想中，虚静只表达一种为道、修身及治国的方法，只是在个人修养方面与道有关，没有价值论的意义。② 由于李文没有对价值意义做专门的界定，但是说虚静没有价值意义显然是不妥的，方法价值也是有价值意义的，只能说没有本体上的价值或现象上的价值。

所以说，虚静是为了保证心体的功能发用，以无限心作用于现实世界，透现出道在现象界的绝对性、超越性、无限性。

二是把静作为境界，静能够通透生命智慧，在精神上受用，在现实世界有无限妙用。牟宗三认为道家的静是一种绝对的心境，静是可以随时将心灵从现实中超拔出来，浮在高层次的一种境界，是精神的。这种精神境界使我们心灵不依附在任何一个特定事物上，不附于特定的物，心就有无限发展的可能、体现无限妙用的心境。③ 在这个方面讲静，牟宗三就认为静的境界与"自然"的境界、"无"的境界相似，静就具备精神受用、无限妙用，而非只是一种工夫。境界上的静就不是经验世界中物理运动过程中的静止现象，是超越了经验世界而又能发用于经验世界的静。

许宁对老庄的静进行了专题讨论，认为老子的静是能透过经验界的事物复归事物的本原。静符合本原的主体状态，并非单指客体的不运动状态。静是为了让主观境界与客观规律完全契合。④ 准确来说，这个看法并不妥当，本原的状态就是本体存在的状态而不是主体状态，本原是超越主体、客体的，或者说主客一体。他所说的"客体的不运动"是经验界物体的运动，只是在用法上把本原称为主体，把现象称为客体的意思，而不是真正意义上的本体与本原。所以本原的状态就不是经验界物体的静，而是以人为主体产生的心静妙用，人心的能力可以把主体与客观规律契合。这样才不至于把主体、客体的两对范畴混淆，让人不容易理解静。

综上可知，把静作为方法，与虚具有异曲同工之妙，是修道的方法；在静的境界中，人与道是合一的，对于经验界的事物具有无限妙用的能力。要之，以静为方法是为了显现道的价值，以静为境界是为了凸显道的作用。所以，对于《道德经》

---

① 牟宗三：《中国哲学十九讲》，长春：吉林出版集团有限责任公司，2010年，第107页。
② 李怀春：《从自然到虚静——谈先秦道家中心价值的转移》，《东方论坛》2005年第6期。
③ 牟宗三：《中国哲学十九讲》，长春：吉林出版集团有限责任公司，2010年，第84—85页。
④ 许宁：《老庄"静"之要义分析》，《沈阳教育学院学报》2001第1期。

中静的思想不能简单理解，应该深入具体地了解。

二、虚与静

虚与静在《道德经》中纠缠在一起，通常是结合起来理解。如许宁认为虚与静互为因果①，谢清果认为因虚而静，虚则静，不虚不静②。但是这并不妨碍我们分开理解虚与静的各自思想价值。我们可以采用取三个步骤来分析静，首先分析《道德经》中的静，然后分析虚而不静，最后分析静而不虚，体现静的思想价值。

（一）《道德经》中的静
《道德经》中提及静的思想主要有以下几处：

1. 孰能浊以静之徐清？孰能安以动之徐生？保此道者不欲盈，夫唯不盈，故能蔽不③新成。（第十五章④）

2. 致虚极，守静笃。万物并作，吾以观复。夫物芸芸，各复归其根。归根曰静，是谓复命。复命曰常，知常曰明，不知常，妄作，凶。知常容，容乃公，公乃王，王乃天，天乃道，道乃久。没身不殆。（第十六章）

3. 重为轻根，静为躁君。是以圣人终日行不离辎重。虽有荣观，燕处超然。奈何万乘之主，而以身轻天下？轻则失根，躁则失君。（第二十六章）

4. 道常无为，而无不为。侯王若能守之，万物将自化。化而欲作，吾将镇之以无名之朴。无名之朴，夫亦将不无欲。不欲以静，天下将自定。（第三十七章）

5. 大成若缺，其用不弊；大盈若冲，其用不穷。大直若屈，大巧若拙，大辩若讷。躁胜寒，静胜热，清静为天下正。（第四十五章）

6. 故圣人云，我无为而民自化，我好静而民自正，我无事而民自富，我无欲而民自朴。（第五十七章）

7. 大国者下流，天下之交，天下之牝。牝常以静胜牡，以静为下。故大国以下小国，则取小国；小国以下大国，则取大国。（第六十一章）

这些章句虽然分散在各章，但不难发现其间的联系。

---

① 许宁：《老庄"静"之要义分析》，《沈阳教育学院学报》2001 第 1 期。
② 谢清果：《老子"致虚极，守静笃"的精神升华术》，《宗教学研究》2011 年第 3 期。
③ 陈鼓应考证此处"不"字当作"而"字，见《老子今注今译》（版本信息见后文注解）第 130—131 页。
④ 本文引用的《道德经》章节划分，参考中华书局 2008 年出版的王弼注《老子道德经》。

　　静的思想体现生命的生存智慧方面。如第1段与第5段，从生命哲学的角度看，内容都是与《道德经》第四十章所说的"反、弱"之"动、用"是一致的，是生命得以延续、保养、存在的智慧。道的生命哲学智慧通过经验事物表现出来，即需要经验中的事物在内要契合道的新生、不穷、不弊、大巧、大直、大辩的特征，在外则是表现为不完美、不圆满、不登峰造极，显现为缺、冲、屈、拙、讷的特点。而要更好地保存、保养、保持道的生命力，就要借以静的方式，让事物变得澄澈、显明事物原本的性质。依据第2段中的"归根曰静"，根要成为有生命的物，就需要由静到动。道的发用就兼有动静两个方面，静之用为清，动之用为生。根据生命哲学的智慧，可以将第3段与第5段的后两句联系起来思考，这也是生生之慧的表现。静以其厚重故能制约轻浮之躁动，重为轻的根基，因而要求君子在修身处世之时持重与静守，以重能载物①（显现出物的属性而不失自己的本身属性，轻则会被物所压制而遮蔽、丧失部分本身的属性），静能主宰躁，静就能保全物的全部真实②，因而清静是天下之正道，是正确的保全、保养生命之途径。这种智慧运用到国家管理上就是以静为下，第7段中大国以静居下就能战胜小国，增强国力。这部分思想说明的是道在动与静两个方面的作用体现，动静两面的作用紧密联系，不可分开，运用静的思想能够保养好生命。

　　静的思想体现在道的属性方面。第4段与第6段的联系主要就体现在无为，以无为、无事、无欲、无名体现道的属性中静的一面。《道德经》首章就表示道包含有、无两个方面，无为是妙用，有为则是有徵向之用。无是天地始，有是万物母，因此无的属性决定了有的形态，而无是没有实体形态的，只能说是处于静的状态。从无的属性出发，因为不动、不为、不起欲、不有名，因而就含有各种动、为、欲、名的倾向，而能无不为。所以借鉴道表现出来的属性，人似道则静似无，道无为而无不为，人无为即是静的状态，这种状态下就无私欲，人人都能保持这种状态全天下就能正。运用在国家治理上，静的状态下的无为就能使百姓归于纯朴。

　　静的思想体现在修道的方法方面。第2段的"致虚极，守静笃"在《道德经》中尤为重要，历来受到道家、道教的重点关注。陈鼓应将"致虚极，守静笃"解释为心灵原本明澈宁静的状态，但受到欲望的吸引和外部世界的事物打扰，心灵变得蔽塞、难以保持通畅虚灵的功能、让人不安，因此必须做致虚守静的工夫。此处的虚形容心灵空旷、明晰的状态，不掺杂任何杂质、私欲。③这是把虚、静当作清澈明朗认识心的方法。但是守静并不是完全偏向于静，从冯友兰对《道德经》的理解

---

① 王弼注，楼宇烈校释：《老子道德经注校释》，北京：中华书局，2008年，第69页。
② 王弼注，楼宇烈校释：《老子道德经注校释》，第123页。
③ 陈鼓应：《老子今注今译》，北京：商务印书馆，2003年，第134页。

当中我们可以得到启发。在《道德经》中冯友兰认为老子为学的方法是"观"，"观"乃是不受外物的侵扰，保持心灵的平静、安宁，在这种状态中领会事物的本来面目。为学上用"观"所获得的是知识体系上的丰富。[①] 老子为道的方法也要用"观"，玄览观道，涤除欲望之后就可以获得对"道"本真属性的体验，获得的是一种最高精神境界。[②] 冯友兰认为"为学"和"为道"是两个相反的维度，用"观"作为认识方法来解释容易导致矛盾的产生：经验知识的日渐增长使用"观"、认识道的知识每日消减也用"观"。而假设把为学和为道当作一齐前行的两条路径，认识之心的清净程度越高就能更好地为学和为道，在为学之时经验知识日日增添，在为道之时又能超越、摆脱经验知识的层面，体悟最真实的道体。这正是贯通动静、有无的道，体现了道的超越性、绝对性。因而为道之法"致虚极，守静笃"尤为重要，此法既能在生活中使用，在为学中积累知识，又能在道的视域中凸显经验知识的局限性。如此才是契合《道德经》的思想特点，既讲有的一面又讲无的一面、既讲无为的一面又讲无不为的一面、既讲静以徐清又讲动以徐生等多对辩证关系，从辩证关系中升华，得出道的超越性、绝对性。所以从认识方法上讲，静是让认识之心明亮的方法，让心更好地发挥灵明的功能，因而这种具有理性的工夫能被荀子所接受，荀子的认识论就沿袭了《道德经》中"虚一而静"（《荀子·解蔽》）的思想。"归根曰静"上文已结合第 1 段做了解释，根是物生长的起点，归根是回到生命最初的状态，"静曰复命"应当就可理解为在生命生长的规律中回到最好的状态、最有生命力的状态，复归于生命生长最初的起点、物运动的起点，由静而动能产生强大的生命力，实现物的运动、生命的生发。复命是常，常是万物运动变化的永恒规律[③]，也是生命正确保养的永恒途径，知"常"即明白"道"的法则。继而从"常"转为容、全、天，从范畴属性的道发展为实体属性的道，具有本体属性的道不依赖于经验世界中的身，就不存在消亡的危机。"致虚极，守静笃"是为了认识、回到道的真实属性与状态，由此无限接近道的本质。

综上可知，《道德经》中的静主要有生命生存的智慧、体现道在经验世界中静的作用属性以及去除欲望的修道方法三个方面的内涵。在理解道的生命哲学这个方面，既要认识到静是生命最本初的状态又要认识到动的成长力量，在生长过程中不能忘记静的益处并把静作为保存生命的方法。既要认识到用静体现道在经验世界无为的作用属性，也要重视无为而无不为的这种无限妙用。致虚守静作为净化心体的方法，能保证心的认识能力、体知能力，在知识上为学日益，在修行上逐渐贴近道。

---

① 冯友兰：《中国哲学史新编·上卷》，北京：人民出版社，1992 年，第 340 页。

② 冯友兰：《中国哲学史新编·上卷》，第 342 页。

③ 陈鼓应：《老子今注今译》，第 138 页。

（二）虚而不静

《道德经》中单独提及虚的思想，主要有以下几处：

1.是以圣人之治，虚其心，实其腹；弱其志，强其骨。常使民无知无欲，使夫智者不敢为也。为无为，则无不治。（第三章）

2.天地之间，其犹橐龠乎？虚而不屈，动而愈出。多言数穷，不如守中。（第五章）

3.大道甚夷，而人好径。朝甚除，田甚芜，仓甚虚。服文采，带利剑，厌饮食，财货有余，是谓盗夸。非道也哉！（第五十三章）

这些表明《道德经》中单独说虚有两层意思。一是使心虚空的工夫，二是虚空的状态。第 1 段如果没有错简的可能，那么虚民心就是国家治理的一种方法，使民心虚空。王弼对此的解释是虚有智而实无知[①]，我们以现代哲学语言来理解应当是：虚是有智思界的智慧而没有经验界的知识。虚其心就是除去经验知识的干扰，让心空虚、身体充实贴近道，靠向自然的生活方式。这种生活方式是高明的，符合道的，也是统治者最好的治理方法。第 2 段是描述风箱中虚空的状态，这种状态是最圆满的，动的越剧烈则失去的越多。这说明静的状态是圆满的状态，是事物理想的状态，应该向着这方向发展。同第 2 段的思想，第 3 段表明大道是原始自然的，如田是荒芜的、仓库中是虚空的。而追逐衣饰的纹路色彩、以兵器争夺利益、挑剔饮食、储存财物都是盗贼的行为，是不符合道的属性。所以经验事物的虚空状态，是最圆满、最自然的状态，不要让后天的行为破坏了这种状态。因此，虚而不静主要是表达虚空的状态，这种契合道的状态是最好的状态。这是不同于虚静结合体现出的虚灵状态，不同于虚静以保持良好的认识心功能。

（三）静而不虚

谢清果引用魏源的说法：虚是无欲，无欲则静，外物不入，内心不出。还引用高亨的说法：虚是无欲，静是我为，这是道家最基本的修养。因此他认为，虚则静，因虚而静，不虚则不静。守静则是巩固致虚的成果。[②]这种把虚与静作为递进关系的表述，在《道德经》中其实是没有的。因为静在《道德经》中不仅是表达人的修养，还包括自然规律、生命哲学、人生智慧。如在"孰能浊以静之徐清？"的表达中，静

---

① 王弼注，楼宇烈校释：《老子道德经注校释》，第 8 页。

② 谢清果：《老子"致虚极，守静笃"的精神升华术》，《宗教学研究》2011 年第 3 期。

并不需要依靠虚，污浊之水中用静的方法处理，它自己就能恢复清澈，这是以经验现象去观察静，表达静具备清朗认识心的作用。以用水喻心来看无欲故静，静是由外在澄清水的方法；澄清心则是从心之外发动，摒弃欲望除去心中之污浊。显然在效果上，虚比静的效果好，无欲则是外在之欲望、污浊不能入心，以虚充满心让外物不能入。而既然已经无欲了，也就不需要静来保持、巩固。但是在工夫修持上，静比无欲简单易行，也易达到，可以静而不虚、静至无欲。就如"孰能浊以静之徐清？孰能安以动之徐生？保此道者不欲盈，夫唯不盈，故能蔽不新成"。原始本根是处于静的状态，而打破这种状态，由静转动就是生命的生发，而且这种生是不能被阻挡的生命之新生。在生命的保养上学习这种静的方法，返回原初、纯朴的状态，契合生命的本质，故而此处不需要加入虚。而关于不虚则不静的说法也不容易站得住脚，虚作为无欲来理解，为道也算一种欲，但是却能静、能自然、能无为、能合道。要说无欲是无私欲的话，也不能推出不虚则不静。在经验世界中隔断欲望几乎是不可能的，因为心一有知觉就是接物了，直接切断私欲是难以完成的，宋儒程颢有定性工夫、宋儒邵雍以物观物、禅宗用壁观，都是为了不受私欲影响，而不是把私欲直接去除。上文已把虚的虚空特点给表现了出来，虚就是空无一物的状态。而对比宋儒程颐对虚的理解，程颐认为"有主于内则虚，自然无非僻之心"[1]，"有主则虚，虚谓邪不能入"[2]。保持内心的虚空、自作主宰则表示心灵没有受到外界的入侵，心灵能被虚静填充圆满，外界的纷扰、邪念、杂念、欲望就都不能进入内心。显然有主之心的虚在工夫上优越于无主之心的虚，无主之虚是彻底的放空、是没有欲望、没有意识、没有自我自主，而非主动隔绝欲望，有走入空疏的风险。但是，对于老子而言，修养就是要化去所有的欲望，然而这应该是在境界上完成的，所以无欲、虚作为境界理解更为合理。

所以在对待虚与静的关系时，把致虚守静作为工夫，虚与静都是为了清晰、明亮心。因此，可以说虚与静都有各自的特点，合起来说虚静也有丰富的内涵。离开静说虚容易空疏，离开虚说静则静有一定的独立价值，静的这部分独立价值就不能被虚所掩盖。与无欲之虚相比，静是比较容易入手的修养工夫。因此把虚作为无欲，就应当在境界上无欲更为合适。此外，在保存生命的智慧中，静的方法也比虚的方法更为贴近生命的本质。

三、静在生命规律中的地位

上文述及的《道德经》中静的思想有"生命生存的智慧""体现道在经验世界中

---

① 程颐，程颢：《二程集》，北京：中华书局，1981年，第149页。

② 程颐，程颢：《二程集》，第169页。

静的作用属性"以及"去除欲望的修道方法"三个方面的内涵。在通常以虚静为特点研究《道德经》的成果中，既没有体现虚的独立价值，也没有体现静的独立价值。诚然虚与静的关系在工夫与境界上密切关联，但是虚的虚空义，静作为道的基本作用属性与动对应、静为保存生命的生命哲学、静为指导人生实践的人生哲学、静为工夫修养的方法，都应该依照《道德经》的文本被体现出来。当然，这些都是在《道德经》中某些部分中体现出来的，如果用整体的道家哲学视角，则牟宗三对静的境界义理解，能比较好地兼通整个老子思想的核心。所以我们在现实中借鉴道家思想中静的思想，应当区分清楚而理性地做选择。

最后，按照笔者的理解，对于人的生命修养而言的动与静，应当可以分为两类：一是无意识时的动与静，如睡觉时的动与静，此不易作为方法来修养，但是在道教中也是一种修炼方法，如陈抟老祖的睡功，常人很难领会、操作；二是有意识时的动与静，人在实际生活中对有意识控制时的动之体验占了大部分时间，对于生命的完整性而言，人也应当在有意识时进行静的强化修炼。因为老子的思想比较崇尚无的价值，这是思想境界上的体现；而在实际生活中，应是以实有的生活为基础，故在用静进行生命修养方面，笔者认为老子所讲的静应当是有意识时的静，而不应当陷入无反应、无意识之静。通过对生命的完整形态进行反思，生命的规律应当包含动静，只注重有意识时的动不能构成完整的生命生存结构，强化有意识时的静非常必要，形成完整的生命生存结构，保存好生命的力量，在生命修养中做到有动亦有静，从人生、生命中感悟、修习《道德经》中静的思想。

海外老学研究

索隐派与《道德经》的早期西译

杨少芳*

内容提要:《道德经》的西译源于明清之际的来华天主教传教士,虽然学界以英译本的老学研究为众,然而《道德经》在欧洲的首译,即英译本的源头为拉丁文、法文本。当法国耶稣会士传教团以"国王数学家"的名义被法国国王派至中国传教、展开对中国知识的研究后,便开启了西方人深入研究道家思想文化的序幕。以傅圣泽为代表的法国传教士索隐派,试图通过类似《圣经》旧约诠释学的索隐思想,去阐释和解读中国道家经典,以证明道家思想与基督思想的同源性,来满足天主教在华传教事业的需要,尤其要抵抗当时愈演愈烈的中西礼仪之争对传教的负面影响。《道德经》的基督化解读方式,也在客观上实现了两种异质文化的汇通共融。

关键词:《道德经》 耶稣会士 索隐派 阐释

一、前言

老子被列为世界文化名人,其所著《道德经》被誉为万经之王,同样在世界范围内是备受推崇的智慧原典,是全球文字出版发行量最大的著作之一。鲁迅曾说:"不读《老子》一书,不知中国文化,不知人生真谛。"[1]《道德经》虽只有短短五千言,却是中国古籍中注释最丰富的一种,被称为"道德八十一章,注者三千余家"[2]。

作为中国文化走出去战略的重要组成部分,中国典籍的外译与传播越来越成为学界关注的重要论题,而《道德经》作为中国历史上最伟大的传统典籍之一,本就是海外汉学界的研究重点。到了 20 世纪,西方《道德经》的译本数量已经超过《论语》《孟子》等儒家文献。美国著名汉学家梅维恒(Victor H.Mair, 1943—)在其《道

* 作者简介:杨少芳(1982—),女,天津人,天津外国语大学讲师,主要研究领域为海外汉学、国际汉语教育史。

① 鲁迅:《致许寿裳》,载《鲁迅全集》第 11 册,北京:人民出版社,1996 年,第 353 页。

② 杜道坚:《道德玄经原旨》(《道藏》本),北京:文物出版社,上海:上海书店,天津:天津古籍出版社联合出版,1988 年,第 12 册,第 725 页。

德经》译本的前言中提道："《道德经》是世界上仅次于《圣经》和《薄伽梵歌》被译介的经典。"①②

　　《道德经》在西方的传播，大致可分为三个阶段：首先，由明清之际来华的天主教传教士，尤其是耶稣会士，在对中国传统思想的介绍中，对《道德经》进行了初始的译介；其次，19世纪新教来华，欧洲专业汉学建立，从而推动老子学说在欧洲的大规模译介，成为《道德经》西传的高峰时期；最后，新中国建立后，尤其是郭店楚简《老子》、马王堆帛书《老子》等考古的新发现，推动了西方当代传播的热潮。

　　河南省社科院丁巍主持的一项关于老学文献目录的国家社科基金项目，其成果《老学典籍考：二千五百年来世界老学文献总目》统计出《道德经》的国外译本，已经多达40多种语言文字，共1000多部译著，居汉语典籍外译之首。在外译的西方语言系中，统计出拉丁文（5种）、法文（109种）、德文（241种）、俄文（15种）、英文（182种）、西班牙文（5种）、意大利文（11种）、葡萄牙文（3种）等等。③在这些众多外译和传播的实例中，国内学者主要还是集中于对《道德经》英译本的讨论④；也出现了很多个案研究，尤其是对理雅各英译中国经典、亚瑟·威利等英译《道德经》的译介研究⑤。

　　然而，英语远非《道德经》被译成的第一种西方语言，而《道德经》在欧洲的传播也出现在第一个英译本面世前更早的时间。欧洲最早的《道德经》译本为拉丁文本，一种说法是17世纪比利时传教士卫方济（François Nöel, 1651—1729）翻译的

---

　　① 原文为：Next to the Bible and the Bhagavad Gita. The Tao Te Ching is the most translated book in the world. Well over a hundred different renditions of the Taoist classic have been made into English alone, not to mention the dozens in German, French, Italian, Dutch, Latin, and other European languages.

　　② Victor H. Mair(trans). *Tao Te Ching: The Classic Book of Integrity and the Way*, New York: Bantam Books, 1990, P.XI.

　　③ 丁巍：《老学典籍考》，载《第二届地方文献国际学术研讨会论文集》，北京：北京图书馆出版社，2009年，第442页。

　　④ 如：崔长青：《〈道德经〉英译本初探》，《国际关系学院学报》1997年8月；辛红娟、高圣兵：《追寻老子的踪迹——〈道德经〉英语译本的历时描述》，《南京农业大学学报（社会科学版）》2008年3月；文军、罗张：《〈道德经〉英译研究在中国》，《上海翻译》2012年2月；熊瑛：《十种〈道德经〉英译本的描述性研究》，《华中师范大学》2005年4月；赵彦春、吕丽荣：《中华文化"走出去"：汉籍经典英译的文学性要求——以外文出版社〈道德经〉英译本为例》，《外语教学》2019年11月。

　　⑤ 如：岳峰：《架设东西方的桥梁——英国汉学家理雅各研究》，《福建师范大学》2003年3月；尧文群、贾典：《詹姆斯·理雅各〈道德经〉英译本的归化异化翻译评析》，《文教资料》2020年2月；王越西：《适应与选择——从生态翻译学视角研究亚瑟·威利之〈道德经〉英译》，《东北师大学报（哲学社会科学版）》2012年；冯晓黎：《帛书本〈道德经〉韩禄伯英译本刍议》，《四川外国语学院学报》2009年3月；崔巍：《大道至简、妙不可言——闵福德〈道德经〉英译本评析》，《成都大学学报（社会科学版）》2020年4月。

《老子》①,还有一说是 1729 年法国传教士傅圣泽的拉丁文②、法文译本《〈道德经〉评注》(Tao-té-king ping chou),以及 18 世纪末德国神父格拉蒙特的译本③。对于《道德经》的首译尚有争议,笔者会在下文详述,但无疑以上提到的这种拉丁译本都是最早期的老子西译成果。不过学界对《道德经》早期西传的研究还较为薄弱,由于那段历史与中国天主教发展史关系密切,译本的产生与出发点就不可避免地浸染了基督教的色彩,成为中西思想史最初碰触与交流后的产物。

二、法国索隐派

明清之际来华的早期传教士,如罗明坚、利玛窦等,他们对中国传统思想的兴趣专注在儒家经典,尤其重视"四书",而对佛道两家则是持批判态度的,尤其对道家的认识很模糊,甚至混淆了道家和道教的区别。这一情况的转折点出现在 1687 年,那一年柏应理(Phillip Couplet,1623—1693)在巴黎出版了《中国哲学家孔子》(Confucius Sinarum Philosophus)一书,该书在前言中用拉丁文翻译了《道德经》第 42 章"道生一,一生二,二生三,三生万物"④一段,并且对老子和道教的叙述也比较客观,这说明道家经典开始引起早期来华传教士的注意。当时间进入 17 世纪末、18 世纪初,随着以白晋(Joachim Bouvet)为代表的法国传教士来华,传教士汉学中的思想史研究路径发生了彻底的转向。法国传教士们除了钻研《易经》等上古儒家经典外,还开始深入研究道家最重要的经典《道德经》。

法王路易十四派遣洪若翰、张诚、白晋、李明、刘应等"国王数学家(Mathematiciens du Roi)"组成法国耶稣会首个来华传教团,于 1687 年抵达中国,在北京创立了法国耶稣会传教区,以便将中国实地考察的情况随时报告给法国科学院。其中,白晋(Joachim Bouvet,1656—1730)、张诚还成了康熙皇帝的私人教师,教授康熙数学、天文等西方近代科学。由于传教士在清初宫廷发挥了比较正面、积极的作用,1692 年,康熙皇帝颁布"容教令",天主教在华事业迎来了黄金时期。1693 年康熙遣白晋回国,期望他再向法国国王邀请十位传教士来华,这一趟包括了后来在汉学研究上卓有成绩的马若瑟、宋君荣、钱德明等传教士。这些法国耶稣会士的

① 较多学者同意此种看法,如李约瑟(Joseph Needham,1900—1995)、费赖之(Louis Pfister,1833—1891)、魏若望(John Witek,1933—2010)、鲁保禄(Paul Rule)等,然而此译本无法被学界证实是否仍然存在。

② 依据考狄书目 Henri Cordier, Bibliothca Sinica, col. 1069.

③ 辛红娟:《〈道德经〉在英语世界:文本行旅与世界想象》,上海:上海译文出版社,2008 年,第 18 页。

④ 译:Tao sem ye, ye sem ulh, ulh sem san, san sem van ve, id est, Lex, sive ratio produxit unum, unum produxit duo, duo produxerunt tria, tria produxerunt Omnia. 柏应理是龙华民在 1676 年将这句经文译为西班牙文之后,第二个直接引用此句的耶稣会士。

身份与当时来华的欧洲其他国家传教士有所不同，他们既是福音的传播者，又是法国科学院院士，有研究中国社会、地理、历史、文化等的职责在肩，他们来华的目的除了传教，更多是为了研究中国和中国的学问，所以在中国传统思想史的研究成果上，法国传教士的贡献是有目共睹的，于是，他们成了西方人最早译介、研究道家文化的主力。

然而，促使法国耶稣会士对道家展开深入研究的契机，并非是他们对道家思想本身有多么浓厚的兴趣，而是索隐思想（figurism）的传统在欧洲已经由来已久。索隐思想，又称"旧约"象征论，这一派学者认为《圣经》"旧约"中包含了对"新约"、对耶稣基督降生的种种预言。这种思想最初源自希腊后期犹太宗教与希腊思想互相调和的传统，后来，在文艺复兴时期进一步发挥，一些欧洲学者甚至认为在中国古代典籍和象形文字中，也充满了具有象征意义的上帝启示和表述，这说明作为异教徒的中国也得到过来自上帝的启示[1]。基歇尔（Athanasius Kircher, 1601—1680）甚至断言中国人是埃及人后裔、中国文字源于埃及文字[2]，这些都是欧洲索隐派思想的重要体现。所以，在基督教与异文化接触的过程中，索隐思想就成了理解和吸纳异教徒的一个重要思想路径。

将索隐思想自觉运用到研究中国古代典籍里，并试图从中找到"旧约"与中国文化相互关联的人，正是以白晋为代表的"国王数学家"们。白晋在 1697 年 8 月的一封信中，首次提出了理解中国典籍的索隐派观点[3]，并在其后 30 年间的研究中不断加以阐述和补充，成为中国索隐派的创立者。尤其是在 18 世纪初的"中西礼仪之争"中，罗马教宗颁布了有关中国礼仪的禁令（1704 年 11 月），导致康熙皇帝对在华传教士态度发生转变，使得耶稣会在华传教的大好形势被打破，这些都促使白晋更加迫切地希望，能够通过索隐思想对《易经》《道德经》等早期中华典籍的解读，使双方都认识到中西宗教与文化的同源性，以图挽救因礼仪之争而遭受打击的传教事业[4]。

---

① 伯里耶（Paul Beurrier）在《基督教之镜，从自然规律、摩西和福音之法律三方面讲》中指出："可以肯定的是，中国人如同《旧约》中的先祖们一样拥有对创世、亚当的诞生、人类始祖的罪恶、大洪水、三位一体、天使和恶魔，以及惩恶扬善等等的认识。"转引自（德）柯兰霓《耶稣会士白晋的生平与著作》，第 11 页。

② [德]基歇尔著，张西平等译：《中国图说》，郑州：大象出版社，2010 年，第 389—393 页。

③ [德]柯兰霓著，李岩译：《耶稣会士白晋的生平与著作》，郑州：大象出版社，2009 年，第 34 页。

④ [德]柯兰霓著，李岩译：《耶稣会士白晋的生平与著作》，第 61 页。

三、索隐思想对《道德经》的阐释

以白晋为中心形成的索隐派，包括傅圣泽、马若瑟、郭中传、聂若翰、卫方济等，尤以白晋的助手傅圣泽（Jean-François Foucquet, 1665—1741）为索隐思想最忠实的拥护者。傅圣泽，法国传教士，1699 年来华，1722 年被康熙皇帝召至北京，协助白晋进行《易经》的翻译研究工作。1722 年返回欧洲，并带回在中国采购的 3980 多种典籍善本，后全部捐给法国国家图书馆。于 1729 年完成了拉丁文、法文合译本《〈道德经〉译注》。他竭力在中国早期著作中寻找上帝的痕迹，提出《道德经》中的"道"就是基督信仰中的神，就是中国原始信仰中所崇拜的造物主。尽管傅圣泽与白晋索隐理论的观点大致一致，但存在差别："当白晋将注意力集中在《易经》中的算术和几何成就时，傅圣泽却因其对道教的兴趣而超越这一点。"① 傅圣泽把目光投向道家，也就扩大了欧洲社会对古代中国关注的视野，尤其是当傅圣泽从中国返回法国后，与当时法国很多重要的思想家均有交往，如伏尔泰、孟德斯鸠、傅尔蒙等，这也就间接将关于中国文化中的道家学说传播到了欧洲主流思想界。

索隐派期待从中国历史典籍中，找寻与《圣经》"旧约"相契合的神学依据，对中国典籍中的象征含义做深入的研究，比如努力在《道德经》的各个版本和各家注释中寻找相关痕迹。索隐思想的理论认为，不管是《周易》《道德经》还是中国古代史，都曾经以一种隐喻的方式，传达了基督教的教义，傅圣泽就是其中的重要代表。

在傅圣泽《神学问题》的抄本 20 号中，他详述了关于汉字"道"的论证。首页上的标题中写道："博闻饱学之士，无上荣耀的耶稣基督的虔诚信众们，以及在中国进行传教归化工作的传教士们所面临的神学问题：即人们是否可以认为，且在怎样的意义上认为，中国古代经典惟一正解中，'道'字意指基督宗教信徒所信奉之上帝。"② 最早的拉丁译本中普遍将"道"译为"理性"，这个"理性"指向的正是西方观念中"神"的最高理性，到了 19 世纪后半期，这个特征则更加明显。③

傅圣泽一直计划写一篇基于索隐派观点的《道德经》注释，费赖之也记载他著有《〈道德经〉评注》一书。④ 他将老子的《道德经》看作"关于三位一体和化身说之神圣的象征和谜语的一层帷幕"。⑤ 在谈到"道"的基本内容时，他引用《道德

① ［美］魏若望著，吴莉苇译：《耶稣会士傅圣泽神甫传：索隐派思想在中国及欧洲》，郑州：大象出版社，2006 年，第 185 页。

② ［德］弥维礼著，韦凌译：《傅圣泽对于〈道德经〉及其他中国古代经典的解读》，《国际汉学》2005 年第 1 期。

③ 章媛、张尚稳：《〈道德经〉前期西传异化探析》，《淮北师范大学学报》（哲学社会科学版）2011 年第 1 期。

④ ［法］费赖之著，冯承钧译：《在华耶稣会士列传及书目》，北京：中华书局，1995 年，第 559 页。

⑤ ［美］魏若望，吴莉苇译：《耶稣会士傅圣泽神甫传：索隐派思想在中国及欧洲》，第 195 页。

经》^①第 25 章的第一段："有物混成，先天地生。寂兮寥兮，独立而不改，周行而不殆"，来说明老子的"道"是一个必然的存在，自生而自在，这也是西方神学家们关于上帝性质所提出的理论。而在类比上帝人格化的一面时，傅圣泽又举出《道德经》第 70 章中的描述："吾言甚易知，甚易行。天下莫能知，莫能行。言有宗，事有君，夫唯无知，是以不我知。知我者希，则我者贵"，认为其中的"吾"和"我"都是指老子的"道"，这样的类比就与基督宗教人格化的上帝理念互通了。

　　傅圣泽对道家学说的研究，没有停留在老庄的著作，还涉及道家后学的思想，如《列子》《淮南子》等。梵蒂冈图书馆藏有大量傅圣泽的读书笔记，其中很多都涉及道家学说，比如对道家作品的摘录和批注，藏于梵蒂冈图书馆 Borg.cin 361-1c 号文献中的 26—28 页便抄录有关于《列子》的内容。

　　如前文所述，卫方济的拉丁文译本到目前无法确定是否存世，而一部藏于大英图书馆，名为 *Liber Sinicus. Tao Te Kim inscriptus, in Latinum idioma Versus* 的译稿，被认为是现存西方最早的《道德经》译本，完成时间大约在十八世纪二十年代，译者很可能为耶稣会士聂若望（Jean-François Noëlas, 1669—1740），而聂若望与卫方济的西文名字 François Nöel 非常接近^②。译本总共 245 页，封面用中文书写"道德经"，拉丁文对照，全书八十一章全部译出，章节次序有所调整。抄本体例按照中文、注音、拉丁文的顺序排列，部分章节提供释文。译者将最重要的第十一章挑出置于全书的最前面，用正文、释文、注解的形式处理。其后是与被认为跟"神圣三一"有关的章节第一、十四、四、四十二共四章（第 1—48 页），再之后是隐含有"天主降生"知识的相关章节第十、二十八、二十七、十五、二十、二十一、二十五这七章（第49—90 页）。如果此译本的作者果真是聂若望，那其译文的观点仍然受索隐派的影响颇深。因为在傅圣泽返回欧洲之前，曾在广东停留过一段时间，在这期间，他与聂若望如师生般一起讨论道家学说，聂若望也正是受到了傅圣泽的启发，才开始研究和翻译《道德经》，并在翻译完成后，将译本分别寄给了罗马耶稣会总会和傅圣泽。^③

　　《道德经》在西方的接受与传播，从一开始就打上了基督宗教的烙印，根据拉扎斯菲尔德（Paul Lazarsfeld,1901—1976）的两级传播理论，在那个新航路初开的年代，

---

①　此文中《道德经》引文依据（魏）王弼注，楼宇烈校：《老子道德经注》，北京：中华书局，2011 年。

②　具体论证详见，潘凤娟、江日新：《早期耶稣会士与〈道德经〉翻译：马若瑟、聂若望与韩国英对"夷""希""微"与"三一"的讨论》，《中国文化研究所学报》2017 年 7 月第 65 辑。

③　此说法参见聂若望 1730 年 12 月 6 日致耶稣会总会的信，耶稣会档案馆编号 ARSJ,JS 184.PP.62—63. 转引自潘凤娟、江日新：《早期耶稣会士与〈道德经〉翻译：马若瑟、聂若望与韩国英对"夷""希""微"与"三一"的讨论》，2017 年 7 月第 65 辑。

远渡重洋的欧洲传教士就成为第一批传播老子道家思想的"意见领袖"①，而傅圣泽就是这样一位重要的"意见领袖"。傅圣泽当时关于索隐思想的三个原则是：一、汉文典籍都具有神性起源，即它们均来自"天"；二、汉文典籍中的"道"就是指天主教徒所信仰的"天主"；三、汉文典籍中的"太极"，一般也指"道"，即相当于"上帝"或者"天"。② 他认为中国古代社会信奉着很多关于孝道的理念，这与基督教中"孝"的观念有相似之处，以此说明犹太人与中国人的伦理道德有共同的起源。他希望通过研究中国古典文献，使得人们可以从中发现天主教的教理。

四、结语

透过以傅圣泽为代表的索隐派对老子思想的分析，一方面可以看到，明清早期传教士研究《道德经》，尤其是索隐派对《道德经》的解读，本身就是一次诠释上的全新尝试，将《圣经》融入道家思想中，衍生出"道即是基督宗教的天主"的以耶释道之风，为天主教的传教事业开拓了新的方式；另一方面，"道"与"上帝"的互相印证，更精准地反映出中西方在世界起源问题上的不同思考，虽然还处在东学西渐的开始阶段，但仍可帮助双方更快地理解典籍原文中的思想体系。

法国首位专业汉学家雷慕莎（1788—1832）继承了早期耶稣会士对《道德经》的诠释，他的继任者、法国著名汉学家儒莲（Stanislas Julien，1797—1873）在 1842年出版法文全译本《道德经》，却脱离了基督宗教的影响，成为第一个准确把握老子思想的译本，被欧洲汉学界视为最佳译本。1911 年，德国传教士卫礼贤的德文译本《老子的道德经》出版，考据严谨、文笔典雅，被誉为德文的最佳译本，并与此后再版 8 次。

随着礼仪之争导致的耶稣会在华传教的中断，以及 1773 年耶稣会被解散，接续在华传教工作的是清朝中后期来华的新教传教士，关于中国典籍的西译与传播也由很多新教传教士接棒，比如 1868 年，湛约翰牧师（John Chalmers，1825—1899）的译本《老子玄学、政治与道德律之思辨》在英国伦敦出版，开启了英译《道德经》的序幕。③ 再比如，对中国经典翻译贡献最大的伦敦布道会传教士、英国著名汉学家理雅各（James Legge, 1815—1897），其《中国经典》中也包括了《易经》《道德经》等，然而其中的许多看法却都与早先法国索隐派一脉相承。

---

① 谢清果编：《大道上的老子：〈道德经〉与大众传播学》，北京：九州出版社，2016 年，第 24 页。
② 谢和耐：《明清间耶稣会士入华与中西汇通》，耿昇译，北京：东方出版社，2011 年，第 329 页。
③ 辛红娟：《〈道德经〉在英语世界：文本行旅与世界想象》，上海：上海译文出版社，2008 年，第15 页。

"老子"消失后的《道德经》阐释

——试论 21 世纪以来西方汉学家《道德经》研究的一种趋势

董铁柱 *

内容提要：21 世纪初，西方汉学界对老子和《道德经》的研究出现一种趋势：去老子化。以葛瑞汉为代表的传统汉学家尽管对老子的身份有所质疑，但还是将老子视为《道德经》的作者。以艾文贺、安乐哲和穆勒为代表的一批汉学家开始否定老子和《道德经》之间的关系，不再把老子作为研究对象，而把研究的焦点直接放在《道德经》的文本之中。当作为作者的老子消失之后，每一个读者自己都可能成为"老子"，将《道德经》的诠释和自身的体验结合在一起。这种依赖文本本身的诠释可以更好地被西方读者所接受，但同时也不可避免地走向了通俗化，甚至可能会过度通俗化。

关键词：老子 《道德经》 葛瑞汉 艾文贺 安乐哲 穆勒

　　从 19 世纪早期《道德经》被翻译成法文后，西方汉学家对老子哲学研究一直保持着浓厚的兴趣。和中国的学者一样，在探讨老子哲学之时，传统的汉学家们往往会对老子其人所存在的种种问题做各种梳理。早在 20 世纪 30 年代，翻译了《道德经》的亚瑟·威利（Arthur Waley，1888—1966）就指出了司马迁在《史记》中所写的老子传记所存在的疑问 [1]；而在 20 世纪 80 年代，葛瑞汉（A.C. Graham，1919—1991）对老子身世所存在的各种问题做了详尽的讨论，并在此基础上对老子的哲学思想做

---

　　* 作者简介：董铁柱（1976—），男，浙江杭州人，加州大学伯克利分校博士，北京师范大学 – 香港浸会大学联合国际学院，副教授，研究方向为中国哲学。

　　① Arthur Waley, *The Way and Its Power: The Tao Tê Ching and Its Place in Chinese Thought*, London, Allen and Unwin, 1934, p.108.

了精彩的阐述 ①。

有趣的是，从 21 世纪初开始，有一批西方汉学家似乎放弃了对老子身份之谜的探讨，也逐渐地不再讨论"老子"的哲学，而是把讨论的焦点放在了《道德经》的哲学思想上。这样的转变是微妙而重要的。这意味着作为哲学家的"老子"与《道德经》的文本之间关系的正式脱离。老子是否存在？究竟是何人？这些问题对他们来说似乎已经失去了原有的探讨价值。换言之，他们关心的已经不是"老子"这个哲学家的思想，而更多的是把研究的焦点放在了《道德经》文本本身所含的思想之上。也就是说，作为哲学家的"老子"在一些西方汉学家的研究视野中消失了。

这样的转变绝不仅仅是研究对象的变化，同时也是研究方法和态度的转变。其所反映的，是这一些西方学者对如何从他们自身角度来吸收和认知中国哲学所做的思考。笔者将通过描述并分析这一转变，以试图揭橥这一趋势背后的原因，并尝试对这一趋势做出相应的评价。本文的论述将由三个部分组成：第一部分简述葛瑞汉对"老子"其人的讨论；第二部分讲述艾文贺（Philip J. Ivanhoe）、安乐哲（Roger Ames）和汉斯 - 乔治·穆勒 (Hans-Georg Moeller) 等三位汉学家各自对《道德经》的研究，剖析他们忽视"老子"而重视《道德经》的原因；第三部分则将从汉学研究的现状出发，对这一转变做出相应的评判。

一、葛瑞汉眼中的"老子"

众所周知，汉学家葛瑞汉对中国哲学的研究在西方汉学界有着重要的影响。其出版于 20 世纪后半叶的名著《论道者》（*Disputers of the Tao*）对中国先秦哲学做了全面而系统的阐述，其中自然也包括了老子的哲学。我们可以看到，在书中葛瑞汉是以哲学家为基本脉络展开的。这是一种非常传统的叙述模式。葛瑞汉将孔子、孟子、墨子、庄子、老子、荀子等先秦哲学家的主要观点一一展开，其中值得注意的是，他把老子置于庄子之后，很显然是想根据其心中哲学家们思想发生的时间先后，来梳理先秦道家的发展脉络。他以"老子的道家思想：无为而治的艺术"（Lao-tzu of *Ruling by Spontaneity*）"为标题，讲述了老子的思想。在这里，"无为而治"是属于"老子"这位哲学家的思想，而不仅仅是《老子》中的观念。当然，这并不意味着葛瑞汉对老子的身份没有质疑。但是，葛瑞汉多次用"《老子》的作者"这一称谓来指代"老子" ②，这表明在他看来，《老子》一书是有"一位"单独的作者的，尽管该作者身份不确定，但是我们可以把这位神秘的作者叫作老子，而《老子》中的思想就

---

① A.C. Graham, *Disputers of the Tao: Philosophical Argument in Ancient China*, Chicago, Open Court, 1989, pp. 215—234.

② A.C. Graham, *Disputers of the Tao*, p.216.

是这位作者（哲学家）的思想。

在孔丽维（Livia Kohn）和迈克尔·拉法格（Michael LaFargue）于 20 世纪 90 年代所编的《老子与〈道德经〉》（*Lao-tzu and the Tao-te-ching*）一书中，收录了葛瑞汉写于 80 年代的《老聃传说的起源》（*The Origins of the Legend of Lao Dan*）一文[①]。在文中葛瑞汉详细地考证了关于老子身份的各种史料。从代表道家思想的《庄子》和儒家思想的《曾子问》，葛瑞汉探讨了《史记》之前有关老聃的材料，以此也讨论了那些关于老子是孔子之师的传说出现的原因。他指出这是因为在公元前 2 世纪的西汉，有些人为了证明道家思想比儒家思想更优秀而塑造的传说。葛瑞汉还考察了老子化胡的由来。尽管对老聃的各种身份都持保留态度，但是葛瑞汉明确地表示："最晚在公元前 250 年左右，老聃就作为独立的哲学家出现了，他与《老子》也有着关系，或者是其作者，或者是其编者——如果我们认为该书的年代更为久远但之前为人所忽视的话。"[②]

葛瑞汉论述中的关键点在于他坚持《老子》是"有且只有"一位作者（或是编者）的（其英文用的是 the author）。如果我们无法知道老子究竟是谁，那么至少可以把他视为《老子》的作者。从这一点出发，完全可以认为在中国哲学史上，是有一位叫作"老子"的哲学家的。根据葛瑞汉的逻辑，要理解《老子》中的哲学，就要尽可能地了解"老子"的年代。只有这样，才可以清楚地梳理先秦哲学的发展过程。事实上，他在《论道者》中把老子、荀子和法家放在第四章来讲，认为他们的思想都属于"天人各行其道"，而把孔子、墨子和杨朱放在第二章，孟子、后期墨家和庄子放在第三章，这明显体现了葛瑞汉的老子研究是其中国哲学"史"研究的一个重要环节。从这一点来说，葛瑞汉延续了亚瑟·威利以来的西方汉学研究中国哲学的一个传统：对"史"的重视。亚瑟·威利在 1934 年出版的《道德经》译本全名是《道和德：老子的〈道德经〉及其在中国思想中的地位》（*The Way and Its Power: Lao Tzu's Tao Te Ching and Its Place in Chinese Thought*），这很好地体现了传统汉学的中国哲学研究观：强调考察个体与整个体系之间的关系。这或多或少与 20 世纪初以来西方结构主义的流行相关。

葛瑞汉于 1991 年去世。在他去世后的十年里，新出土的郭店竹简《老子》成了国内外学者研究的热点。从马王堆到郭店，《老子》文本的不断多样化使得西方汉学家对老子和《道德经》的态度也开始慢慢地转变。事实上，在孔丽维和迈克尔·拉法格把葛瑞汉的文章收录于《老子与〈道德经〉》时，编者已经表示老子属于"古老

---

① A.C. Graham, *"The Origins of the Legend of Lao Dan", in Lao-tzu and the Tao-te-ching,* ed. Livia Kohn and Michael LaFargue, Albany, State University of New York Press, 1998, pp.23-40.

② A.C. Graham, *"The Origins of the Legend of Lao Dan,"* p.31.

的神话"。他们特意表明该书的书名《老子与〈道德经〉》是为了向翟理斯（Herbert Allen Giles，1845—1935）致敬，而翟理斯对老子和《道德经》之间的关系正是持绝对的怀疑立场的①。在探讨了神化了的"老子"之后，书中其他与思想相关的论文都是针对"《道德经》"的文本和思想——而不是"老子"思想——的讨论。这已经暗示了新世纪海外老子研究的一个趋势：老子与《道德经》的关系越来越弱。

二、离开了老子之后的《道德经》

正是在这样的背景下，21世纪初开始的老子哲学研究在相当程度上变成了《道德经》哲学研究。如果说"老子哲学研究"意味着汉学家们尝试从先秦哲学整体来理解道家哲学的话，那么"《道德经》哲学研究"更多的是从个体出发，侧重于文本本身思想的探讨。把《道德经》哲学个体化，有助于汉学家们通过选取自己所需要的内容，用西方世界相对容易理解的方式，介绍西方世界所感兴趣的思想。在这里，西方世界包含两个层面：一个是学术界本身，《道德经》哲学的个体化可以使学者能更自由地采用其中的单个哲学观念和理论进行比较哲学研究，而不需要囿于中国哲学的大背景之中；另一个是普通的非专业读者，对他们来说，《道德经》可以提供的是生活上的引领。正如孔丽维和迈克尔·拉法格所说，在现代中国，《道德经》更多地变成了为个人日常生活提供实践性指引的哲学。②对于西方人来说，《道德经》中的语录有可能起到了同样的效果。从艾文贺、安乐哲与穆勒的各自研究中我们可以发现对这两个层面的思考。

（一）艾文贺的"现代化"解读

和葛瑞汉相比，出生于1954年的艾文贺是相对"年轻"一代的汉学家，对中国哲学有着自己的独到见解。在2003年，他出版了《老子的〈道德经〉》（*The Daodejing of Laozi*）一书。尽管从书名来看，艾文贺的态度依然流于传统，但事实上除了在一开始提到"《道德经》相传为老子所作，而颇具神秘色彩的老子与孔子同时而年长"③外，他几乎再也没有提到老子，只不过偶尔用道家思想家们（Daoists）来指代宣扬《道德经》哲学的（一批）人。从某种意义来说，艾文贺之所以依然说"老子的《道德经》"，多少是因为这是一种传统的称谓，这并不意味着他认为这种传统

---

① Livia Kohn and Michael LaFargue, *Lao-tzu and the Tao-te-ching*, ed., Albany, State University of New York Press, 1998, "Introduction", p.7.

② Livia Kohn and Michael LaFargue, *Lao-tzu and the Tao-te-ching*, p.11.

③ Philip J. Ivanhoe, *The Daodejing of Laozi, Indianapolis, Hackett Publishing*, 2003, "Intro duction", XV.

需要继续延续，相反，他接下来的论述似乎是在问大家，这种传统是不是应该结束，并进入到"现代化"的阶段了？

在《道德经》的诠释上，艾文贺的"现代化"可以从两个角度来理解。第一是他对文本的态度。21 世纪初的《道德经》诠释，当然离不开郭店竹简的文献。不过艾文贺觉得从内容来说，新出土的材料固然提供了不同的文本，但是它们和传世的版本并不冲突，不影响《道德经》哲学思想的系统性。因此，他认为王弼的注释版本完全可以作为当前《道德经》研究的基本文本。当郭店的竹简《老子》代替马王堆帛书《老子》成为炙手可热的研究对象之时，艾文贺却依然给通行的文本以绝对的信任，这应该不是偶然的选择，而是表达了他对文本的态度。如果说通行本的《道德经》文本已经给我们足够的诠释空间，而新的竹简文本并不能从本质上扩大或改变这个空间的话，那么即使竹简文本是现在可以看到的最早的文本，它也不会从根本上改变我们对《道德经》思想的解读。这意味着艾文贺认为《道德经》的文本本身有着内在的完整性。众所周知，20 世纪最著名的解释学大师之一保罗·利科 (Paul Ricoeur, 1913—2005) 曾指出，在尝试解读其他文化中的文本时，文本内在的完整性尤为重要 [1]。艾文贺对《道德经》文本的态度与利科的后结构主义观念相一致，因此从这个角度来说，他对《道德经》的诠释是"现代化"的。

艾文贺的"现代化"所体现的第二个方面，是他立足于现代社会，从现代西方人的视角来尝试诠释《道德经》的哲学思想。他指出，从整体而言《道德经》不是通过指令来教育大家如何行事，而是委婉地告诉我们应该把自己的注意力放在现代生活的和谐之中。也就是说在他看来，《道德经》中的哲学思想对西方社会来说的主要意义在于在现代社会中如何和谐地生活。在这个前提下，艾文贺介绍了《道德经》中的反战思想——在 2003 年春美国入侵伊拉克的大背景下，艾文贺对反战思想的详细阐述可谓直接将《道德经》思想与现实联系了起来。他也讲述了《道德经》思想中对远古社会素朴生活的向往 [2]，这同样和"现代"做了鲜明的对比，并为生活在"现代"社会的读者所面对的问题提供了相应的答案：无为 [3]。

艾文贺承认，就西方读者来说，"无为而无不为"这样看似又要人去除欲望，却又强调最终能够实现欲望的吊诡有些难以理解。从现代西方人的角度，艾文贺对此进行了回答："如果如文本所言，我们认识到过度的欲望对于真正的自我来说不过是外在的堆积，它会使我们衰弱，这种意识本身就会帮助我们抵抗欲望。除了对它们

---

① Paul Ricoeur, *Hermeneutics and the Human Sciences: Essays on Language, Action and Interpretation*, Cambridge, Cambridge University Press, 2016, p.272.

② Philip J. Ivanhoe, *The Daodejing of Laozi*, XIX.

③ Philip J. Ivanhoe, *The Daodejing of Laozi*, XXI.

的真实本性有切实的了解之外，我们不需要'做'任何别的。另外，如果亦如文本所言，我们自身之中总是有着本能的趋势来驱使我们自发地求'道'，那么通过了解、关注并遵循它们，我们就会对外在的欲望失去兴趣，从而放弃欲望……在这两种情况下，我们都可以做到'无为而无不为'。"①

很显然，当艾文贺用"我们（we）"的时候，指的是今天的西方读者。和葛瑞汉们试图在中国哲学自身的发展框架中诠释"老子"哲学不同，艾文贺试图诠释的是《道德经》哲学对现代西方读者的意义。正是从这一点来说，艾文贺对《道德经》的研究具有强烈的"现代化"。

（二）安乐哲的"哲学化"诠释

安乐哲于 2001 年秋天在北京大学讲授道家哲学的课程，在此基础上对自己和郝大维（David Hall）合作的《道德经》英译本做了一定的修改并出版②，其中较长篇幅的"导论"对《道德经》的哲学内涵做了深入的探讨。在书名中，他特意强调了它是哲学性的翻译（A Philosophical Translation）。言下之意，他所关注的核心问题是《道德经》的哲学性，而对《道德经》文本的历史性问题做了胡塞尔式的现象学还原，把这些问题搁置了起来，从而也就自然消除了"老子"的讨论意义。

当然，这并不意味着安乐哲完全忽略《道德经》出现的历史背景。恰恰相反，在安乐哲对《道德经》的讨论中，他详细地描述了战国时期的历史背景，也介绍了马王堆和郭店出土的相关文献，认为《道德经》之所以有不同的文本，是因为中国古代的文献是口口相传的。

那么，为什么说安乐哲搁置了历史性问题呢？这是因为他明确指出《道德经》是没有作者的文本（authorless text）③，这一点安乐哲做得比艾文贺更为彻底。这不但意味着《道德经》和"老子"彻底脱离了关系，而且正式赋予了人们根据自己的角度来诠释《道德经》的自由。安乐哲认为，不同历史时期的读者可以根据他们自身的历史背景和个人经历，对《道德经》会有不同的解读，而《道德经》的意义也正在于此④。在他看来，《道德经》的文本本身究竟形成于何时其实并不重要，重要的是通过读者自己的体验，对文本形成独特的理解和诠释。这种对文本本身的推崇当然受到了后现代文学理论的影响。当安乐哲宣布《道德经》没有作者之时，无疑让人

---

① Philip J. Ivanhoe, *The Daodejing of Laozi*, XXVII-XXVIII.
② Roger Ames and David Hall, *Dao De Jing: A Philosophical Translation*, New York, Ballantine Books, 2003. 尽管这是安乐哲与郝大维共同的著作，但由于郝大维于 2001 年去世，后期对老子和《道德经》的观点主要来自于安乐哲，因此在文中只用安乐哲的名字。
③ Roger Ames and David Hall, *Dao De Jing*, p.2.
④ Roger Ames and David Hall, *Dao De Jing*, p.4.

们想到了罗兰·巴特（Roland Barthes）所宣称的"作者已死"[1]。这实际上可被视为汉学家的进攻性宣言：基于此，中国哲学史上众多的《道德经》注解也不过是一时一地的诠释，而汉学家对《道德经》的诠释与它们在本质上是平等的。当作为作者的"老子"消失之后，西方汉学家对《道德经》哲学的各种诠释就具有了前所未有的合法性。

在历史性消失之后，安乐哲眼中《道德经》的哲学性就和个体性紧密相连。透过其自己的西方哲学视角，安乐哲认为《道德经》文本看似零碎散漫，但并非没有连贯性。安乐哲借用《诗经》反证了《道德经》的哲学性。他指出，在中国人看来，《诗经》中的诗句充满了哲学的色彩，当孔子、孟子、荀子等人在引《诗经》之时，那些看似片段化的诗句其实就是"能指"，而其"所指"的哲学内涵则为大家所公认。同样，当我们把《道德经》中某些反复出现的词汇和意象视为"能指"，进而理解它们的"所指"，那么就可以发现其中的连贯性[2]。安乐哲举例进行了证明：第一章和第二章讨论的是"相互关系"，而第五十七章到第六十一章则关注的是如何治国……而把这些哲学话题一以贯之的，则是个人的修养。[3] 也就是说，对个人修养的关注，是《道德经》哲学体系中的核心所在。

基于这一论点，安乐哲认为《道德经》可以让读者发现自己的各种可能性，从而对自己对人生有更完整的理解。尽管安乐哲用万物之间紧密相关的宇宙论来概括《道德经》的思想，但是他认为在《道德经》中，个人和宇宙是相互联系在一起的，宇宙论的最终落脚点在于个人。他以第五十四章为例，指出"修之于身，其德乃真；修之于家，其德乃余；修之于乡，其德乃长；修之于邦，其德乃丰；修之于天下，其德乃普"所讲的正是个人与宇宙之间的关联[4]。当个人与宇宙相连，世界就会出现最优化的可能性。

由此我们可以清楚地看到安乐哲对《道德经》哲学性的诠释逻辑：每个人都有权利去诠释《道德经》，《道德经》也会让每个人得以实现自我，而自我的实现是与宇宙间的万物紧密相连的。这既迎合了西方读者对自我和个体的强调，同时也促使他们去思考自我与他人，自我与家庭，直至自我与天下之间的关系。从而在一方面使得《道德经》更容易被西方读者接受和理解，在另一方面则在一定程度上可以用《道德经》来引导他们对自身文化的反思。

---

[1]　Roland Barthes, *"The Death of the Author," in Participation (Documents of Contemporary Art)*, ed. Claire Bishop, et al., Cambridge, MA, The MIT Press, 2006, pp.41—45.

[2]　Roger Ames and David Hall, *Dao De Jing*, p.8.

[3]　Roger Ames and David Hall, *Dao De Jing*, p.9.

[4]　Roger Ames and David Hall, *Dao De Jing*, p.20.

　　安乐哲用第五十九章"治人事天，莫若啬。夫唯啬，是谓早服；早服谓之重积德；重积德则无不克；无不克则莫知其极，莫知其极，可以有国；有国之母，可以长久。是谓根深固柢，长生久视之道"来说明天下和社会发展的持续性比个体的独特性更为重要①。当然，个体并不是全然被动地接受其所体验的经历的，天下的转变同样依赖于个体。就这样，在安乐哲看来，当西方读者不再需要了解"老子"究竟是谁后，他们就可以直接地用自身对生活的体验与《道德经》中的哲学对话，从而"个体与宇宙"②的关系——这一困扰着当代西方哲学家和民众的一大哲学问题——就可以得到一份中西方相融合的答案。或许我们可以认为，他对《道德经》的研究与翻译正是他自己与《道德经》对话的方式，也是其自身体验的展现。

　　（三）穆勒的"通俗化"理解

　　在艾文贺和安乐哲对《道德经》的各自诠释中，迎合当代西方读者的倾向已经初步显露。如果说葛瑞汉的研究主要面向的是西方汉学家与西方哲学家的话，那么他们的目标对象则侧重于一般的读者。因此，几年后穆勒在《〈道德经〉的哲学》（*The Philosophy of the Daodejing*）一书中进一步将《道德经》的诠释"通俗化"，也就是自然而然的了③。

　　在去"老子"化上，穆勒非常坚决彻底。他不但明确指出《道德经》没有作者，而且更加邀请读者成为"作者"。穆勒认为读者可以把他自己等同于《道德经》中的叙述者。在他看来，像第五十七章中"我无欲而民自朴"中的"我"，就可以是每一个未来的读者。当读者认同《道德经》中的哲学思想之后，就和《道德经》中的"我"合二为一，从而同时成了作者——《道德经》思想的解读者、诠释者和实践者。

　　为了让读者相信他们中的每一个人都可以成为"我"，穆勒对《道德经》的文本做了解构。尽管否认了"老子"与《道德经》的关系，但艾文贺和安乐哲依然认为《道德经》是有内在的体系和逻辑的。可是，穆勒认为《道德经》的文本是不同于线性结构的网状结构，章与章之间不是按既定的分析步骤和结构推理组成。郭店的竹简文本甚至使得他在这一方向上走得更远：他指出马王堆的帛书文本与郭店的竹简文本的顺序和通行本是不同的，这证明了《道德经》的每一章之间没有必然的顺序。穆勒继而告诉我们，中国古代的典籍很多缺乏开头和结尾的观念，《道德经》的无序

---

　　① Roger Ames and David Hall, *Dao De Jing*, p.21.
　　② 在此，个人与宇宙可以广义地理解为个人与家庭、个人与集体、个人与社会、个人与国家、个人与世界等多重关系。
　　③ Hans-Georg Moeller, *The Philosophy of the Daodejing*, New York, Columbia University Press, 2006.

只是其中的一个例子^①。在穆勒看来，既然《道德经》本身没有必然的顺序，那么我们每一个读者都可以决定自己的阅读顺序，甚至我们可以挑选自己喜欢的一章或是几章。于是对穆勒来说，《道德经》的哲学就变成了一种心灵鸡汤，当读者需要某一方面的安慰或是指引时，可以各取所需。

在此基础上，穆勒走出了"通俗化"的重要一步：他认为《道德经》传播和网络上的"超级文本"（hypertext）有着众多相似之处，故将二者相提并论：都没有具体的作者；有着多种相近却不同的文本；各种文本像网一样织在一起，不需要也不可能解开；每个人在阅读的时候都会有不同的体验……^②很显然，穆勒给予了读者无限的权利与自由，他们完全不需要像葛瑞汉那样去考证"老子"是谁，也完全不需要了解中国哲学的基本知识，只需要把《道德经》当作是可以随意解读的超级文本，就可以任意地进行诠释。正是在这个意义上，穆勒把《道德经》诠释的"通俗化"做到了极致。

那么，任意的诠释可以给读者带来什么意义呢？穆勒认为，《道德经》中的某些意象有着一定的特点和功效，读者通过模仿这些意象，就可以实现或获得某些功效。举例来说，第六章"谷神不死"，告诉我们谷神是长久的永恒的，第四十一章等文本又告诉我们"上德若谷"，那么对于那些寻求永恒的读者来说，就可以去效仿"谷"的特性。穆勒指出，第十五章中的"川"和谷类似，它们都没有特定的形状，除了大而空之外，没有明确的特点。读者通过模仿"谷"的这些特性，就可以获得"不死"的效果，在现实生活中获得成功。

可以看到，当穆勒告诉我们如何在不同的章节（碎片）中寻找相同意象背后的意义时，事实上并没有完全否定《道德经》文本之中的内在联系。不过，其所想强调的依然是读者的自主性和诠释的多样性。在彻底忽略了老子并凸显读者的权利之后，穆勒似乎在告诉大家：人人都可以成为"老子"。

三、总结与反思

和葛瑞汉对老子和《道德经》的研究观点和方法相比，艾文贺、安乐哲和穆勒的"去老子化"很明显更为贴近当代的西方读者。当然，这样的"去老子化"只是西方汉学家们对老子和《道德经》研究的趋势之一。以夏含夷（Edward L. Shaughnessy）等人为代表的另一批汉学家们，依然从中国哲学"史"出发，试图根

---

① Hans-Georg Moeller, *The Philosophy of the Daodejing*, p.3.
② Hans-Georg Moeller, *The Philosophy of the Daodejing*, p.4.

据郭店的竹简，来重新探讨包括老子和《道德经》在内的先秦哲学架构[1]。而艾、安、穆三位汉学家（和葛瑞汉一样）都具有西方哲学的研究背景，主要是从哲学的视角出发来研究和诠释《道德经》的。这使得他们与那些从思想史角度研究老子和《道德经》的汉学家们的方法有所不同，相对来说更加注重文本本身。

"去老子化"后，西方读者不用再纠结于自己所不熟悉的中国历史背景，可以直面《道德经》的哲学思想。这当然更容易使人了解《道德经》，也可以更为自由地进行中西哲学的比较。事实上，当牟宗三在用康德哲学来剖析中国哲学时，也没有充分论证康德哲学在整个西方哲学中的位置。当然，与此同时，这样的方法也很可能使西方读者对《道德经》断章取义。也就是说，一方面这样的研究方法可以更好地在西方推广中国哲学，但是另一方面像穆勒这样"通俗化"的解读也可能使中国哲学失去了原本的面目。

对包括《道德经》在内的中国哲学典籍的通俗化解读在中国也早已屡见不鲜。学者们对此也有了各种批评。不过，作为他山之石，"去老子化"给中国学者带来的思考，是要警惕过分强调出土文献的重要性。的确，从马王堆到郭店，新的《道德经》文本给我们重新审视老子哲学的诸多视角，但是它们是否改变了老子哲学的内在体系？是否真的可以令我们重写先秦的哲学发展脉络呢？答案也许还在探寻之中。

---

[1] 参见 Edward L. Shaughnessy, *Rewriting Early Chinese Texts*, Albany: State University of New York Press, 2006.

托马斯·克利里《道德经》翻译研究

李游海 *

内容提要： 众多《道德经》英译本中，美国典籍翻译家托马斯·克利里的《道之本》在国内学界尚未受到足够重视。本文拟从该译本核心词语的处理、句法修辞的运用、注释文献的选择等方面综合考量，并参照其他英译本进行对比分析，借以管窥克利里翻译的特点和理念，以期引起更多方家进一步关注和深入研究。

关键词： 托马斯·克利里 《道德经》 翻译 文学性 互文

一、引言

《道德经》作为我国古典哲学与文学的经典之作，以其玄妙的智慧，吸引着世界各国学者的研究。作为东方智慧的代表，它已被译为 28 种语言，版本达到一千余种，关于它的研究论文更是数不胜数。甚至有学者称《道德经》为美国当代圣经[①]，其在当代西方的影响力可见一斑。

从 1868 年英国牧师湛约翰 (John Chalmers, 1825—1899) 翻译的第一个完整的英文版本至今，英译的《道德经》版本不断涌现。根据卡迈克尔（Lucas Carmichael）的统计，截至 2016 年底，公开出版的英文版《道德经》共达 380 种，而且以每年十八本的速度在增加。[②] 其中托马斯·克利里（Thomas Cleary）相关译文的记录有三条，可见其在《道德经》英译本中的重要地位。《旧金山纪事报》文学书评专栏（*San Francisco Chronicle Book Review*）曾经这样评价他的翻译成果："托马斯·克利里凭借一己之力，用近乎将旧家具从着火的房子里搬出来的劲头，将佛教、道家经典及《易经》从中文译为英文。他是本世纪（20 世纪）翻译或重译典籍（sacred text）最多的

---

　　* 作者简介：李游海（1974—），男，湖南平江人，湖南财政经济学院讲师，主要研究领域为英国文艺复兴时期文学、中国典籍翻译。

　　① See Lucas Carmichael, *The DAODE JING as American Scripture: Text, Tradition, and Translation*, Doctoral Dissertation, the Divinity School of U of Chicago, 2017.

　　② Lucas Carmichael, *The DAODE JING as American Scripture*, Appendix A and Appendix B.

学者。他的译著，充满古代贤哲智慧，满足了广大受众的精神需求。"①正如这则评论所言，克利里翻译的作品涵盖八种语言，共有八十多部作品。其所译《孙子兵法》受到了国内外学界的高度重视，而其《道德经》译本《道之本：开启直达道教核心之旅（〈道德经〉和〈庄子〉)》②在国内学界尚未受到足够重视，目前中国知网（CNKI）上仅有一篇文章对其译文的第一章进行了简要评析③。

托马斯·克利里这个英文译本在众多译本中不算大部头，全书 168 页，涵盖《道德经》和《庄子》两部作品的译文和注释，单就《道德经》所占体量来说，充其量不过 100 页左右，加上排版关系，可以说是一个短小精悍的小册子。然而，由于译者深厚的中文功底，丰富的翻译实践，以及严谨的治学态度，使得这部译作彰显出独特的魅力。本文比照安乐哲（Roger Ames）④和韦利（Arthur Waley）⑤两人的英文译本，对克利里的《道德经》译本进行解读，力图揭示其雅俗共赏之特性，突显其对文学特性的强调，探讨其在注释文本中充分体现的互文性。

二、雅俗共赏的译本

本雅明在著名的文论《译者的任务》中提出，翻译的终极目标，是通过翻译艺术"表达语言间的最重要的呼应关系"⑥，而克利里的译本，正是在翻译过程中，努力地体现《道德经》最核心的内容，力求达到中、英文本间内容的一致性。一方面，相对于众多的通俗化翻译文本，克利里的译文不仅能让普通读者读懂，而且又不失较高的专业水准；另一方面，相对于专业研究领域的《道德经》译本，克利里的译本也毫不逊色，同时又因为其对相关注释文本删繁就简，取其精要，避免了对普通读者造成阅读困难。简言之，称克利里的译文雅俗共赏，毫不为过。

而要做到这点，首先要克服的困难就是对《道德经》原文本的准确理解。不可否认的是，中国古代典籍翻译的难度可谓非同寻常，而《道德经》翻译又是难上加难，对每一位尝试者都是莫大的挑战。译者拉法格（Michael LaFargue）认为，由

① Thomas Cleary, *The Essential Confucius:The Heart of Confucius' Teachings in Authentic I Ching Order*, Edison: CASTL Books, 1998，封底推介文字。

② Thomas Cleary, *The Essential Tao: An Initiation into the Heart of Taoism Through the Authentic Tao Te Ching and the Inner Teachings of Chuang-Tzu*, Edison: Castle Books, 1998.

③ 黄曦亮：《〈道德经〉第一章之 Thomas Cleary 译本评析》，《语文学刊》2013 年第 3 期。

④ Roger T. Ames and David L. Hall, *Dao De Jing: "Making This Life Significant"*, NY: Ballatine Books, 2003.

⑤ Arthur Waley, *The Way and Its Power: The Tao Te Ching and Its Place in Chinese Thought*, London: George Allen & Unwin Ltd.,1977.

⑥ Walter Benjamin, "The Task of the Translator" in *Selected Writings*, Volume 1, Marcus Bullock et al. ed. Cambridge: Harvard University Press, 2002, p.255.（后面的引文仅在文后夹注内标明页码）。

于《道德经》的含混和模糊性，每一个读者对其意义都有自己的解读。他认为，对于中文作者和读者来说，它所表达的意义应该是确定的、明确的，值得通过恰当的诠释手段去无限可能地接近原文意义。殊不知，对于许多普通中国读者来说，《道德经》也是一篇晦涩难懂的作品，他们所能理解到的意义也是根据各自文化层次、解读角度的不同而千差万别的。拉法格也不得不承认，译者所有的努力都只是"基于专业训练的猜想所能达到的对原文的大致接近而已"（"rough approximations based on educated guesses"）[1]。对于任何一位母语不是中文的翻译者来说，若非常年浸淫于中国传统文化，仅凭浅尝辄止的阅读，想要把握《道德经》的精髓并用英语准确地传达出来，无异于痴人说梦。诚然，有许多人，并不懂中文，却也翻译了《道德经》，并且这些译本还比较受读者欢迎，但从学术的角度来说，这些译文只能被称为"伪译"（pseudo-translation），正如保罗·R.高尔丁在《不知而言：那些不懂汉语的译者翻译的〈道德经〉》一文中所评价的一样[2]。拉法格就坦言，自己翻译《道德经》，前后历时18年，可见其艰辛（LaFargue 214）。克利里本人非常自豪地在译本的简介中提到，这个版本的《道德经》是从中文原文翻译过来的[3]，对译文所依据的原文本的强调，这在他翻译和编辑的众多典籍里面是很少见的，可见克利里对自己的中文功底，颇为自信。不难理解，克利里翻译的成功，主要基于其对中国古典文化的熟稔，又来自其对典籍翻译的执着。他在一次专访中，称自己从不依靠任何一个机构或大学，坚持做一个独立的思考者和学习者，而且与愿意直接通过他的书本进行学习的读者进行交流。在阅读他的译著时，这些方面都可以感受得到。

　　首先，克利里的《道德经》译文在关键概念和核心词汇的处理上彰显出深厚的功底，在对注释文本的选择上体现出独到的匠心。《道德经》中核心词汇的翻译，是译者功底及译文水平的验金石，如果译者在理解和处理上稍有不慎，则会降低译文水准，进而让读者产生理解上的偏差。以第五章最后一句的翻译为例：

原文：多言数穷，不如守中。

克译：The talkative reach their wits' end

again and again;

that is not as good as keeping centered.

---

① Michael LaFargue, *The Tao of the Tao Te Ching: A Translation and Commentary*, Albany: State University of NY Press, 1992, p. XVI. (后面的引文仅在文后夹注内标明页码)。

② Paul R. Goldin, "Those Who Don't Know Speak: Translations of the *Daode Jing* by People Who Do not Know Chinese," *Asian Philosophy*, vol. 12, no. 3 (2002), pp.183-195.

③ Thomas Cleary, *The Essential Tao: An Initiation into the Heart of Taoism Through the Authentic Tao Te Ching and the Inner Teachings of Chuang-Tzu*, Edison: Castle Books, 1998, p.4. 后面的引文仅在文后夹注内标明页码。

安译：It is better to safeguard what you have within，

　　　 Than to learn a great deal that so often goes nowhere.

韦译：Whereas the force of words is soon spent.

　　　 Far better is it to keep what is in the heart.

对于"守中"一词的处理，可看出三位译者对关键词的理解和处理方式是有着明显差异的。安乐哲的译文（"to safeguard what you have within"）和韦利的译文（"to keep what is in the heart"）均采用动词带宾语从句的形式表达这一关键词的内容，二者的处理方式比较接近。而克利里直接根据原文"守中"的动宾结构，将结构稍加灵活变动，译为动补结构（"keeping centered"），比前两者用词明显更为精炼。在对"守中"一词的注释方面，安乐哲的注解强调有学者指出"中"含有"盅"（中空）意，"这样就与第四章所阐释的道之'虚空'，及本章（第五章）所提及的'橐籥'中空相呼应"。这一注解目的在于让读者准确理解"守中"的含义，同时由点及面，帮助读者形成对《道德经》整体的理解。从哲学家的角度来说，这一注解包含了安乐哲一贯的理念，但是也易将读者的注意力引导向"中空""虚空"等玄学内涵，反而会影响普通读者对"守中"一词本义的顺利理解。而韦利的注解并未对这个概念做深入的解释，仅列出了有相同用法的另外三个例子，对于专业学者而言，或许有所裨益，而普通读者想要进一步理解这一概念，参照这个注解其实收效甚微。相对而言，克利里直接引用了宋徽宗赵佶对"守中"的定义："慎汝内，闭汝外，收视反听，复以见天地之心焉，此之谓守中。"（赵佶《宋徽宗御解道德真经》）（"By being careful of your inner state, shutting out externals, withdrawing your eyesight and reversing your hearing, you can go back to see the heart of heaven and earth. This is called keeping centered."）相较于其他两个译本，这个注解反映出了克利里在对文本的理解和把握上的深厚功底。先不说宋徽宗赵佶对《道德经》训释的总体专业水准，单就其对"守中"这一概念的理解，可以说是非常准确的。克利里在众多的训释文本中挑选这一条，眼光不可谓不精准独到。

其次，克利里的译文，对学术上存在争议性的句子，并不采取回避的态度，而是迎难而上，条分缕析，引导读者在形成对原文正确理解的基础上，做出自己的判断。任何对原文的翻译，由于译者视阈的不同，译文呈现的角度和准确度一定会有较为明显的差异，尤其是由于《道德经》玄之又玄的内容，卷帙浩繁的注本，某些句子引起误读或争议在所难免。对于这些有争议的难点，译者如何处理，一方面体现其治学态度，另一方面也检验其翻译功底。如对第五十章的理解："生之徒，十有三；死之徒，十有三；人之生，动之死地，十有三。"此处学者们争议的焦点在于，到底"十有三"应该被理解成"十分之三"，还是"十之又三"？根据马王堆乙本，确实有"死之徒，十又三"的表述。韦利根据韩非子《解老》篇对这一段文字的理解①，将其直接翻译成"thirteen"，那么对整个句子的理解，就会产生极大的偏差。而韩非子的《解老》篇，作为"我国训释《老子》的开山之作"，被一些学者认为"在解释《老子》时，多有主观发挥，与原意不尽相符"②。韦利根据这一注本，将"生之徒"翻译成"the companions of life"，其注释中称其为"人的四肢和九窍，组成身体的器官"（Waley 203），与大多数注本对原文的理解还是有比较大的出入的。克利里在指出这个争议点之后，并未对其进行过多的分析和解释，只是引用苏辙的注解，清晰地揭示了"生之徒""死之徒""动之死地者"的内涵："用物取精以自滋养者，生之徒也。声色臭味以自戕贼者，死之徒也。二者既分生死之道矣。吾又知作而不知休，知言而不知默，知思而不知忘，以趣于尽，则所谓动而之死地者也。"（苏辙《老子解》章 50）("The followers of life are those who use things to extract the vitalities in order to nourish themselves. Followers of death are those who deplete themselves with sense impacts. Furthermore, to know how to act but not how to desist, to know how to speak but not how to be silent, to know how to think but not how to forget, thereby heading for exhaustion, are the 'dying grounds on which they are agitated'.")那么，在此基础上，《道德经》里这个句子的内容就能被很好地传达给读者，克利里对"十有三"的理解更倾向于"十分之三"就比较具有说服力了。

三、克译文本的文学特性

本雅明在《译者的任务》中也谈到了译作和原文的关系。他指出原作中内容和语言形式的关系，就像水果和果皮之间的关系，达到了一定的统一；而译文的语言对于内容来说，就像多褶皱的皇袍，明显不合（Benjamin 258）。译文的内容和形式能不能达到像原文一样的统一，是一个关键的问题。本雅明也提出，原文中无法理解的神秘的、诗意的本质特征，只有当译者本人也是诗人时才能用另一种语言再现出来（243）。本雅明举出荷尔德林所译索福克勒斯的两大悲剧作为例子，认为他的译文中，"语言形式如此和谐，它触及意义，犹如微风拂过风竖琴"（262）。克利里或许就是本雅明所说本身就有诗人气质的译者，在翻译过程中努力体现出原作的诗意。

鉴于《道德经》丰富的内涵，不同译者都会从自己独特的角度来对其进行再创作。安乐哲从哲学家的角度，系统性地对《道德经》从哲学的角度进行梳理和解读，

---

① 陈鼓应今译，韦利英译：《老子：汉英对照》，长沙：湖南人民出版社，1999 年，第 281 页，第 50 章，Note 2.

② 刘乾先等：《韩非子译注》，哈尔滨：黑龙江人民出版社，2003 年，第 205—206 页。

其译文之前，既有历史背景的介绍，更有对《道德经》哲学思想的介绍，因而在众多《道德经》译者中，安乐哲的翻译思想有比较清晰的脉络可寻[①]，他翻译的倾向更重于哲学思辨和原文内容的传达。韦利也在其译著中提出了一些翻译的分类标准，如历史性翻译和文稿性翻译的区别、文学性翻译与文字性翻译的划分。基于此，韦利的译文在重现文本的文学性和重构历史语境中的文本意义之间做出取舍[②]，在以传达文本意义为要旨的情况下，译文的文学性则大多无法兼顾。相对而言，克利里的翻译理念，我们只能根据其译文、注释及序跋等管窥其豹，略做分析。克利里在翻译《道德经》的过程中，在忠实于原文、准确表达内容的基础上，努力在音韵、修辞手法等方面找到与原文的一致性，在译文的文学性与准确性之间尽力寻求平衡，实属不易。

以《道德经》第二十章"唯之与阿，相去几何？"一句的翻译为例，克利里、安乐哲、韦利这三位译者因其侧重点的不同，在翻译和注释的时候就会出现完全不同的情况，且看：

原文：唯之与阿，相去几何？

      善之与恶，相去若何？

克译：How far apart are yes and yeah?

      How far apart are good and bad?

安译：How much difference is there really between a polite "yes" and an emphatic "no!"?

      How much difference is there between what is deemed beautiful and ugly?

韦译：Between *wei* and *o*

      What after all is the difference?

      Can it be compared to the difference between good and bad?

三个版本中，就"唯"与"阿"的理解和翻译，克利里的版本可谓最佳。首先对于"阿"的理解，历来就有争议，马王堆甲本为"訶"，马王堆乙本为"呵"，克利里在注解中也没有回避某些专家的观点，列出他们的理解为"呵责"义，与"唯"形成对比，在句式修辞上与下句"善之与恶"相呼应。在此基础上，克利里提出自己的观点为："本人倾向于认为这种理解偏离了道家这几句经文所要表达的真正旨意。"（Cleary 144）他指出"唯"与"阿"表达的是相同而非相反的意思，只是由于

---

① 孙际惠：《论安乐哲的翻译思想》，《中国科技翻译》2014年第4期。另外，安乐哲英译本的副标题为"哲学译本"，可见其翻译过程中注重对老子思想中哲学元素的发掘。

② 吴冰：《译随境变——社会历史语境下的〈老子〉英译研究》，博士学位论文，湖南师范大学外国语学院，2014年，第67—68页。

传统造成运用上的细微差异。两个问句并列，结构工整，可以倾向于认为道家的观点为善与恶实为一体，或者说没有绝对的善与恶，因而并列结构中与"唯""阿"对应的"善""恶"，并不一定表达的是相反的概念。克利里还引用了第二章"（天下）皆知善之为善，斯不善已"作为这一看法的有力支撑。

克利里对"唯"与"阿"两个词的这种理解，在其他译者那里也得到了呼应。安乐哲在该句注释中列出了马王堆甲本和乙本的用词差异，提出王弼本的用词为"阿"，意为"表达认同的非正式方式"（"WB has *ah* that is taken to be an informal assent, a casual "yeah."）[①]。拉法格将这句译为"'Yeah' and 'yes sir'——is there a big difference between them?"[②]，无疑与克利里的理解是相一致的。

克利里以其对《道德经》文本原义准确的理解，为以完美的语言形式呈现《道德经》奠定了基础。我们再回过头来对比分析"唯之与阿，相去几何？善之与恶，相去若何？"克利里、安乐哲、韦利三者的译文，可谓高下立判。安乐哲沿用原文问句的形式，将两个问句对照翻译成两个英文特殊疑问句，虽有对原文的不同理解，但是基本上能将原文的意思比较完整地传达给英文读者。不足之处是译文行文略显冗繁，与《道德经》原文精炼、典雅的行文风格有较大差距。而韦利的翻译有意规避了"唯"与"阿"英文译词的选择难度，直接采用拼音"*wei*"与"*o*"代替，而且未在注释中对其加以说明。这种处理方式有其取巧之处，但也增加了读者阅读文本的难度，无疑对英语读者顺畅地阅读文本、获得一个整体的阅读体验造成了一定的干扰。读者看到这两句时非得停下来，检阅其他英文译本或工具书才能获得对这两个词的确切理解。从行文风格来看，韦利的这两句译文用了两个不同形式的疑问句式，其中前一个特殊疑问句分成两行排列，显得极不工整。再看克利里的翻译，句式整齐，毫无冗余之词，与中文原文无论在语义的传达，还是诗意的表现形式上都是高度统一的。尤其让人击节之处，是将"唯之与阿"译成"yes and yeah"，不仅字数与原文相近，而且读来朗朗上口，采用英语古体诗中常见的押头韵（allliteration）的修辞手法，为译文的文学性特征增色不少。大声朗读几遍英文，再回味一下原文的读音，尤其是"与阿（yu'a）"和英语单词"yeah"之间的奇妙相似，给人妙不可言的感觉。配合注释中的理解，克利里这个部分的翻译可以称得上是神来之笔。

另外，克利里在翻译的过程中，在译文的形式美方面所做出的巨大努力，与其他译本比较起来，还是很容易感受到的。能理解原文的内容和形式美，并熟悉语言间的差异，进而灵活变通，创造性地翻译出《道德经》原文的神韵，克利里的译文

---

①   Roger T. Ames and David L. Hall, *Dao De Jing: "Making This Life Significant"*, Note 48.

②   Michael LaFargue, *The Tao of the Tao Te Ching*, p.28. 拉法尔格采用比较新颖的编排方式，打乱原文八十一章的排序，根据自己的理解按照主题重新排序，不失为解构经典文本的一个大胆的尝试。

可谓个中典范。尤其是音韵方面,某些段落的翻译,克利里做得要比安乐哲与韦利高出一截。再看第二章老子谈论事物相对性的一段文字:

原文:故有无相生,难易相成,长短相较,高下相倾,音声相和,前后相随。

克译: So being and nonbeing produce each other:

> difficulty and ease complement each other,
>
> long and short shape each other,
>
> high and low contrast with each other,
>
> voice and echoes conform to each other,
>
> before and after go along with each other.

这几句中文翻译的难度可想而知。克利里的译文六个句子与原文基本对应,每句单词数控制在六至八个之间;保持了原文的排比句式,都以短语"each other"结束,对应原文中重复出现的"相"一词;六对相反相成的概念精准地翻译到位。动词翻译方面,前三句的谓语动词都只用了单个动词,后三句则统一使用动词加上介词的动词短语结构。总体看来,不仅传达了原文的内容,在形式美上,也做到了极致。相对而言,安乐哲的译文虽然想要做到与原文相类似的排比,却没有做到极致;而韦利的译本则有朝这个方向努力的趋势,但是也没有达到完美的境界,在用词方面有重复(如"音声相和,前后相随"的译文 give 一词重复使用,前后句用了两遍)。

在克利里的译文中,兼具内容准确与形式优美的例子还有很多。如:第二章文字"是以圣人之治,虚其心,实其腹,弱其志,强其骨"被译为"Therefore the government of sages, empties the mind and fills the middle, weakens the ambition and strengthens the bones"。中英文对比起来阅读,顿时让人觉得《道德经》作为经典文本的文学特质,在克利里的译文中得到了完美的体现。

四、克利里译本的互文性

互文性理论由法国理论家克里斯蒂娃(Julia Kristeva)首先提出,在文学理论批评中影响深远,其主要观点,可以一言以蔽之:所有文本都是互文性的(all texts are intertextual)。也就是说,任何文本都有着其他文本的痕迹[①]。在此理论观照下,克利里的译本可以说就是一部交织着各种文本的互文本。其文本中存在着和《道德经》各种训释文本的互文,与各个英文译本间的互文。更重要的是,由于克利里翻译和研究的范围甚广,他在这个译本的注释中引经据典,旁征博引,远远超出了《道德经》相关注释文本和译本的范围,使得《道德经》文本与其他经典文本之间互为勾

---

① 童明:《互文性:新文本理论》,《解构广角观:当代西方文论精要》,北京:中国社会科学出版社,2019年,第49页。

连，相映生辉，为读者理解老子的文本提供了更多的可能性，展现了《道德经》作为经典文本极为丰富的内涵。

例如，在第 63 章"天下难事，必作于易"两句的注解中，克利里毫不吝惜笔墨，直接引用了《孙子兵法》中的两个例子：《谋攻篇》之"是故百战百胜，非善之善也；不战而屈人之兵，善之善者也"（"Those who win every battle are not really skillful--those who render others' armies helpless without fighting are the best of all"）。另《军形篇》之"古之所谓善战者，胜于易胜者也"（"In ancient times those known as good warriors prevailed when it was easy to prevail"）。在引文中，克利里也指出了《道德经》和《孙子兵法》的关系："此句在论谋略的经典作品《孙子兵法》中得到回应，而后者正是从道家传统中吸取营养的。"（Cleary 158）不难理解，克利里涵盖八种语言，出版的八十多部译著中，《孙子兵法》得到了最多关注。而让他的《孙子兵法》译本在众多英译本中脱颖而出的，不仅是其翻译本身的高品质，更多的原因是他对《孙子兵法》道家传统的挖掘和提炼。他的《孙子兵法》译本的译者推介中单列一节，小标题就是《道与〈孙子兵法〉》（"Taoism and *The Art of War*"），详细阐述了道家观念与《孙子兵法》理念之间的高度契合。回过头来看，克利里用《孙子兵法》的这两句引文为《道德经》此句作注解，胜过长篇累牍的解释。克利里对此处注释文本的精心选择，使得《道德经》和《孙子兵法》两部作品及其各自的关联文本之间产生了一个互为文本的效果，既丰富了读者对《道德经》的理解，而《道德经》与其他文本的互文，也激发了读者去积极探索《孙子兵法》等文本的哲学内涵。

克利里在注解《道德经》时，除了引用《孙子兵法》外，还经常指出其中的某些观点或句子与佛家、法家、禅宗等等经典文本的互文。这些例子看起来似乎都是他顺手拈来，毫不费力的。然而细究起来，这些引文之所以被用得恰到好处，都是与克利里多年来深耕于儒、释、道众多经典著作的翻译实践息息相关的。只有对这些典籍进行了深入透彻的理解，才能准确地将这些典籍的精髓用英语加以传达；另一方面，只有对各个文本之间的联系融会贯通，方可由点及面，触类旁通。

除了具体文本间的互文，克利里在翻译《道德经》时，时时不忘对社会现实的观照。其译文与社会文本之间，也就形成了一个复杂的互文关系。在第 79 章"和大怨"前三句"和大怨，必有余怨，安可以为善"的注解中，克利里未对这几个句子的译文做任何解释，反而感叹："由此联系，难以不让人想起二十世纪的世界战争史，尤其是两次世界大战结束时所签订和平协议的某些特性引发的区域冲突；让人不由得想起持续四十多年的冷战；让人不由得想起殖民时代遗留下来的所谓的经济和政治遗迹。"（Cleary 159—160）两次世界大战虽然以签署和平协议的方式结束，但大怨了结，余怨未了，随后还是爆发了一些区域冲突；冷战思维的横行，殖民思想的余孽，都是老子的这三句话绝佳的例证。老子的思想，对于现当代如何正确处理国际关系也具有一定的借鉴意义。他的译文出版近三十年以后，克利里的注解，在今天的读者看来，也是具有一定的现实意义的。

套用本雅明在《译者的任务》一文中的观点来总结本文：经典作品只有在历史中才能获得生命，而正是在优秀的译文中，原文才能得到与时俱进的、完全的展现，并借此而不断获得新生。克利里的英译本，以其雅俗共赏的特性，诗意的表达形式，注释文本的精准选择，以及各文本间的互文性，赋予了《道德经》这一经典文本以新的生命，成就了它在新时代的"盛名"（fame）。

王弼《老子注》英译研究

阮诗芸 *

内容提要：魏晋是"中国史洪流里一个划期的时代"，海外汉学界对魏晋玄学的研究历程可通过翻译研究加以呈现。魏晋玄学创始人物王弼的哲学思想有强烈的现实层面诉求。本文对比王弼《老子注》的多个英译本，通过几位译者对王弼思想的把握、阐释和表达，结合同行书评，揭示近三四十年哲学注疏英译的状况，考察海外魏晋玄学的研究进程。最早期的林保罗、隆普 - 陈荣捷的译本尚未摆脱对"无为"的归化误译；在王弼对圣人君主的现实作用层面，这两个译本以及理查德·林译本陷入了"无君论"，但后者在核心概念的释译上迈进了一大步，并且在表现原文本隐含读者方面有独创之举，其译本有最强的现实政治指向；瓦格纳的最新译本是魏晋玄学研究的里程碑，较准确地展现了王弼的现实政治诉求。

关键词：王弼 《老子注》 英译 《道德经》 汉学

一、引言

哲学家思考问题的出发点往往离不开一时一地的历史语境。王弼的哲学思想在某种程度上也有着他的现实指向和具体关照。作为跻身统治阶级的士大夫，王弼面对着政治统治的动荡、各方势力的拉锯、用贤取士的困难，其哲学思想难免显示出针对当时用人和分权等重大政治问题而展开的思考。而这样的思想在翻译中如何体现，对完整呈现王弼思想、展现魏晋玄学的内涵尤其重要。

随着典籍外译的发展，经典注疏也不再仅作为译者的参考资料，而逐渐成为独立的翻译对象。作为魏晋玄学的重要著作，王弼《老子注》的英译不仅是海外老学研究的成果，也是海外魏晋玄学研究的重要部分。翻译界研究通常仅将王弼《老子

---

　　* 阮诗芸（1992—），女，福建泉州人，北京大学外国语学院英语系翻译研究专业在读博士生，研究方向为典籍英译、辞赋英译。

注》英译作为《老子》英译的附带物看待①，国内哲学研究者也将最新的海外魏晋玄学研究著作翻译入国内并做了分析，然而缺乏历时性的、尤其是从翻译研究的角度切入来分析海外魏晋玄学研究的进程。本文将在王弼思想和魏晋玄学的关照下对王弼《老子注》的几个译本进行介绍和对比分析，结合英语世界同行书评，旨在通过译者对王弼注思想的把握和翻译策略，展现海外老学与魏晋玄学研究的进程。

二、王弼《老子注》英译史

王弼是魏晋玄学的创始人物。玄学——英译为"learning of the mysterious""profound learning"或"Scholarly Exploration of the Dark"等②——根据牟宗三先生的说法，是中国思想史上文化生命的"大开"或"歧出"。"玄学"作为深远的生命之学问的一门，"总赖真生命与真性情以契接"③。要探索真生命和真性情，必得走入哲学家真实的生存语境，了解其现实诉求、其苦心孤诣究竟为何。

国内魏晋玄学研究以现代学术形式展开，是20世纪三四十年代的事④。而王弼《老子注》的英译也于70年代才开始。美籍华裔汉学家陈荣捷在其译本导言中称，王弼《老子注》突出之处在于：（1）其时代最早；（2）最具哲学性；（3）破清了王弼时代以宗教迷信解读老子的弊病；（4）最重要的是把道家思想，乃至整个中国哲学上升到形上层面——开启了中国形而上学⑤。可见海外对王弼注的高度认可。目前王注全译本共四部，选译或夹杂于研究中散译的著作有两部。

出版最早的是林保罗（Paul J. Lin）1977年的译本《老子〈道德经〉及王弼注翻译》（*A Translation of Lao Tzu's Tao Te Ching and Wang Pi's Commentary*）⑥。译者时任南方大学非西方哲学和中国哲学教授，其翻译主要出于个人兴趣及三点原因：（1）追溯老子和王弼的最初思想，展现原著和王弼注之间的相互关系；（2）中国学者通常认可河上公与王弼注，河上公的注本已有英译，但王弼的还未有，而王弼本时间更早，应该更接近老子的思想。河上公以道家宗教长生等思想附会，王弼却呈现出知识性的哲学观点，更为权威；（3）希望通过日常语言探索中英语言如何能相互联系，探索文字和意义之间的联系，探索美式英语的习语和表达的弹性和丰富，是否能保留中

---

① 如在介绍陈荣捷《道德经》英译时顺带提及，参见刘玲娣：《陈荣捷与〈道德经〉英译》，《华中师范大学学报》（人文社会科学版）2016年第6期。

② 分别为理查德·林、陈金梁、瓦格纳译法，译者信息详后。

③ 牟宗三：《才性与玄理》，长春：吉林出版集团有限责任公司，2010年，第9页。

④ 牟宗三：《才性与玄理》，第1页。

⑤ Rump, A. and Chan, W, *Commentary on the Lao Tzu*, University of Hawaii Press, 1979, p. vii-xxiv.

⑥ Lin, P. J., *A Translation of Lao Tzu's Tao Te Ching and Wang Pi's Commentary*, Ann Arbor: Center for Chinese Studies, University of Michigan, 1977.

文的含义和诗意，向读者展现中文的逻辑和天才。第三点尤其体现为其译文中独特之处（详后）。

亚丽安娜·隆普（Ariane Greta Rump，1933—2016）和陈荣捷（Wing-tsit Chan，1901—1994）的合作译本虽然出版时间稍晚两年（1979 年），但在序言中隆普称其翻译完成于林保罗译本出版之前，并在林译本出版之后参校着做了几处微小改动①。隆普博士在英译《老子》后对王弼发生兴趣，其研究得到苏黎世大学教育委员会赞助，译本也由她主导完成。

加拿大艾伯塔大学东亚研究学者理查德·林（Richard Johnson Lynn）于 1999 年出版《道与德的经典：老子〈道德经〉王弼注新译》，其中还翻译了王弼的《老子指略》②。主要参考了波多野太郎（Hatano Tarō）和楼宇烈先生的研究，辅以陈金梁的译本（并对其若干观点进行批评）、鲍则岳（William G. Boltz）和瓦格纳的研究；底本主要基于楼宇烈的校注，并在注释中指出和马王堆本的重要不同之处。理查德还委婉地批评了林保罗和隆普 - 陈荣捷的译本，称二者对其翻译毫无帮助③。理查德注意到了王弼写作的对象，其译文与前驱译本相比在学术性上有了较大突破。

德国学者瓦格纳（Rudolf G. Wagner，1941—2019）于 2003 年出版《〈道德经〉中国注本：王弼老子注，附批评文本及译文》（*A Chinese Reading of the Daodejing: Wang Bi's commentary on the Laozi with critical text and translation*），五年后包括此书在内他的王弼研究三部曲被翻译成中文，以《王弼＜老子注＞研究》为名出版④。海外学者评价理查德和瓦格纳对王弼的研究有几处共通，如避免用"新道家"来描述王弼、反对用常见的"non-being"（非存在）和"non-action"（非行动）这样意义不明的词来翻译"无""无为"（虽然理查德在早些时候研究王弼《周易注》时用"non-being"译"无"）；两个译本都重视王弼的现实政治诉求，这一点尤其显示在对句子主语的明晰化上⑤，后文详述。

除全本外，零散的王弼《老子注》英译见于美国作家比尔·波特（Bill Porter，1943—）、汉学家陈金梁（Alan Kam-leung Chan）等人的研究专著。美国作家、汉学

①　Rump, A. and Chan, W., *Commentary on the Lao Tzu*, University of Hawaii Press, 1979.

②　《老子指略》此前尚有蒙特克莱尔州立大学学者张中月（Chung-yue Chang，音译）和瓦格纳的译本。理查德还英译了王弼《周易注》。

③　Lynn, R. J, *The Classic of the Way and Virtue: a new translation of the Tao-te ching of Laozi as interpreted by Wang Bi*, New York: Columbia University Press, 1999, pp. 20—23.

④　此三部曲另两部为 Wagner, R. G. *The Craft of A Chinese Commentator: Wang Bi on the Laozi*, Alany: State University of New York Pess, 2000；*Language, Ontology, and Political Philosophy in China: Wang Bi's scholarly exploration of the dark (xuanxue).* Albany: State University of New York Press.

⑤　Chan, A. K, "Wang Bi and the Laozi," *Journal of Chinese Religions*, vol. 1, no. 31 (2003), pp. 128—130.

家、翻译家比尔·波特在 1996 年出版［以笔名赤松（Red Pine）发表］的《老子〈道德经〉》（*Lao Tzu's Taoteching*）中为《老子》做了"集解"——不止选译了《老子》的多家注疏，还以相关文本如《中庸》《淮南子》等互相发明[1]。经统计书中共译出王弼注 44 条。比尔·波特尤其以其寻访终南山隐士的游记《空谷幽兰》和他翻译的中国佛典和古诗著名，但鲜有人提到他对道家思想的研究。他曾在采访中提及，翻译就像跳舞，译者摸索作者的精神，用英文配合中文一起快乐地舞蹈[2]，因而其译文偏重艺术性而非学术精准。主攻宗教研究的加拿大华裔学者陈金梁在 1991 年出版《道之二解：王弼与河上公〈老子〉注研究》（*Two Versions of the Way*）中对比研究了王弼《老子注》和河上公《老子章句》[3]，第二章论述中包含大量王弼注译文。

王弼《老子注》自 80 年代以来共出现了上述四个全译本与两个部分译本，但均未有专门研究。哲学典籍的翻译失之毫厘则谬以千里，从具体文本的翻译入手最能见得译者对原本的理解把握究竟如何，不仅对翻译哲学典籍的方法起到指导作用，更能了解海外老学、魏晋玄学研究的发展脉络和最新成果。

三、王弼哲学现实诉求在《老子注》英译中的呈现

王弼生活的曹魏时代甫经汉末大乱，朝廷面临着举贤用人标准的争议，宦官、外戚、士人、地方豪族等各方势力的争夺拉锯。身为统治阶级的一员，王弼的思想如何受到其物质现实的影响，而英语世界译者能否准确捕捉王弼的诉求并表达出来，或有什么不同阐释？本文将挑选表达王弼《老子注》中体现其针对现实层面的思考的典型文本，对比不同译本，分析其特点和利弊。

（一）因顺自然

作为魏晋玄学传统的先驱，王弼对物性提倡"因""顺"的态度，反对君主造立施化。对"自然"的重视、对假名教的反对，是王弼针对现实社会刑名法术的弊端而生发的，也是魏晋玄学整体一贯的基本主张，以《老子》第五章为例：

经：天地不仁，以万物为刍狗[4]。

注：天地任自然，无为无造，万物自相治理，故不仁也。仁者必造立施化，有恩有为。造立施化，则物失其真；有恩有为，则物不具存。物不具存，则不足以备载。天地不为兽生刍，而兽食刍；不为人生狗，而人食狗；无为于万物，而万物各

① Pine, R., *Lao-Tzu's Taoteching*, San Francisco: Mercury House, 1996.
② 比尔·波特：《黄河之旅》：从入海口至源头的追溯"（网络访谈），2012 年。
③ 此书为译者在 1985 年于多伦多大学答辩的博士论文的基础上修订而成。
④ 本文所用《道德经》正文与王注文本参照楼宇烈：《道德经王弼注》，北京：中华书局，2011 年。

适其所用，则莫不赡矣。若慧由己树，未足任也。

林保罗译：...Without action or creation, all things rule each other by themselves. Therefore they are without kindness...With grace and action, things cease to co-exist...The earth does not grow straw for the beasts, but the beasts eat the straw. [The heaven] does not produce dogs for man, but man eats the dog. Inaction in regard to all things means to let them do as they should. Then they will be self-sufficient. If one has to use wisdom, it will not work[①].

隆普、陈荣捷译：...They do nothing and create nothing. The myriad things manage and order themselves. Therefore they are not benevolent...When he creates, sets things up, bestows benefits on things and influences them, then things will lose their true being. When he gives favors and does something, things will no longer exist completely. When things can no longer exist completely, (heaven and earth) will not be able to cover and carry everything. Animals eat straw, though the earth does not produce it for them. Men eat dogs, though (heaven) does not produce dogs for them...[②]

陈金梁译：...Without their doing or making anything, the ten thousand things themselves govern one another and put their affairs into order. Thus (heaven and earth) "are not benevolent" ...With favors and action, then things will not be equally preserved... (Heaven and) earth do not produce straw for animals, but animals eat it; they do not produce dogs for men, but men eat them. Do nothing (artificial) to the ten thousand things, and they will be at ease in their own functions; then indeed nothing will not be self-sufficient[③].

理查德译：Heaven and Earth allow things to follow their natural bent and neither engage in conscious effort nor start anything, leaving the myriad things to manage themselves. Thus they "are not benevolent" ...But when institutions are established and behavior influenced, people lose their authenticity, and when subject to kindness and conscious effort, they no longer preserve their integrity. If people do not preserve their integrity, they no longer have the capacity to uphold the full weight of their existence...Heaven and Earth take no conscious effort with respect to the myriad things, yet because each of the myriad things has what is appropriate for its use, not one thing is denied support. As long as you use kindness derived from a personal perspective, it indicates a lack of capacity to leave

---

① Lin, P. J., *A Translation of Lao Tzu's Tao Te Ching and Wang Pi's Commentary*, p. 22. 此处林保罗注：刍狗为祭祀物，与今日驱鸟的稻草狗，为一物，王弼拆为两物。

② Rump, A. and Chan, W, *Commentary on the Lao Tzu*, p.35.

③ Chan, A. K., *Two Versions of the Way*, Albany: State University of New York Press, 1991, p.42.

things to themselves[1].

瓦格纳译：...They are without interference without creation [with the result that] the ten thousand kinds of entities spontaneously order and regulate each other. This is why [the Laozi says] "[Heaven and Earth are] not kindly!" Someone who is kindly will by necessity create and generate, have pity and interfere...Would they [Heaven and Earth, however,] have pity and interference, the entities would not persist in their entirety [because this pity and interference would be partial and prefer some over others]. If the entities would not persist in their entirety, then [Heaven and Earth] would fail to completely take care of [all of the entities]. [Lacuna beginning with "If the entities would lose their true (nature)"] Heaven and Earth do not produce grass for the benefit of cattle, but the cattle [still] eat grass...As they are without interference concerning the ten thousand kinds of entities, each of the ten thousand kinds of entities fits into its use so that there is none that is not provided for. Would they [Heaven and Earth] confer kindness on their own [initiative]...[2]

此条注在一定程度上体现了王弼对分权问题、万物自然状态的现实思考。仁者一旦偏私，设立好坏的标准，各方利益就不能够同时满足。王弼认为万物能够自我调节，"欲歙之，必固张之"（《老子·第三十六章》）。在这一核心观点上，林保罗、隆普－陈荣捷、陈金梁、理查德、瓦格纳这五个译本都准确地传达了，但细节部分略有出入：

首先，"无为"并非毫无作为，这也是魏晋玄学后期转向"崇有"的原因——为了肃清当时崇尚无君、拱默的风气。"所谓为道者，是以无为为根本，依循万物之自然那样治。"[3]因此陈金梁和陈荣捷翻译为"do nothing"（什么也不做）略有偏差，不过陈荣捷后来意识到了这个问题，他提出"nothing""nothingness"和"nonbeing"这类词如果不加注释，都不能真正表达出"无"的含义[4]。尤其是"有""无"概念，早期归化译为"being"和"non-being"是和西方本体论中"being"和"existence"之间的对立相关的，而中国思想中并无这一矛盾，遗憾的是林保罗仍沿用这对词汇[5]。

① Lynn, R. J, *The Classic of the Way and Virtue: a new translation of the Tao-te ching of Laozi as interpreted by Wang Bi*, pp. 32.

② Wagner, R. G, *A Chinese Reading of the Daodejing: Wang Bi's commentary on the Laozi with critical text and translation*, Albany, NY: State University of New York Press, 2003, p.65.

③ 蒋丽梅：《王弼〈老子注〉研究》，北京：中国社会科学出版社，2012年，第109页。

④ Chan, A. K, "Wang Bi and the Laozi," p.130.

⑤ Boltz, W. G, "A Translation of Lao Tzu's Tao Te Ching and Wang Pi's Commentary," *Journal of the American Oriental Society*, vol. 100, no. 1 (1980), p.85

理查德的译文"not make conscious effort"（不做刻意的努力）和瓦格纳的"without interference"（不予干涉）较符合"无为"的原义。

其次，"赡"在这里应当是形容词（"赡"作动词通常跟宾语），指万物自己的状态，而不是天地赡养万物，因此理查德的译文"not one thing is denied of support"和瓦格纳的译文"there is none that is not provided for"（无物不得到支持、供给）值得商榷。

再次，几个译本对"物不具存"的翻译实际上正好分别体现了这句话可以作的两种解读，一是物性不全足，如"the entities would not persist in their entirety"（瓦格纳）、"things can no longer exist completely"（隆普 - 陈荣捷）、"they no longer preserve their integrity"（理查德）；二是物不能均等地共存，如"things will not be equally preserved"（陈金梁）、"things cease to co-exist"（林保罗）。值得注意，理查德把"物"直接等同于"people"。联系到他认为王弼写作的预设读者是君主，于是"物"落实到现实层面就是君主要统摄的各个人群。

但在王弼注的合译本中却使用了传统的"benevolent"，由此可以推测陈荣捷在与隆普合作翻译的过程中或许并不发挥主要作用。

值得注意，"万物"这个道家思想核心词汇的英译也经历了一个转变过程。林保罗和比尔·波特均译为"all things"（所有事物）；理查德和隆普 - 陈荣捷均译为"the myriad things"（无数事物；两个译本的重合可见隆普 - 陈荣捷的译文对理查德并非后者所谓"毫无帮助"）；陈金梁"ten thousand things"（一万个事物）；瓦格纳"ten thousand kinds of entities"（一万种实体）。瓦格纳用他独创的链体结构引王弼《老子指略》开篇"夫物之所以生，功之所以成，必生乎无形，由乎无名。无形无名者，万物之宗也"，称王弼的"万物"包含两大类——"物质性"和"包含了社会过程"（通常称为"事"）的"物"[1]。德国汉学家何莫邪（Christoph Harbsmeier，1946—）提出，要区分出古汉语中的抽象标记，如"凡物"不应该译为"all things"，而应译为"all kinds of things"[2]。瓦格纳的译文应当是吸收了海外汉语研究的最新成果。

另外，理查德对人称的使用体现了他认为王弼的隐含读者[3]是统治者的观点。"若慧由己树"译为了"若慧由你树"，通过补充主语、选用人称，译者传达出了他心目中的原文的预设读者。显然译本的真正读者不可能是那个"你"——也就是理查德认为的王弼针对的君主。中英译过程中，把原本没有的主语补充成"I"或"You"

---

①　Wagner, R. G, *A Chinese Reading of the Daodejing: Wang Bi's commentary on the Laozi with critical text and translation*, p 57.

②　Harbsmeier C, *Aspects of Classical Chinese Syntax*, London: Curzon Press, 1981, p.33.

③　"隐含读者"为叙事学理论中的概念，指作者在具体文本中预设的理想读者或目标读者。

是很常见的，但理查德的翻译思想和实践让我们看到了这一常见做法的不同寻常的意义。

最后，关于底本问题。陈金梁显然对比了不同底本，认为应当以道藏集注本"天地不为兽生刍"为准，但又选择加括号来显示版本的差别，译为"(Heaven and) earth do not produce straw for animals"（天地不为动物生草料）。而隆普 - 陈荣捷和林保罗选用的都是王弼本，而且二者为了解释上句有"地"而下句无"天"，译文中在括号内补出了主语，一"天"一"地"对举。但林保罗用的底本主要是冈田东贇（Okada Touin）1743 年的校本。陈荣捷指出该本错误繁多，多处对林译产生误导①。在"慧"字的解释上，林保罗也未详参校，将其解为"智慧"，虽然放在王弼注的整体语境下也解释得通（如十八章"智慧出则大伪生也"），但就本条来说，强调的还是"惠"义。

（二）"有""无"关系

王弼虽强调"无为""因""顺"，并非倡导无君。身为统治阶层的一员，他重视"圣人""官长"的作用：

二十八章：朴散则为器，圣人用之则为官长。

注：朴，真也。真散则百行出，殊类生，若器也。圣人因其分散，故为之立官长。以善为师，不善为资，移风易俗，复使归于一也。

林保罗译：...When true nature is dispersed, a hundred walks burst forth and different species, like vessels, spring to life. Based on their diversities, the Sage appoints chief officers for them; using the good men as teachers and the bad men as materials...②

隆普 - 陈荣捷译：...Then essence is scattered, its different dispositions produce multiplicity, and species come into being as concrete things. Because they are scattered, the sage institutes rules for them...③

理查德译：...When authenticity fragments, many different kinds of behavior emerge, and many different types of people appear, just like a variety of implements. Because they are so fragmented, the sage stands as chief of officials over them. He employs good men as teachers for those who are not good, and those who are not good become material to be

① Chan, W, "Review: A Translation of Lao Tzu's Tao Te Ching and Wang Pi's Commentary", *Philosophy East and West*, vol. 29, no. 3 (1979), p.358.

② Lin, P. J., *A Translation of Lao Tzu's Tao Te Ching and Wang Pi's Commentary*, p.62.

③ Rump, A. and Chan, W, *Commentary on the Lao Tzu*, p.85.

worked on...①

瓦格纳译：...Once the True has dispersed, the hundred styles of action② emerge... Responsive to [the fact] that their [the people in All Under Heaven's] allotments have dispersed, the Sage [does not cut and trim them but] purposely sets up officials and elders for them...③

联系三十二章"不可不立名分"等，可知王弼承认圣人的作用，但关于圣人作用的限度，各译本体现出分歧。瓦格纳的译文通过增译更进一步阐释"立官长"的限度——并不是按照统一的标准切割、修整百行殊类。隆普 - 陈荣捷将"立官长"解释为"设立规则"，实际上和瓦格纳的解释恰恰相悖。理查德则将这句话译为了"圣人将自己设立为百官之长"，显然不是原文的准确含义，但却是合理的推测和阐释。

此外，瓦格纳对"百行"的解释或许正是针对林保罗的译文，林将其译为"百种行业"（walks）。而根据后文"善""不善"，这里的确不应该是指行业，而应该指行为。但是"walk"和"行"（象形字本义为通衢）从各自的动词义（"行走"）上看又有相通之处，不失为隐喻性的创新译法——这与译者称自己翻译的一个目的是要进行跨语言的实验相符。

理查德在"行为"的基础上更进了一步，阐释为"有不同行为（或品德）的人"，这可以说是更贴近现实政治层面，尤其是考虑到当时的选材问题。而且还将"资"通过增译阐释为"用以加工（改善）的材料"，将原文的模糊多义明晰化。译者在文后注"参见二十七章"，我们可以推测他之所以这样阐释，是因为二十七章王弼注"以善齐不善"，"不善"是被"齐"的对象，因而也就是"to be worked on"（需要加工）。

这段材料体现了圣人如何使混乱的万物复归自然，但君主的作用还不止于此：

十四章：能知古始，是谓道纪。

注：无形无名者，万物之宗也。虽今古不同，时移俗易，故莫不由乎此以成其治者也。故可执古之道，以御今之有。上古虽远，其道存焉。故虽在今，可以知古始也。

林保罗译：Without shape or name, it begets all things. Although the present and Ancient are different, time has moved and customs have changed, still everything follows this

① Lynn, R. J, *The Classic of the Way and Virtue: a new translation of the Tao-te ching of Laozi as interpreted by Wang Bi*, pp.92.

② 此处瓦格纳注："百行"指道德层面不相同的种种行为，而非行业。

③ Wagner, R. G, *A Chinese Reading of the Daodejing: Wang Bi's commentary on the Laozi with critical text and translation*, p.87.

principle to accomplish order. So one can grasp the Ancient Tao to manage present existence...[1]

隆普 - 陈荣捷译：The formless and nameless if the ancestor of the myriad things. Although present and past are not the same, time changes, and customs alter, yet through it all things fully obtain their order. Therefore it is possible to "hold on to the Tao of old in order to master the things of the present" ...[2]

理查德译：That which is free from form and nameless is the progenitor of the myriad things. Although the present and the past differ, customs changing as age gives way to age, not one single thing ever achieved successful order except from it...[3]

瓦格纳译：The featureless and nameless is the ancestor of the ten thousand kinds of entities. Although the present and antiquity are not the same, although times have changed and customs have changed, there definitely is no one [Sage Ruler] who has not based himself on this [featureless and nameless] by way of[4] completing their regulated order. That is why it "is possible" [for him] to "hold on to the Way of antiquity by way of regulating occurrences of the present" !...[5]

本条关键点在于"莫不以此成其治"的主语是圣王而非万物。"治"与"乱"相对，通常以政治言，而非万物的自然状态。因此林保罗的译文（everything follows this principle to accomplish order）、隆普 - 陈荣捷的译文（through it all things fully obtain their order）和理查德的译文（not one single thing ever achieved successful order except from it）违背了王弼的原义，让读者以为王弼主张万物自古以来都能够实现自治，易被误解为无君论；而瓦格纳的译文补充出了"圣王"这个主语，符合王弼的原意（"there definitely is no one [Sage Ruler] who has not based himself on this by way of completing their regulated order"）。因此，在现实的有君论层面，林保罗、隆普 - 陈荣捷和理查德译本没能很好地把握王弼的观点。

另外，"无形无名者，万物之宗也"强调了"无"对"有"的生成作用，"宗"被译为"beget"（林保罗译，"引发"）、"ancestor"（隆普 - 陈荣捷、瓦格纳译，"祖先"）或"progenitor"（理查德译，"创始者"）等；"可执古之道，以御今之有"强调

---

① Lin, P. J., *A Translation of Lao Tzu's Tao Te Ching and Wang Pi's Commentary*, p.44.

② Rump, A. and Chan, W, *Commentary on the Lao Tzu*, p.65.

③ Lynn, R. J, *The Classic of the Way and Virtue: a new translation of the Tao-te ching of Laozi as interpreted by Wang Bi*, pp.77.

④ 笔者注：by way of 有"作为""用来"义。

⑤ Wagner, R. G, *A Chinese Reading of the Daodejing: Wang Bi's commentary on the Laozi with critical text and translation*, p.69.

"无"对"有"的根本性统摄，"有"译为"occurrences"（存在）、"existence"（存在）、"things"（物），都指代了与"无"相对的有形的万物。这两个层面，三个译本都较准确地体现了。其用词不同，可见哲学典籍英译的核心术语也可以灵活翻译，只要把握住观点和术语之间的关系。但在同一译本中如同一核心术语的翻译不断变换而不加注释，可能对读者造成迷惑。有西方批评者就指出瓦格纳译本"物""形"等核心概念翻译的不统一[①]。

三十八章：上德不德，是以有德。下德不失德，是以无德。

注：……故曰以复而视，则天地之心见；至日而思之，则先王之至睹也。……是以上德之人，唯道是用，不德其德，无执无用，故能有德而无不为，不求而得，不为而成，故虽有德而无德名也。……

林保罗：...If one meditates on the winter solstice[②], he can see the zenith of ancient kings...Therefore the man with the highest virtue uses Tao only. Not displaying his virtue, not grasping, not applying, thus he can have virtue, and nothing is left undone. To gain without seeking, to achieve without action, although he has virtue, he does not acquire the name of virtue.[③]

隆普 - 陈荣捷译：...If one thinks of the solstice, then one sees the ultimate of former kings...Therefore the man of superior virtue makes use only of Tao. He will not consider his virtue as a virtue...Therefore although he does indeed have virtue, he does not possess the nature of virtue.[④]

比尔·波特译：Those who possess Higher Virtue use nothing but the Tao. They possess virtue, but they don't give it a name.[⑤]

理查德译：...If we think of it in terms of the solstice, the perfection [zhi] of the former kings is witnessed[⑥]....This is why the person of superior virtue only functions if it is with the Dao. He does not regard his virtue as virtue...Thus although he has virtue, he does not have a reputation for "virtue".[⑦]

---

① Lo, Y. K, "Review: A Chinese Reading of the Daodejing: Wang Bi's Commentary on the Laozi with Critical Text and Translation," *Monumenta Serica*, vol. 54 (2006): 528.

② 此处林保罗注：冬至日，官员闭休——震雷始动，不可过早动用生机。

③ Lin, P. J., *A Translation of Lao Tzu's Tao Te Ching and Wang Pi's Commentary*, p.90.

④ Rump, A. and Chan, W, *Commentary on the Lao Tzu*, p.105.

⑤ Pine R., *Lao-Tzu's Taoteching*, San Francisco: Mercury House, 2009, p.56. 比尔只选译了"上德之人，唯道是用，不德其德"。

⑥ 此处理查德注引王弼《周易注·复卦象传》。

⑦ Lynn, R. J, *The Classic of the Way and Virtue: a new translation of the Tao-te ching of Laozi as interpreted by Wang Bi*, pp.113.

瓦格纳译：...If one considers [the fact that], on the day of the winter solstice [the "former kings" "closed the passes so that the merchants and traders (would) not travel and the rulers (would) not inspect affairs"] the guiding principle of "the former kings" becomes evident… That is why the person [ruler] with highest receipt/capacity will make use only of the Way and will not take his capacity to be [any particular] capacity...That is why, although he "possesses receipt/capacity," he does not have the definition of [someone having a particular] receipt/capacity.[①]

和老子相比，王弼在"道"与"德"的关系中更强调"道"的根本性，"德"是因循于"道"的。这一层意思，比尔波特、瓦格纳、林保罗、理查德、隆普 - 陈荣捷这几个译本都表现出来了。瓦格纳的译文还将"德"的两层含义——"得"（"receipt"，译者注："天"从"道"获得覆载万物的能力）和"德性"（"capacity"，译者注：覆载万物的能力）同时呈现。

要得德就要由道、用无、主虚，"不德其德"——这句话可以理解为"不崇尚己德"（不归功于己），与后文的"故虽有德而无德名也"的被动意义稍有差别。比尔·波特的译文（"don't give it a name"，不以此称名）和瓦格纳的译文（"does not have the definition of [someone having a particular] receipt/capacity"，不下定德的名义）倾向于前者，强调圣王的主动命名（"德其德"）；而林保罗的译文"he does not acquire the name of virtue"（没有获得美德的名称）和理查德（does not have a reputation for "virtue"，没有获得美德的名声）的倾向于后者，强调圣王"获得"德名。但从行为的结果看，这两类译文都可以接受，但隆普 - 陈荣捷的译文就有较大偏差，称圣王虽有"德"但没有"德的本质"。

为说明"无"（道）对"有"的统摄作用，王弼又用体现天地之心、先王之至（或"志"）的"复"卦作为例证：冬至和夏至日，阴阳之复，虽雷动风行，运化万变，但寂然至无是其本矣[②]。林保罗和瓦格纳的译本将"至"的范围缩小到了"冬至"，但联系王弼《周易注》"冬至，阴之复也；夏至，阳之复也"，应包含了冬至和夏至。理查德既翻译了王弼《周易注》，应该对此处译文的把握有所裨益。

四、从译本特点看海外魏晋玄学研究发展

林保罗和隆普 - 陈荣捷的译本出版时间最早，其核心术语的翻译也体现了时代特征，如"do nothing""non-action"对应"无为"，这些词普遍被学者批评认为没能正

① Wagner, R. G, *A Chinese Reading of the Daodejing: Wang Bi's commentary on the Laozi with critical text and translation*, p.134.
② 楼宇烈：《王弼集校释》，北京：中华书局，1980年，第96页。

确表达出道家思想。林保罗的翻译在当时就被西方学者批评使用了西方哲学宗教词汇翻译中国传统的核心概念，有些词带有浓厚的犹太－基督教传统语义，让人误以为中国早期思想完全贴合西方哲学宗教架构①。值得注意的是最早期的林保罗的译本的翻译目的之一是探索语言的弹性和诗意，因此译文中偶见以牺牲准确性为代价的跨语际创作的试验。

二者对王弼的思想把握也有些许漏洞，最典型的例子就是这两个译本把"莫不以此成其自治"的主语翻译成万物，陷入无君论的误区。陈荣捷批评林保罗对王弼注产生的历史语境没有过多关注，没有注意到王弼把"无"作为"有"的根本②。但从"仁"的英译可以推测隆普－陈荣捷的译本主要由隆普完成，不能代表陈荣捷当时的研究成果，因此陈荣捷虽然对林保罗译本提出了诸多批评，隆普和他的合作译本也未能避免一些同样的问题。

理查德·林的译本最具现实政治性。译者认为王弼《注》的预设读者是统治者，因而通过人称变化、增译等翻译手段将这一现实指向明晰化。译文在核心概念的表达上比早期两个译本也迈进了一大步，例如将"无为"译为"不做刻意的努力"。

瓦格纳的译本标志着王弼思想研究乃至魏晋玄学研究的里程碑——用词力求准确、主语力求明晰，为呈现一词多义不避斜线号（slash），不嫌冗长的注释和括号补译，详细的底本考证，为体现原文隐含结构的链体排版——王弼《老子注》的翻译已经充分走进了严谨细致的研究领域。瓦格纳对"万物""有""无""无为"等核心概念的翻译，吸收了海外老学的最新研究成果。虽然瓦格纳对细微字词的理解仍然存在偏差，还有批评者认为其链式结构不一定能帮助西方读者理解原文，为准确性牺牲了可读性③等，但瑕不掩瑜。

瓦格纳称："王弼注的诉求是去除《老子》原文的所有可能的多义性。"他还指出，林保罗和隆普－陈荣捷的译本没有在外推（由已知推未知）解读上做努力，而理查德·林在这个方向做了尝试，获得一定成功，但缺乏对文本含义的历史性的认识④。认识到这一点的瓦格纳对王弼《老子注》产生的背景做了许多研究，例如注意到了王弼时代豪族不断扩张的经济和文化力量；指出这一问题的陈金梁在评论文章中建议可以就此思考王弼注的语境，如庄园经济使家族能够获得一定独立性，这种政治现状会如何影响当时的政策、知识阶层的议论和王弼的思想。王弼的"无为"是否

---

① Boltz, W. G, "A Translation of Lao Tzu's Tao Te Ching and Wang Pi's Commentary," p.85

② Chan, W, "Review: A Translation of Lao Tzu's Tao Te Ching and Wang Pi's Commentary", p.357.

③ Lo, Y. K, "Review: A Chinese Reading of the Daodejing: Wang Bi's Commentary on the Laozi with Critical Text and Translation," p.527.

④ 瓦格纳、杨立华：《王弼〈老子注〉研究》，南京：江苏人民出版社，2008年，第117页。

表示放任豪强发展？其"崇本"是否指保卫中央政权①？对这些问题的探讨可见海外魏晋玄学的独立研究已经逐渐形成，已经从早期的"老子热"扩展延伸开来，并且越来越关注魏晋玄学发生的现实语境。而目前由于瓦格纳的研究出了中译本，国内只对瓦格纳关注较多通过与早期英译本对王弼《老子注》思想的理解和阐释的对比，可初步展现近三四十年海外老学与魏晋玄学研究的发展过程和成果。

---

① Chan, A. K, "Wang Bi and the Laozi," pp.130—131.

老学历史与哲学研究

唐前道教老子地位演变考论

路　旻[*]

内容提要： 老子作为道家的核心人物，向来为道教所尊奉。古籍中关于老子简单、夸张的记载，为后世神化老子提供了可能。汉前史书中有关老子形貌的记载极为简略，而在汉墓中，画像砖和画像石上清晰地显示了老子的形貌，其衣冠、姿态完全符合时代特征。南北朝时期，灵宝派、上清派兴起，在继承前代老子形象的基础上，又进一步做了宗教化的发挥。在此时期的造像上，亦体现了时代特点。东晋葛洪认为老子是"由人至圣"的后天神，而南北朝的造经者着力将其塑造成先天神。后天神与先天神的矛盾，实际是民众意识和核心教义作用于神灵体系的结果。

关键词： 道教　老子　形貌　先天神　后天神

张陵于东汉顺帝（126—144年）时期入蜀，造作道书，五斗米道由此而起。张陵自云："我受于太上老君，教以正一新出道法。"[①] 太上老君即为道家的核心人物老子，五斗米道将其由历史人物转化为宗教神灵。东汉墓葬中出土的老子画像，显示老子的形貌与时人无异。魏晋南北朝时期是道教发展的关键时期，在这一时期，道教与原始道教逐渐剥离，形成了完整的教义、戒律、神灵体系等内容。神灵形貌的塑造、地位的确立，是道教发展的过程中极为重要的内容。经过魏晋南北朝时期道教的建构后，老子的地位发生了不小的改变。本文主要对唐前道教老子形貌、地位等演变过程进行梳理，探讨老子形象转变的原因和意义。

一、汉晋老子的地位

史书中关于老子的记载极为简略。《史记》载："老子者，楚苦县厉乡曲仁里人也，

---

* 作者简介：路旻（1984—），兰州大学西北少数民族研究中心博士后，主要研究方向：道家与道教。

① 《道藏》，北京：文物出版社，上海：上海书店，天津：天津古籍出版社联合出版，1988年，第22册第37页。

姓李氏，名耳，字聃，周守藏室之史也"①，即认为老子是实存过的历史人物。但又言其"百有六十余岁，或言二百余岁，以其修道而养寿也"②，"居周久之，见周之衰，乃遂去……著书上下篇，言道德之意五千余言而去，莫知其所终"③。超乎常人的寿命及不知所踪的记载，增添了老子神秘感，为后世提供了神化老子的可能。关于老子的形貌，汉前史书中基本无载，而在汉墓中画像砖和绘画中却有所体现。据出土资料显示，在陕西、河南、山东、四川和江苏等地的汉墓中有不少"孔子见老子"的画像。在这些图像当中，老子的外貌、身高和服饰，与常人无异，展现了昂头、袖手、作揖等姿态和动作，完全符合当时的礼节。学界多从现实意义出发，对这些图像进行解读，认为或是表达了老子对孔子的敬意④；或是反映了当时的儒道关系⑤；或是展现了汉代的孝道思想⑥等。而姜生从宗教层面出发，通过对山东嘉祥、枣庄、东平，四川新津，陕西靖边等地出土的"孔子见老子"的画像石、壁画的梳理和分析，指出在不同的画像中，孔子见老子的姿态有所差异，经历了从孔子老子相对而揖，到孔子向老子鞠躬施礼，再到孔子双手执雁、恭敬跪拜老子的转变。再结合与"孔子见老子"画像同出的西王母画像及东汉末"老子已成为'太上老君'神，孔子则被神化为仙界真人"⑦的历史背景，认为亡者"在朝西王母之前，从老子那里'得到受书'，是死者走向成仙的两级程序之一"⑧。

东汉墓葬中对老子的神化反映了老子当时的地位较高。其时对老子的推崇，最典型者，如汉桓帝永兴元年（153）王阜撰《圣母碑》⑨："老子者，道也。乃生于无形之先，起于太初之前，行于太素之元，浮游六虚，出入幽冥，观混合之未别，窥清浊之未分。"⑩桓帝延熹八年(165年)，"初使中常侍之陈国苦县祠老子"⑪，十一月，又

① （汉）司马迁：《史记》，北京：中华书局，1959年，第2139页。
② （汉）司马迁：《史记》，第2142页。
③ （汉）司马迁：《史记》，第2141页。
④ 巫鸿：《礼仪中的美术》（上），北京：生活·读书·新知三联书店，2005年，第184页。
⑤ 刘培桂：《汉画像石中的孔子见老子》，《鲁文化与儒学》，济南：山东友谊出版社，1996年，第41页。
⑥ 张从军：《黄河下游的汉画像石艺术》（上），济南：齐鲁书社，2004年，第157页。
⑦ 姜生：《汉画孔子见老子与汉代道教仪式》，《文史哲》2011年第2期。
⑧ 姜生：《汉画孔子见老子与汉代道教仪式》，《文史哲》2011年第2期。
⑨ 此碑一般认为是汉桓帝永兴元年（153）王阜所撰。本文从此说。另，刘屹在前人研究的基础上，提出"'老子者道也'一句，既非东汉末人的观念，也非《李母碑》原文，用它说明汉代道教情况是不合适的。"刘屹：《老子母碑考论》，《首都师范大学学报（社会科学版）》，1998年第4期。
⑩ （宋）李昉：《太平御览》卷1，北京：中华书局，1960年影印本，第2页。
⑪ （刘宋）范晔：《后汉书》志第8《祭祀中》，（唐）李贤等注，北京：中华书局，1973年，第3188页。

"使中常侍管霸之苦县,祠老子"[①];延熹九年（166）"亲祠老子于濯龙"[②]。南宋《混元圣纪》载桓帝时陈相边韶受命所作《老子铭》,其言"以老子离合于混沌之气,与三光为始终……世为圣者作师"[③]。皇帝的一系列举措,说明老子的地位已经得到了官方的认可。在道教中,亦是如此。据《老子变化经》[④]载,老子"入妇女腹中七十二年乃生……变易身形,托死更生,周流四海……愚者不知死复更生"[⑤];东汉末年《老子想尔注》曰:"一散形为气,聚形为太上老君,常治昆仑,或言虚无,或言自然,或言无名,皆同一耳。"[⑥]

以上所引正史及道教文献的记载,均说明老子在东汉时期,已被提升至了极高的地位。但即便如此,老子却并未成为道教各派公认的主神。东汉时期道教的派系并不统一,主要以五斗米道和太平道为主,各自尊奉的主神并不一样。五斗米道所尊奉的神灵多种多样,"道徒会根据不同性别、地位、场合及所求来选择所膜拜的神祇",[⑦]其主神为由老子演化而来的太上老君。太平道的主神,据《三国志·武帝纪》引《魏书》,言太祖击黄巾,时黄巾移之书曰:"昔在济南,毁坏神坛,其道乃与中黄太乙同,似若知道,今更迷惑。"[⑧]有学者认为,太平道领袖张角"将'道'神格化为高于天帝的太一神,并用低一等级的天帝去拟配太一神,建立起一套丰富的神学系统,完成了'道'的神格化工作,以神格化的'道'为崇拜对象的教团'太平道'最终得以建立"[⑨]。按此说法,则中黄太乙就是道的神格化之后的代称,其本质应还是对"道"的崇拜,此时"中黄太乙"已具备了太平道至上神的地位[⑩]。正如刘屹所言:"汉末时老子尚不具备成为道教主神的条件……太一天帝仍然是汉末人们心目中最高的主神……秦汉时期只有'天'及其人格化的神灵才是至高的主神……在正统

① （刘宋）范晔:《后汉书》卷7《孝桓帝纪第七》,（唐）李贤等注,北京:中华书局,1973年,第316页。

② （刘宋）范晔:《后汉书》志第8《祭祀中》,（唐）李贤等注,第3188页。

③ 《道藏》,第17册,第848页。

④ 据刘湘兰考证,《老子变化经》的成书时间为155—165年之间。刘湘兰:《敦煌本〈老子变化经〉成书年代、背景考论》,《现代哲学》2014年第4期。

⑤ 李德范辑:《敦煌道藏》（四）,北京:中华全国图书馆文献缩微复制中心,1999年,第2143—2144页。

⑥ 饶宗颐:《老子想尔注校正》,上海:上海古籍出版社,1991年,第12页。

⑦ 巫鸿主编:《汉唐之间的宗教艺术与考古》,北京:文物出版社,2000年,第444页。

⑧ （晋）陈寿:《三国志》卷1,《魏书一·武帝操》,（宋）裴松之注,北京:中华书局,1964年,第10页。

⑨ 刘泳斯:《浅谈常态时期的"太平道"》,谢路军主编、王孟保副主编:《平乡论道1》,济南:齐鲁书社,2015年,第143页。

⑩ 孔令宏:《从道家到道教》,北京:中华书局,2004年,第131页。

的道教信仰中,汉魏时期还是主神的'天帝'"①。因此,在东汉时期的《老子中经》②中,将"上上太一"列于首位。《老子中经》由高到低共排列了55个神格,而老子仅排第六,是"天之魂,自然之君也,常侍道君在左方"③。需要指出的是,《老子中经》中西王母位列第四,为"太阴之元气",这便与墓葬中所显示的内容基本一致,即老子地位在西王母之下。姜生在解读汉墓西王母与老子同时出现的画像时,指出:"西王母之下,则有太上老君执掌'道书'"④。又:"墓葬画像中使用西王母者,严格来说并不属于'王者、圣人、真人、仙人、道人',只是俗人。"⑤故可认为在东汉墓葬中的老子,充当了人神之间的使者,而其本身应是介于人神之间而更偏于神的存在。汉墓中的内容足以反映出当时社会对老子的认知已由人转化为神。

虽然在汉代已将老子神化,其地位极高,然而东晋著名道教人士葛洪并未将老子的地位进一步提升。葛洪在《抱朴子内篇·杂应》中引仙经中关于老子描述:"老君真形者,思之,姓李名聃,字伯阳,身长九尺,黄色,鸟喙,隆鼻,秀眉长五寸,耳长七寸,额有三理上下彻,足有八卦,以神龟为床,金楼玉堂,白银为阶,五色云为衣,重叠之冠,锋铤之剑,从黄童百二十人,左有十二青龙,右有二十六白虎,前有二十四朱雀,后有七十二玄武,前道十二穷奇,后从三十六辟邪,雷电在上,晃晃昱昱,此事出于仙经中也。"⑥仙经中老子的形貌,与中国传统神灵形貌的记载相符,即常常赋予神灵各种动物的形貌特征,以此来凸显他们的神灵属性。然而,葛洪并不完全认可仙经中对老子的定位,否定了老子的神灵属性:言"彭老犹是人耳,非异类而寿独长者,由于得道,非自然也"⑦。又言:"仲尼,儒者之圣也;老子,得道之圣也"⑧,且"圣人不食则饥,不饮则渴,灼之则热,冻之则寒,挞之则痛,刃之则伤,岁久则老矣,损伤则病矣,气绝则死矣。此是其所与凡人无异者甚多,而其所以不同者至少矣。所以过绝人者,唯在于才长思远,口给笔高,德全行洁,强训博闻之事耳,亦安能无事不兼邪? "⑨即葛洪虽然认为老子为圣人,但其也是由常人而来的。同时,葛洪也表达出老子高于孔子的看法,"且夫俗所谓圣人者,皆治世之圣

---

① 刘屹:《敬天与崇道——中古经教道教形成的思想史背景》,北京:中华书局,2005年,第418—423页。

② 关于《老子中经》的成书年代,施舟人、劳格文、刘永明等认为是在东汉,李福、加藤千惠、楠山春树、前田繁树、马伯乐、刘屹等认为是魏晋南北朝时期。本文从东汉说。

③ 《云笈七籤》卷18,张君房《云笈七籤》,李永晟点校,北京:中华书局,2003年,第421页。

④ 姜生:《汉画孔子见老子与汉代道教仪式》,《文史哲》2011年第2期。

⑤ 姜生:《汉画孔子见老子与汉代道教仪式》,《文史哲》2011年第2期。

⑥ 王明:《抱朴子内篇校释》,北京:中华书局,1985年,第273—274页。

⑦ 王明:《抱朴子内篇校释》,第46页。

⑧ 王明:《抱朴子内篇校释》,第138页。

⑨ 王明:《抱朴子内篇校释》,第227页。

人，非得道之圣人。得道之圣人，则黄老是也。治世之圣人，则周孔是也。黄帝先治世而后登仙，此是偶有能兼之才者也。"①

葛洪基于"神仙可学"的思想，将老子定位为由人得道而成圣人。但葛洪所言"圣人"，与南北朝道教中的"圣人"还是有不小的差别。南齐顾欢言："神仙是大化之总称，非穷妙之至名。至名无名，其有名者二十七品，仙变成真，真变成神，或谓之圣，各有九品……"②，即认为神仙可分为由低至高的"仙、真、圣"三个等级。在相近时代的道经中，关于仙真圣位阶的记载，如：《上清太上开天龙蹻经》卷三言："仙道主生，因生修习。仙之言迁，迁升太清；迁仙入真，上升上清；迁真入圣，上升玉清；迁圣入道，上升大罗，至道之境，旷理凝漠也。"③仙真圣（神）的具体差别如何呢？就"神"与"仙"二者看来，"前者不同于人类的灵威，是一种绝对的超越性的存在，其能力及寿数完全是先天赋予的，并不能靠后天的修炼而得到；而后者则指靠修炼获得超人能力及永恒生命的人，他们通常无所司职，要在一定条件下才能转化成超越性的存在"④，可谓"神有永恒的生命，仙有超凡的神通"⑤。道经中将"真"置于"神"和"仙"之间，并非始自南齐，在东汉末的《太平经》中，便有将人分为九等的先例。具体为：神人、大神人、真人、仙人、大道人、圣人、贤人、凡民、奴婢⑥。在道经中，并不强调"大神人"这一等级，而是直接将神（圣）、真、仙连用。三者之间具体的差异，还需先从其字面含义考察。首先来看最低层次的"仙"。在古籍中，"仙"的写法作"僊"，《诗经·小雅》"娄舞僊僊"，"娄"即"数"；"僊僊"为舞袖飞扬之意，即其最初是用来指代特定的舞蹈形象。许慎《说文解字》解释其为"长生僊去"；"仙"亦作"仚"，人去山上，即为仙。又《释名·释长幼》指出"老而不死曰仙，仙，迁也，迁入山也。故其制字人旁作山也。"⑦由上可知，"仙"具备了长生、不死、入山等特性，且仙是由人修得的。亦即说"仙"是人们经过修炼后可以达到层级，且此时还为人形。其次"真"，《说文解字》作："仙人变形而登天也。"⑧即真是在仙的基础上有进一步的变化，较"仙"而言，到达"真"的层级后，要变形，然后登天，仙不变形，只是入山。最后"圣"的含义。《礼记·乡

① 王明：《抱朴子内篇校释》，第 224 页。
② （梁）萧子显：《南齐书》卷 54，北京：中华书局，1972 年，第 934 页。
③ 《道藏》，第 33 册，第 738 页。
④ 汪涌豪、俞灏敏：《中国游仙文化》，上海：上海人民出版社，2016 年，第 12—13 页。
⑤ 汪涌豪、俞灏敏：《中国游仙文化》，第 13 页。
⑥ 《道藏》，第 24 册，第 321—322 页。
⑦ （汉）刘熙：《释名》卷 3，《释长幼第十》，北京：中华书局，1985 年，第 43 页。
⑧ （汉）许慎：《说文解字》，北京：中华书局，1978 年，第 168 页。

饮酒义》言："产万物者圣也。"① 在《说文解字》中："神，天神，引出万物者也。"② 可见，圣和神在"生万物"这一点上是相通的，故顾欢言"真变成神，或谓之圣"。仙、真、神（圣）的本质的不同在于，仙由人修炼而成，为人形，脱离人类的居所迁入山中，真由仙演变而成，不为人形，从山中升入天界，神或圣是三者最高的等级，但它并非是通过修炼而来的。另外，从道教教义的层面看，在神（圣）之上还有更高的"道"，即《上清太上开天龙蹻经》卷三中所谓"迁圣入道，上升大罗"，即是说修道者最高境界是达到"道"的层次。

道教为多神信仰，各神灵所表现出来的能力和特性是不尽相同的。按照上文所言仙真圣的等级，又可将其归纳为先天神和后天神。先天神便是《说文解字》中所谓的天神，它为"引出万物者"，是一切生命的源头，凌驾于世俗之上，其本身就具有超出常人的能力，且这种能力是凡人如何修炼都无法达到的。道教中的先天神有一部分是来自中国传统信仰中的西王母、女娲、刑天、夸父等，也有来自南北朝时期新构建出的神灵。如元始天尊、太上大道君、元始五老等。《灵宝真文度人本行经》中便直言："元始五老非以后学而成真者也。"③ 后天神分为两种。一种是身前功绩、德行卓著，身后被奉为神仙的；一种是通过修炼或其他方式成仙的。本文所讨论的老子，自东汉开始，逐渐被赋予了先天神的属性，而在东晋葛洪的论著中，则更加符合后天神的特性。葛洪将老子定位为后天神的原因，即是《太平广记》引《神仙传》④所言："若谓老子是得道之人，则人又勉力竞慕，若谓是神灵，则非可学也。"⑤

二、南北朝时期老子的地位

在葛洪之后，道教老子的地位又发生了改变。刘宋天师道试图通过对老子生母及出生时神异现象的描述，树立老子先天神的形象。自东汉李母碑开始，到东晋时期的《玄妙内篇》，再到刘宋初年的《三天内解经》，老子的生母从凡人转化为了玄妙玉女。刘屹指出"永兴元年所立李母碑，是出于神化老子的需要……目的只是解释人世间神奇人物的神秘降世"⑥，而"《玄妙内篇》原本是以李母为老子的始生之母，没有玄妙玉女，但老子所脱胎的李母毕竟还是人间的凡人，出于进一步神化老子的

---

① （汉）戴圣：《礼记》，杨天宇注说，开封：河南大学出版社，2010 年，第 843 页。

② （汉）许慎：《说文解字》卷 1，上《十四部》，北京：中华书局，1963 年影印本，第 8 页。

③ 《道藏》，第 24 册，第 731—732 页。

④ 向群指出《神仙传》中"老子"，仅见于《太平广记》，不见于其他版本。详见：向群：《葛洪〈神仙传〉研究——以文本流变为中心的考察》，山东大学博士学位论文，2015 年。

⑤ （宋）李昉：《太平广记》卷 1，《文渊阁影印四库全书》，台北：台湾商务印书馆，第 1043 册，第 3 页。

⑥ 刘屹：《老子母碑考论》，《首都师范大学学报》（社会科学版）1998 年第 4 期。

目的，《三天内解经》转而把玄元始三气化生的玄妙玉女作为老子的始生之母……《三天内解经》为抬高新出的玄妙玉女，就降低原来李母的地位……尽管早在刘宋初年就有了玄妙玉女生老子说，但李母生老子的说法毕竟自汉代以来传流久远，所以南北朝道书在言及老子之出生时，有的只提李母，有的两者并提。"① 尽管刘宋初年的天师道进一步神化老子，将其塑造为先天神，但老子的地位并没有进一步提升，其在后世道教的地位不及元始天尊及太上大道君，他"被改造成了'灵宝自然天文'的虔诚信仰者"②。而且"在更多场合，太上老君只是一位宣扬灵宝经法的神真，甚至只是一位大法师"③。因此，虽然经过重塑后的老子，增添了先天神的属性，但在一些道经中还有老子为后天神的内容，即将其视为得"道"之人。这便和汉墓中老子作为西王母和亡人之间的中介有一定的相似性。在一定程度上，它可视作对汉墓中老子地位的继承。汉墓及灵宝经中对老子的定位，均显示出老子只是人神之间的中介，而非最高神灵。

作为自先秦以来一直为世人所重的《道德经》，依然是灵宝派乃至整个道教推崇的经典。陆修静言："如有五千文，高妙无等双"④；又，古灵宝经《洞玄灵宝玉京山步虚经》言"唯有五千文，高妙无等双"⑤；《太极真人敷灵宝斋戒威仪诸经要诀》载："唯道德五千文，至尊无上正真之大经也，大无不包，细无不入，道德之大宗矣。历观夫已得道真人，莫不学五千文者也。尹喜、松羡之徒是也。所谓大乘经矣"⑥；《太上洞玄灵宝智慧本愿大戒上品经》曰："道德五千文，经之大也。是道也，故通乎天地人，万物从之，以始终也"⑦。但《道德经》在灵宝派的地位低于《玉篇真文》。

南梁上清派道士陶弘景则直接将老子列为第四层级的神灵。《真灵位业图》载："上第一中位上合虚皇道君应号元始天尊……第二中位上清高圣太上玉晨玄皇大道君……第三中位太极金阙帝君姓李……第四中位太清太上老君。"⑧ 按书中注解，第三中位太极金阙帝君为"壬辰下教，太平主"，第四中位太清太上老君为"为太清道主，下临万民"，且左位有"正一真人三天法师张讳道陵"，则太极金阙帝君和太上老君

① 刘屹：《〈玄妙内篇〉考——六朝至唐初道典文本变化之一例》，《敦煌文献论集：纪念敦煌藏经洞发现一百周年国际学术研讨会》，沈阳：辽宁人民出版社，2001 年，第 614—634 页。
② 王承文：《论中古时期道教"三清"神灵体系的形成——以敦煌本〈灵宝真文度人本行妙经〉为中心的考察》，《中山大学学报》（社会科学版）2008 年第 2 期。
③ 王承文：《论中古时期道教"三清"神灵体系的形成——以敦煌本〈灵宝真文度人本行妙经〉为中心的考察》，《中山大学学报》（社会科学版）2008 年第 2 期。
④ 《道藏》，第 9 册，第 848 页。
⑤ 《道藏》，第 34 册，第 628 页。
⑥ 《道藏》，第 9 册，第 870 页。
⑦ 《道藏》，第 6 册，第 158 页。
⑧ 《道藏》，第 3 册，第 272—276 页。

实取自太平道和五斗米道的主神。上文曾言，太平道的主神为中黄太乙，而在陶弘景的排序中，则以金阙帝君为主神。关于金阙帝君作为太平道主神的原因，石井昌子指出："金阙帝君产生的时间不明。他在道教学中的地位，大概是以陶弘景为核心的上清学派明确授予他的。"① 而将太上老君作为第四层级的主神，则是延续了"晋代葛洪对老子不以为然的态度。"② 而老子未能成为至上神的原因，应是受到了东晋葛洪的思想影响，即世人对老子是实存过的历史人物的认识根深蒂固，无论怎么神化，老子终究与先天神有一定的距离。

南北朝时期，南北道教所尊奉的主神并不一样。"在北方道教中，在寇谦之时代，原本是以老子即太上老君作为主神的，后来才逐渐接受南方经教道教的天尊和道君的观念……通常又承认天尊的主神地位，却常常以老君或其他后出、新造的神格来取代道君的地位……故在南北朝时期，太上老君的神格地位是北方道教所承认和坚持的。"③ 但至北周，太上老君彻底丧失了主神的地位。《无上秘要》是北周武帝宇文邕集众多高道之力编撰而成的道教经典，通过国家政权的力量来整合早期道教教义，从而形成完整的教义体系。④ 卢国龙对其做出了全面的肯定，认为它的"教理体系，不特构思精妙，纲目自成条理，而且具有相当高的理论思维水平，作为对道教的一次历史性总结，颇有将历史与其体系之内在逻辑同一起来的意味"⑤。《无上秘要》延续了陶弘景对老子的定位，卷八十四《得太清道人名品》载："太上老君，此太清老君中之尊者。"另外，虽然《无上秘要》亦引用了一些《道德经》中的内容⑥，但刘永明在比对《无上秘要》中关于《灵宝赤书五篇真文》《上清三元玉检三元布经》《升玄内教经》及《道德经》的定位之后，指出前三者为"仙界宝经，成真以后方得受闻，其地位自然高于人间经典《道德经》……《道德经》在经法传授体系中的下移也至为明显"⑦。因此，至北周时期，老子及《道德经》的地位有所下降。

老子不能最终占据至上神的位置，主要还是因为自汉代以来赋予老子的形象地位与南朝基于道教教义所需要的神灵之间有明显的差异。南朝灵宝派力图构建的是

---

① [日]福井康顺等监修，朱越利译：《道教》（第1卷），上海：上海古籍出版社，1990年，第111页。

② 强昱主编：《从魏晋玄学到初唐重玄学》，上海：上海文化出版社，2002年，第94页。

③ 刘屹：《敦煌道经与中古道教》，兰州：甘肃教育出版社，2010年，第352—354页。

④ 刘永明、路旻：《敦煌清信弟子经戒传授与北周至唐代的国家道教》，《世界宗教研究》2018年第3期。

⑤ 卢国龙：《中国重玄学——理想与现实的殊途与同归》，北京：人民中国出版社，1993年，第132页。

⑥ 钟来因：《〈无上秘要〉与老子〈德经〉〈道经〉》，《学海》1992年第1期。

⑦ 刘永明、路旻：《敦煌清信弟子经戒传授与北周至唐代的国家道教》，《世界宗教研究》2018年第3期。

超乎天地的至上神，而老子虽然被宗教化为至高至尊的神仙，且在《三天内解经》中，将其塑造成先天地而生，但他作为一位历史人物、非先天神的形象，自《史记》以来，影响深远。与老子相关的神话又多自相矛盾，难以自圆其说。因此可以说，在一定程度上，老子就是因为形象太过具体反而失去了成为至上神的条件。实际上，南北朝时期的道教在神灵层次的划分方面已经有了较为体系化的规定，而且在这一问题上始终以道教的最高信仰“道”为指归。因此，依据“道”信仰构建的元始天尊，最终占据了道教至上神的位置。而基于整合道教各派及对民众信仰尊重的前提下，太上老君还是被吸收进“三清”神灵体系，作为整个道教认可的最高三位神灵中的第三位一直流传到现在。这一过程，自南北朝开始至唐代前期才最终完成。①

在东晋南北朝时期的石刻及造像中，老子的形貌并无特别夸张之处，衣冠也符合时代特征。在老君造像及碑刻中②，通常具有以下特点：1. 龛内造像，多为三尊，老君处于中位，左右各立一侍，多持笏；2. 老君着道袍、带道冠，手持麈尾或扇、莲等物；3. 部分道教造像与佛教造像见于同碑，且在衣冠、坐姿上，前者明显受到了后者的影响。另外，南北朝时期，老君造像基本见于北朝，尤以北魏为多。这应是由于北魏道教自寇谦之开始所尊奉的主神便是由老子转化成的太上老君。必须提及的是，按照教义，道教应是不供奉神像的。东汉后期巴蜀地区的早期民间道教大派——“五斗米道”尊老子为教祖，奉《道德经》为主要经典。而《道德经》主张“道”为化生天地万物的根本，它既无名称，又无形象。《老子想尔注》载：“道至尊，微而隐，无状貌形象也。但可以从其诫，不可见知也。”③ 遵循这种教旨，在早期的道教经典中，不见有造设和供奉道教神像的记载。而自佛教逐渐在中土兴盛，道教受其影响，又因造像能更好地施行教化，故南北朝时期，道教造像便大量地出现。南朝道教造像始于何时？据唐释法琳《辩证论》引王淳《三教论》：“近世道士取活无方。欲人归信。乃学佛家制作形象。假号天尊，乃左右二真人置之道堂，以凭衣食。

① 王承文：《论中古时期道教“三清”神灵体系的形成——以敦煌本〈灵宝真文度人本行妙经〉为中心的考察》，《中山大学学报》（社会科学版）2008 年第 2 期。

② 在各石刻及造像中，较为典型者，1. 东晋大兴二年（319）四川省剑阁县碗全乡老君庙道教石刻；2. 北魏太和廿年（496）姚伯多道教造像碑；3. 北魏太和二十三年（499）刘文朗道教造像碑；4. 北魏景明元年（500）杨阿绍碑；5. 北魏正始二年（505 年）冯神育造像碑；6. 北魏正始至延昌年间（504—515）庞氏造像碑；7. 北魏正始至廷昌年间（504—515）田良宽的佛道混合造像碑；8. 北魏延昌元年（512）朱奇兄弟造像碑；9. 北魏延昌三年（514）张乱国碑；10. 北魏熙平二年（517 年）邑子六十人造像碑；11. 北魏神龟二年（519）王守令造像碑；12. 北魏神龟三年（520）锜石珍造像碑；13. 北魏正光三年（522）茹氏一百人造像碑；14. 西魏大统元年（535）牛家庄福地水库石窟道教造像；15. 北周建德元年（572）锜马仁造像碑；16. 北周任闰造像碑。以上所列 16 处造像及碑刻内容，除 7、10 采自胡良学：《大足石刻的老子和三清造像研究》，《2014 年大足学国际学术研讨会论文集》外，其余皆采自汪小洋、李彧、张婷婷：《中国道教造像研究》，上海：上海大学出版社，2010 年。限于篇幅，仅列碑名。

③ 饶宗颐：《老子想尔注校正》，上海：上海古籍出版社，1991 年，第 17 页。

宋陆修静之为此形也"①，则可追溯到南朝刘宋士陆修静时期。但法琳又言："考（道教）梁、陈、齐、魏之前，唯以瓠芦盛经本，无天尊形象。"②王淳与法琳关于道教造像的记载有所矛盾，而据道教教义，神灵有形象，特别是先天神，其形象的构建与"无形无象"的宗教义理是相违背的，且在南梁陶弘景时，依然坚持了道教不立像的传统，他在"茅山中立佛、道二堂，隔日朝礼。佛堂有像，道堂无像"③。因此，应能推出"在南北朝以前，道教的传教多为'贵贱拜敬，进止依科'，是不设神像的"④的结论。

三、结语

以上梳理了自汉代以来至南北朝时期老子形象、地位变迁等内容。史书中简略的记载，为神化老子提供了可能。在汉墓中，老子已被神化为太上老君，但其形貌、衣冠、姿态等均基本与常人无异。东晋葛洪认为老子是"由人入圣"，将其纳入后天神的范畴。将老子认作后天神，主要是由于其为实存过的历史人物，且可通过宣扬"由人入圣"来鼓励世人学道。至南朝，随着道教的发展，赋予老子的先天神特性更加丰富，也更符合以"道"为指归的教义，但由于老子作为历史人物的观念根深蒂固，并不能将其彻底转化为先天神，故又构建了元始天尊及太上大道君置于老子之上，北朝道教也逐渐接受这一排序。最终在唐代形成了由元始天尊、太上大道君、太上老君（老子）构成的"三清"神灵体系。

---

① 《大正藏》，第 52 册，第 535 页。
② 《大正藏》，第 52 册，第 535 页。
③ 《大正藏》，第 52 册，第 535 页。
④ 黄海德：《试论道教"三清"信仰的宗教内涵及其历史演变》，《世界宗教研究》2004 年第 2 期。

论今本《文子》为《老子》之"传"

张彦龙*

内容提要： 过往的研究一般均以"真伪""抄袭"之说论证围绕在今本《文子》中的一些重要问题，但是这种研究有极大的局限性。本文提出以"经传体"考察今本《文子》的形成，对简、今本《文子》之间的差异，今本《文子》与《淮南子》之间的重合以及今本《文子》中的"老子曰"问题做了全新的解释，认为《文子》的整理者将《文子》刻意整理成了《老子》之传，并认为今本《文子》中大量的"老子曰"皆是"《老子》之传曰"的省称，所以汉人有时称为"传曰"，有时称为"老子曰"。

关键词： 文子　老子　淮南子　经传体

《文子》文本真伪问题较为复杂，在柳宗元之前未见有何疑虑之声，柳宗元后方成为问题，宋以来更是指其为"伪书""真书"者皆有之。1973 年在河北定州出土了竹简《文子》后，真伪之辩变成了"真多伪少"与"伪多真少"之辩，围绕《文子》的诸多问题仍旧没有多大进展。本文将首先辨析已有的诸种说法，进而从"经传体"的角度来解释困扰今本《文子》研究的诸多问题，得出今本《文子》实是《老子》之"传"。

一、驳书说

柳宗元首谓《文子》为"驳书"，他主要是从两个方面来立论：首先是《文子》中有先秦其他书的内容，如《管子》《孟子》等；其次是《文子》各篇内容的思想有矛盾之处[①]。后胡应麟亦同意柳宗元说，持"驳书"之见[②]。对这种"驳书"说，也有

---

* 作者简介：张彦龙（1984—），兰州理工大学马克思主义学院讲师，甘肃天水人，兰州大学历史文化学院博士，研究方向为黄老道家。

① 张丰乾：《出土文献与文子学案》，北京：社会科学文献出版社，2007 年，第 257 页。
② 张丰乾：《出土文献与文子学案》，第 266 页。

一些解释的意见，晁公武认为三代之书，经秦火幸存之者，大概皆错乱参差①；宋濂则从解老的角度认为《老子》书宏博，故《文子》杂以黄老名法儒墨之言以明之，也就怪不得驳且杂了②。晁公武的解释从历史角度立言，宋濂的解释从义理角度立言，都有一定的价值。现代学者多从黄老的角度看待《文子》，所以对其书中之驳杂也可谓见怪不怪。平心而论，"驳书"说本是对《文子》一书内容的客观观察，本可以由此更进一步迈入《文子》思想之研究中，或可有更深入发现，但是柳宗元之后的研究，却更多地进入了真伪之辩，致使《文子》之研究并未获有重大进展。

二、伪书说

旗帜鲜明地提倡"伪书"的也只有黄震、姚际恒、黄云眉、梁启超四人而已。黄震的论据主要是文子、老子、周平王之间的年代矛盾以及《文子》书中出现了一些战国时期的史事、语辞③。姚际恒先同意柳宗元驳书的观点，后又确定《文子》为伪书，考其原因乃在《文子》半袭《淮南子》④。黄云眉只是比较了孙星衍与黄震之说，认为黄震的说法更有理致，故认为《文子》是伪书⑤。梁任公认为今本《文子》乃"伪中出伪"⑥，然考其所由，无任何理据，纯属臆测。黄震所提出的问题实是年代错置问题，而这纯粹是一个班固遗留的问题，是班固首先认为平王是周平王才引出的，如果对平王问题再进行重新认识，那黄震的说法也立不住脚，此点我们也不再论。还有一种虽未明言"伪书"，但观其意仍旧是伪书的论点，钱熙祚认为《文子》是割裂补凑《淮南子》而成，其据有如下两点：一是今本《文子》故意省去平王前之"周"字，以掩其依托之迹，现竹简《文子》亦无"周"字，可证钱说之误，此点可不论；二是《淮南子》虽杂采诸书，但收尾条贯，《文子》则离为数段，且不顾是否符合《老子》之意，而并云老子之言，且又认为《文子》章首有"老子曰"，后又以"故曰"引述老子之言，岂是老子自著又自引⑦。陶方琦主要阐述了五点，有两点与黄震、钱熙祚说相同，故不论，只论其异者三点：一是《汉书·艺文志》中《文子》在道家，而《淮南子》在杂家，但明明《文子》中杂有名法兵刑礼乐杂喻等，应与《淮南子》同在杂家，而今在道家，与《淮南子》不合，是袭《淮南》而不知其体；二是《淮南子》之篇目是《原道》《精神》《说林》《兵略》，而《文子》则改为《道原》

① 张丰乾：《出土文献与文子学案》，第243页。
② 张丰乾：《出土文献与文子学案》，第258页。
③ 张丰乾：《出土文献与文子学案》，第261页。
④ 张丰乾：《出土文献与文子学案》，第281页。
⑤ 张丰乾：《出土文献与文子学案》，第282页。
⑥ 张丰乾：《出土文献与文子学案》，第280页。
⑦ 张丰乾：《出土文献与文子学案》，第267页。

《精诚》《上德》《上义》。三是《淮南·道应训》篇多先引旧事，而以老聃语做结，而《文子》删故事全以为老子语①。不过，这两人虽然认为《文子》是伪书，但是也认为《文子》在校勘《淮南子》上是有价值的，未可遽废。竹简《文子》出土之后，纯以"伪书"论《文子》者已绝迹，而是变成了"伪多真少"论。

三、伪多真少说

在竹简《文子》发现之前，倡此说的也只有章太炎。而他的论据也实只是《文子》与《淮南子》重复的太多而已，又因为张湛注过《文子》，故怀疑张湛伪作，又见曹植已引《文子》中语，故云"其书盖亦附辑旧文""杂以伪语耳"②。章太炎所论实已不能自洽，只能左右弥缝，故云亦有"旧文"。在竹简《文子》发现之后，凡是认为只有今本《文子》与竹简《文子》能对应的内容和不见于《淮南子》的今本《文子》中的内容为可依据者，皆可归入"伪多真少说"中，这两方面内容在今本《文子》中实也无几。

李学勤是竹简《文子》的整理者，他的一些说法也几乎左右了简今本《文子》的研究。李学勤指出了四点：一是简本《文子》的问答主客是平王文子，而今本《文子》是老子文子；二是他怀疑竹简2465"文子上经□智明王"中的"□智明王"应是竹简《文子》的篇题；三是竹简《文子》能与今本《文子》对应的只有今本《文子·道德》篇中的一些内容，其余还有一些与《道原》《精诚》《微明》《自然》有少量对应，但是又"似是而又不确是"；四是竹简《文子》能与今本《文子·道德》中的对话体对应，而除"民有道所同行"一章外，无法与"老子曰"开首的其他部分对应。李学勤特意指出"与古本关系最多的《道德》篇是这样，今传本其他各篇的状况也就不难想象了。"他又认为古人整理《文子》时，"所据古本残缺不全，整理时不主保留真相，而是按照主观意图力求成为内涵丰富、价值崇高"的文本③。这实际上是对今本《文子》中大量"老子曰"的解释，也就是说李学勤认为今本《文子》中的"老子曰"是为了提高《文子》一书的价值而增加的。虽然，李学勤也没有明言今本《文子》"伪多真少"，但他的这些说法已经不啻表明了"伪多真少"的态度。

陈丽桂接着李学勤的说法，指出凡是简今本《文子》可以对应的各问答章节，都不与《淮南子》相重，反之，凡属非问答体的"老子曰"各章均与《淮南子》相重，包括"民有道所同行"一章。所以，她得出结论说今本《文子》是残简《文子》与《淮南子》的混合体，是后人在残本《文子》的基础上增入了很多《淮南子》的

① 张丰乾：《出土文献与文子学案》，第268—271页。
② 张丰乾：《出土文献与文子学案》，第279—280页。
③ 李学勤：《试论八角廊简〈文子〉》，《文物》1996年1期。

内容，她又确实地指出除非今本《文子》与《淮南子》相重合的部分有共同来源，否则即是今本《文子》抄袭《淮南子》。她的理由是凡属古本《文子》的内容，为什么《淮南子》都不抄入①？但这是陈丽桂失检造成的。何志华排比了竹简《文子》0198简，确证这一条简文即见于《文子·上礼》篇中的"老子曰"部分，又与《淮南子·泰族训》合。为了更好说明问题，我们抄录于此：竹简《文子》0198"以壹异，知足以知权，疆足以蜀立，节□"，今本《文子》"智足以知权"，《淮南子》"信足以一异，知足以知变者"。这是一条与今本《文子》《淮南子》对应较好的简文。何志华指出："陈丽桂以为凡今本《文子》作老子曰者，皆不见竹简《文子》，并以为此等段落皆后人据《淮南》增入，更属曲说，未足服人。"②但丁原植指出："虽然此则残文（0198简）较明显与今本《文子》及《淮南子》相近，但就2000余字的简文来说，这种比例仍是太少了些。"③"少"不等于意义小，虽然目前仅仅检出了这一条简文为三本俱见，但是它的意义实甚为重大。我们要知道陈丽桂的结论乃是源于她认为凡是今本《文子》中的"老子曰"部分与《淮南子》重合者均是抄袭自《淮南子》，而且今本《文子》中的"老子曰"皆不见于竹简《文子》，那么这一条材料的发现就能说明她的结论是不成立的，这并不在于材料的多少上，而是在于这条简文的发现对凡是做如此论证的学者的结论有否定意义上。在将今本《文子》与《淮南子》对照的基础上，陈丽桂又补充了三点，大体都是说今本《文子》之议论多属直论，无举证，而《淮南子》则有铺垫、侧说，而今本《文子》中的直论又恰对应于《淮南子》中的结论，《文子》中的内容简省，而《淮南子》则多铺叙。李学勤没有将对《淮南子》的讨论纳入其文中，陈丽桂则将《淮南子》引入研究，以实其今本《文子》乃残简《文子》与《淮南子》之混合体，但仔细思考她的这一论点，还是来自于《淮南子》没有抄入竹简《文子》中的对话体内容。但是，《淮南子》没有抄入对话体，要从《淮南子》本身来考虑，而并不能由此论今本《文子》抄袭《淮南子》。

曾达辉认为古本《文子》全部是问答体，并研究了除《道德》篇之外的其余8章对话，结果发现有7章见于《淮南子》，所以今本《文子》中就只有9章可信，这一结论没有被接受，因为这甚至要将不见于《淮南子》的今本《文子》中的非对话体部分都要去除，这显然太激进了。曾达辉还具体指出《淮南子·道应训》中的4则故事，与《庄子》《吕氏春秋》都同，唯独在《文子》中没有了具体人物而成了老子

---

① 陈丽桂：《近四十年出土简帛文献思想研究》，北京：中华书局，2015年，第59—60页。

② 何志华：《〈文子〉著作年代新证》，香港：香港中文大学出版社，2004年，第65页。

③ 丁原植：《文子新论》，台北：万卷楼图书有限公司，1999年，第12页。

的独白①，这些问题陶方琦和陈丽桂也有发现，但是引出《庄子》和《吕氏春秋》后，分量就不一样了，这应该说是《文子》中的一个普遍现象。

葛刚岩对简今本《文子》以及今本《文子》和《淮南子》之间的关系都有研究。先说简今本《文子》。他指出了三个方面：一是简本《文子》中的思想有些与今本《文子》合，但不全然②。这应该说是一个很正常的现象，并不足以论述两本之间的差异。因为首先简本《文子》是残本，我们能看到的思想论题有限，而有些则是葛刚岩自己的理解有缺。如他说简本《文子》更加倾向于论述人事之道，少有涉及本质论的恒常之道，而今本《文子》则是两方面都涉及，又云今本《文子》中没有"师徒之道"与"人道"的论述，对于"人道"的论述，今本《文子》中有明确提及，是葛刚岩本身失检。而今本《文子》中确实没有出现对"师徒之道"的论述，但王三峡在《太平御览》所引《文子》佚文中却发现了有关"师徒之道"的论述③。大体上而言，葛刚岩从思想方面对简今本《文子》的差异所做的论述并不算成功，我们也不再一一详解。二是行文格式上简今本《文子》之间有差异，表现在对话的次数和频率上，明显简本《文子》的对话次数和频率要比今本《文子》多得多④，这是一个很客观的观察，也确实是简今本《文子》之间差异较大的地方。三是从简今本《文子》与《老子》的关系上论述，葛刚岩认为简本《文子》只有一处引述《老子》，与今本《文子》大量引用《老子》不同。而且葛刚岩还认为今本《文子》中所引的《老子》接近于西汉末期的本子，他主要是从个别字句与避讳上来证成他的这一说法⑤。我们知道《老子》版本众多，后出的未必就是晚的。如傅奕本就传说是出自项羽妾冢本，更重要的是宁镇疆的研究结论与葛刚岩的完全相反，他也是从《文子》引老的角度来考察，今传世的《老子》版本，第27章均做"物无弃物"，《淮南子》所引亦同，《文子》所引则做"弃材"，而帛书甲乙本《老子》也做"弃物"⑥。如果真如同葛刚岩所说，那这又如何解释呢？这些都说明葛刚岩将《文子》中所引的《老子》判在西汉末期甚至更后的说法不能成立。避讳也是判断古书年代的一种常用方法，但是这种方法有明显的局限，正如彭裕商所言"仅据避讳，只能推断某书的某一传本抄于何时，不能推断其成书年代"⑦。葛刚岩认为今本《文子》中所引的《老子》避

① 曾达辉：《今本〈文子〉真伪考》，陈鼓应主编：《道家文化研究》第18辑，北京：生活·读书·新知三联书店，2000年，第252—253页。
② 葛刚岩：《〈文子〉成书及其思想》，成都：巴蜀书社，2005年，第87页。
③ 王三峡：《文子探索》，武汉：湖北人民出版社，2003年，第96页。
④ 葛刚岩：《〈文子〉成书及其思想》，第90—94页。
⑤ 葛刚岩：《〈文子〉成书及其思想》，第96—102页。
⑥ 宁镇疆：《从出土材料再论〈文子〉及相关问题》，《华东师范大学学报》2002年第2期。
⑦ 彭裕商：《文子校注》，成都：巴蜀书社，2006年，"前言"，第10页。

刘邦刘盈刘恒刘启之讳，从而认为《文子》所引《老子》时代较晚，但这并不能成立。葛刚岩所论述的简今本《文子》之间的差异除第二点是客观平实的观察外，其余两点我们都不采用。葛刚岩从六点内容论述今本《文子》与《淮南子》的关系，有五点都不脱离我们上文所引述的内容，不再细论，唯独有一点提到今本《文子》将《淮南子》"注"的内容抄入了正文中，还需说明。据葛刚岩统计，今本《文子》引《淮南子》注入正文的有三十余处，并解释说抄袭者这么做的理由乃是为了一方面使文意不出现变化，另一方面使《文子》与《淮南子》的"雷同"程度降低①，这是葛刚岩不知道古人注书的体例而生出的误解。何志华的《高诱据文子注解淮南子证》一文明确指出："考古人注书，每据重文为说，其始可上溯《诗》毛《传》。"②并引毛《传》、《孔子家语》王肃注、《国语》韦昭注为证，进而论《淮南子》注家亦每据《文子》与《淮南子》相重之异文注解《淮南子》③，这是古书注解的一种常见体例，而葛刚岩云《文子》抄袭《淮南子》注文并不能成立。

　　另外，张丰乾、胡文辉、荷兰学者孔锐也对此多有论述④。张丰乾主要使用了文本语意比较的方法，但这种方法实质上因个人倾向的不同而不同，很难得出客观的结论，我们不再叙述。胡文辉、孔锐的论证也多与陈丽桂、葛刚岩似，也不再论述。现在，我们再对上述学者所发现的问题再做一次总结，可归纳为以下几条：

　　壹、篇名问题。在竹简《文子》发现之前，陶方琦就已经指出《文子》的篇名多抄袭《淮南子》而有改动，但马王堆汉墓帛书出土了《道原》篇，与《文子·道原》篇正合，可证陶方琦所说误。竹简《文子》发现后，李学勤又怀疑"□智明王"是竹简《文子》的篇题，但张固也认为"圣智明王"是章题，而且对竹简《文子》做了很好的复原工作。

　　贰、"老子曰"问题。这包括今本《文子》中为什么要添加大量的"老子曰"，是什么时间添加上去的，钱熙祚认为《文子》段落开头的"老子曰"将使老子自引己书，根本无法说通，但是这种简单的问题，难道添加"老子曰"的人不知道吗？"老子曰"问题是今本《文子》研究中的难点。

　　叁、今本《文子》与简本《文子》的差异。这包括三个大问题：一是对话主体改变；二是对话次数频率改变；三是竹简《文子》中的对话体不见于《淮南子》，今

---

①　葛刚岩：《〈文子〉成书及其思想》，第125页。
②　何志华：《〈文子〉著作年代新证》，第3页。
③　何志华：《〈文子〉著作年代新证》，第3—6页。
④　张丰乾：《出土文献与文子学案》，第55—68页、第70—73页；胡文辉：《〈文子〉的再考辨》，王元化主编：《学术集林》第17卷，上海：上海远东出版社，2000年，第73—75页；孔锐：《释义以游说——古本〈文子〉的论说特点》，杨国荣主编：《思想与文化》第九辑，上海：华东师范大学出版社，2009年，第186—188页。

本《文子·道德》篇中以"老子曰"开头的部分都能在《淮南子》中找到。

肆、今本《文子》与《淮南子》之差异。对这个问题的讨论主要集中在对比《文子》与《淮南子》文本之优劣，《淮南子》注文被抄入《文子》以及《淮南子》中有具体人物的对话体，在《文子》中变成了老子的独白。前两者已经说过，独后者确实还需要解释。

简而言之，"老子曰"问题、简今本《文子》的差异问题以及《淮南子》中由人物的对话体变成了今本《文子》中的老子独白，这三个问题确实是今本《文子》存在的最大问题，也是最不好解释的问题。下面我们看论证今本《文子》为真者又是如何论证的，是否对这些问题提出了崭新的看法。

四、真书说

王应麟主要从引书的角度论证《文子》为真，他指出荀子、汲黯、魏相、董仲舒、枚乘、王吉、班固等都引用了《文子》之文 [1]。但王应麟的举证遭到了张丰乾的辩驳，他每每指出凡是王氏所云引用《文子》之文的都是引自他书，或者是当时习见之语，人所共知，遇到实在无法解释通的，就说是可能引自古本《文子》[2]。张丰乾之说看似甚辩，细思之又不然。他书即使有与《文子》相同之语，也不能证明后世之人所引用的就一定不是《文子》中语。以汲黯一例来说，颜师古注《汉书》云汲黯所引语出自《曾子》，王应麟认为出自《文子》，张丰乾又引李学勤语认为汲黯所引可能出自《淮南子》，此实以王应麟所说为是。汲黯本黄老，引《文子》语实乃理所当然。退一步而言曾子早于文子，文子在其书中引曾子语也说得通，这也并不能得出汲黯就一定引的是《曾子》。李学勤之说更不可为据，汉时中央朝廷对官员与地方诸侯很有戒心，况且汲黯与淮南王同时代人，引淮南书的可能性几乎没有。

孙星衍主要从今本《文子》与《淮南子》文本的"优劣"比较上来论证今本《文子》早于《淮南子》[3]，但这也遭到了张丰乾的辩驳。文本比较的方法可以作为辅助方法，但不能成为决定性的方法，因为这与个人倾向有极大关系。孙星衍主张《文子》早，则眼中尽是《淮南子》误，张丰乾眼中《淮南子》早，则眼中尽是《文子》误。实际上，早的文本未必就没有错的地方，迟的文本未必就没有对的地方，尤其是重合率如此之高的文本，更难以此方法决定"优劣"了。

李定生论述《文子》早于《淮南子》主要从以下几个方面着手：一是与《文子》同时出土的《论语》《儒家者言》是先秦古籍，《文子》不大可能是抄袭《淮南子》

---

① 张丰乾：《出土文献与文子学案》，第258—259页。
② 张丰乾：《出土文献与文子学案》，第75—85页。
③ 孙星衍：《问字堂集》，北京：中华书局，1996年，第89页。

的伪作，而且淮南王是谋反罪死之人，中山王的墓葬里不可能将谋反之人的书抄下来随葬。这些虽然看起来都是些推测的语言，却非常有道理。但我们要注意的是李定生是将简今本《文子》等同来对待的，这是以简本《文子》的情况在说今本《文子》；二是他认为韩非在战国末期时已经读过《文子》，他举的是《韩非子·内储说上》中的一段话，其言曰："赏誉薄而漫者下不用，赏誉厚而信者下轻死。其说在文子，称若兽鹿。"李定生认为这是韩非读过《文子》一书的证据，并说今本《文子》中虽然没有这几句话，但是有思想相近的语言①。但是何志华、葛刚岩、张丰乾皆根据《内储说上》之体例，认为这里的文子不是书名，而是人名，但是先秦又有多个文子，这到底是哪一个文子呢②！从而认为李定生的论证是不成立的。但是，即使这里的文子是人名，不是书名，就一定能认定韩非真的没有读过《文子》一书吗？王三峡指出韩非坚决反对行宽缓之政，都是针对文子学派的③。《韩非子·五蠹》曰："如欲以宽缓之政，治急世之民，犹无辔策而御悍马，此不知之患也。"④《难二》曰："今缓刑罚行宽惠，是利奸邪而害善人也，此非所以为治也。"⑤确实如王三峡所说文子学派主张宽缓之政，这在简今本《文子》中都有体现。竹简《文子》0582有"循道宽缓"之语，今本《文子·精诚》有"法宽刑缓，囹圄空虚"⑥。我们认为不仅王三峡指出的这点，《韩非子》中所批判的"恍惚之言""恬淡之学"也针对的是《文子》，韩非认为所谓的"恍惚之言""恬淡之学"都无用，而且是天下的惑术，但是在《文子》中"恍惚之言""恬淡之学"都有极高的地位，代指的往往是"道"。《文子》将"道"看作治国的指导原则，韩非对《文子》的批判是治国理念的不同导致的，今《韩非子》中当有更多对《文子》的批判之语，不暇考。三是从引书之例进行论证，与王应麟所举证多同，但是李定生要比王应麟分析得更为细致，而且更有说服力，如对武帝建元六年刘安谏书的分析。刘安曰："臣闻军旅之后，必有凶年……此老子所谓师之所处，荆棘生焉。"今传本《老子》中的"军旅之后，必有凶年"本非《老子》中语，实是误入，证诸帛书《老子》甲乙本以及景龙、龙兴碑本皆然。而刘安亦是以此两句解释《老子》的"师之所处，荆棘生焉"，而这两句恰是《文子》中语⑦。可见，刘安见过《文子》无疑，李定生的这种论证是非常有说服力的，而亦未见对此

---

① 李定生、徐慧君：《文子校释》，上海：上海古籍出版社，2004年，"前言"，第4—7页。

② 何志华：《竹简〈文子〉研究四十载回溯》，方勇主编：《诸子学刊》第四辑，上海：上海古籍出版社，2010年，第242—245页；葛刚岩：《〈文子〉成书及其思想》，第27—37页；张丰乾：《出土文献与文子学案》，第165—167页。

③ 王三峡：《文子探索》，第210页。

④ 《韩非子》校注组：《韩非子校注》，周勋初修订，南京：凤凰出版社，2009年，第552页。

⑤ 《韩非子》校注组：《韩非子校注》，周勋初修订，第425页。

⑥ 王利器：《文子疏义》，北京：中华书局，2000年，第83页。

⑦ 李定生、徐慧君：《文子校释》，"前言"，第8—10页。

有何反驳之声音。四是从《文子》所引《老子》比《淮南子》所引更接近古本来立言。五是从《淮南子》抄误《文子》来立言，这些我们都不再细言。

彭裕商则从今本《文子》中保有战国古字古词来论证。他指出"壄""忥""际"是"野""气""视"之古文，而这三个字分别在今本《文子》《道德》《下德》《上仁》篇中①，观其口气，当有更多古文字，只是彭氏未一一举出。而苏晓威又在彭裕商之基础上又增加了"卣""氷"等字为证，从而使战国古文字分布在了今本《文子》的六篇之中②。彭裕商又从用词方面指出今本《文子·道原》篇中的"以退取先"是较早的说法，后世的说法则均以"后"与"先"相对，而今本《文子》中《道德》《上仁》两篇也是以"退"与"先"相对③。

王三峡对涉及《文子》的一些重大问题做过全面研究，我们先看她对"老子曰"问题的处理。她指出"老子曰"可能是在两个不同时期进入《文子》中的，一是班固之前，并且不排除《文子》的原始版本中就有"老子曰"的可能，一是在魏晋以后④。这等于说王三峡一方面认为古本《文子》中本来就有一些"老子曰"，只是没有如现今所见那么多，魏晋之后的人又大量地加进了很多"老子曰"，从而使《文子》呈现出了如今的面貌。她还引述李零的话，认为文本的形成乃是一个漫长的过程，有时老师的话和学生的话并不能分得很清楚，这也算是对"老子曰"问题的一个补充说明。总得来看，王三峡一方面认《文子》为真，但也没有排除《文子》的文本经过后人的整理，但看得出来她认为这些"老子曰"的加入并不影响今本《文子》为真。在论述《文子》《淮南子》谁先谁后的问题时，她主要从六个方面进行论证，包括韵读、《淮南子》的失韵、《淮南子》的重复矛盾、先简而后详的常情、句式、语义优劣。相比较而言，韵读方面比较客观，先秦韵与汉韵不同，比较能看出时代先后。王三峡发现《文子》显示出来的是先秦语音的特点，而《淮南子》则不是⑤。另外，我们还需对"先简而后详"这一条做一些说明，王三峡指出《淮南子》与《文子》相重的部分，都是《淮南子》繁而《文子》简，而《淮南子》繁则主要体现在举例说明上，又引《淮南子》中所云"吾将据类而实之"来说明《淮南子》的"繁"是有意为之。这其实是王三峡对"《淮南子》中有人物对话的部分，在《文子》中变成了老子的独白"这一问题的回应，也就是说即使《文子》中没有人物对话而《淮南子》中有，也是后出的《淮南子》"举类而实之"的结果，并不是《文子》对《淮

① 彭裕商：《文子校注》，"前言"，第2页。
② 苏晓威：《〈文子〉与〈淮南子〉关系再认识》，《中国国家博物馆馆刊》2013年1期。
③ 彭裕商：《文子校注》，"前言"，第3页。
④ 王三峡：《文子探索》，第30页。
⑤ 王三峡：《文子探索》，第33—60页。

南子》的抄引。但是，王三峡的这一处理很难解释为什么《淮南子》中的人物对话和《庄子》《吕氏春秋》这些先秦典籍同，而唯独《文子》是"老子曰"的论述体，以人物对话均为《淮南子》后面加上去的恐怕还不是太令人满意的解释。在简今本《文子》的关系上，王三峡并不讳言简本《文子》对话次数频率明显高于今本《文子》这一点。但她指出："交互问答、三重问答是可以起到使论述逐步深化、环环相扣的作用，不过，提问过多过繁，也会使人感到零乱。文子的论述因提问而割断为数节，使内在的逻辑联系不能很好地表现出来。何况有的提问似无必要。这就为今本《文子》的某些改动提供了理由。"① 笔者对此深表同意。之后，王三峡又提出了"传本《文子》"之说，认为今本《文子》与《淮南子》相重的地方来源于"传本《文子》"，而"传本《文子》"主要保存于今本《文子》中以"老子曰"开头的部分中②。这主要仍旧是在说《文子》早于《淮南子》。王三峡还对郭店楚简进行了研究，她认为《文子》与郭店简中的道儒两家文献都有密切的关系，她在研究《太一生水》时发现"反辅"的宇宙论模式与《文子》中的"反合"模式有一定的相似处，这大概是王三峡的慧眼所在。《文子》中"德、仁、义、礼"的四经以及"圣智"等能在郭店简《五行》中发现其踪迹，而且有取自《五行》的可能。在郭店简《成之闻之》中出现了三次"天常"，《文子·道原》中有"天常之道，生物而不有"，注家有据《淮南子》"太上之道"而欲改《文子》"天常"者。其实如王三峡所指出"天常"本是先秦哲学术语，《吕氏春秋》中亦有"天常"之说，而《淮南子》已不知"天常"为何，故改为"太上"了③。可以说，王三峡的这些论证又为今本《文子》早于《淮南子》提供了重要的证据。

赵建伟从避讳、五行生胜模式、引书模式等论证《文子》早出，这其中最可注意的一点是赵建伟所发现的古人引书之体例。《文子》引书多以"是故""故曰""故"的形式出现，而段落开头的"夫"字所领的往往是文子自己的话。但赵建伟发现《淮南子》在引《文子》以"夫"开头的句子时，将"夫"改成了"故"，以"故"开头的句子时，又增加一个"是"字，成为"是故"④。我们举一个例子来说明，《文子·道原》篇曰："夫德道者，志弱而事强……故贵必以贱为本，高必以下为基……故柔弱者生之干也，坚强者死之徒……故圣人随时而举事，因资而立功。"《淮南子·原道训》则为"故得道者，志弱而事强……是故贵者必以贱为号，而高者必以下为基……是故欲刚者，必以柔守之；欲强者，必以弱保之…是故柔弱者，生之干也。"果如赵

---

① 王三峡：《文子探索》，第75页。

② 王三峡：《文子探索》，第154—156页。

③ 王三峡：《文子探索》，第259—276页。

④ 赵建伟：《〈文子〉断代研究》，《哲学与文化》1996年第9期。

建伟所言，《淮南子》辗转引书之例乃在"故"前加"是"，成为"是故"。从这种引书体例看，《淮南子》亦并不讳用《文子》之文，且有清晰之迹可寻。在我们省略掉的部分中，多是《淮南子》训释"故"后之语，则王利器所云"《淮南子》乃《文子》之义疏耳"的说法也是有例可按。

王利器认为刘安将《文子》之常用语改写成了楚语①，但是何志华并不认同。他指出《淮南子》一书多用楚语乃理所当然，如果《淮南子》改《文子》之语为楚语，则《淮南》凡用楚语的地方，必能对应《文子》用常用语的地方。他举了18个《淮南子》用楚语的例子，但是在《文子》中均找不到例证，因此认为《淮南子》中之楚语乃固有，非改《文子》而为②。但是何志华的论证并不正确，他的论证正确的前提必定是《淮南子》全书皆袭自《文子》，而实质上《淮南子》仅仅袭用了《文子》的一部分内容而已。此18个例子虽然不能证明《淮南子》之楚语改自《文子》，但并不能证明《淮南子》不是改自他书，况且王利器确确实实地指出了多例《淮南子》改用楚语之证。王利器还倡导两个老子之说，以作为对今本《文子》中众多"老子曰"的解释，他指出一为关尹著道德五千言之老子，一则为黄老学者所依托之老子③，这等于说今本《文子》中的"老子曰"都是黄老学者依托老子所为。

陈鼓应认为今本《文子·上德》篇中保存了先秦解易派的说法，而这种说法又与汉世易家的说法不一样④。魏启鹏则从《吕氏春秋》、秦简《为吏之道》所引《文子》语论证《文子》早出⑤，其例甚多，不再详举，但是有些句子看起来也是似是而非的。谭家健则从对道的不同理解、文章结构、君权起源论、著作体裁等方面进行论证⑥。当然还有一些论述，但论证得不是很严谨，就从略了。

将真书说者与伪多真少说者进行比较，我们发现"伪多真少"者大多是从文本形式论证，而即使是从形式论证，也由于何志华检出了0198简而出现了破洞，并且这种形式的论证也集中在今本《文子·道德》篇中，但真书说者的论证则不止方法多，包括思想、古文字古文词、音韵、引书等，而且还至少能从今本《文子》的六篇中发现其为先秦古籍的气息。我们当然倾向于认为今本《文子》是先秦古籍。虽然如此，这也不等于说我们忽视真多伪少学者的发现，确实简今本《文子》之间是有差异的，《淮南子》中有对话人物的部分，在《文子》中变成了老子的独白，今本

① 王利器：《文子疏义》，"序"，第12—13页。
② 何志华：《〈文子〉著作年代新证》，第97页。
③ 王利器：《文子疏义》，"序"，第5—6页。
④ 陈鼓应：《论〈文子·上德〉的易传特色》，陈鼓应主编《道家文化研究》第12辑，北京：生活·读书·新知三联书店，1998年，第203—205页。
⑤ 魏启鹏：《文子学派与秦简为吏之道》，陈鼓应主编《道家文化研究》第12辑，164—179页。
⑥ 谭家健：《〈文子〉成书时代琐议》，《长沙电力学院学报》1998年第2期。

《文子》中的"老子曰"如何解释，这些问题真书说者也有论述，但总体而言着墨不多，且有些说法并不能使人满意，如李定生将今本《文子》中的"老子曰"全部改成"文子曰"就有些轻率，王利器的"两个老子说"以及王三峡认为《淮南子》中有人物对话的故事体皆是刘安"举类而实之"的结果等。对于这些伪多真少学者的发现是否还有其他的解释呢？从两方面来看，两者所关注的焦点都在今本《文子》的真伪上，这就造成真书说者的论据，伪多真少说者无法辩驳，伪多真少说者发现的问题，真书说者也不能很好解决，双方各持意见，谁也说服不了谁。实质上，问题的关键是伪多真少学者所发现的《文子》文本形式上的那些问题是否单纯地可以被用来论证今本《文子》之伪？如果不能用来证明今本《文子》之伪，那么还有其他更好的解释吗？我们认为这种解释是存在的，历代以来认为今本《文子》是《老子》之"传"的说法提供了解决问题的可能，我们现在就来看这种说法。

五、《老子》之"传"说

李暹云："（文子）本受业于老子，文子录其遗言，为十二篇云。"① 实际上这可以看作李暹对今本《文子》中大量"老子曰"的解释。观李暹之说，亦对"老子曰"有疑虑，但又苦于找不到其他说法，故云是老子的遗言，文子仅仅录出而异，这等于说李暹把今本《文子》中的"老子曰"都看作老子的思想话语。这种说法其实还比较流行。杜道坚云："文子于章首多称老子曰者，尊师也，此盖当时记习老子之言，故不敢自有其名。"杜道坚也认为《文子》中的"老子曰"是老子之言，马骕云："《道德》疏义，语必称老子，尊所闻以立言。"② 马骕的意思大概是说《文子》是《道德经》的疏义，"称老子"是因为其学出自老子，故尊老子立言，这等于说今本《文子》中的"老子曰"是为了尊重学问所自出，但"老子曰"后的内容并不是老子的话，不过马骕的说法还是比较含糊的。宋濂则明确指出："考其言，壹祖老聃，大概《道德经》之义疏尔。"③ 洪迈、高似孙也持此看法，均认为文子之学出自老子。吴全节云："《文子》者，《道德经》之传也。"④ 以上诸人均将文子与老子联系在一起考察，或以为今本《文子》中的"老子曰"是老子的话，或以为仅是文子发挥老子的话，为了尊重老师起见而称之为"老子曰"，这虽然也是解释"老子曰"的一种说法，但是这总感觉与书名《文子》不相称。

今本《文子》是《老子》之"传"的说法与真书说、伪书说、驳书说并列而为

---

① 张丰乾：《出土文献与文子学案》，第243页。
② 张丰乾：《出土文献与文子学案》，第255页。
③ 张丰乾：《出土文献与文子学案》，第258页。
④ 张丰乾：《出土文献与文子学案》，第283页。

一说,但是时代越靠后,真伪之辩越成为主流,竹简《文子》发现之后,只有江世荣仍持此说,而再未见人主张如此。事实上,在大量的真伪论辩中,"传"说被严重忽视了,但真书说者又无法解释简今本的明显差异,伪书说者也无法辩驳证真者的论据。我们抛开"真伪""抄袭"说,还有没有其他角度可以用来分析围绕在今本《文子》文本上的问题呢?答案当然是肯定的。我们试着从更加客观实际的方面考虑,将今本《文子》的形成放在先秦、秦汉人著述体例的大背景中思考,就会发现今本《文子》的面貌可以从"经传体"的角度得到很好的解释,而这一角度当然是在《老子》之"传"说的启发下得出的。

六、从"经传体"的角度解释今本《文子》之问题

为了对"经传体"有较为清晰的认识,我们要稍微做一点解释。"经传体"是古人学习、解释经典文本的一种形式,"经"往往是权威文本,如出土的《五行》篇,较早的郭店简中只有经文,陈来指出"经"为子思所作;"传"又可以称之为"解""说"等,是对"经"的注疏、引申,"传"传述"经"文大意,但未必字字句句不离"经",往往是"传"文依托"经"文表达了做"传"者的思想①。"经"往往比"传"的时间要早,但如果经传同书,那就会有一个时间叠加的问题潜藏其中,时间早的内容和时间晚的内容混合在一本书中。"经"流传时间早,有权威,也有名称,但"传"文仅仅是对权威文本的学习或者叫作心得体会之类,"传"没有固定名称,往往随方便称呼,从竹简《文子》看,或称为"传""辞""言"等。这种称法的多样说明"传"文并无固定的名称,称呼比较随意。在经传同书的情况下,就有可能将传文的内容以经的名字而称之,这种情况在汉代就存在。陈鼓应对《周易》的研究中就发现了这样的事例,他指出"它们(指《二三子问》《缪和》、王充——笔者注)征引卦爻辞及《易传》,都统称之'易曰',这也很能说明'传'的地位。"②无论此例中的《易传》为什么被称作《易》,是如陈鼓应所说的"传"上升为"经",还是别的什么原因,对于我们而言,重要的是汉人将《易传》也称呼为《易》。这就给我们研究今本《文子》中的"老子曰"给了很大启发。

从《越绝书》《韩诗外传》《淮南子》等较早的书所引《文子》语看,也称之为"传"。《淮南子·修务训》曰"盖闻传书曰:神农憔悴,尧瘦臞,舜霉黑,禹胼胝。"③引自今本《文子·自然》篇:"神农形悴,尧瘦臞,舜霉黑,禹胼胝。"④《越绝书·德

---

① 陈来:《竹简〈五行〉篇讲稿》,北京:生活·读书·新知三联书店,2012年,第6—7页。
② 陈鼓应:《论〈文子·上德〉的易传特色》,第204页。
③ 刘文典:《淮南鸿烈集解》,北京:中华书局,1989年,第634页。
④ 王利器:《文子疏义》,第372页。

序外传》云"传曰：人之将死，恶闻酒肉之味，邦之将亡，恶闻忠臣之气。身死不为医，邦亡不为谋。"① 引自今本《文子·微明》篇："人之将疾也，必先不甘鱼肉之味；国之将亡也，必先恶忠臣之语。故疾之将死者，不可为良医；国之将亡者，不可为忠谋。"② 《韩诗外传·卷一》曰："传曰…夫利为害本，而福为祸先。唯不求利者唯无害，不求福者唯无祸。"③ 引自《文子·符言》："利为害始，福为祸先，不求利即无害，不求福即无祸。"④ 但是成于汉昭帝时期的《盐铁论》中节引有《文子·自然》篇中的一句话，其言曰："老子曰：贫国若有余，非多财也，嗜欲众而民燥也。"⑤ 已与今本《文子》称"老子曰"者相同，这就说明在汉景帝至汉昭帝的时期内，《文子》文本已经发生了变化，变化的最大体现就是"传"的消失，"老子曰"的出现。现在该如何解释这种变化呢？论者往往以为"老子曰"的出现是《文子》一书自抬身价的表现，但是无论从汉初的引书情况看抑或从景帝至昭帝时期的社会情况看，均无需借助老子来提高《文子》的知名度，这期间的变化绝不能用我们后世的眼光来解释，这一变化当有更加客观的原因。

古本《文子》本是文子学派的著作。从丁原植、王三峡的研究来看，古本《文子》主要包括：解老部分、论易部分、古格言隽语以及一些独立论述⑥。这也就是说古本《文子》与老子有关系，但并不像今本《文子》那样关系密切。古本《文子》中的"传"有可能解老，但也有可能不是解老，而是对其他经典的解读。但是今本《文子》却变成了宋濂、吴全杰所说的《老子》之"传""义疏"，这说明整理者刻意将古本《文子》整理成了《老子》之"传"，使今本《文子》的体例变成了"经传体"，今本《文子》中段首的"老子曰"实是一种省略的称法，全称应为"《老子》之传曰"。正如我们上文所说，"传"无固定名称，完全依"经"而定，撰作者将其用于解读《易经》，是为易传，将其用于解读《老子》，是为《老子》之传。汉人于此心知肚明，所以将"传"字去掉而加上"老子曰"，正是为了表明这是《老子》之传，正与陈鼓应发现《易传》可以称为《易》一样，在汉人将"《老子》之传"称为"老子曰"实是非常清楚的事情。

将古籍文本加工整理成某一经典之传的做法，在汉代初期就存在，我们举最典型的《韩诗外传》为例。

《韩诗外传·卷一》曰：

---

① 李步嘉：《越绝书校释》，北京：中华书局，2013 年，第 368 页。
② 王利器：《文子疏义》，第 336 页。
③ 许维遹：《韩诗外传集释》，北京：中华书局，1980 年，第 14—15 页。
④ 王利器：《文子疏义》，第 198 页。
⑤ 马非百：《盐铁论简注》，北京：中华书局，1984 年，第 6 页。
⑥ 丁原植：《文子新论》，第 219—245 页；王三峡：《文子探索》，第 148—154 页。

传曰：在天者莫明乎日月，在地者莫明于水火，在人者明乎礼义。故日月不高，则所照不远；水火不积，则光炎不博；礼义不加乎国家，则功名不白。故人之命在天，国之命在礼。君人者降礼尊贤而王，重法爱民而霸，好利多诈而危，权谋倾覆而亡。诗曰：人而无礼，胡不遄死！①

又《荀子·天论》曰：

在天者莫明于日月，在地者莫明于水火，在物者莫明于珠玉，在人者莫明于礼义。故日月不高，则光晖不赫；水火不积，则晖润不博；珠玉不睹乎外，则王公不以为宝；礼义不加于国家，则功名不白。故人之命在天，国之命在礼。君人者，隆礼尊贤而王，重法爱民而霸，好利多诈而危，权谋倾覆幽险而尽亡矣。②

很明显可以看出，《韩诗外传》将荀子的话稍微做了一些加工，前面加上"传曰"而变成了诗传。我们还可以举一个《韩诗外传》加工古本《文子》之言而成为诗传的例子。《韩诗外传·卷一》曰：

传曰：喜名者必多怨，好与者必多辱，唯灭迹于人，能随天地自然，为能胜理，而无爱名；名兴则道不用，道行则人无位矣。夫利为害本，而福为祸先，唯不求利者为无害，不求福者为无祸。诗曰："不忮不求，何用不臧。"③

今本《文子·符言》作：

人与道不两明。人爱名即不用道，道胜人即名息，道息人名章即危亡。

善怒者必多怨，善与者必善夺，唯随天地之自然，而能胜理。故誉见即毁随之，善见即恶从之。利为害始，福为祸先。不求利即无害，不求福即无祸。④

很明显，《韩诗外传》将《文子》分置在两处的内容混溶在一起，前面再加上"传曰"，变成了诗之传。这在《韩诗外传》中大量存在，我们也就不再举其他例子

① 许维遹：《韩诗外传集释》，第6页。
② 王天海：《荀子校释》，上海：上海古籍出版社，2009年，第694页。
③ 许维遹：《韩诗外传集释》，第14—15页。
④ 王利器：《文子疏义》，第198页。

了。韩婴之手法也大体不过将古籍中的材料汇于一炉而使其成为《诗经》之传，这在汉人本来没有什么问题。为将古本《文子》做成《老子》之传，整理者就在段首加上了"老子曰"，以表示这是《老子》之传。这样一来，原本的子书由于要做成经传体的形式，体例发生了改变，势必就要对文本中不符合经传体的内容做一些改变，最典型的体现就是简今本《文子·道德》篇所体现出来的差异。

我们先不管对话人物的改变这一事实，只论述为什么简本《文子》中频繁往复的对话关系，在今本《文子》中变成了一问一答。今本《文子》的这种改变是在何种动机下进行的呢？我们认为今本《文子》减少简本《文子》对话频率的主要目的是为了整齐体例，使《道德》篇更加接近于"经传体"的形式，以与《文子》其余各篇相一致。如果将竹简《文子》与今本《文子》对照，就能发现竹简《文子》频繁往复的对话与今本《文子》各篇的气息极度不一致，虽然竹简《文子》中也引用了一句《老子》经文，但是更多的却是文子教育平王行"道德之治"的话语，所以我们不能将这种对话体看作《老子》之"传"，而被整理过的今本《文子·道德》篇虽然仍旧保持了问答的痕迹，但却变成了一问一答。这种一问一答的形式恰恰向着解经体过渡了，尤其明显的是这样的几问："文子问道""文子问德""文子问圣智"，毫无疑问，接下来的"老子曰"一定是对"道""德""圣智"的解释了。因此，我们认为简、今本《文子》之间的差异并不能证明今本《文子》之伪，而只能说今本《文子》被有意识地整理过，这种整理不是为了作伪，而是为了将古本《文子》整理成《老子》之传。于是刻意将简本《文子》中的频繁对话关系做了整理，删除了一些在整理者看来无用或者是近于常识性的内容，如简本《文子》中出现的"天地者，万物也"之类，使其更加精简，更接近于"经传体"。那么，删减频繁往复的对话是否与改平王文子为老子文子同步呢？笔者以为是同步的。将古本《文子》改成《老子》之"传"就是为了拉近《文子》与《老子》的距离，如果书中留下平王与文子的对话，则显得不类，故而一并将平王文子对话改成了文子老子对话，这都是为了使《文子》更加接近于《老子》的举措。那为什么今本《文子·道德》篇末尾又留下了一句"平王问吾闻子得道于老聃"呢？笔者以为这大致有两方面的意义：一是这是整理者将古本《文子》能整理成《老子》之"传"的内证，也就是说正由于这句话的证明，才有足够的理由将古本《文子》整理成《老子》之"传"；一是整理者并不讳言这本《老子》之传是从古本《文子》整理的，就像韩婴拾缀古籍以成一书一样，因为整理者没有后人那种所谓的作伪心，因此也用不着去掩饰，故而留下了这一句平王问。

同样，从"经传体"的角度也可以说明今本《文子》与《淮南子》的重合与不重合问题。论者以为简本《文子》中的对话没有与《淮南子》相重合，而今本《文子》中的"老子曰"与《淮南子》有大量重合，从而认为今本《文子》抄袭《淮南子》。但实质上这样的理解忽视了刘安与门客在编撰《淮南子》时需要什么样的素材这一问题，将今本《文子》与《淮南子》相比较，知道《淮南子》有浓厚的赋体文风格。竹简《文子》中既朴素又频繁的对话如何才能改成华丽的赋体文呢？相对而言，以"老子曰"开头的论述体部分转换为赋体就要简单容易得多，况且《文子》中有很多《庄子》式的语言，这就更容易转换为赋体了。《淮南子》不取什么素材要从《淮南子》一书的需求角度来考虑，而不是反过来认为《文子》抄《淮南子》。所以，我们认为《淮南子》与今本《文子》的大量重合是因为《文子》中有大段的经传体可以较为容易地改成赋体文，符合刘安的要求，所以才被采用，频繁的对话无法满足刘安的要求，所以才被放弃的。

涉及《淮南子》与今本《文子》谁抄袭谁的问题时还有一个需待解释的问题。《淮南子》中有人物关系的故事说理类型，在今本《文子》中被取消了人物关系，从而变成了纯粹说理的内容。我们认为这依旧可以从"经传体"的角度予以说明，《淮南子》与今本《文子》中相对应的部分，凡是有故事，有人物对话的部分，大多数是古本《文子》的面貌，当然也不排除《淮南子》后面又增加故事人物的情况。《文子》的整理者刻意将古本《文子》中的对话人物取消，将对话体变成纯论述体，再加上"老子曰"，本是为了使古本《文子》变成纯粹的《老子》之"传"而采取的措施，在汉人看来这并没有什么大惊小怪的。下面我们就举三个例子来分析。

第一个例子：

《淮南子·道应训》曰：

太清问于无穷曰："子知道乎？"无穷曰："吾弗知也。"又问于无为曰："子知道乎？"无为曰："吾知道。""子知道，亦有数乎？"无为曰："吾知道有数。"曰："其数奈何？"无为曰："吾知道之可以弱，可以强；可以柔，可以刚；可以阴，可以阳；可以窈，可以明；可以包裹天地，可以应待无方。此吾所以知道之数也。"太清又问于无始曰："向者，吾问道于无穷，曰：'吾弗知之。'又问于无为，无为曰：'吾知道。'曰：'子之知道亦有数乎？'无为曰：'吾知道有数。'曰：'其数奈何？'无为曰：'吾知道之可以弱，可以强；可以柔，可以刚；可以阴，可以阳；可以窈，可以明；可以包裹天地，可以应待无方，吾所以知道之数也。'若是，则无为知与无穷之弗知，孰是孰非？"无始曰："弗知之深而知之浅，弗知内而知之外，弗知精而知之粗。"太清仰而叹曰："然则不知乃知邪？知乃不知邪？孰知知之为弗知，弗知之为知邪？"无始曰："道不可闻，闻而非也；道不可见，见而非也；道不可言，言而非也，孰知形之不形者乎？"故老子曰："天下皆知善之为善，斯不善也。故'知者不言，言者不知'也。"①

《庄子·知北游》作：

泰清问乎无穷曰："子知道乎？"无穷曰："吾不知。"又问乎无为。无为曰："吾知道。"曰："子之知道，亦有数乎？"曰："有。"曰："其数若何？"无为曰："吾知道之可以贵，可以贱，可以约，可以散，此吾所以知道之数也。"泰清以之言也问乎无始曰："若是，则无穷之弗知与无为之知，孰是而孰非乎？"无始曰："不知深矣，知之浅矣；弗知内矣，知之外矣。"于是泰清中而叹曰："弗知乃知乎！知乃不知乎！孰知不知之知？"无始曰："道不可闻，闻而非也；道不可见，见而非也；道不可言，言而非也。知形形之不形乎！道不当名。"无始曰："有问道而应之者，不知道也。虽问道者，亦未闻道。道无问，问无应。无问问之，是问穷也；无应应之，是无内也。以无内待问穷，若是者，外不观乎宇宙，内不知乎大初，是以不过乎昆仑，不游乎太虚"。②

今本《文子·微明》则作：

老子曰：道可以弱，可以强；可以柔，可以刚；可以阴，可以阳；可以幽，可以明；可以包裹天地，可以应待无方。知之浅，不知之深；知之外，不知之内；知之粗，不知之精。知之乃不知，不知乃知之，孰知知之为不知，不知之为知乎！夫道不可闻，闻而非也；道不可见，见而非也；道不可言，言而非也。孰知形之不形者乎！故天下皆知善之为善也，斯不善矣！知者不言，言者不知。③

三者相比较，《淮南子》对道的刚柔阴阳等之描述与《文子》同，而与《庄子》远，但在故事的叙述模式上又与《庄子》近。在《文子》中太清、无始、无为皆被去掉，而且最为显明的是《文子》全部删除掉了对于论述"道"而言，不起作用的部分。比如开首的太清之问，等于说《文子》留下的全部是论道的"干货"，后面又以"故"的形式引出老子之言，《文子》的整理者用这种形式将古本《文子》变成了《老子》之"传"，这种手法甚至可以称之为一种做"传"的模式。

① 刘文典：《淮南鸿烈集解》，第378—379页。
② 曹础基：《庄子浅注》，北京：中华书局，1982年，第336页。
③ 王利器：《文子疏义》，第304页。

第二个例子：

《淮南子·道应训》曰：

田骈以道术说齐王，王应之曰："寡人所有，齐国也。道术难以除患，愿闻国之政。"田骈对曰："臣之言无政，而可以为政。譬之若林木无材而可以为材。愿王察其所谓，而自取齐国之政焉已。虽无除其患害，天地之间，六合之内，可陶冶而变化也。齐国之政，何足问哉！"此老聃之所谓"无状之状，无物之象"者也。若王之所问者，齐也。田骈所称者，材也。材不及林，林不及雨，雨不及阴阳，阴阳不及和，和不及道。①

《吕氏春秋·执一》曰：

田骈以道术说齐。齐王应之曰："寡人所有者齐国也，愿闻齐国之政。"田骈对曰："臣之言，无政而可以得政。譬之若林木，无材而可以得材。愿王之自取齐国之政也。骈犹浅言之也，博言之，岂独齐国之政哉？变化应来而皆有章，因性任物而莫不宜当，彭祖以寿，三代以昌，五帝以昭，神农以鸿。②

《文子·微明》曰：

老子曰：道无正而可以为正，譬若山林而可以为材。材不及山林，山林不及云雨，云雨不及阴阳，阴阳不及和，和不及道。道者，所谓无状之状，无物之象也。无达其意，天地之间，可以陶冶而变化也。③

　　三者相比较，较早的《吕氏春秋》中没有引用《老子》之语，而《文子》与《淮南子》中皆有"无状之状，无物之像"一语。和第一个例子相同，《文子》仍旧是删除了对论述"道"无用的部分，而只取"干货"，后又以"所谓"的形式引出老子之语，以变成《老子》之传的形式。以上的两例对话比较容易改造成经传体，但并不是所有的对话都容易改成经传体。在这种情况下，《文子》的整理者也往往保留对话，但是却将原先对话的人物转变成老子文子之间的对话，不过对话的频率次数大为删减，成为最简洁的一问一答形式。

①　刘文典：《淮南鸿烈集解》，第381页。
②　许维通：《吕氏春秋集释》，第408页。
③　王利器：《文子疏义》，第309页。

《淮南子·道应训》曰：

惠子为惠王为国法，已成而示诸先生，先生皆善之。奏之惠王，惠王其说之，以示翟煎，曰："善！"惠王曰："善，可行乎？"翟煎曰："不可。"惠王曰："善而不可行，何也？"翟煎对曰："今夫举大木者，前呼邪许，后亦应之，此举重劝力之歌也，岂无郑卫激楚之音哉？然而不用者，不若此其宜也。治国有礼，不在文辩。"故老子曰："法令滋彰，盗贼多有。"此之谓也。①

《吕氏春秋·淫辞》曰：

惠子为魏惠王为法。为法已成，以示诸民人，民人皆善之。献之惠王，惠王善之，以示翟翦。翟翦曰："善也。"惠王曰："可行邪？"翟翦曰："不可。"惠王曰："善而不可行，何故？"翟翦对曰："今举大木者，前呼舆謣，后亦应之，此其于举大木者善矣，岂无郑、卫之音哉？然不若此其宜也。夫国亦木之大者也。"②

《文子·微明》曰：

文子问曰：为国亦有法乎？老子曰：今夫挽车者，前呼邪轩，后亦应之，此挽车劝力之歌也，虽郑卫胡楚之音，不若此之义也。治国有礼，不在文辩。法令兹彰，盗贼多有。③

三者相比较，《吕氏春秋》《淮南子》中频繁往复的对话，在《文子》中仅保留了一问一答，与整理《文子·道德》篇的手法也同。而且由于这段对话并不容易抽取"干货"，《文子》的整理者还进行了改写，最为明显的一句是《吕氏春秋》《淮南子》中的"郑卫之音"都是问句，而在《文子》中被改成了一个陈述的假设句。后面又以老子语做结，变成解老的形式。

从上面三个例子，我们发现容易被改成经传体的对话，古本《文子》的整理者都是用"老子曰"的形式来表示，而且去掉了一些无用的细枝末节部分，全部抽取的是于论述主题有用的"干货"。而不那么容易改成经传体的对话，则使用最为简洁的一问一答，而且改变原先的对话人物关系而使其成为老子文子间的对话，并且对

---

① 刘文典：《淮南鸿烈集解》，第380—381页。
② 许维遹：《吕氏春秋集释》，第428—429页。
③ 王利器：《文子疏义》，第307页。

内容也会进行一些改写，但无论是形式的改变，还是内容的改写，我们都发现除了形式上的"脱胎换骨"之外，原先文本所要表达的核心思想并未改变，而且更为集中突出了。但是对于这一点也不能过分乐观，因为改写故事成为论述体，容易使我们以为这全是原先作者的主张，但实质上有些故事可能是正面的，而有些故事则可能是反面的，但经过一改写之后，到底是正面还是反面作用就看不出来了。传统以来认为今本《文子》"驳杂"，思想有矛盾之处的看法可能与此也有一定的关系，所以在具体处理《文子》的思想时还是要更加谨慎一些。另外，频繁往复的对话被改成一问一答以及对话主体改变，也与今本《文子·道德》改变简本《文子》的手法相当一致，所以我们认为将古本《文子》改成今本《文子》的面貌是一次性完成的，并不存在后世之人的多次加工。

论范蠡对"天"的认识及其与老子思想之关系

丁　宇[*]

内容提要： 在春秋后期吴越争霸的政治环境中，范蠡基于实际政治的需要塑造了兼具最高神与自然界双重义涵之"天"，突破了春秋时期流行的"戒盈"观念而提出为政者应该"持盈"，在天人关系中更加强调人的主导作用。于此基础上范蠡提出的"天时"是一种抽象化的历史趋势，能被圣人、君主掌握运用，体现了在春秋人文思潮之中范蠡的创新性。范蠡思想具有鲜明的"以人应天"的特征，与老子的思想关系应是同源不同流，殊途又同归，共同构成黄老思想的重要源头。

关键词： 范蠡　老子　天道　天时　黄老

作为中国思想史的一大主干概念，"天"在诸子哲学中占有极其重要的地位。春秋时人们对天的态度有两方面延伸："一是人文主义，一是自然主义。人文主义的发展体现在对天的道德秩序的意义的重视，而自然主义的发展则向自然法则的意义延伸。"[①] 范蠡是春秋后期著名的历史人物，但他在春秋思想史中的地位往往被忽视。本文试图借助《国语·越语下》[②] 来厘清范蠡对"天"的认识，通过回答：他心中"天"的面貌究竟是自然实体还是人格神？对"天"的认识在其思想体系中有何意义？这种认识在春秋思想史的整体图景中又占据怎样位置？来发掘并定位范蠡思想的意义，同时对其与老子及黄老道家的思想关系提出一些新的看法。

---

　　* 作者简介：丁宇（1995—），华东师范大学思勉人文高等研究院中国哲学硕士研究生，主要研究方向为早期中国思想史，出土文献研究。

　　① 陈来：《古代思想文化的世界——春秋时代的宗教、伦理与社会思想》，北京：生活·读书·新知三联书店，2002年，第61页。

　　② 记载范蠡事迹的史料，主要集中于《国语·越语下》《越绝书》《吴越春秋》《史记》以及少量后世类书零散记载。出于对史料真实性及所探讨之思想史的特殊性考虑，本文对范蠡"天"之认识的史料主要采取《越语下》。该文本中"天"字出现的频率高达43次，表意词语有：与天、天道、天时、天下、天秩、天地之恒制、天地之常、天地之刑、天地之殛、上天、应天、天地之灾、天节、天极、天当以及若干独立表意的"天"。这些"天"在范蠡思想中的含义不尽相同，下文将具体说明。

一、从"戒盈"到"持盈"：范蠡的突破

哀公元年勾践欲伐吴，范蠡谏曰："夫国家之事，有持盈，有定倾，有节事……持盈者与天，定倾者与人，节事者与地。"[①]这里的态度是"与天"，与者法也，但究竟要法何天？法天何？后面解释说"天道皇皇，日月以为常，明者以为法，微者则是行"，表明法的对象是自然之天，内容是日月盈缩变化之"天道"。具体落实下来，要求为政时法"天道盈而不溢，盛而不骄，劳而不矜其功"，用兵时法"盈缩转化，后将悔之；天节固然，惟谋不迁"，布阵要"必顺天道，周旋无究"才能做到"蚤晏无失"。

此处"天道"与"天节"表意相同，都指日月盈缩的变化规律，可用"天道"一词概括。"天道"概念并不见于周初文献，应为春秋人所创。左庄四年载邓曼语："王禄尽矣。盈而荡，天之道也。"[②]昭十一年子产曰："行不远。不能救蔡也。蔡小而不顺，楚大而不德，天将弃蔡以壅楚，盈而罚之。蔡必亡矣，且丧君而能守者，鲜矣。三年，王其有咎乎！美恶周必复，王恶周矣。"哀十一年记子胥遗言："树吾墓槚，槚可材也，吴其亡乎！三年，其始弱矣。盈必毁，天之道也。"这都是"天道"不常"盈"化用于人事的体现。这种"盈必荡"观念在老子[③]思想中更为突出："持而盈之，不如其已；揣而锐之，不可长保。金玉满堂，莫之能守；富贵而骄，自遗其咎。功成身退，天之道也。"（第九章）这些"天道"的共同来源是什么？又为何都以"盈必荡"来诠释其内涵？

上引"天道"诸说有两个共性：首先是"推天道以明人事"的指导思维；其次是"盈"为凶兆的认识内容。前者为后者基础。曹峰认为老子的"天之道"并不完全是对天地运行规律的总结，而是将历史观察总结出的社会运行原则向上与自然天道衔接来获取论证权威性的一种说法。[④]对历史经验的重视是春秋时期宗教走向人文的一个普遍思想趋势，这趋势是伴随史对巫的脱离而展开的。高木智见将早期史官本职定位为观测天文现象与编纂历法管理时间，到后来发展成"根据天的运行规

① 徐元诰撰，王树民、沈长云点校：《国语集解》，卷21，《越语下》，北京：中华书局，2002年，第575页。下引范蠡言论史料除特别注明外皆出自本著本篇，引《国语》其他史料亦不再注出，以篇名区分。

② 杨伯峻编著：《春秋左传注》，北京：中华书局，2009年，第163页。下引《左》皆出此书，以纪年区分。

③ 严格说来"老子"是书名而非人名，《老子》中的内容亦不全是"老子"本人的东西，所以严谨的学者往往给"老子"加上书名号，本文为行文方便不加书名号。在文本选择上以陈鼓应：《老子今注今释》，北京，商务印书馆，2003年为主，参考出土本，下只注章节。

④ 见曹峰《论老子的"天之道"》，收于《近年出土黄老思想文献研究》，北京：中国社会科学出版社，2015年，"附录"。

律预测天人的未来"①。王博也从职能角度推导出早期史官"天道和人事具有一致性"的认识特征。他指出："史官之观察天道，也并不是进行研究，而是和人事的需要紧密联系在一起的……另一方面，也是为了占卜人事的吉凶、国家的兴亡等，就是所谓占星术的内容……但是，在人事必须顺从天道这一点上，却是非常一致的。这种工作性质使得史官形成了把天道和人事结合起来进行思考，并从天道推明人事的习惯。"②在教育的作用下，该思路最终成为贵族文化的重要组成。

晁福林提出的"演化某些'数术'为'学术'"③实际上是个将巫术时代的自然认识逐渐"升华"的过程。《易》中《乾》有云："上九。亢龙，有悔。"龙飞过高，将有不好事发生。《小过》曰："飞鸟遗其音，不宜上，宜下。"《中孚》曰："上九，翰音登于天，贞凶。"此两爻与《乾》意近，均以万物过高过盛而为不吉，与"盈必荡"极其类似。左昭二年韩宣子访鲁，见《易》与《春秋》而言"周礼尽在此矣"，这证明《易》也是包含在"礼"之范畴内的。春秋作为"继承《诗经》时代宗教坠落以后的必然的发展"，是"以礼为中心的人文世纪"④。陈鼓应认为："《易》本是殷周之际的占筮之书，自西周到春秋战国的漫长时间里，逐渐由哲理化而哲学化，其哲理化是春秋以降解《易》者的成果。"⑤据此可将《易》视为"盈必荡"之近源。故而笔者认为子产、伍员等人以"盈"为不祥属于春秋时期文化阶层的共性认识，是"推天道以明人事"思维下的一个产物，反映出知识层对"天人之际"关系的早期思索，其直接来源很可能是《易》，体现了春秋时代的人文精神。

这种"自然认识升华"的初级模式具有两个特点：其进步性体现在应用范围的交叉与联系，这是人发挥创造性思维，将自然与人事联系起来的关键一步，是对天人关系思考的原始模式；也正由于原始，该时期认知仅能到人事必顺天，以自然"天道"直接"指导""规定""人道"，这是"朴素"的一面。

作为"周之典史"的老子不仅继承了"推天道以明人事"的思维角度，在认识内容上亦做了很大丰富。他对"人事"同样"盈必毁"并不仅仅停留在相信层面，更提出"保此道者，不欲盈。夫唯不盈，故能蔽而新成"（十五章）的解决方法。从发源上讲，"戒盈"观念很可能是老子道家"谦退""不争"等观念的一个基础。笔

① 高木智见：《先秦社会思与思想：试论中国文化的核心》，何晓毅译，上海：上海古籍出版社，2011年，第259页。

② 王博：《老子思想的史官特色》，台北：文津出版社，1993年，第79页。

③ 晁福林指出："由于上古时代的'数术'和'学术'的合一，所以当'学术'兴起的时候，它汲取（或者说是借鉴）'数术'的内容，演化某些'数术'为'学术'，便是十分自然的事。"这一观点在证据上拿出的也是《易》由巫卜之书转化为经学著作的过程。见晁福林：《天命与彝伦：先秦社会思想探究》，国家哲学社会学科学成果文库，北京：北京师范大学出版集团，2012年，第16页。

④ 徐复观：《中国人性论史·先秦篇》，北京：九州出版社，2014年，第3章。

⑤ 陈鼓应：《先秦道家易学发微》，收于《道家易学建构》，北京：商务印书馆，2010年，第1页。

者认为，老子作为早期中国"学术"代表，是将"天人合一"这一中国宗教、哲学独有的特色命题①由巫史祭祀实践上升到哲学理论殿堂的第一著作，代表了早期中国天人关系思考的最高成就，集"自然规律升华"初级模式之大成。

范蠡的时代与孔子相近，较老子大概晚三四十年，他的"天道观"与老子有无继承关系，这是个值得研究的问题。在殷周至老子的时间段内，"推天道以明人事"的立足点是对自然天的规律认知，认为"有怎样的天道就有怎样的人事"②，对盈缩变化持顺承与被动的接纳态度。老子虽然发展性地提出了"持而盈之，不如其已"的解决办法，但这依旧是坚持人事必顺天，没有本质发展。

"天道皇皇，日月以为常"，范蠡虽然继承了对自然盈缩的认识，但却又异于前人地提出"天道盈而不溢，盛而不骄"。自然之天固有盈缩，但他定义的哲理之天却能做到"盈而不溢，盛而不骄"。范蠡对"盈"是认同的，更是强烈追求的。在他看来国家之"盈"非但不是不吉之事，反而更应是君主人臣所努力的方向。国非"盈"切不可"未盈而溢，未盛而骄"；及"盈"时亦要坚持"不溢""不骄"，这样便可以"超越"自然规律而做到"持盈"。《越绝书》在转述此语时直接概括成"天贵持盈"③，这与老子的天道"戒盈"显然是不同的。

为什么范蠡会有"天贵持盈"这种"叛逆"的观点？《越语下》说得很明白："夫国家之事，有持盈，有定倾，有节事。"相较于老子等人将"人事"置于"天道"的着眼点之后，视"盈必毁"同样为人类社会的法则。范蠡最初的着眼点就是"人事"——他以"国家之事"为出发点，逻辑上用"人事"去对应甚至修改"天道"。自然之天盈极必缩是铁定法则，以天之盈缩对应国家兴衰也是合理的，但范蠡作为治国者当然希望国家能长盛不衰，这样一来"盈必荡"的旧有历史发展观显然不能支撑自己的设想。所以他一方面继承了自然天道盈缩变化的规律，另一方面又将升华的哲理天道定义成"盈而不溢，盛而不骄"。天固有盈缩，国自有兴衰，但是只要在"盈"时做到"不溢""不骄"就可以保持国家盛世，超越自然之天而长久"持盈"。这种"异化"是范蠡基于现实需要而修改"天道"的结果，着重突出人的能动性作用，强调"人事"的绝对第一性。

基于"人事"去对应甚至修改"天道"的做法可以算是"自然规律升华"的另一种模式，相比于老子、子产的"以天定人"，范蠡的"以人应天"是一种"突破"，是历史性进步。他以人的主观能动性突破了自然的规则，由顺天而行变成了天为我用。老子基于自然规律更强调"天"的权威性与不可侵犯性，所以是被动的顺天；

①　见于余英时：《论天人之际：中国古代思想起源试探》，北京：中华书局，2014年，第63页。
②　曹峰：《近年出土黄老思想文献研究》，第460页。
③　李步嘉校释：《越绝书校释》，卷3，《越绝吴内传第四》，北京：中华书局，2013年，第82页。

范蠡则基于"国家之事"更侧重人（特别是君主）的能动性与改造性去主动的法天、应天。老子对客观规律是顺承的认同与接受，而范蠡却是主动的认知与利用甚至于改造。学界一直以荀子"制天命而用之"当作是发挥人之能动性作用的最佳代表，现在看来，或许这个殊荣应首属范蠡。

虽然范蠡的"天贵持盈"较老子有很大区别，但我们也不能忽视二者的共性。在"天道盈而不溢，盛而不骄"之后还有"劳而不矜其功"，韦注曰："不自大其功，施而不德也"，这与老子"圣人处无为之事，生而弗有，为而弗恃，功成而弗居"（二章）、"功遂身退，天之道也"（九章）、"生之畜之，生而不有，为而不恃，长而不宰"（十章）、"功成事遂，百姓皆谓我自然"（十七章）、"自伐者无功，自矜者不长"（二十四章）、"是以圣人为而不恃，功成而不居"（七十七章）相似，都指功成身退之意，是"圣人"的标准之一。

"夫勇者，逆德也；兵者，凶器也；争者，事之末也。阴谋逆德，好用凶器，始于人者，人之所卒也。淫佚之事，上帝之禁也。"劝勾践法"天"之"道"未果后，范蠡将不能伐吴的理由降到了"德"的层面，将兵战喻为"逆德"之事。这与老子"以道佐人主者，不以兵强天下。其事好还"（三十章）、"夫兵者不祥之器，物或恶之，故有道者不处"（三十一章）不约而同，都主张兵战为不祥之器，逞强用勇、用兵相争都是神灵所禁之事。除此之外范蠡强调用兵"柔而不屈，强而不刚""近则用柔，远则用刚""宜为人客，刚强而力疾，阳节不尽，轻而不可取。宜为人主，安徐而重固，阴节不尽，柔而不可迫"，这都与老子"刚柔相济"的思想有巨大相似性。

范蠡思想与老子思想的关系究竟如何？就算我们把身世缥缈的"计然"认作老子所传的文子并承认他与范蠡的师承关系，在通讯与交通都不发达的春秋时代，短短三十年就真的能实现"老子传文子，文子传范蠡"的三代师传吗？笔者深表怀疑。那又该如何解释老子与范蠡思想中的相似性？

笔者认为，二者思想首先是同源不同流。邓曼子产等人与老子在"天道"问题上都受"推天道以明人事"思维影响，并且借《易》等经典而形成了"盈必荡""戒盈"的理念。可以说子产老子等人的"天道"是同源的，都源于春秋时期发展完备的以"礼"为核心的贵族文化。既然子产与老子可能同源，那么范蠡与老子思想更有可能同源。楚文化虽有别于中原，但西周末年以来频繁的战事为中原文化流入楚地提供了巨大便利。"汉阳诸姬，楚尽实之"，楚人在消灭南方姬姓国的过程中对周文化有了极大吸收。楚庄王"问鼎中原"的典故；左成十五年申叔时"信以守礼，礼以庇身"之言；鄢陵之战中楚共王与郤至在战争中还相互行礼等例子都表明了春秋楚人对周文化的极大认同。昭二十六年王子朝"奉周之典籍以奔楚"更将中原贵族文化完整地传播到了楚国。在这背景下，以"礼"为核心的周文化典籍完全可以是范蠡与老子的共性思想来源。同源，则思想存在共性自是不奇。

无论是"戒盈"还是"贵盈"，根本目的都是使国家长治久安，如此看来二者又是殊途同归。老子以国家"弱—盈—荡"变化过程为绝对，倡导谦退、避让，以"弱"为贵，通过消极的"逃避"来"切断"变化。[①]范蠡则不以之为绝对，他肯定人力的作用，在此变化中更强调"无妄为"式"无为"，一方面教导勾践"定倾""节事"等"大为"来使国家达到"盈"的状态，之后再以"不溢""不骄"为准则来行"小为"以保持国力，以发挥人的能动性作用去"阻止"变化。二者既同归于定国大志，又皆倡"无为"法门，所殊途乃是操作手段与思路的应用。史料未载老子有主国之经历，但范蠡确实有助霸之奇功，想必范蠡思想较老子的实用性与功利色彩，原因便在于此。

二、从"天命"到"天时"：范蠡的创新

紧随"持盈"的"天道"，范蠡又指出"夫圣人随时以行，是谓守时"。这里的"时"同《尚书·益稷》"敕天之命，惟时惟几"一样，表示一种指令性信号。更与《文言》"夫大人者，与天地合其德，与日月合其明，与四时合其序，与鬼神合其吉凶。先天而天弗违，后天而奉天时。天且弗违，而况于人乎"以及《象》中"天地盈虚，与时消息"之意相同，有着微妙的"消息"之意。《系辞》："刚柔者，立本者也；变通者，趣时者也。"这"趣时"就意味着"趋向适宜的时机"。正如张祥龙指出："《易》所理解的'时'不是物理自然的时间，也不是外在目的论意义上的历史时间，而是在错综变化的摩荡趋势中所构成或靖合而成的原发时间……也就是说，此原发时间乃是'时机'，得此时者必'知几（机）'，而能以'神'会事。"[②]《系辞》曰："几者，动之微"，落实到伐吴的行动，这"动之微"便表现为减产灾害[③]与怨叛谋乱，缺一不可。范蠡自谓"因阴阳之恒，顺天地之常"是"种不如蠡"之事，由此可见

---

① 乔健曾从"道"的具体化角度来解读老子思想中的政治性。他指出老子的"道法自然"既明确标举"道"应该体现出"自然"的特性，同时也指明"道"的具体化方向必须朝向"自然"，而老子之"自然"又具体落实在上者的"无为"和寻常百姓的充分"自为"，换句话说只要在上者"无为"了，寻常百姓充分"自为"了，作为天地万物（寻常百姓是"万物"之主体）最为"理想"存在方式的"自然"也就实现了。参见乔健《论老子思想中所内涵的"绝对性"因素》，《文史哲》2010 年第 4 期。王中江也有类似观点，见王中江：《道与事物的自然：老子"道法自然"实义考论》，《哲学研究》2010 年第 8 期。

② 张祥龙：《中国古代思想中的天时观》，《社会科学战线》1999 年第 2 期。

③ 自然灾害作为范蠡"信号"之"时"的重要表现，在《越语下》的表述中十分多样。"同男女之功，除民之害，以避天殃""天应未也""逆节萌生，天地未形""彼其上将薄其德……乃可以致天地之殛""必因天地之灾"等均指自然天灾。

"知时机"才是范蠡"守时"的本质含义。[①]

　　作为攻伐之标准的"时"是由谁规定？通过"蠡闻之，上帝不考，时反是守，强索者不祥。得时不成，反受其殃""得时无怠，时不再来，天予不取，反为之灾""臣闻之，圣人之功，时为之庸。得时不成，天有还形"可见是"上帝"和"天"。再由"上天降祸于越，委制于吴"、王孙雒辩解所言"助天为虐不祥"可知这里的"天"与"上帝"同指神灵之意。这样一来范蠡思想似乎就有了"问题"：一方面他认识到了具有客观规律的自然之天；现在又提出个"孩子气"特征的"上帝"之天。该如何理解这种"矛盾性"？

　　上文指出对自然认识的深化是春秋时人的一大进步，那么范蠡思想中的神灵天就应属"历史遗留问题"。陈梦家据卜辞指出"帝"或"上帝"的概念来自商，他们"常发号施令，与王一样，上帝或帝不但施号令于人间，并且他自有朝廷，有使、臣之类供奔走者"。在卜辞中"上帝"主管的有"年成，战争，作邑，王之行动"四项[②]，除"作邑"外，在范蠡言论中皆有所现。商代神权信仰中"祖先神"的地位极其重要，先王去世后上至"天"廷，为"帝"之"宾"而能为族民所祈福。殷、周同出帝喾，故此认识也成为"周因于殷礼"的一部分。《诗》曰："文王陟降，在帝左右。"（《大雅·文王》）《金縢》所记周公祷天请代武王死也是请三王转达，西周晚期金文也有"先王其严，才（在）帝左右"。徐复观指出周人的"配天"是来自殷卜辞中的"宾于帝"。他们一方面强调神谕的"天命"，另一方面又把文王之德当作行动的启示，这反映出人文合理精神的跃动。《尧典》中羲和"钦若昊天，历象日、月、星辰"的记录虽是后出，但量化分析《春秋》所记 242 年间内的 1870 条记录后可见有很大比重都是日月食、星变、天灾等"自然史"。司马云杰认为："发展到春秋时期，天地的存在及其变化虽然仍置于神秘思维形式之下，但它已不是自发的神秘感受，不是神秘的联想与想象，也不再是原始的天神或祖先神崇拜，而是变成了对外部世界的知识、认识及呵护理性的价值思维肯定和抽象。"[③]从神灵之天到自然之天是春秋人认知发展的结果，但转变不是一蹴而就，在某一时期肯定存在一个承上启下，能使二者"和谐"共存的理论方法，范蠡的从"天命"到"天时"正是如此。

---

　　① 这种感《易》知"时"的思想在计然史料中也有记载。《越绝书》载计然答勾践语："《易》之谦逊，对过问抑威权势利器不可示人"（《越绝书·越绝外传计倪第十一》），分明是通晓《易》之模样。后还有"观乎计倪，能知阴阳消息之度"（《越绝书·越绝德序外传记第十八》），与范蠡的"天时"有极强相似性。

　　② 陈梦家：《殷墟卜辞综述》，北京：中华书局，1988 年，第 572 页。

　　③ 司马云杰：《大道运行论》，西安：陕西人民出版社，2003 年，第 118—119 页。

"天命"观念在商代信仰中便有所存在①。荀子曰:"能用天下之谓王。"(《荀子·正论》)章启群指出:"这里说的'王'不仅是尊称,也是一种赞美之辞,应该与'德'相关……商王对于天命与道德的关系,即有德者即有天命,应该是有意识的。"②周人赋予了天(或上帝)以更强的道德属性,将"天命"与"德"的一致性发展至极。《大诰》曰:"天惟丧殷,若穑夫,予曷敢不终朕亩。"《康诰》曰:"惟乃丕显考文王,克明德慎罚,不敢侮鳏寡,庸庸,祗祗,威威,显民。用肇造我区夏,越我一二邦,以修我西土。惟时怙,冒闻于上帝,帝休。天乃大命文王,殪戎殷,诞受厥命,越厥邦厥民。"周公解释说武王伐纣是承神意不得不做的行为,"天命"就是指令。

这种"天命"在《越语下》得到继承。范蠡左提鼓,右援枹以答王孙雒曰:"昔者上天降祸于越,委制于吴,而吴不受。今将反此义以报此祸,吾王敢无听天之命,而听君王之命乎?"将兵临姑苏说成是"听天之命"的合理结果,这与克商后的周公何其相似!典型的政治家说法!范蠡谓:"霸王之气,见于地户……吴越二邦,同气共俗,地户之位,非吴即越。"③自己出仕就是要发挥才能去帮越(或吴)占据"霸王之气"成就伟业。但他的天命观较周公又有了更大的"进步"——相比周人因"德"盛而承"命"的被动接受,范蠡一开始便带着主动争天之宠,整装修备以"邀"天命的准确目的性。所谓"十年生聚十年教训",都是为"邀命"而做的努力,较"修德"有更大的主动性。

周作为商之后的"宗主国",以"德"告诫并宾服万邦,身处南地的范蠡自然也有所继承。春秋诸侯的争霸与武王伐纣的征战有着巨大不同,齐、楚、吴、越等国所追求的目的不再是自一分众的"宗主国"而是威服众邦的"霸主国",这就决定了战争必然是频繁且多向的发生!孟子曰"春秋无义战",齐桓公征战四方尚且是"尊王攘夷",到了勾践灭吴却已是"听天之命"。徐复观认为天命权威的坠落发生在西周厉、幽时代。顺着这个逻辑,范蠡的"天命"显然是"坠落"后失去"神性"的产物,本质上变成了政治工具。

作为谋臣,范蠡政治抱负的实现要假君王之手。但他既非子产、三桓般的本国利益集团代表,又没有大国势力借以依托,除了将政治理论"卖于"君王外没有其

---

① 成汤认为自己灭夏建商,是因为有天命在身。《尚书·汤誓》曰:"有夏多罪,天命殛之","夏氏有罪,予畏上帝,不敢不正";《诗·商颂·玄鸟》:"古帝命武汤,正域彼四方";《墨子·非攻下》:"天乃命汤于镳宫,用受夏之大命:'夏德大乱,予既卒其命于天矣,往而诛之,必使汝堪之'……汤奉桀众,以克有(夏),属诸侯于薄(亳),荐章天命,通于四方,而天下诸侯莫不宾服。"徐复观认为卜辞中既有"帝令"之名词,则殷人亦必有天之观念,而"帝令"即等于天命(徐复观:《中国人性论史·先秦篇》,第二章)。

② 章启群:《"天人"如何"合一"?——用思想史的逻辑推演》,《哲学研究》2012年第3期。

③ "气"的概念是范蠡时代后发展出的,由于《越绝书》文本的后出,时人用流行的"霸王之气"概念替换"天命"是完全合理的。此句见《越绝书·越绝外传记范伯第八》。

他参与政治的机会。这套理论首先必须为君王所信，然后要有能左右君王行动的指标，这样才能起实际效果。为解决前者他继承并"多元化"了天的认知及天命思想，为政治行为的发生找到了合理性依据（作为灭吴战争的主导者，范蠡对战争承受者的解释是"听天之命"）。此外他还需要一个能策动君主的"推动力"，所以范蠡"不惜"将"天命"给"拉下神坛"，更"创造"出个"天"之"时"作为信号，号召君主"随时以行"，催动战争的发生。

"天时"的表述在《越语下》中共有五处，但表意却是两种：与"人事"同层次的"天时不作"指的是"动之微"的自然灾祸；与"民功"对应的"不逆天时"指劳作生产中的农时。这都是自然天总领下的认识，强调人对自然的顺从与敬畏。时间概念是人类探索自然的实践性产物，以日月为判断标准，作为农业生产以及人们日常生活行为的主要依据。《周语上》："度于天地而顺于时动，和于民神而仪于物则"，"出令不信，刑政放纷，动不顺时，民无据依，不知所力，各有离心"，"上非天刑，下非地德，中非民则，方非时动而作之者，必不节矣"，对农时的认同与顺从是西周农业经济的必然要求。范蠡的"持盈"理论建立在对自然规律充分认知的基础上，以农时安排农事亦属"推天道以明人事"的具体应用。但此"天时"能左右的只是民众的农业生产，服务于国家经济，从属于君主的"持盈"理念，对国家政治不起实际作用。作为耕种"指令"的"时"字包含着自然规律与准则，天然地具备客观与法则的双重特性。范蠡借此而在"神天"概念下将自然时融合进来，将"指令"的"下达权""赋予"神灵之天，使之由农业"信号"变成了"天命"转换之"信号"。这是范蠡着眼政治需要而做的抽象化处理，使"时"从指导农业生产变成了指导政治行为，受用者也从百姓上升为君王，为君王行动提供了"看得见摸得着"的"标准"与"动力"。本质上讲范蠡口中的"时"表示"时机"之意，但从来源与意图上讲，"时间"引入于"上帝"而"创造"出的"天时"概念兼具神灵之天的权威性与自然之天的必然性，这就间接为自己的政治建议套上了合理合法性光环，"天然地"对君主形成了"不可抗拒性"压力，"迫使"他只能"守时"行事，极大提高了劝谏的力度与被采纳几率。由"天命"演变到"天时"，神灵之天与自然之天有了完美的结合，这是范蠡基于政治需求对传统理论加以"创造"的结果。

对"天时"的态度不仅是"随""守"，更要"因"。因者就也。韩非子曰："论世之事，因为之备。"（《韩非子·五蠹》）前文指出"守时"指的是"知时机"，那么"因时"就是抓住"动之微"并顺之而动。"德虐之行，因以为常；死生因天地之刑，天因人，圣人因天；人自生之，天地形之，圣人因而成之。"范蠡"因"的是敌国灾变与叛乱，这是本国"得时"的表象，被他称为"天地之刑"。再三强调的"得时不成，反受其害"给予了勾践发动战争的"源动力"，"听天之命"又解释了兵临城下的合理合法性。在神灵之天的认知总领下，范蠡用"天命"与"天时"两大概念系统且巧妙地说明了自己的外交政治理念，并成功"卖与"勾践，用助越灭吴的伟业证明了其价值。

融合了神灵与自然的"天时"理论更加突出了范蠡对人之能动性作用的重视。"感天时而因"要比"承天命而动"有更大的主动性，更强调人与天的"互动"，在"天人关系"视角下有意识地将人的地位做了提升。与"法天持盈"一样，"随时以行"是范蠡"以人应天"的另类体现。在"推天道以明人事"的思维指导下，再三强调国家政治中人力的第一性作用，无论此"天"为自然还是上神，都是他政治意愿的代托。范蠡对"天"的二重性认知虽是继承于殷周旧统，但实际已经失去了宗教性意义，完全成了他施展政治抱负的工具。"持盈"是内政，"天时"是外交。这种彻彻底底的政治家认知除了反映春秋时代的人文精神跃动外，更准确抓住了诸侯争霸时代的需要，具有极强的现实意义与针对性作用。

三、从"计然之策"[①]到"黄帝政论"：对范蠡思想史地位的思考

通过分析范蠡对"天"的"复杂性"认识可见其人两大思想特点：一是充分重视人的创造能力，号召"以人应天"的新天人关系；二是完全服务于政治并针对现实的实用性特征。学界对范蠡思想的重视是伴随对马王堆《黄帝四经》的研究而展开的。1975 年唐兰首先指出《四经》同《越语下》千丝万缕的关系[②]。李学勤在比对二者共通语句后借实例指出："范蠡的话是回答越王勾践的，有所实指，而类似的语句到了《黄帝书》中就成了普遍的命题"，据此判断"这只能是《黄帝书》因袭《越语》，把具体的言论普遍化了，而不会是相反。"[③]由此可见，范蠡思想与黄老具有密切关系。

相比较老庄道家那样热衷于本体论，黄老学更强调道之"用"，是一种不折不扣的时代思想和政治哲学。《黄帝四经》作为黄老学派最重要的尺度与标准，可以清晰地分离出"老子类型道论与政论"与"黄帝类型道论与政论"两大方面。"老子类型"

---

① "计然之策"语出太史公，"范蠡既雪会稽之耻，乃喟然而叹曰：'计然之策七，越用其五而得意。既已施于国，吾欲用之家"。见《史记·货殖列传》。在此笔者以"计然之策"代指范蠡思想，特此说明。

② 唐兰：《马王堆出土〈老子〉乙本卷前古佚书的研究》所列《〈老子〉乙本卷前古佚书引文表》，《考古学报》1975 年第 1 期。

③ 李学勤：《再论楚文化的传流》，河南省考古学会等编：《楚文化觅踪》，郑州：中州古籍出版社，1986 年。

伴随着老子思想的"经典化"而逐渐丰富①,那么"黄帝类型"是如何发源并发展的?曹峰指出"黄帝类型"最大特点是"因循天道"的法天思想,"(黄老道家的)天道论绝非使人简单匍匐于天的权威之下的那种宗教意识,而是让人主动积极地参与到天地之化育中去",②这与上文所述范蠡对"天"的政治应用及"以人应天"的新天人关系有着极大相似性。作为与老子几乎同时代的人物,范蠡的思想能否当作黄老学"黄帝类型"的重要源头?

这要从后世对范蠡思想的"继承"③来着手研究。"持盈"思想重视人在天人关系上的主导地位,以政治生活等"人事"为出发点,强调"以人应天"。《淮南子·原道训》有曰:"是故得道者,穷而不慑,达而不荣,处高而不机,持盈而不倾,新而不朗,久而不渝;入火不焦,入水不濡。"这里视"持盈"为"得道者"的重要标准。作为范蠡对"传统观点"的"突破","持盈"在春秋末期还属"新生事物",他必须详细解释后才能劝谏"要持盈"。但到了《淮南子》里已不见了何为"持盈"、如何"持盈"等细节的表述,直接被当作圣人治国的标准之一。笔者推测由《越语下》的"要持盈"到《淮南子》的"必持盈"中间还有个"能持盈"的过渡期,这过程虽有待发掘,但能肯定的是:"持盈"的"被标准化"一定是因为其在春秋末到战国时期取得过巨大的成就,极有可能是"重实用、尚功利"的黄老学派在战国"大一统"的政治背景下对范蠡成功的历史经验"哲学化"的成果,进一步反映了中国文化由宗教走向人文的发展趋势。

荀子的天人关系理论在先秦诸子中尤为特别。他眼中的"天"已然褪去了神灵的色彩而朝着更"科学"的自然意进发,在"君子大心则敬天而道,小心则畏义而节"的"敬天"以及"清其天君,正其天官,备其天养,顺其天政,养其天情,以全其天功"(《天论》)的"顺天"基础上形成的"大天而思之,孰与物蓄而制止。从

①　在出土文献的帮助下,学界对先秦道家学说有了新的认识。谷中信一对比郭店本两千字老子与马王堆本四千余字老子而重新定义了黄老道家与老庄道家的关系,认为"经典化"后的《史记·老子韩非列传》所言"道德之意五千言"并书"上下篇"是受到黄老影响后的产物。详见谷中信一:《先秦秦汉思想史研究》,孙佩霞译,上海:上海古籍出版社,2015年,第2部分。
②　曹峰:《近年出土黄老思想文献研究》,第28页。
③　之所以将继承二字套上引号,主要是基于对文献时间顺序的考虑。《越语下》甚至是《国语》的成文年限在民国时代就存在争议。孙海波认为《国语》成书当在汉武帝之后,故为《史记》所不取(详见孙海波:《〈国语〉真伪考》,载《燕京学报》,1936年)。杨向奎驳孙海波之说云:"孙海波君之说《左》、《国》非一书,自得其当,然以为《史记》未引《国语》,因谓其书晚出,实较疏忽。盖《周本纪》《孔子世家》固多引《国语》之文。盖《左》《国》同具之事,史迁多引《左传》,《左》所无者,则引《国语》也。"(杨向奎:《论〈左传〉之性质及其与〈国语〉之关系》,前北平研究院《史学集刊》1936年第2期)此段争论直到近年出土文献的大量面世才得以尘定,现在学界多以李学勤"《越语下》就当是战国前期的作品,和范蠡的时代相近"的观点为准,但这又解决不了《越语下》和上博简等出土文献的先后问题。笔者倾向于上博简为战国中期之作,就时代讲肯定在范蠡生活年代之后,再参以李学勤之说,以《越语下》为下文对比之诸多著作中最古之本。一家之言,仅供参考,为严谨此处加以引号并说明,下文不再使用。

天而颂之,孰与制天命而用之"(《天论》)。这几乎"与近代自然科学的精神相吻合"[①]的"制天"理论正是建立于自然天的认知上。荀子天道观强调"圣王之用也,上察于天,下错于地,塞备天地之间,加施万物之上"(《王制》),将"天"视为"圣王"可掌握"之用",被誉为"人的价值达到最大巅峰"[②]与中国思想之发现"人"的盛业[③]。许倬云认为:"荀子的天道观是采了庄子的自然观点,却抛去了庄子的安于天命态度;着重加强了儒家的人文思想,却抛去了孔孟的畏天态度;合起来,就形成了非常现实,强调人事,而非常反宗教的'制天'说。"[④]笔者看来未必有许说那么复杂,荀子的天道观虽然建立在自然天的基础上但又不像庄子般"蔽于天而不知人"(《解蔽》),这种以人感天、应天甚至"制天"的思想与范蠡基于自然天而"突破"的"持盈"理论有极强的相似性。荀子本人思想的成熟主要是在齐国的稷下学宫,这里是黄老学的大本营。太史公在《史记·孟子荀卿列传》特意把荀子安排在"皆学黄老道德之术"的慎到、接子等人之后,并反复强调淳于髡等稷下先生对荀子的影响,到了"田骈之属皆已死"的齐襄王时代,稷下学宫内"荀卿最为老师,齐尚修列大夫之缺,而荀卿三为祭酒"。此时的荀子已经成了稷下学宫的学术权威,长期充任稷下的学术主持人,"其思想和学说应该最能代表和反映稷下学宫的思想传统和精神走向"[⑤]。从这个角度看,将荀子的"制天"思想视作远宗范蠡似乎更为妥当。

范蠡的"天时"理论在后世文献中被充分地继承与发展,作为黄老学标尺的《黄帝四经》正是最突出代表。《十大经·姓争》:"明明至微,时返以为机"[⑥],准确把握了"时"的真正内涵为"时机"。《经法·君正》:"动之静之,民无不听,时也"。《经法·论》:"动静不时,种树失地之宜,则天地之道逆矣。"这里强调了自然之时的客观性与必然性。《经法·四度》:"因天时,伐天毁,谓之武。"这里的"时"被当作神灵之天的权威指示,其受用者则是《十大经·观》中"圣人不巧,时反是守"的"圣人"以及《十大经·前道》中"是故君子卑身以从道,智以辩之,强以行之,责道以并世,柔身以待时"的"君子"。对"时"万万不能"逆"。《十大经·正乱》云:"反义逆时,非而行之,过极佚当,擅制更爽,心欲是行。"在《四经》里"因天时"就是"当",所以《经法·国次》又云:"故圣人能尽天极,能用天当。"《十大经·观》进一步说:"当天时,与之皆断;当时不断,反受其乱。"从发源到本质再到受用者,

① 陈大齐:《荀子学说》,台北:华冈出版社,1971年,第68页。
② 韦政通:《中国的智慧:中西方伟大观念比较》,长春:吉林文史出版社,1988年,第274页。
③ 罗根泽:《诸子考索》,北京:人民出版社,1958年,第384页。
④ 许倬云:《先秦诸子对天的看法》,收入《求古编》,北京:商务印书馆,2014年,第392页。
⑤ 赵吉惠:《荀况是战国末期黄老之学的代表》,《哲学研究》1993年第5期。
⑥ 陈鼓应:《黄帝四经今注今译》,北京:商务印书馆,2007年,第267页,下引皆出此著,以篇区分。

《黄帝四经》对范蠡的"天时"进行了完整的继承与发扬。

上博简《三德》① 开篇曰："天供时，地供材，民供力，明王无思，是谓三德"，开宗明义地将"时"当作了"天"的主要内容。后面"知天足以顺时""（不？）懈于时，上帝喜之，乃无凶灾""顺天之时"等内容，都是以"时"来指"天"的意志。与《越语下》一样，《三德》中的"天"兼具自然与人格神的双重含义，但不同点是，《三德》表达对"天时"的"顺""敬"时运用了叮咛般的表述方法，这是将范蠡的认识"升级成了"具有普遍性意义的警诫、格言，在应用范围上也不再局限于吴越之间而上升到了"天下"的范畴，这是"天时"理论的第一个发展阶段。

随着战国时代天命神学的进一步消亡，作为"天命"转移之"信号"的"天时"被改造发展成了"时命"。《鹖冠子·环流》曰："终身之命，无时成者也，故命无所不在，无所不施，无所不及。时或后而得之，命也。既有时有命，引其声，合之名，其得是者成，命曰调。引其声，合之名，其失时者精、神俱亡，命曰乖。时命者，唯圣人而后能决之。"② 这里的"命"虽也能为"端神明者也"（《博选》）的"君"所掌握，但途径却必须依靠"时"。《备知》强调："由是观之，非其智能难与也，乃其时命者不可及也。唯无如是，时有所至而求，时有所至而辞，命有所至而阖，命有所至而辟。贤不必得时也，不肖不必失命也，是故贤者守时，而不肖者守命。""命"必须配合于"时"才能发挥其必然性，虽然"不肖者"单纯依靠"守命"也有成功的可能，但"贤人"一定是依靠准确掌握时机来达到目的的。"时命"到了庄子那里更突出了"时"在前"命"在后的意味，《庄子·缮性》曰："当时命而大行乎天下，则反一无迹；不当时命而大穷乎天下，则深根宁极而待。"以偶然性而促使必然性的"破产"，将人可以掌握的际遇之"时"当作成功的第一要义，根本上否定了天命神学的必然性，这可以看作老庄一派对范蠡思想的发展，体现出战国时代黄老与老庄的相互融合。

"天时"理论到黄老道家全盛期得到了最重要的发展——从时间之"时"发展到了时势之"势"，不仅褪去了神灵天的"指令"色彩，更连旧有的自然属性也根本抛弃，完全成了能为君主、圣人所掌握并为之所用的历史发展走向，烙上了鲜明的黄

---

① 就《三德》与《越语下》在时间顺序上的先后问题，笔者一方面参考曹峰指出的《三德》中的"皇后"一词就是黄老道家所指的"黄帝"（详见曹峰：《〈三德〉所见"皇后"为"黄帝"考》，载《齐鲁学刊》2008 年第 5 期），再结合学界认为"黄帝"是战国时期田齐为取代姜式掌权而寻求合理合法化依据而拿出的形象这一理论，便大胆推断《三德》应在《越语下》之后。另外在学界存在很大争议的《三德》之文字与编连问题上，由于出土文献的最初整理者多为古文字学者，过于专业且十分琐碎，不宜为思想史研究所采用，故本文选用思想史学者曹峰在《近年出土黄老思想文献研究》所注释之本，特此说明。

② 黄怀信撰：《鹖冠子汇校集注》，卷上《环流第五》，北京：中华书局，2004 年，第 79—80 页。下引《鹖冠子》皆出此书，以篇名分。

老印记。

《文子》作为黄老思想的集大成之作①，"因时变通"是其强调的重要内容。《道原》提出："夫事生者应变而动，变生于时，知时者无常之行。故道可道，非常道；名可名，非常名。"这话虽远托老子，但实际上是以"时"解"道"，把老子那带有"恒常""超越"性质并且连现实世界中"君王"都无法掌握的"道"变成了能为人所感知的"时"。《精诚》又指出"随时而举事，因资而立功"，这里的"时"与"资"处同一个层面，都是成功的手段。这虽然与范蠡一样体现出重实用的特点，但《文子》中已然不见了自然意的"农时"所指，也不见以神灵天为发源的"指令"之时，更强调《上义》中"故圣人法与时变，礼与俗化。衣服器械，各便其用。法度制令，各因其宜。故变古未可非，而循俗未足多也"里能为"圣人"所"因循"之"时势"。"因循""时势"的根本目的在于分析客观世界变化趋势的顺应来获取功利，注重"时变"是"圣贤"在治理天下时所需持守的抽象原则，而"因循"则是"圣贤"具体的操作方法。这种"时"的认知虽然与范蠡"知时机"实质上相同，但却已不需要借助神灵天的权威性与自然天的必然性来"说明"，直接变成了普遍意的"真理"，这是黄老学派对范蠡理论发展的结果。

浅野裕一指出："《管子·势》的中间部分呈现出几乎全文抄袭《越语下》……可以认为《势》的中间部分基本是以《越语下》的范蠡思想为铺垫，并掺入《经法》《十六经》《称》等近似的思考，连缀而成的。"②"势"字多见于《孙子兵法》，指兵战双方的士气、战斗力、所据地形等影响成败的"军势"，这一层含义在《管子·势》中被引入统一天下的政治背景内。本篇虽以"势"命名但通篇却无一此字，它一方面强调自然意的"天时"，另一方面融合"人事"，强调"静民观时，待令而起"。《管子》将《越语下》中包含神灵指令意的"时"类比定名为军事上的"势"，在问题指向和观点上明显继承了《越语下》范蠡之言论并提高了理论化水平，《势》篇的得名更反映了战国中期以降黄老思想融合政事与军事的趋势。到了《管子》的时代，"守时待机"理论已经不再需要神灵色彩与自然的法则性来衬托其价值，它已经成了具有普世意义的治国要义，可以直接服务于战国时代"大一统"的历史需求。

在后世的黄老学文献中，范蠡"以人应天"的"持盈"理论与"守时待机"的

---

① 陈丽桂提出《淮南子》是黄老思想的"集大成者"（陈丽桂：《秦汉时期的黄老思想》，台北：文津出版社，1997年，第4页），而今本《文子》又与《淮南子》有着千丝万缕的联系。近年陈丽桂通过对比定州竹简《文子》与今本《文子》《淮南子》之间的关系而指出今本《文子》成书于《淮南子》之后，甚至可能是古本《文子》与《淮南子》相融合后的结果。（见于陈丽桂：《近四十年出土简帛文献思想研究》，北京：中华书局，2015年，第二部分）这样一来，今本《文子》更可以是黄老思想的集大成之作。本文所选《文子》主要参考王利器撰：《文子疏义》，北京：中华书局，2000年。

② 浅野裕一：《黄老道の成立と展開》，东京：创文社，1992年，第107页。

"天时"学说都得到了充分的继承与发展。太史公称"范蠡浮海出齐，变姓名，自谓鸱夷子皮"（《史记·越王勾践世家》），韩非子亦有"鸱夷子皮事田成子"（《韩非子·说林上》）的听闻。谷中信一遍考史料认定范蠡大概于公元前470年前后赴齐改名鸱夷子皮而出仕于田常门下，这距离田和正式代替姜齐还有100年左右时间①。笔者推测很可能正是这百年间范蠡思想被假托于黄帝，一方面是由于《淮南子·修务训》所曰"世俗之人，多尊古而贱今。故为道者，必托之于神农、黄帝而后能入说"，另一方面也是田氏解释自己政权正统化的政治手段②。综合以上思考，将范蠡与老子同视作黄老学派的重要发源，应该是可行的。

四、结语

通过分析《越语下》中所见范蠡对"天"的认识，可得出几点结论：

第一，作为与老子几乎同时代的历史人物，范蠡与老子思想的关系应是"同源不同流"且"殊途又同归"。他们同宗于"推天道以明人事"的春秋贵族思想，但又做了不同的发展。历史家出身的老子侧重对"传统""天道"的继承与顺应，以"不为"而喻"无为"希望"切断""盈必荡"的历史发展趋势。在越国有亡国危险的前提下，政治家出身的范蠡对旧有"盈必荡"观点绝不能信从，他强调依靠人的能动性作用，以"不妄为"解"无为"便可"突破""盈必荡"的"宿命"而做到"持盈"。二者对历史发展的态度与治国理念上有着根本性差别，以陈鼓应为代表所称"范蠡有可能是第一个重要的老学传播者"③之观点似乎有待商榷。

第二，范蠡的"因天时"思想并不单单指自然界的农时之意，其含义要远丰富于此。"天时"理论是范蠡在神灵天前提下融合了自然时的法则性而"创造"的"天命"转移之"信号"，在后世黄老学著作中被继承与完善，由"时命"最终发展至"时势"，完全褪去了神灵意与自然法则意而真正成了抽象化的历史发展趋势。这种变化不仅反映出黄老学"重实用，尚功利"的思想特点，更体现了战国时期由宗教走向人文的文化进步。

第三，范蠡眼中兼具最高神与自然界的双重含义的"天"是他基于政治需求而"活用"的结果，已完全沦为政治工具，失去了敬畏色彩。他借"天"而阐述的"以人应天"和"守时待机"理论被后世继承与发展，成为黄老学"黄帝类型政论"的

① 谷中信一：《先秦秦汉思想史研究》，孙佩霞译，第246页
② 齐威王《陈侯因资敦》铭文曰："其唯因资扬皇考，昭统高祖黄帝，迩嗣桓、文朝昏诸侯……"，明确将"黄帝"奉为田氏之祖。铭文参考于省吾：《双剑誃吉金文选》，北京：中华书局，2009年，第207页。
③ 陈鼓应：《黄帝四经今注今译》，第8页。白奚在《先秦黄老之学源流述要》（载《中州学刊》2003年第1期）文中亦从此说。

重要组成部分。但"黄学"与"老学"的合流并非始自范蠡,魏启鹏"范蠡学术思想,已略具黄学与老学之长"①的说法并不准确。范蠡在黄老学发展史上应具备与老子同等重要的地位,其思想应是黄老政论的重要源头。

---

① 魏启鹏:《范蠡及其天道观》,陈鼓应主编:《道家文化研究》第 6 辑,上海:上海古籍出版社,1995 年,第 86—101 页。

道德经明意研究

略论"自然之意"意本论的意道关系

刘端俊[*]

内容提要： 本文基于《道德经明意》一书，旨在凸显该书在对《道德经》诠释方面，以"自然之意"角度诠释"道"所进行的哲学建构和突破。本文着重论述《道德经明意》在领悟老子《道德经》精神后，基于中国传统生生宇宙论、心合物论，意念实化以通道等三个方面来理解以意解释"道"的合理性，从而建立起"意"与"道"的关系，实现了《道德经》哲学诠释学的新突破。

关键词：《道德经明意》 意本论 道意 自然之意

古往今来，关于《道德经》的研究汗牛充栋，虽然其中不乏义理精微如王弼《老子注》，亦有玄理如《河上公章句》等，但由于《道德经》历代版本众多，造成了许多研究者沉浸于版本考证、词章训诂，甚至假以各种出土文献，发明各式各样奇异版本，令《道德经》之道莫衷一是。如此研究现状难免背离老子五千言让后人明于大道的义理本旨。本文在此旨趣之下，试图解读温海明基于比较哲学视域对《道德经》所做的哲学重构[①]，认为该书对于拨开《道德经》研究的迷雾，摆脱莫衷一是的研究现状做出了贡献，并力图说明此"意本体"哲学体系之中，"意"与《道德经》之"道"的关系。

在试图对《道德经》进行哲学建构时，我们不可以忽略《道德经》的精神旨归。在这一点上，历代以来诸人对《道德经》的注本浩若烟海。河上公本以黄老学派无为治国、清静养生的观点解释《道德经》；王弼《老子指略》中崇本息末，以"无为本"，直言"老子之书，其几乎可一言以蔽之。噫！崇本息末而已矣"；明代憨山法师《老子道德经解》释解道："老氏所宗，以虚无自然为妙道。此即《楞严经》所谓分别都无、非色非空、拘舍离等昧为冥谛者是已，此正所谓八识空昧之体也"；詹石

---

* 刘端俊（1996—），男，重庆人，中国人民大学哲学院，硕士研究生，研究方向：中国哲学。

① 温海明：《道德经明意》，北京：中国社会科学出版社，2019年，第27页。

窗、谢清果在《中国道家之精神》①中认为道家精神大体而言可以归纳为：老子的思想体系建立在一种"混沌"的创世神话基础之下，宇宙于阴阳对待中生成，而阴阳之前是混沌——浑然未分的元气或道，老子以"道"为终极始基，社会治理和人之生存皆据此为根。在老子眼中，人的生存境界应当是法自然之"混沌"，以成就生存之"混沌"，并且"混沌"作为一种未经分化的浑然整体，不能通过分析、还原的方式来认识，而只能靠直觉与领悟做整体性的把握。

一、中国传统关联宇宙论——生生不息

温海明在《道德经明意》中认为，"《道德经》的哲学"本就是一个比较哲学的词语，对于《道德经》的哲学建构其实就是在新时代下，寻求以《道德经》为代表的中国传统话语体系和内涵，以回应与西方类似的问题意识和讨论②。

首先，我们需要对《道德经》诠释工作做一个定义。笔者在这里比较赞成安乐哲和郝大维在《道不远人——比较哲学视域中的〈老子〉》一书中针对《道德经》文本特点提到的对《道德经》的解读和注释本身就是一种为自身寻找意义的创造过程的观点。③于此基础上，我们会意识到，在解读《道德经》过程中，仅仅有着以中国传统语言回答西方问题的意愿是不够的，我们需要定下一个解读的基点。

《道德经明意》继承了把中国传统宇宙论看作关联宇宙论的看法，认为这种说法既是中国传统形而上学的体现，又包含着对于本原、本体这些概念与西方类似的问题意识，其内藏于中国自古而来诸多传统经典之中，《周易》如此，《道德经》亦然。《道德经》宇宙论不同于西方那种孤立、实体、主客二分的线性因果宇宙论。中国古代的哲人们其实一直追寻的是一种心意与世间万事万物变化的融贯，承认的是一种生成性的宇宙论，如同《周易》中言"生生之谓易"，"天地之大德曰生"。中国传统形而上学不认为现象或是此间世界之上有着另一种永恒的真实。著者多处表明，他认可熊十力经常引用的《华严经》的比方——本体与现象如同水与波浪的关系，波浪如众沤，波浪与水本一物，波浪便是水，水就是波浪，不能分波浪与水，不能说波浪之下另有一水，水与波浪有分别不过在于水以波浪现自身，《道德经明意》在"道"与"意"的关系上亦不例外④。安乐哲将这种宇宙论定义为一种"关联性宇宙论"⑤，强调这是宇宙一切相互联系依存，包含创生之意向与"生命一体化"的关联宇

---

① 詹石窗、谢清果：《中国道家之精神》，上海：复旦大学出版社，2009 年，第 16—18 页。

② 温海明：《道德经明意》，第 27 页。

③ 安乐哲、郝大维：《道不远人——比较哲学视域中的〈老子〉》，何金俐译，北京：学苑出版社，2004 年，第 10 页。

④ 温海明：《道德经明意》第 95 页。

⑤ 安乐哲：《和而不同：比较哲学与中西会通》，北京：北京大学出版社，2002 年，第 51—82 页。

宙论，亦可以在《道德经明意》诸多地方得以体现：

如《道德经明意》第五十一章的明意部分讲道：

意对道的领悟是通过"道生"而得知的，即道之生生不息，自然创生的状态，而这种生机化的生成状态，与意的当下生成性之间形成一种同构关系，即道之生有其自然之意，而意的当下生成也顺其自然之意，道的自然之意与意的自然之意之间完全融通一体。①

在温海明看来，《道德经》的宇宙是一个有机的整体，道统摄万物却又身处其间。从"犹太－基督教传统的宇宙起源论"说，这是"非宇宙论的"，但是从只有生成意义上的宇宙论上看，如上面第四章的"似万物之宗""似或存"，第六章的"是谓天地根""绵绵若存，用之不勤"，第十四章的视听搏皆不得、"迎之不见其首，随之不见其后"，"道"以一种即于现象的本体、一种深远不可测的存在样态消弭差别，又以一种无状之状、无物之象而用之不勤、御今之有。《道德经明意》第十四章写道：

"道"不可以离开感官意念而单独纯粹地存在……其实"道"一直在意识之中，而且是因为有意识，道才显现出来，……因为意念是单向度的，而"道"是整体的，把一个整体的"道"，领会成单向度的"道—意"，这绝不是条分缕析就可以达到的，需要把单向度的意念生发的境域打开，让意念生发的境域完全跟自然之意的全体境域相融合。②

那么在如此一种生成宇宙论下，每个个体都拥有着始于自身性力、合于诸情境的创生之力，在这个意义上人同天地无异，不再为生于虚无、神创之力主宰。这种生生不息的宇宙论也正是之后论及人的意识可以领会甚至通达"道意"或是"自然之意"的逻辑保证。《道德经明意》专门提出"自然之意之为万物之意—玄意门"，在其中指出：

天下万物实存于道之中，从一扇门到另一扇门的"道"中，自然之意存在真实不虚，机体生机朗现，心思意念由生机而发③。

---

① 温海明：《道德经明意》，第264页。
② 温海明：《道德经明意》，第123页。
③ 温海明：《道德经明意》，第35页。

　　著者在这里明确指出了自然之意的实在性，并指出自然之意的永恒性、普遍性，虽然机体不在，自然之意仍然存在，但是对于人而言，需要保持自然之意，只能收摄返听，让真气与外物交换的流散状态转变至返视内听，机体诚然不可不发动，但气息若流于外则流散衰减，所以对于人而言，需要的是通过意念的控制，顺自然之意，保养元气，以可"顺道意而入道"。

　　二、人心通于天地之心——意本心通物论

　　前面讲到生生不息的宇宙论作为《道德经》以及中国传统哲学的形而上学之本，以此为基础进行诠释时，下一个问题扑面而来，即"道意"开显时的对待、二分问题，可以先参考《周易》和《道德经》中的几句话：

　　《易》无思也，无为也，寂然不动，感而遂通天下之故。非天下之至神，其孰能于此？（《易传·系辞上》）

　　夫《易》，圣人之所以极深而研几也。唯深也，故能通天下之志；唯几也故能成天下之务；唯神也，故不急而速，不行而至。（《易传·系辞上》）

　　无，名天地之始；有，名万物之母。故常无欲，以观其妙；常有欲，以观其徼。此两者，同出而异名，同谓之玄。（《道德经·第一章》）

　　这几句话分别出自《系辞传·上》第十一章和《道德经》第一章。《易传》中第一句讲到易之卦无心思亦没有无所作为，寂然不动，只有当人们向它征询时，它受到感应才能与人之所问沟通起来，让人明白其原委；第二句中"几"则与"深"对应，正是这几微之处涵包万物以及天下所有人之心志，在《道德经》中这种几微的开显则以"有""无"二分来彰显，浑朴之道在一加对待性的语言进行描述之后，即有有无分别，那么相对应的对"道意"的领悟也必须在开显的同就面临对待与二分，如何领悟道意便成为一个问题。

　　如何解决这个矛盾？马宝善在其《易道宇宙观》中构建易道宇宙观中提供了进路——在《周易》里以卦爻符号系统来体现心物一元、心通于物的逻辑系统，宇宙为一有灵统一体，心物交融不二，宇宙并非一个单纯物质性的实体存在，心物并不分裂，而是融合统一的整体，人心不仅可以明了己身，还可以上达天地之心[1]。这个问题上，笔者很赞成"意本论"系统中相似的观点："道"本身即是一种意识主体，而并非一种意识的客体，"道"的存在状态就是一种主客不分，主体认识客体其实就

---

　　[1]　马宝善：《易道宇宙观——中华古老的象数逻辑》，北京：人民日报出版社，2014年，第7—114页。

是一种主体的同一。所以在这个意义上,《道德经》中最根本的是"自然之意"——一个贯穿人与天地宇宙自然而然始于自身的创造之力(意)①,或是一种世界无始以来原本生有的、在一切当下现象中存续的自然意志②。宇宙是一个有灵感统一体,宇宙不是单纯一个物质实体,宇宙根本是心物一元的③,一方面个体与天地万物虽然异构但是同元,"自然之意"贯穿所有,逻辑上难以分离;而另一方面个体与天地宇宙一体的,则指出认识上二者逻辑上仍是有可分之关系,即:逻辑上人心与宇宙之心、人心之意与天地之意可以贯通,但是若人心之发动不顺天地自然,那么人心所发之意便与"自然之意"实然分离,仅是一己之私意,这也是后天实意复归先天天地自然之意的。

在对心物一体的论证上,温海明将时空对象化的外在宇宙、天地或是万物纳入一个时空内化、心灵与天地自然同时展开的一个时空演化系统④,时间与空间可以进行相互转换且心灵借助物质实现广延、物质通过心灵获得存在的生气和力量,故心物不可以脱离对方存在。温海明进一步强调的是焦点意识(focal awareness)和场域意识(field awareness)⑤,强调一种周行不殆的不同时空场,不同人处于不同的境域场之中,人的意识交于时空并领会现象之下存续自然意志前提下地参与其间,每一瞬间皆与"自然之意"相接,不断创生新经验的丰富性、整全性与心物融通性⑥,即:人之意在时空场中与"自然之意"的交融一体,以此破除对待,人对道意的领悟不再有有无二分,这也正是之前讲到的《道德经》中潜藏的中国式直接面对全体事物、直觉领悟的认识方式——再不把世界作为一个对象化的存在,而是再无思虑、无作为、在内化的时空场中"寂然不动、感而遂通天下之故"地体知,与物融贯一体。这也正点明了道体的本然如其所寂,待人理解与意会的本体性状态。在这个事实上,人本然与天地无异,心与世界完全贯通;天地之心(自然之意)既是天地运行的规则,又是导人入道之境界的大门,此即为意本论系统中的意本感通论、意本心通物论⑦。

三、意念实化以通道

在"意本论"下构建"自然之意"分论前提下,《道德经明意》中最关键的对应即是"道意"也就是"自然之意"的万物显化,以及人的领会与参与过程,但是在

---

① 温海明:《道德经明意》,第26页。
② 温海明:《道德经明意》,第57页。
③ 温海明:《从"心物一元论"看〈易道宇宙观〉》,《船山学刊》2014年第4期。
④ 温海明:《从"心物一元论"看〈易道宇宙观〉》,《船山学刊》2014年第4期。
⑤ 温海明:《道德经明意》,第27页。
⑥ 温海明:《道德经明意》,第27页。
⑦ 参温海明:《周易明意》,北京:北京大学出版社,2019年,第67、69页。

对《道德经》进行哲学构建同时不离于生生不息的中国传统宇宙论和心通于物人合于天的逻辑前提。

《道德经明意》的"自然之意"涵包显化于万物生生流转，人亦不出于其间的创造生生之力（意）；人的意识与如此万物之其他个体即可以对如老子所言的"道"，即天地之间如此展现的根据进行领会并参与其中。当然，在这样一个整体过程之中，一切认识"自然之意"必须通过一个贯穿其中的修养，即天地自然之意实化的过程，使得人的意念在天地万物之间流行，回到根本的经验与世界的一体之境之中去①。

从认识论上来说，即是在建立一种一切必经意会的认识模式时，一切生成的意念必定含有相反相成，如《道德经明意》第二章明意所言：

"道意"的开显必然落于二分，没有他途。"道意"的领会并被判断，只有借用对待的言语名相，意念所至，阴阳立判，不借助对立的范畴，我们的意念对道无法领会，……道显现在意念中，就只有阴或者阳的表现方式，没有其他表现方式。②

另外，如《道德经明意》第四十章中所言：

事物本体无所谓正反的区别，是因为事物与意交接，则必有正有反，事物的混沌性在与意交接的瞬间就必须消解，……"反"只是意会的"反"，……只要意会了"正"便同时意会了"反"。③

事物本体无所谓正反，一切正反在事物与意相接时产生，人意会"自然之意"而产生边界，而这个边界的方寸感则体现于人的内在德性的修养。"有无相生"表达的是一种"自然之意"的隐化和显化，"无"是"自然之意"的隐化，是一种"道"有而无之的状态，"有"是不同时空场中意念于情境之中的创生，人正是需要一种无一丝一毫私意染杂意念与境域场的连接，让一切心意都顺乎天地自然之道，最后即可一切所行皆是天地"自然之意"实化而成④。很明显这一切都需要人不要自私用力，要在心意发动的反思状态中除去自私与巧力⑤，让一切意发不带意气以及占有抢夺实在外物的欲望或是追求内在智识的执着，在有为的层面上控制自己的起心动念。

① 温海明：《心通物论——〈系辞上〉的形上意蕴》，《现代哲学》2008 年第 3 期。
② 温海明：《道德经明意》，第 70 页。
③ 温海明：《道德经明意》，第 225 页。
④ 温海明：《道德经明意》，第 67—69 页。
⑤ 温海明：《道德经明意》，第 53 页。

此处，《道德经明意》反身之"自然意"正如同佛家所讲"不二法门"，即：

> 如我意者，于一切法，无言无说，无示无识，离诸问答，是为入不二法门。（《维摩诘所问经》）

显然，《道德经明意》的"道意"对于绝大多数人需要言说且实意才能被了解参与，而对于他们道意以言语进行开显，以言明意，就出现了对待性的言语，确是二分了。但便如同上述不二法门所阐明之处，"道意"是不需要任何叙说即完全自洽的。换而言之，关联性宇宙论下如此一个完全自洽的事物必定是存在于一切之中并无一丝执着，对于"道意""道"或是"自然之意"这一存在，确是一种无需言语、说与不说都不增不减之状态。道、道意、自然之意本就是一物，只需自然而然地达意通道即可，因为一切道意只在道意的状态之中。

在《道德经》中，老子也对于这种修炼，从外部治国原则和道隐于存两方面进行了描述：

> 是以圣人之治，虚其心，实其腹，弱其志，强其骨，常使民无知无欲，使夫智者不敢为也。（《第三章》）
>
> 道冲，而用之或不盈；渊兮！似万物之宗。挫其锐，解其纷，和其光，同其尘。（《第四章》）

《道德经明意》的"明意"部分对上述文本进行哲学性解读时讲道：一方面通过圣人，圣人作为有道且理想中的治国之人，其一切创生都顺乎"自然之意"，以自身为典范帮助民众领会道意，消减心志的力量、虚无民众的私意，使人民的意念发动回乎自然之境，心意发动不带动意气，回归一种无知无欲之境，一种自然的道意状态；另一方面则强调以无意为意、无用为用进行意念的自身发动，才能回归如同庄子的逍遥或是郭象的"玄冥之境"[①]。

最后，《道德经明意》之意本论旨在以"意"为本，将"自然之意"作为"一体两面"的存在，贯穿万物生生流转，不仅宇宙论上消解人与物的对待、为"心通物"论到最后"意同于物"提供了理论支撑，还为如何反身回归原处之真找到了道路，即人的意念切中自然之中道，成就天地自然之善，指明一条回归天人合一的一体之境之中的道路给有缘众人。

---

① 温海明：《道德经明意》，第77—78页。

四、意释道的合理性

《道德经明意》对于《道德经》进行"自然之意"的哲学重构，不得不面对"道"与"意"这一对词语。在导言以及前三节中，本人已经对"道"以及"道意"开显和意念实化做了阐述，那么一定会有一个问题，《道德经明意》为什么要以意来解释道，其合理性又在何处。

第一，如何理解"道"？东汉的许慎在《说文解字》中讲道："道：所行道也。从辵从首。一达谓之道。"其中"首，同，头也，象形"，"辵，乍行乍止也"，段玉裁注："道者人所行，故亦谓之行。首者，行所达也。"由此可以见"道"意为供人行走及通向某地的道路。这是对于道的一种具象概念、有形有象意义上进行诠释；但是"道"在具象意义之后，仍抽象出了一切事物生生运动法则之义，如《易传》的《系辞上》所言：

> 一阴一阳之谓道，继之者善，成之者性也。是故形而上者谓之道，形而下者谓之器。化而裁之谓之变，推而行之谓之道，举而错之天下之民谓之事业。

《道德经》论及"道"77次，大致可以将其分为对"道"体、"道"用两方面。"道体"一方面重点讲"道"作为本体或是生生主体的内涵，如：

> 道可道，非常道。(《第一章》)

"道"作为天地万物存在的本原，是天地之间一切现象如此展开之根据，可以说是一种逻辑上的先在，比五行、阴阳更为根本之存在[①]，但又包含着一种宇宙论、本体论上的"有无"内涵，"有"揭示道之实存无疑，"无"则揭示着《道德经》对大道本体性"无"的状态；此外作为本体的"道"还是化生万物的根源，道生太极，太极化生阴阳二气，阴阳二气化生二气之和气，阴阳和气化生万物。

"道"用一方面，也可以称之为"自然无为"，老子通过对"道"之无意作为而成就天地，暗含教人效仿之意，如：

> 万物作焉而不始，生而不有。为而不恃，功成而弗居。夫唯弗居，是以不去。
> (《第二章》)

---

① 温海明：《道德经明意》，第 164—165 页。

"道"虽然成就万物，但道并非有意成就万物，同样，道成就万物也并非有何目的，完全出于自然，完完全全自然而为无为，正因为无为，故而才可成就一切，本然如此，无需造作。

总而言之，"道"的意义外延在不断扩展的同时，逐渐从有具体指向导向了没有具体指向的存在，在《道德经》之中成为其各方面思想开展之核心。

第二，如何以"意"释"道"？《周易明意》自序中一言切中肯綮：

"意"本"立日心"，立天地日月之心，或为"心之音"，"意"本身自带强大本体论意味，而日月之心之音，真诚无妄，正是人修持心意，接通天机的理想状态。诸经之意通于自然天地，仁爱世人，达于心意通天之道，统摄道教心神诸说，可融贯一炉。①

在著者看来，"意"犹如康德意义上的"自在之物"，本真无虚，与道共存，无道则无意，无意则无道，所以《道德经明意》用"道意"表达道入于意的状态。于道体上，将"道"的内化到在人类意念中去，以"道意"（或"自然之意"）来贯通客观本体之道与全体人类的主观意念；在道体上而言，并非重意抑道，而是强调"道"只有为"意"所领会，才能之后通过语言文字将领会到的"道意"表达发明出来，自然之意构成一道沟通道与人意的大门，道若不通过自然之意则无法与内涵"自然之意"的人进行联系，而人若无法通过意则根本无法领会道。

可见，于"道用"而言，《道德经明意》以意释道，不仅从形而上的方面对道进行了诠释，并且在人生修养以及政治实践上有了其现实的价值属性。于个人而言，以道意将儒家从"善"与"不善"的伦理意义，拉回到善不善于得道的意义上，人如果不实化意念即无法让内涵的"自然之意"与天地"道意"沟通，那就只是一种虚化私意顺自然之"意"的方式，便也无法真正领会"道"，如此，很可能还会产生"道已存在实然不昧，为何不能直观领会"的问题。于政治上，自然之意统领万物，具领导万物之威，万物自然归化于自然之意，统治者若想使天下大治，即要重回道意，回归自然无为的真诚朴素状态中去，自此国家政治也自然不会偏离。

五、结语

总而言之，《道德经明意》的意本论旨在以"自然之意"对《道德经》的哲学进行哲学重构。这是一种基于中西双重视域下，试图从"自然"和"道"的内在理解

_____

① 温海明：《周易明意》，第4页。

对道家哲学进行阐发，并为现代的读者打开一扇研究《道德经》的新门。本文着重论述《道德经明意》在对《道德经》经文进行哲学新解的同时，从中国传统生生宇宙论、心合物论，意念实化以通道等三个方面，来理解该书以"意"解释"道"的合理性，认为著者建立起"意"与"道"的关系有很深的哲学意义。本文试图在凸显该书在对《道德经》诠释的基础上，以"自然之意"角度诠释"道"进行的多方面哲学建构和突破。并且指出，著者在此基础上，怀济建构新的中国哲学之信心，为了使未来的中国哲学，不会沦为狭隘之西方哲学的附庸，而是帮助中国哲学立于世界思想与文化之林，真正成为包容多样的世界哲学大家庭的一员。

《道德经明意》论道意的创生力的多重意义

摘要："道"是老子哲学的核心概念，《道德经明意》在对老子思想诠释的过程中，提出了"自然之意"的说法，与历代老子注家对"道"的诠释相比，该书在本体论的诠释中，基于"自然之意"架构其"道意"，并以此为基础，对根源性的创生力进行了全新的解读。首先，"道意"的创生力体现为一个绵延不断，无始无终的带有主动性意味的过程。"道意"的创生力因其过程性存在而具有"生成"与"成就"两层意义。其次，就"道意"的生成意义而言，因"道"和"意"的共在，使得"生成"即具备存在论意义上生成实存之万物的生成意义，以及认识论意义上开显实存之万物的生成意义。最后，就"道意"的成就意义而言，因"道意"的实化而使万物实现自身，这主要依托"无欲""无为"等无的功夫。

关键词： 自然之意　道意　创生　无　有

"道"是老子哲学的核心概念，是老子哲学体系的根基。从本体论上讲，道是一切存有的存在依据，如《道德经》第三十九章所提及的"昔之得一者：天得一以清；地得一以宁；神得一以灵；谷得一以盈；万物得一以生；侯王得一以为天下正"[①]；从宇宙生成论上讲，道又是一切的开端、起点，道生成了宇宙万物，如《道德经》第四十二章所说的"道生一，一生二，二生三，三生万物"；在认识论上讲，道又是人所要必须认识，并进而效法的对象，如《道德经》第二十五章指出的"人法地，地法天，天法道，道法自然"。既然"道"既创生万物，又是万物存在的根据，同时还是人生存于宇宙间所要遵循的最高法则，那么在对老子之"道"的解读中，"创生"可以说是一个极其重要的维度，而历代注家在对《道德经》进行解读时，虽也有道生万物等生成论的说法，但总体而言，对创生维度解读则较少。如王弼在注解《道

---

* 尹海洋（1995—），男，山东聊城，中国人民大学哲学院，硕士研究生，中国哲学专业。

① 本文所用《道德经》原文，均以温海明《道德经明意》一书为准。

德经》第十章"生而不有，为而不恃"时以"不塞其源，不禁其性"来解读①，也就是说"道"的生就万物，只是没有堵塞物自身的生长的本源，没有抹杀、禁制物自身生长的本性，他在这个意义上对"道"的创生作用进行了解读，但用语是否定性的，而不是肯定的，正面的。

有感于历代正面肯定创生力的不足，温海明在其《道德经明意》一书中，以其"意本论"的哲学体系对《道德经》的创生维度做了丰富的哲学阐释，认为老子所要表达的道即是"自然之意"②，并提出了"道意"这一说法。《道德经明意》一书对道进行了十个维度的诠释，旨在"通过推开'十玄意门'来见'道'，通过建构基于'自然之意'的意本论，推开十扇'玄意之门'……显现出'自然之意'之光明"③。在这十个维度的诠释当中，道的创生意味得到了系统的、有深度的阐释。本文通过对"道意"的创生意味进行三层次的解读，阐发《道德经明意》一书在道的创生这一诠释维度中的理论创新。

一、道意之创生力的主动性与过程性

"道意"是《道德经明意》的哲学展开的基础，道即是老子所说的道，具有开端、初始、本源、终极根据、至高法则等多方面意义。意即是该书所提出的"自然之意"，也就是"自然而然的创造之意（力），是'始于自身'的、情境性的、自发性的创造力，而不是'产生于虚无'的、绝对性的神创之力"。④也就是说，自然之意并非像西方宗教之中自虚无之中凭空创造了整个世界的上帝，而是内在于宇宙之中，宇宙自无始以来的自身的创造力，可以说它自身即是自身的存在之根源，同时它又是宇宙间一切存在的根源，它自身即是自身的目的，没有丝毫的造作，就是自然而然地就在当下的情景中存在。

由此看来，道即是意，意即是道，二者似乎并无差别。但《道德经明意》指出："因为有意，所以道显于意中，为意所领会表达，所以无意就无法领会道。"⑤也就是说，如果没有意，那么道的存在就无法被领会，不能为人所认知。道的存在并非需要意的存在来保证，但道的开显，也就是由潜藏而展现出来，则需要意的参与，需要意与道的交融。可以说，意使得道能够被认知，在这个意义上，意又是与道有分别的。同时，《道德经明意》也认为："有道即有意，无意则道不起"⑥，"道在，意就

---

① （魏）王弼：《老子道德经注校释》，楼宇烈校释，北京：中华书局，2008 年，第 23—24 页。
② 温海明：《道德经明意》，北京：中国社会科学出版社，2019 年，第 25 页。
③ 温海明：《道德经明意》，第 31 页。
④ 温海明：《道德经明意》，第 26—27 页。
⑤ 温海明：《道德经明意》，第 63 页。
⑥ 温海明：《道德经明意》，第 64 页。

在，无意不可能谈道"①，也就是说，道仍然是一切存在的根源，就存在论而言，道仍然是最根本的存在，但这一最根本的存在的开显、明亮，则需要意的参与。因此，"道意"的概念，也就包含了终极的存在本体，以及终极的认知主体两方面的意义。其实，可以说"道意"与"自然之意"与"道"三者三位一体，只不过是在语言表达上有所侧重。

道意的创生能力体现在宇宙绵延不断的流行过程之中，这一过程又因其"始于自身"而带有主动性的意味。《道德经明意》指出："自然之意随物创生，其功用永不穷竭，自然之意盈布万物，可看起来却好像空空如也。"②这就是说明，道意的创生力遍布宇宙万物，无时无处不在，万物都因其创生力而存在，道意的创生力量没有无穷无尽，它真实存在，但又难以为人所见。近人冯友兰认为，老子的道既是有也是无，是"一切物的共相"③，但是他的理解是基于其新理学理论而来的，他所认为的既是有又是无，不过是从逻辑抽象的层次上去考量，通过内涵与外延的关系来说明这点。按照他的思路，一类事物有一类事物之理，因此可以抽象出一个类的理，而在这一基础上，再进行抽象理解，如此逐渐涵摄一切，最终所能得到的，只有一个"有"的概念。因其除了这一概念之外，并无别的内涵，也就可以说是"无"，而其外延是无限广大的，也就是包含一切的"有"。如此理解的有和无，只不过是冯氏所谓"真际"中的概念，有些类似于柏拉图的理念，但并没有真正将老子哲学中的创生性味道诠释出来。

其实，在老子哲学中，道不是静态的，而是具有生命力的动态的过程。《道德经》第五章说："天地之间，其犹橐龠乎。虚而不屈，动而愈出。"《道德经明意》对此解释说："天地自然之意发动好像鼓风机一般，空无一物的气机流行起来，就有生机无限，引发万千物换。"④第六章说："玄牝之门，是谓天地根。绵绵若存，用之不勤。"《道德经明意》认为："'绵绵'是描述'玄门'发动之前后，生产连绵不绝、生命力无穷无尽的样子。"⑤可以说这些都表达了道意的创生是一个没有穷尽的、绵延不绝的过程之意。

另外，道意虽无意作为，只是如其本然这般地运化着，如其自然而然地创生着，不着一分意思，不加一点思量，没有丝毫意欲夹杂其中，但客观而言，道意仍然是主动地去创生万物，对于宇宙万物的生长繁育，仍然是有积极主动的作为在其中。

---

① 温海明：《道德经明意》，第 64 页。
② 温海明：《道德经明意》，第 36 页。
③ 冯友兰：《中国哲学史新编上卷》，北京：人民出版社，1998 年，第 321 页。
④ 温海明：《道德经明意》，第 82 页
⑤ 温海明：《道德经明意》，第 85 页

《道德经》第十章说："生之畜之，生而不有，为而不恃，长而不宰，是谓玄德。"也就是说，道创生并养育万物，但并不因为创生而去占有，道有积极的作为，但并不因此而有私我意念的掺杂。道首先是有积极的创生行为的，但道并不以此积极的创生行动为意，因此看起来也就好像道没有积极的创生之行。王弼于此则有差错，他认为："不塞其源，则物自生，何功之有。不禁其性，则物自济，何为之恃。物自长足，不吾宰成。"①也就是说，王弼所理解的道的创生意味，是消极意义的不去作为，而物的生成长养所需要的内在性的力量，是物本身所具有的，在这一过程中，道的作用只不过是不去干预、不加造作。与王弼不同，《道德经明意》完全是积极正面、肯定性地论证"道意"的创生，与老子不得已写作《道德经》五千言的努力异曲同工，都是在有为的过程之中，努力宣解并实现无为之境。

王弼的这一观点被牟宗三所接受，牟宗三认为道家虽然讲"道生之，德畜之""天下万物生于有，有生于无"，但却说道家并非是积极主动地创生，而是一种"不生之生"。②他之所以用不生之生来表达道家的生，就是因为他认为道没有"积极的创生作用"。③在牟宗三看来，"创造（creativity, creation）用在儒家是恰当的，却不能用于道家，至多笼统地说它能负责物的存在，即使物实现。'实现'更笼统，说创造就太落实了"④。可见，牟氏对道家之"道"理解的根本就落在了"不生之生"上，正因如此，他才认为道家的生没有积极的创生作用。什么是"不生之生"呢？牟宗三认为"这是消极地表示生的作用"。他说："《王弼注》曰：'不禁其性，不塞其源。'如此它自己自然会生长。'不禁其性'，禁是禁制，不顺着它的本性，反而禁制歪曲戕贼它的本性，它就不能生长。'不塞其源'就是不要把它的源头塞死，开源畅流，它自会流的。这是很大的无的功夫，能如此就等于生它了，事实上是它自己生，这就是不生之生，就是消极的意义。"⑤可见在牟氏看来，道的作用就是不去对物的生长加以限制，让物能够发挥出自身的潜能，在这一过程中道并没有主动去推动什么，仅仅是一个消极意义上的不去阻碍。物的生长的根本还在于它自身的潜能。但是如果进一步追问物的生长的根本究竟来自何处呢？按照牟氏的思路，答案肯定不能是道。如果是道的话，道也就具备了积极的创生意义，因而也就和他的观点相矛盾。如此

---

① ［魏］王弼：《老子道德经注校释》，楼宇烈校释，北京：中华书局，2008年，第23—24页。
② 牟宗三：《中国哲学十九讲》，上海：上海古籍出版社，2005年，第82页。
③ 牟宗三：《中国哲学十九讲》，第82页。
④ 牟宗三：《中国哲学十九讲》，第83页。
⑤ 牟宗三：《中国哲学十九讲》，第84页。

则这一问题的解决，只有在郭象那里寻找，也就是"块然自生"。^①既然最终的根据不能指向道，那么也就只能指向自身，以不知其所以然的态度，使这一问题终结于此，取消掉最后的追问，"块然自生"就成了最后的答案。

《道德经明意》坚持《道德经》文本所表达的意思，认为"道入意中，成就万物而不据它们为私有之物；道意成就万物而无从向任何对象去显示其功能；道意创生成长万物，而顺其自然不加控制"^②。也就是说，道入意中，是一个积极的主动的施为的过程，道意成就万物就是一个自发的创造性过程，在这一过程中道意不加一毫意欲。虽然客观来讲具备着主动性，但这一主动性又消解在它不有、不恃、不宰的行为之中，也就是"'道'之创生万物，也是'道'自然表现为万物，这种自然表现过程没有丝毫的主观意志参与和控制的力量"^③。自然之意就是如此这般地存续着，活动着。总而言之，《道德经明意》在对老子之"道"的创生维度的阐释中，视创生为连续性、主动性的过程，与王弼、牟宗三对"道"消极性的、否定性的、被动性的理解形成鲜明对照。

二、道意创生力的生成义

《道德经》第五十一章说："故道生之，德蓄之；长之育之；亭之毒之；养之覆之。"也就是把道的创生力的实现过程划分为两个阶段，也可以说是两个层次，第一层是创始意义上的生成层次，第二层是促使万物充分展现自身意义上的成就层次。对此，《道德经明意》认为："自然之意贯注于事物之中，……构成事物之'性'；'性'为万事万物生成与发展的基础。"^④也就是说，在万事万物被创生出的时刻，道意已经贯注到其中，作为基础性、根基性的存在内在于其中，也就是说道意的创生力的生成层次。另外，"自然之意落实于个体心灵，发动而成为心思'意'虑……自然之意引导个人之'志'并合乎个人之'志'……志向长期的实化构成个人的命运"^⑤。这也就是说，在生成这一层次之后，自然之意也流布于万物的生长发育过程，就人而言，自然之意引导人的意志的形成，人意的实化过程，即落实于人的自然之意的作用过程。这一过程决定了人的命运，而人的命运，正是人生存于世间的轨迹，也就是人的存续过程。可见，自然之意的创生力量，直至贯彻到整个人生过程之中，时刻以

---

① 郭象的"自生"理论，既否认了有能生有，也否认了无能生有，而物存在的根本原则就是"自生"，也就是不知其何依然而生，没有终极的依据道，也没有造物意志，物本身即在玄冥之境中，自生独化。

② 温海明：《道德经明意》，第106—107页。

③ 温海明：《道德经明意》，第263页。

④ 温海明：《道德经明意》，第265页。

⑤ 温海明：《道德经明意》，第265页。

意念实化的方式表达着、体现着。就万物而言，自然之意的创造力量也就贯彻于自初生至终结的过程之中。

《道德经明意》强调道意，认为道一定需要被领会在意中，如此方能称之为道。这也就是说，作为本体的道一定要被领会，才能称得上是本体。如果没有意对道的领会，那么道始终可以说是潜伏、幽暗的存在，而不能成为充满创造力的根源性存在。《道德经明意》以无极和太极来分别道和道意，[①] 道就相当于无极，而道意才是真正的太极。"无极而太极"出自周敦颐《太极图说》，旨在说明宇宙生成之开端。无极与太极并非是有先后之分的宇宙本源的两个阶段的状态，无极可以看作描述太极状态的一个形容词，只是对太极的一种本质性的说明。而道可以说是对道意的本质性的说明，但没有意的进入，单纯的道不能是作为创生的根源，只有道与意相交融，意使道开显、明亮，成为道意，才能称之为创生之根源。

由此可见，《道德经明意》对道意的创生力的诠释一定包含了两个方面，一方面是存在论上的生成义，另一方面则是认识论上开显意味的生成义。这即是说，道意真实不虚地生成万物，使万物从无到有，具备真实具体的形态性质。但仅仅如此，宇宙只是如其自然地存在，万物也是无目的、无意义的在，并不具备生生不息的气象。唯有道意流贯，使得宇宙万物都被意所领会，盈布宇宙的生机才能朗现，蕴藏在一切存在之中的创生力量才能被开显出来，整个宇宙才有了生生的活泼气象。道意对万物的领会，使得万物鲜活明亮，实现了从无目的到有目的，无意义到有意义的转变。

《道德经》第四十二章说："道生一，一生二，二生三，三生万物"，《道德经明意》以"化生"解释"生"，[②] 化生就意味着真实主动地生成、赋予和创生。这即说明，在存在论意义上，道意自无而有生成万物，赋予万物具体的实有形态，这一过程真实不虚，是道意创生力在存在论上的生成义的直接体现。道意不仅赋予万物具体的形态，还赋予了万物成为其自身的最根本的"性"。"性"即是本性，内在于万物之中，就像一颗种子，是万物以实有形态生长发育的基础。

在某种意义上，"性"又可以说是无。《道德经》第六章指出："谷神不死，是谓玄牝。玄牝之门，是谓天地根。"这一章以玄牝之门比喻道，以道为天地的根源。而作为根源的道，又可以说是"谷神"。对于谷神的解释，历代注家有不同的解释倾向，如王弼认为谷神即是谷物中央的空无之处 [③]，林希逸则认为谷神意味着人之神自虚中

---

① 温海明：《道德经明意》，第 88 页。

② 温海明：《道德经明意》，第 230 页。

③ ［魏］王弼：《老子道德经注校释》，楼宇烈校释，北京：中华书局，2008 年，第 16 页。

而出①。不论哪一种解释，最基本的理解都是把谷神与无相联系，也就是说，道具有着无的性质。《道德经明意》则指出："谷是中空之谷，取其空虚之象；神取其神妙变化之意。"② 也就是说道意虽空虚，显得空无一物，但它却有着神妙变化的能力。"玄无则牝有，玄空则牝存"，③ 玄牝就是这样似存似无，而作为本体的道意又把无赋予到了万物之中。《道德经》第十一章说"有之以为利，无之以为用"，物的作用依赖于其中的无，车毂中空，才有车轮的作用；陶器因为其中是空的，才能发挥盛东西的作用，房子因为中间有空的部分，才能发挥住人的作用。可以说，道意所赋予万物的性，即体现在万物之无性上，或者可以说，无是道意赋予万物实现自身的可能性。谢林在理解《道德经》的"无"时认为："生命的伟大艺术与智能，是在这种纯粹潜能的实现之中形成的，这种纯粹潜能就是无。"④ 谢林把生命的实现过程看作一个纯粹潜能的实现过程，纯粹潜能就是尚未有任何开显的，内在于事物之中的潜在的可能性，这一可能性也就是道意生成万物之时所赋予的物的本性。潜能的实现过程则是要把内在于物自身之中的道意的创生力发挥出来。万物因受命于道意而具道意之创生力，因而具备开放性的无限可能，它是一个基础，给生命提供了朝向一切方向无限延伸的可能，而生命的实现，就是在此基础上，朝向某个方向不断地延伸。

在认识论的意义上，"自然之意因其本然自在的状态可以化身为一个整全"⑤，这一本然自在的状态就是没有起分别的状态，没有任何阴阳对待的概念与意向的生发，可以说是"道意不二的高妙境界"⑥。仅仅这种状态是不够的，在这种状态下，"道门尚未敞开"⑦，也就是说没有意的进入，整个全体还没有明亮起来。《道德经明意》认为："这种状态只能通过领悟，大道的生意需要尽力护持维系成全，展现为天道自然之善。"⑧ 道自然而然地存在着，但隐而不显，唯有通过意的领悟，道门方能开显，道意也就如如朗现。因意的开显，使得天道自然之意，也就转而为天道自然之善。这一由意到善的转变，也就体现着道意在认识论上开显意味的生成义。

因意使道开显，而有天道自然之善。如果没有意的开显，天道自然之意就是自然而然地存续，宇宙万物都是因其本然的样子存在，无所谓价值，无所谓分别，整

① [宋] 林希逸：《老子虚斋口义》，第六章。

② 温海明：《道德经明意》，第 85 页。

③ 温海明：《道德经明意》，第 86 页。

④ F.W.J.Schilling, Ausgewahlte Schriften（《谢林选集》），Band 6（第 6 卷），Frankfurt am Main, Suhrkamp Press，第 575（563）页，转引自温海明《道德经明意》，中国社会科学出版社 2019 年版，第 29 页。

⑤ 温海明：《道德经明意》，第 233 页。

⑥ 温海明：《道德经明意》，第 37 页。

⑦ 温海明：《道德经明意》，第 37 页。

⑧ 温海明：《道德经明意》，第 37 页。

体是一个大的混沌，尽管道的创生力量无穷无尽，但仍不可说是一个生生不息的整体。只有当这些存在为意所领会，意进入其中，才使得这个整体之中的生机流露出来，不再是幽暗、隐藏着，而是明亮地显现出来。如此，作为认识主体的人方能对宇宙有所认识，才能意会到万事万物之中蕴藏的生机与力量。只有对此有所领会，才能明白，天道自然之意生生不息，可谓天道自然之善。这就像阳明"岩中花树"的比喻那般，只有意的进入，才使得客观实在的物，有了价值和意义，才真正构成了表达道意无穷生机的当下的意境。

道意创生力的生成义虽有存在论与认识论上的分别，但这两层意义又是二而又一的。正如道和意二者，道意不二，离意无道，离道无意。无意则创生力无法表现，无道则创生力无法存在，道意的创生力必然是在这两个层次上当下同时的表现。

三、道意创生力的成就义

道意生成万物，又使得万物成就自身。道意的创生力贯彻于万物自始至终的整个存在过程中，这一过程即意念实化的过程。《道德经明意》将意念的实化分为两方面，分别对应着自然之意之十玄意门中的无欲之意与无为之意两个维度。意念实化，一方面要求人能够成就自身，使自身的意念能够通达道意，这需要无欲的功夫。另一方面要求人能够成就周围的人与物，使万物都能够自得于道意之中，这要求无为的功夫。而无欲、无为，正是《道德经》所重视的修行功夫，可见《道德经明意》所做之诠释是本于《道德经》之文本的基础上而有所创新。

意念实化的基础，就是要以无欲的功夫排除私欲，实现意念的不偏不过。这也就是十玄意门之无欲之意的维度。无欲功夫要化掉的，是自私用意。自私用意与道意相反，是无欲之意的反面。《道德经》对自私用意的情况多有说明，如第十二章所所说"五色令人目盲；五音令人耳聋；五味令人口爽；驰骋畋猎，令人心发狂；难得之货，令人行妨"。人控制不住肉体的欲望，沉溺于感官的享乐之中，对颜色、声音、味道、游猎的过分享受，以及对于珍惜财货的追求，都会使人的行为偏离正道，这些外在的东西围绕在人周围，就会使人自私用意。《道德经明意》认为："心意本通于自然之意，不可因嗜欲充塞而堵住心通万物的通道。"[①] 这些外在的享乐会隔断人与道意接续的通道，使人逐渐偏离正道，因此这些外欲是需要舍弃的，成就自身首先要保守内在的道意，不被外物所干扰。第二十四章说："企者不立，跨者不行；自见者不明；自是者不彰；自伐者无功；自矜者不长。"虽没有沉溺于肉体的享乐欲望之中，但过分运用自己的心意，也是一种自私用意。"过分运用自己的意念违背了自然

---

① 温海明：《道德经明意》，第 113 页。

之意的范围，则不能够达到自己意会想要达到的目的。因为世间成事之道有其规律和自然的分寸。"①过分地在意，过分地运用自己的心意，因而超出了自然之意的限度，主体的意念参与过多，也是对自然之意的违背与偏离。因此，《道德经明意》的解释尤为强调去欲的功夫，认为去欲就是要弱化私意，保守道意。

《道德经明意》认为："如果人不意会自然之意，人因自私用意的虚伪对待性创造就会走偏。"②这是说，如果人不能意会到最根本的自然之意，不能对道意有领会，坚持自己小我短见，以自己的狭隘意念去行为，那么一定是虚伪的不符合本真的自然之意的行为，就会与自然之意相偏离。因此，无欲功夫的一大要领，就是在心意发动的瞬间，去考察自己的心意，"从心思意念发动的根源处去反思处理意念与自然之意的分寸"③，意念实化的开端即是人的起心动念之处，人的心意源自道意，是道意的创生力贯注到人身的所在，因此人起心动念，就是在有意或者无意地发挥道意所赋予的创造性力量。因此，要从这个开端处就考察自身心意的发动，让人所禀赋的创生力能够沿着正确的道路展开。去欲的最终结果，就是要达到有道之士，或者说圣人的境界。此时。人的心意发动皆顺从自然之意，"无私心之用，无分别之意"④。

《道德经明意》强调意念实化之中以无欲来成就自身，并将意念实化遍及自身境遇中的存在，也就是说，在成就自身的同时也能够成就万物。在这一点上说，意念实化的完成一定包含着万物之中的道意的实现，这也就意味着，万物自身的"性"能够如其自然地、充分地开显。所以说，意念实化的完成，就是以无为的功夫成就万物。这也就是十玄意门之无为之意的维度。

无为所要实现的是万物能够如其自然地展现内在于自身之中的，禀赋自道意的创生力。无为意味着不过分作为，不强生事，"不以私意逞强，强加于道意"⑤。以无为之意去促进万物的发展，让道意在当下的境遇之中得以顺利地展现。前述王弼所说"不塞""不禁"，牟宗三所谓"不生之生"，其实也就是无为的一种表现方式。万物已经被生成之后，它的潜能已经潜存于自身之内，这时道意已在其中，物只需要如其自然地将之实现出来就可以了，不需要任何外在的干预，而如其自然地，也就是一个道法自然的过程，也就是无为而为的过程，一切都是自然如此，没有丝毫有为造作。

《道德经》提出的"圣人之治"的说法，也就是无为的表现方式。第三章"虚其

---

① 温海明：《道德经明意》，第159页。
② 温海明：《道德经明意》，第50页。
③ 温海明：《道德经明意》，第51页。
④ 温海明：《道德经明意》，第50页。
⑤ 温海明：《道德经明意》，第52页。

心，实其腹，弱其志，强其骨，常使民无知无欲，是夫智者不敢为"就是在强调无为，以此为准则，要减弱民众的心志，不让民众私意用事，违背自然之意的发展。"圣人的使命在于帮助民众领会道意，所以对于民众的私意要虚无化。"① 对于民众而言，私意使得他们难以与自然之意相打通，因而不能没有偏离地实现内在于自身的道意，所以作为民众之统领的圣人就需要以无为的方式，帮助民众去除内心的私欲，消解小我意识，使民众能够接通自然之意。

道意实化成就宇宙万物，意念实化是要在当下具体的境遇中实现的，是人与境的共通创生，因而意念实化既是成就自身的过程，也是成就周围事物的过程。境的大小因人有别，圣人之心意即自然之意，因而圣人之境即包含了宇宙万物，因此圣人能够成就宇宙间的一切。儒家强调仁是"己欲立而立人，己欲达而达人"的成己成物过程，虽然《道德经》强调"天地不仁"，但所表达的，也是以无欲、无为的功夫成就万物，实现道意的创生力于万物之中的延续。《道德经明意》认为："天地之间，自然之意发动，根本没有主观意志"②，因此，也就无所谓仁或不仁，道意的创生力，不过是顺其自然，如其所是那样延续、流贯。

四、结语

总而言之，《道德经明意》在对老子之道的阐述中，立足自然之意，对道进行了十个"玄意门"维度的阐释。在这一过程中，道的创生力被系统详备地发掘出来。《道德经明意》推重道意，认为道意是真正的根源性的创生性的本体，并对其创生力做了三层次的说明。

第一个层次上，《道德经明意》认为道的创生力体现为一个连续性主动性意味的过程。而"道意"的创生力又因其过程性存在而具有"生成"与"成就"两义。第二个层次即"生成"义，涵盖存在论意义上生成实存之万物的生成意义，以及认识论意义上开显实存之万物的生成意义。第三个层次则是成就义，在于因"道意"的实化而使万物实现自身。这三个层次的创生力意义，突破了从王弼到牟宗三对道家之"道"的消极性、否定性理解和阐发，弥补了他们诠释中对"道"的生机从何而来的逻辑缺陷，彰显了"道"的创生力与圣人通天合道的境界的合理性和自足性。

---

① 温海明：《道德经明意》，第 75 页。
② 温海明：《道德经明意》，第 83 页。

《道德经明意》以意论道的哲学创新 *

武刚刚 **

内容提要：《道德经明意》一书，在老学诠释史上，开创了以意为本、以意论道的先河，实现了《道德经》诠释和哲学建构的创新性突破。本文认为，《道德经明意》以意论道的哲学创新，体现在三个层面：第一层为道体诠释的创新，即"道意"之本然。该书将"道"和"意"置于同等位置来讨论"道"，"意"固然不能离开"道"而存在，"道"亦不能离开"意"而显现，即书中所说"离道无意"和"离意无道"。第二层为道相诠释的创新，即"道意"之开显。"道意"不得不通过对待二分的方式显示自身，但对"道意"之领会却又必须超越对待二分。第三层为道用诠释的创新，即"道意"之实化。本然性之"道意"，通过逐步的开显，最终需要以实化的方式落实为人之念、人之行，在实化过程中需要克服人心之"私意"才能真正彰显"道意"之本然。

关键词：老子哲学　意本论　道意　自然之意

导言

自韩非子首次注解《道德经》以来，历代对《道德经》的注解已经多达数百种。在众多的《道德经》注本当中，河上公以"自然长生"论道①，王弼以"无"论道②，

* 本文所用《道德经》版本为楼宇烈先生校释《老子道德经注校释》一书，并参考了帛书《老子》甲本、乙本，部分章节参考陈鼓应先生《老子今注今译》（商务印书馆 2016 年）。
** 作者简介：武刚刚（1993—），男，山西临汾人，中国人民大学哲学院，硕士研究生，研究方向：先秦哲学。
① 河上公："'非常道'，非自然长生之道也。常道当以无为养神，无事安民，含光藏晖，灭迹匿端，不可称道。"（汉）河上公著，王卡点校：《老子道德经河上公章句》，北京：中华书局，1997 年，第 1 页。
② 王弼："天下之物，皆以有为生。有之所始，以无为本。"参考：（魏）王弼注，楼宇烈校释：《老子道德经注校释》，北京：中华书局，2008 年，第 1 页。

葛洪以"玄"论道①，成玄英以"重玄"论道②，吴澄以"虚无自然"论道③。陈鼓应以"自然无为，虚静柔弱"论老子之道的价值内涵④，刘笑敢以"自然"作为"道所推重的最高价值"⑤，詹石窗、谢清果则以"和谐"作为道之本质。⑥以上对老子之道的研究当中，或选取《道德经》中的概念范畴作为主要论述方式，或选择某个问题对《道德经》中的相关思想进行研究。论道方式的差异，凸显了老子思想的丰富性，表明老子之"道"可由多个视角而观、多重进路而入。

温海明以其独创的"意本论"哲学解读《道德经》之新作《道德经明意》的问世，打破了《道德经》注解、研究的传统诠释理路，开出了以真正哲学的方式建构老子哲学的新思路。《道德经明意》一书，不再采用从《道德经》中摘取概念范畴的方式来诠释道，而是从道和人之意念、意识的关系的角度来论述老子之道。以意为本、以意为统、以意论道，是《道德经明意》论道的主要方式，体现了作者对道和人关系的新思考。本文通过"道意"之本然、"道意"之开显、"道意"之实化三个方面来说明该书在《道德经》哲学诠释方面的创新。

一、道意之本然——道体诠释的创新

"道可道，非常道。"⑦（《道德经·第一章》，以下只标章节序号）《道德经》开篇即抛出常道不可道、可道非常道的立场。道何以不可道？道不可道如何认识道、言说道？王弼认为：

> 可道之道，可名之名，指事造形，非其常也。故不可道，不可名也。⑧

---

① 葛洪："玄者，自然之始祖，而万殊之大宗也。"参考：（西晋）葛洪著，王明校释：《抱朴子内篇校释》，北京：中华书局，1986 年，第 1 页。

② 成玄英："有欲之人，唯滞于有，无欲之士，又滞于无，故说一玄，以遣双执，又恐行者滞于此玄，今说又玄，更祛后病，既而非但不滞于滞，亦乃不滞于不滞，此则遣之又遣，故曰玄之又玄。"参考：（唐）成玄英：《道德经义疏》，《蒙文通文集·第六卷·道书辑校十种》，成都：巴蜀书社，2001 年，第 377 页。

③ 吴澄："故其道其德以虚无自然为体，以柔弱不盈为用。"参考：（元）吴澄著，黄曙辉点校：《道德真经吴澄注》，上海：华东师范大学出版社，2010 年，第 3 页。

④ 陈鼓应：《老子今注今译》，北京：商务印书馆，2016 年，第 48—62 页。

⑤ 刘笑敢：《老子哲学的思想体系：一种模拟性重构》，《南京大学学报》（哲学·人文科学·社会科学）2018 年第 2 期。

⑥ 詹石窗、谢清果："在道家的精神原则中，'和谐'也是很重要的一条。这是因为'道'的本质就是'和谐'，要明道和修道就得理解'和谐'的内涵，领悟'和谐'的旨趣。"参考：詹石窗、谢清果：《中国道家之精神》，上海：复旦大学出版社，2016 年，第 79—80 页。

⑦ 帛书甲本《老子》作："道，可道也，非恒道也。"无论是常，还是恒，均体现出道之永恒存在的特性。

⑧ （魏）王弼：《老子道德经注校释》，第 1 页。

道并非具体的、个别的经验界之现象，有形有象之具体存在物终究是生灭变化的，而不是永恒的。老子所言之道，其最大的特点是"独立而不改，周行而不殆"。(《第二十五章》) 作为永恒存在的世界本原、本体，道代表的是整全的、浑朴的、自然的、超验的道体。庄子说："道通为一"，"既已为一矣，且得有言乎？"(《庄子·齐物论》) 作为一个整体的道，本来是不可言说的。一旦言说，就是"其分也，成也；其成也，毁也"(《庄子·齐物论》)。言说必然会区分，区分必然会导致整全的破坏。故而，言说之后的道，不是本然意义的道。黄克剑认为：

> 命名使浑沌中的世界得以依类判物，而为人所分辨，然而，先前浑沌中的那种圆备也因着如此的察识而被打破。[1]

正因为道是整全义的、浑朴义的、圆备义的永恒之道[2]，故而道不可以用具有区分性质的名所言说、所思议。面对道不可言说的困境，老子并没有选择沉默。如果老子不曾言说"道"，则他人更无法认识"道"。因此，老子仍然道说了五千言，如"玄之又玄"(《第一章》)，"视之不见，听之不闻，搏之不得"(《第十四章》)，"道之为物，惟恍惟惚"(《第二十一章》)，"道法自然"(《第二十五章》)、"道生一"(《第四十二章》) 等。当然，老子对道的所有言说，都是"强为之名"(《第二十五章》)，对体道之人的描述也是"强为之容"(《第十五章》)。道不可言，而不得不言，乃老子之无奈，亦是老子作为哲学家之不得已的选择。冯友兰认为：

> 若无思议言说，则虽对于不可思议、不可言说者，有完全底了解，亦无哲学。不可思议、不可言说者，不是哲学，对于不可思议者之思议，对于不可言说者之言说，方是哲学。[3]

作为哲学家的老子，以五千言的方式思议"道"、言说"道"，使得人类能够透过老子的文字去思议道、体悟道。"道"在可道与非道、言与不言之间，才能够完整的呈现。"道"之不可道的一面，体现出"道"作为最高存在、最高本原之永恒存在、超越经验的特点。"道"之可道、可思议的一面，体现的是"道"可以通过某种经验

---

① 黄克剑：《老子疏解》，北京：中华书局，2017年，第56页。
② 张立文先生认为："道是象帝之先、先于鬼神、先于万物的原生存境界，是阴阳冲和、浑然未分的意义空间，是'道法自然'的可能世界。概言之，作为道家开创者老子的道是自然无为的原初和合境域。"参考：张立文：《中国哲学思潮发展史·上》，北京：人民出版社，2014年，第123页。
③ 冯友兰：《贞元六书·新理学》，北京：中华书局，2016年，第16页。

性的方式为人类所体悟、所领会、所理解的特点。温海明以意论道，面对的首要问题即是道能否言说，道能否被人类的意识、意念所把握的问题。

《道德经明意》以意论道，将《道德经》之"道"理解为"自然之意""道意"。因为道虽然有一个本然存在的状态，但如果没有"意"，道无法被领会。对"道"的任何研究，都无法跳过"意"的环节独立开展。《道德经明意》在诠释《道德经·第十四章》时指出：

> 从第一个字"视"开始，就说明"道"不可以离开感官意念而单独纯粹地存在。"道"必须被尝试进入视觉、听觉、触觉，才有可能被言说，并不因为它不能被看到、被听到、被摸到，它就没有进入意识，其实"道"一直在意识之中，而且是因为有意识，道才显现出来。①

尽管老子强调道之"不可道""视之不见""听之不闻""搏之不得"的特点，但老子并未否认人具备领会道、体悟道的可能性。人领会道、体悟道之关键，即人之"意"。"意"，具有经验义与超验义之双重含义，故而可以成为贯通经验之物与超验之道的关键。②故而，研究老子之"道"，必然要从单独研究"道"之内涵、特点，转变为研究"道"与"意"之关系。《史记》说老子"言道德之意"③，温海明在吸收此一说法的基础之上，结合现象学对"意向"的探讨，提出了"道意""自然之意"作为老子之道的本然状态。所谓"道意"，即道之体，即自然之意，即道之本然存在状态，即道被领会在人之"意"中。《道德经明意》深入细致地论证了"道"和"意"的两重关系。

第一，离意无道。一般而言，道作为创造世界的动力、根本，先于万物，先于人类，更先于人类之意识。《道德经明意》独辟蹊径，提出"离意无道"的说法，似乎违反常理。《道德经明意》认为：

> "道"是道意，是道被领会在意念之中。"可道"是表意，是把领会的意念通过

---

① 温海明：《道德经明意》，北京：中国科学出版社，2019 年，第 123 页。

② 温海明认为："'道'不能进入经验，那就只能是超验性的存在。但'道'是否可以进入意识？如果不能进入意识，就无法成为思考和言说的状态，所以'道'不是'超意'的存在。这里就有经验和意念的区分，也就是不是所有在意念中的东西，都可以称之为经验，虽然可以理解为意识经验。对道意的言说，对象可以是经验，也可以是超验。"此一说法，提出人之"意"具有双重性质，第一重性质是经验义的意识，第二重性质是超验义的意念。经验义的意识可以言说，超验义的意念不可言说，但可以意会。参考：温海明：《道德经明意》，第 123 页。

③ （汉）司马迁：《史记》（第 3 册），北京：中华书局，2017 年，第 1899 页。

语言文字加以表达。①

道在，意就在，无意不可能谈道，悟道。②

可以说，"道"本无意，但道必意，也就是必须进入"意"才有所谓的"道"。③

道之本然存在无法被言说，无法言说即没有纳入"意"中，没有纳入"意"中的道，不能说不存在，但至少无法显现。离意无道并不是一种所谓的主观唯心主义，不是说没有个人主观的意念，道就不存在了。离意无道，强调的是"意"在逻辑上相对于道的优先性，注重的是"意"在认识道、领会道、体悟道的过程中的核心地位。"意"在逻辑上先于"道"之存在，亦可称为"意–道"。如果将道视为存在之本体、价值之本体，亦可将"意"视为认知之本体。认知之本体在逻辑上必须先于道，否则认知无从发生。"离意无道"之说法，从根本上回应了对不可言说之道如何领会、如何认识的问题，表明"道"虽然具备不可道之特点，但仍然能够被"人之意"所把握。

第二，离道无意。从宇宙发生论的角度而言，道先于万物，先于人类意识的产生。因为道相对于意的优先性，所以说"离道无意"。《道德经明意》提出：

离道自然也无意。"道"意必借助名相来开显，但不能说道意即是名相，因为名相有边界，也有限；而"道"即是进入意，成为道意，仍然是无限者，没有边界。④

有道才有意，"道"进入"意"，也就是所谓的"道–意"。此处的"道意"仍然是本然状态的"道意"，是"道意"之体，是"道意"不可言说的本然状态。领会"道意"之本然，领会"道意"之神妙，就必须"从天地开始之物的状态中去领会"⑤。"道意"之本然，即"道意"之无的方面。"道意"在万物中的显现，即"道意"之有的状态。⑥但此处的有，还没有落入名相之中，还保持着"道意"本然状态的特点。"道意"之有无，体现的是"道"之有无、"意"之有无。无，代表无形无相、超越经验义。有，代表实然存在、真实不虚之义。无论是"道"之有无，还是"意"

---

① 温海明：《道德经明意》，第 63 页。
② 温海明：《道德经明意》，第 64 页。
③ 温海明：《道德经明意》，第 71 页。
④ 温海明：《道德经明意》，第 64 页。
⑤ 温海明：《道德经明意》，第 65 页。
⑥ 有无在老子哲学中具备多重含义，从有形无形的角度而言，无可以代表无形而实有，有代表有形而实有。詹石窗、谢清果认为："形是万有，形之上即无形，这才是道。道是无形的，有形的是万物。"参考：詹石窗、谢清果：《中国道家之精神》，第 93—94 页。

之有无，均代表一种玄妙、不可言说的状态。故而，"道"进入"意"成为"道意"，同样具备"无"与"有"两个方面。"离道无意"，代表"道"在存在上先于"意"，也代表"道"必然要进入"意"。"道"进入"意"成为"道意"，才使得道体之存在得到证明。"离道无意"之说法，维护了"道"作为最高存在之地位，亦使得"意"成为"道"存在之证明。

《道德经明意》以意论道的创新之处在于，将"道"和"自然"两个范畴的内涵放在人类意念、意识、意向的背景下来考察，并提出了"道意""自然之意"两个新的范畴。单称之"道"，通常偏重于本原义、本体义之客观性；称之为"道意"，不仅有道的客观性的面向，而且还有人类意识主观性的面向。"道意"的称谓，说明了人类在揭示"道"、认识"道"方面的主体地位。以意为本而论道，并不是要让"意"超越道的存在成为创生世界的本原、主宰世界的本体，而是要说明有"意"才有"道"的呈现，有"道"才有"意"的来源。"道"为存在之前提，"意"为认识之前提、逻辑之前提。

二、道意之开显——道相诠释的创新

道之本体、道意之本然，是整全的浑朴，是不可言说者，是超越经验的永恒存在状态。但是，"道"毕竟创生了天地万物，并且赋予万物以"德"，这就意味着道并非完全无迹可寻、无法认知。以人之意，观天地万物之变化，仍然能够领会道。劳思光认为：

老子思想自何起，盖起于观"变"而思"常"。[1]

道固然具备永恒性，但对此一永恒之道的观察、领悟，仍然需要在生灭变化的现象界中进行。冯友兰认为：

哲学中之观念、命题，及推论，之系形式底，逻辑底者，其本身虽系形式底，逻辑底，但我们之所以得之，则靠经验。[2]

人们要理解不可言说、不可思议、不可见闻的道，需要通过"意"对可以言说、可以思议、可以见闻的具体事物的观察和领会，此即上文所说"离意无道"。当整全的、浑朴的"道"，展现为意念之中的"道"，即"道意"之开显，即表现为道之种种

① 劳思光：《中国哲学史新编（一）》，北京：生活·读书·新知三联书店，2015年，第177页。
② 冯友兰：《贞元六书·新理学》，第19页。

相。以人之"意"观道之种种相,即可由道相以知道体。《道德经明意》以"道意"论述老子的最高范畴"道",以"道意"之开显论述"道"的显现方式,即道之相。问题在于,不可言说、不可思议之"道意",应当如何展现自身?《道德经明意》认为:

"道意"的显现(开显)必然落于二分,没有他途。[1]

首先,"道意"的显现必然会落入对待、二分。《道德经》开篇即言:"无,名天地之始;有,名万物之母。故常无欲,以观其妙;常有欲,以观其徼。此两者,同出而异名,同谓之玄。"[2](《第一章》)浑朴之道,如若加以言说,则包含了有与无两个层面。虽然是两个层面,但是又"同出"于道。《道德经》第二章,明确指出了"有无相生"的原则:"故有无相生,难易相成,长短相较,高下相倾,音声相和,前后相随。"(《第二章》)观《道德经》八十一章,有无相生原则贯穿始终。例如,"万物作焉而不辞,生而不有。为而不恃,功成而弗居。"(《第二章》)"作""生""为""功成"属于有,"不辞""不有""不恃""弗居"属于无。再如:"道常无为而无不为。"(《第三十七章》)无为,即属于无的层面。有为,即属于有的层面。道之开显,包括了有与无两个层面。由道所创生之万物,亦包括了有与无两个层面。这就说明,道之开显,必然会落入到有无对待、有无相生、有无依存的过程中。王夫之认为:

天下之变万,而要归于两端,两端生于一致。故方有"美"而方有"恶",方有"善"而方有"不善"。[3]

道虽然开显为两端,但是两端同出于道之"一致"。《道德经明意》提出"道意"的开显必然落入二分的说法,符合解读《道德经》的基本传统。

其次,以"道意"之显现领会"道意"需要破除对待、二分。"道意"虽然需要通过对待、二分的方式才能开显,但人作为认知"道意"之主体并不能通过对待、二分的方式去直接领会道意,因为道意是不可言说、超越对待、超越二分的浑朴。《道德经明意》提出:

---

① 温海明:《道德经明意》,第70页。
② "无,名天地之始;有,名万物之母。"王弼本以"无名、有名"断句,陈鼓应以"有""无"断句。结合《道德经》第二章"有无相生"、四十章"有生于无"的说法,本文亦赞同以"有""无"断句。原因在于,"有""无"断句,可以概括《道德经》有名无名、有为无为等一系列对待的范畴,有名无名则无法概括。
③ (明)王夫之:《老子衍》,《船山全书》(第13册),长沙:岳麓书社,2011年,第18页。

对待相反相成，是"道意"之开显于世的唯一方式。所以领会道意，必须是非双遣。①

"道意"开显为二分，道相表现为相互对待，是以人之"意"认识"道"会出现的必然局面。但是，人之意，可以通过对待、二分去领会"道意"，却并不能执着于对待、二分，不能把对待、二分当作道本身。正如黄克剑认为：

老子是不驻念于世俗"有无""难易""长短""高下""音声""先后"的任何一方的，他以"相生""相成""相形""相盈""相和""相随"泯却其界限不是要调和二者而是为着扬弃二者以归于"恒道"所指示的浑朴、圆备之境。②

《道德经》一书当中，以"有无相生"为基本范式，论述了道显现为有与无的两个侧面，并且将有无相生的原则落实在圣人治国、人生修养的方方面面。然而，老子一方面强调有无相生，另一方面却也强调对有无相生的超越。"玄之又玄"（《第一章》），第一个玄代表有与无之所同出，第二个玄则代表对有和无的超越、双遣。"道生一，一生二，二生三，三生万物。"（《第四十二章》）有无相生，代表"二"，而"二"由"一"而来，"一"由"道"而来。"道"本不是二，"道意"本不是二，只有在"道""道意"开显之后才会由"一"而"二"。陈鼓应认为：

道是独立无偶的（"道生一"），混沌未分的统一体蕴含着"无"和"有"的两面（"一生二"）。③

"道意"之开显，使得原本浑朴未分、独立无偶的"道"，显现为对待、二分之相，是"道意"必然的、不得已的显现方式。④《道德经明意》提出了"道意""自然之意"从浑然未分到对待二分的不同层次：

第一层是无偏无邪的自然之意；第二层是有无、成毁的阴阳共同体层面上的道意；第三层是意之为有无相生的"无"态，偏向于虚"意"；第四层是意之为念，即

---

① 温海明：《道德经明意》，第 70 页。
② 黄克剑：《老子疏解》，第 69 页。
③ 陈鼓应：《老子今注今译》，第 234 页。
④ 陈鼓应认为："道是个超验的存在体，老子用了一种特殊的方法去描述它。他将经验世界的许多概念用上，然后一一否定它们的适当性，并将经验世界的种种界限都加以突破，由此反显出道的深微诡秘之存在。"参考：陈鼓应：《老子今注今译》，第 128 页。

有无相生的"有"态，偏于实化的"念"；第五层才是实有的念头。①

最高层次之"道意""自然之意"，乃"无偏无邪"之圆满的、本然的存在状态。当"道意"开始展现之时，就成为第二层"阴阳共同体"层面意义上的道意。从"无偏无邪"之最高存在状态，开显为"阴阳共同体"之"有无相生"的状态，"道意"逐渐开显自身，"意"也就能够透过"道意"之开显而把握"道意"。

然而，"有无相生"之状态就是"道意"显现的最终状态吗？不然。《道德经明意》还提出了"道意"在第三层、第四层的开显状态，即上文所引"有无相生的'无'态"和"有无相生的'有'态"。

第一，"有无相生的'无'态"。"自然之意""道意"本无有偏执，但"自然之意""道意"不得不开显，不得不向下落实。一旦要开显、落实，"自然之意"和"道意"就会出现分化，此一分化代表着无有偏执的"自然之意"开始出现了"偏"，尽管这种偏是不得已，尽管这种偏是"偏而无偏"，但毕竟仍然是有所偏。只不过，这样的"偏"，仍然接近于"道意"，并没有真正的偏离"道意"。正是在这种"偏而无偏"的层面上，《道德经明意》才认为第三层次的"道意"是"无"态，偏向于虚"意"，之所以是虚"意"，是因为意还没有真正的分化、形成和落实。因为偏向于虚"意"，故而"道意"在第三层之开显属于有无相生的"无"态。

第二，"有无相生的'有'态"。"道意"进一步开显，进入"道意"存在的第四层次，并且开始偏向于"念"，但还不是实化的念头。所谓"有"态，即指"意"偏向于"念"，但未实化之状态。从第三层次的有无相生的"无"，再到第四层次的有无相生的"有"，呼应着老子《道德经》第一章对无与有的描述。《道德经明意》提出：

《道德经》全书都强调大道"无"的状态……大道"无"的状态是本体性的。②

正因为老子对"无"的强调，所以首先是有无相生的"无"，接着才是有无相生的"有"。到了"有"的状态，意已经形成，人用意识、意念体会着"道意""自然之意"，体会着天地之"大意"。但是，由于人之"意"具有经验义与超验义的双重性质，与道贯通的超验之"意"要表达出来，落实出来，就需要通过"念"，因此就进入到第五个层次，即"道意"之实化，后文详述。

---

① 温海明：《道德经明意》，第150页。
② 温海明：《道德经明意》，第60页。

在道意之开显、道相之展示层面，《道德经明意》之创新有三：一者，《道德经明意》强调"道意"之开显必然会落入对待、二分之状态，否则"道意"无从开显，人意无从领会"道意"。二者，《道德经明意》强调通过"道意"之开显领会"道意"，"须是非双遣"，必须超越有无二分的状态。道相毕竟不是道体，执着于道相的形式，就会与真正的"道意"失之交臂。三者，《道德经明意》提出了"道意"之"有无相生的'无'态"和"有无相生的'有'态"。"道意"从浑朴的超越二分，再到有无相生的二分，再到"无"态、有"态"，"道意"不断展现自身。非有无二分不足以开显道，非"无"态、"有"态不足以进一步展示"道意"。

三、道意之实化——道用诠释的创新

"道意"之实化，意味着"道意"从本然之状态实化为具体之念。此一实化，即代表着"道意"由体而相、由相而用。"道意"虽超绝言相、超越经验，但"道意"实化为念则体现为经验意义之用。"道意"之实化，意味着人可以经由经验义之"念"，进入超越经验之"意"，领会超越经验之"道意"，进而得道、体道以成为圣人，成为悟道之统治者。《道德经明意》一书，以"道意"实化为核心，论述了"道意"在人生修养和圣人治国方面的作用。《道德经明意》指出：

> 意会到天地自然之意，即悟得大道，将导人走向道的境界。[①]
> 圣人顺自然之意而救度众生，没有因为他的私心而放弃的人。圣人应自然之意而救治自然，成就万物，没有因其私智而放弃的事物，善于把心意通于天道。[②]
> 统治者当以顺应自然之意的正道来治理国家，以顺应自然之意的奇思妙想来用兵如神，以无事于人民的无为状态来运作天下。[③]

"道意"之最高存在状态浑然无名、超越经验，"道意"之最终落实则需要在现实的人生、社会政治实践当中。当人之"意"贯通"道意"之时，"道意"就成为人生修养的终极指导法则，亦成为圣人治国的终极价值理念。人之"意"贯通"道意"的过程，既是"道意"实化之后在人之"意"的体现，也是人之"意"对"道意"的领会与运用。《道德经明意》以"道意"之实化述说"道"之用，将"道意"之实化视为"道意"存在的第五个层次。"道意"之实化，最为核心的内容是以人之意顺应天地"自然之意"、遵从万物之"道意"。但是，领会"道意"、遵从"道意"、

---

① 温海明：《道德经明意》，第 64 页。
② 温海明：《道德经明意》，第 172 页。
③ 温海明：《道德经明意》，第 286 页。

运用"道意"有一个最大的障碍，这就是人心的私意，私意即"道意"的偏离状态。《道德经明意》对人之意进行了区分：

> 人意的运作有两项，一、自然之意本身在运作；二、人心的自私用力，用智慧与巧力。①

人既有私意，就有可能违背"道意"。因此，顺从"道意"，消解私意，是"道意"之用的关键，是"道意"实化的必经之路。

第一，私意乃"道意"实化之障难。

万物来源于道，人也来源于道，万物与人都从道获得了自己之本性②。此一本性，即"德"。"德"既来自"道"，此一"德"之内容，即"道意"，即"自然之意"，即"道法自然"、即"无为"。然而，人区别于天地万物的地方在于，人有自由意志。此一自由意志，决定了人有可能偏离"道意"、偏离"自然之意"，这就是人之私意。私意之存在，虽体现了人最宝贵的自由意志③，但也成为"道意"实化最难克服的阻力。《道德经明意》提出：

> 圣人是领会了天地道意和人间道意的人。他们知道人心有太多的私意，因为争夺私意之间的分别，而会不惜改变自然道意生生不息的状态，不让自然之意顺利生成和发展。④

私意让人偏离了"道意"，导致了无穷无尽的争端，导致人类社会出现了动乱、战争⑤。在《道德经》一书当中，私意包含了较多的内容。例如，"持而盈之、揣而锐之"（《第九章》）是私意，"驰骋畋猎，令人心发狂"（《第十二章》）是私意，"宠辱若惊"（《第十三章》）是私意，"妄作"（《第十六章》）是私意，"亲而誉之、畏之、侮

---

① 温海明：《道德经明意》，第142页。

② 关于老子之人性论，罗安宪教授认为："德者，得于道者也。得于道而为物之根本者，即物之性也；得于道而为人之根本者，乃人之性也。"参考：罗安宪：《虚静与逍遥》，北京：人民出版社，2007年，第92页。

③ 温海明认为人之意志具备两面性："人的自由意志应当顺从自然之意，所以有两面性。一、命定论，顺从自然之意无法解释的部分，达到注定的部分；二、主动论，即自由创造自己的意志，成就天地自然之善，反对人为执着建构的有分别的善恶之'念'的形下系统。"参考：温海明：《道德经明意》，第150页。

④ 温海明：《道德经明意》，第75页。

⑤ 私意，也可称为"过度的有为"。罗安宪教授说："有为破坏了人的原始的自然纯朴，造成了人格的分裂，带来了虚伪、狡诈、贪欲、罪恶等种种社会丑恶现象。"参考：罗安宪：《虚静与逍遥》，北京：人民出版社，2005年，第96页。

之"（《第十七章》）是私意，"有仁义、有大伪、有孝慈"（《第十八章》）也是私意。
此外，"智""利""欲"、"名"也都是私意。若无私意，"道意"之实化将自然而然
发生。有了私意之存在，"道意"之实化面临重重阻力。具体而言，私意不仅是个人
修养的阻碍，也是圣人治国的阻碍。问题在于，人既来源于道，何以人具有私意？
《道德经明意》认为：

> 人的大部分忧虑都来自对具体身体的认知和执着，因此产生对身体附属物的过
> 分担心和看重。很多时候，人把自认为与身体相关的利益和荣耀看得很重，甚至比
> 身体更重要，所以会宠辱若惊。①

人有身，亦有心。有身心，便有欲望，有种种之情绪、感受，种种之分别、取
舍、执着。"及吾无身，吾有何患。"（《第十三章》）人之身，异于自然界任何一个
物种。人之身，导致了人有种种之欲望，也导致了人之心能够起种种之思虑、智巧。
如要实现"道意"之实化，就不得不克服人之身心所具有之种种过度的欲望、智巧。
《道德经明意》认为：

> 要破除私意在修行当中的作用，因为私意用智，虽然显得锋锐，但必须主动加
> 以挫削之，否则就会因为私意分别，导致纷纷扰扰，只要执着私意，纷扰必不停
> 息。②

"道意"是没有偏执的、圆备的、浑朴的、自然的存在，"私意"是人类在意识
的分别状态下因为好恶而产生的一种执着，这种分别越多、分辨越多，距离"道
意""自然之意"也就越来越远。因此，"私意"之消解，是"道意"实化的前提。
第二，消解私意方能完成"道意"之实化。
私意偏离了"道意"，导致了人世间的纷纷扰扰。要实现"道意"之实化，解决
"道意"之偏离所带来的种种弊病，就需要消解私意。概而言之，"道意"之实化即
是让人之意保持在自然、无为、朴的状态之下，人之意、人之念、人之行，皆符合
"道意"。分而言之，"道意"之实化需要对统治者、对民提出具体的要求。对于在位
的统治者而言，其统治应该符合"道意"之本然，以无为、自然之理念治国，而不
是以"仁、义、礼、法"等理念治国。"仁"是儒家强调的做人原则、治国理念，是

---

① 温海明：《道德经明意》，第119页。
② 温海明：《道德经明意》，第79页。

儒家追求的最高价值，但老子哲学中"仁"并非圣人治国追求的最高价值。《道德经明意》认为：

> 仁是一种情感性的意必和黏滞，一种对仁情爱意之情感的偏向和执着。天地之间物来物往，变化万千，却丝毫没有人间仁爱他人时所表现出来的那种情感性的执着。①

仁、义、礼、法，与"道意"仍然有所间隔，不能体现"道意"之真正价值，不符合老子"道法自然"的终极追求。"天地不仁"（《第五章》），"自然之意""道意"也是不仁的。以仁为代表的一系列刻意的价值观念，如义、礼、法都是过度的人为，均不符合"道意"，不符合"自然之意"。"上德不德，是以有德。下德不失德，是以无德。"（《第三十八章》）"道意"是自然而然的，没有造作，没有刻意妄为。要让人之意符合"道意"，符合"自然之意"，就必须超越这种刻意的人为。统治者对待百姓，应该守住"道意"之自然，去掉统治者的私意，减少对百姓的干扰，引导百姓顺从"道意"。

对于"民"而言，统治者当："虚其心，实其腹，弱其志，强其骨。常使民无知无欲，使夫智者不敢为也。"（《第三章》）"虚心""弱志""无知""无欲""不敢为"，是在心灵层面消解百姓之"私意"，使百姓之"意"回归"道意"之本然的浑朴状态。"实腹""强骨"则是在身体层面满足百姓之基本欲望，基本欲望虽满足但不过度，不过度即合"自然之意"。人既有身心，则不能无欲。所谓"私意"，并非消解任何欲望，而是消解过度的欲望，消解不符"道意"与"自然之意"的欲望。《道德经明意》指出：

> 民之道意，是对民的领会，民心不当为具体的物所引导，而应该为道意所引导，让民心回到道意的自然之境中去。②

老子哲学重视社会治理③，以"道意"引导民心，是统治者治理国家的应尽之责。"道意"之实化，包括了统治者与民在内的所有人。民之意，在统治者的引导下符合

---

① 温海明：《道德经明意》，第81页。
② 温海明：《道德经明意》，第75页。
③ 李泽厚先生认为："先秦各派哲学基本上都是社会论的政治哲学，道家老学亦然。"参考：李泽厚：《中国古代思想史论》，北京：生活·读书·新知三联书店，2017年，第88页。张立文先生也认为："老子道的哲学思想旨趣，尽管历来聚讼纷纭，但就当时社会文化背景而言，无疑是理世乱而求'治'。"参考：张立文：《中国哲学思潮发展史·上》，第130页。

了"道意"，方可视为"道意"实化的真正完成。

从无偏无执的、浑朴的"道意"，到"有无相生"原则下"道意"之开显，再到"道意"实化层面对私意的克服、对"道意"之彰显与回归，构成了《道德经明意》以意论道的完整体系。此一体系，包括了"道意"之体、相、用三个层次。《道德经明意》论说道体之用的创新之处在于，以"道意"之实化解说"道之用"，在"道意"之实化过程中提出"私意"，指明了人之意的双重存在状态，并在"道意"和"私意"之间肯定了人之自由意志。如此，既维护了"道意"之存在的本然价值、本然状态，亦维护了人之为人的尊严与价值。

结论

总体而言，《道德经明意》以"意"作为建构老子哲学体系的主要范畴，通过诠释"道意""自然之意""私意"等新概念，实现了以意为本、以意为统、以意论道的哲学创新。以意论道，并非要否定老子哲学里道、自然、朴、有无等概念的地位，而是要重新思考人之意和道意、自然之意的关系，深入思考道意、自然之意等中心问题，并讨论与之相关的本然而有、永恒存在、不可言说等哲学问题。在道体之层面，本然之道意、自然之意虽不可言说，却有所显现。以人之意，可以通过观察自然、观察社会人生而体悟道意、自然之意。无道则无意，无意则无道，道为存在之本，意为认识之本。在道相之层面，道意通过对待二分而显示，人通过观察、超越对待二分而体悟道意。在道用之层面，人之意一方面能够体现道意，一方面又具有私意。体悟道意，消解私意，方可实现道意之实化，回归道意之本然。

自然之意：关于《道德经》"意"哲学阐释

丁　来[*]

内容提要：《道德经明意》以"自然之意"为意哲学的终极本体，在对《道德经》注释诠释的基础上建构意本论哲学系统。本文分三个部分来说明，《道德经明意》以"自然之意"为中心，来构建意哲学的诠释。首先，从"有"与"无"的关系来讨论"自然之意"之存有；其次，从"领会"和"意会"角度来讨论"自然之意"的运化；随后，从养身角度来说明"自然之意"的澄明。通过对该书诠释部分这三个层次的分析，本文认为，"自然之意"是对宇宙万物存在的一种主客合一表达，它以万化之真理与万物之生命为基础对象，而其真正存在于人类认识的世界需要人的领会。它没有被人领会到时，是先验界隐着的"无"，在被人领会进入经验界时，便是落于形器而有形质的"有"，"有"与"无"是"自然之意"存有的不同维度；"自然之意"只有被人充分地领会，即人达到道意之境，人之"意"全然合于"自然之意"，自然之意才可真实地运化，万物所行无不宜；而这种充分的领会时需要经过修身也可以说是修心才可以达到的。

关键词： 自然之意　有无　领会　修身

引言

道家思想作为中华文化的原始思想资源之一，其无论是对中华文化的形成还是在中华文化的流变中都起着不可估量的影响，鲁迅先生甚而称其为"中国的根柢"[①]。詹石窗曾指出："几千年来，中华民族为什么能够生生不息，薪火相传？为什么能够成就者世界上唯一不曾中断的中华文明？其根本就在于中华民族有着一脉相承的精神追求，这种精神追求具有丰厚文化内涵，其中就包含了'生生不息'的道家生命

---

[*]　作者简介：丁来，中国人民大学哲学院。
[①]　鲁迅：《鲁迅书信集》（上），北京：人民文学出版社，1976年，第18页。

意识。"① 可见，《道德经》作为道家思想的根本教义，历经不断的时代变迁，因着不同的时代主题、时代任务而焕发不同的光彩，随着出土文献的不断涌现，《道德经》研究也呈现新的特色。谢清果在《新时代中华老学研究》一文中，对当代的老学研究做过总结，认为詹石窗《老子"虚无妙用"思想考论》"文章以小观大，围绕《道德经》第十一章来阐发老子思想的要义"；其与陈瑞博士合著的《民国时期〈老子研究与政治〉的时代意蕴与思想特色》，"以此管窥当时学者如何利用老学资源来表达自己对时局的思考"；李健的《如何存在——老子学说对意义之道德构建》"从存在的根基、目的、价值、状态等四个维度建构了整全的意义世界"；耿晓辉《〈老子〉的"尚水"情结及其文学思想价值》"使'水'在一定程度上具有了本体的意义"②。这些研究成果从多个角度，对《道德经》文本的哲学意义做了深入解读和诠释。

近年来温海明致力于推进《道德经》解释的哲学向度，将其《道德经明意》作为"意"哲学的奠基之作，在保持《道德经》文本基本内涵与语境下力图做出新的哲学阐发，构建一种新的意哲学话语，郑开评价其"堪称创造性诠释中国哲学的最新范例。"该著认为，此一"意"哲学既深深扎根于中国传统哲学的精神土壤，又吸取诸多现代西方哲学的养分，符合亦可引领深化当下国人的思维方式与生命思考。由于《道德经明意》是建立在对《道德经》八十一章每一章文本的具体概念的深入解读上，"意"哲学的体系性不易把握，这便成为本文的主要任务，对《道德经明意》（以下简称《明意》）的体系框架进行整理并简要评析。本文分三部分来说明《明意》如何以"自然之意"为中心，来进行意哲学的诠释。首先，从"有"与"无"的关系来讨论"自然之意"之存有；其次，从"领会"和"意会"角度来讨论"自然之意"的运化；最后，从养身的角度来说明"自然之意"的澄明。

一、"有"与"无"——"自然之意"之存有

于《道德经》讲本体，自然离不开对"道"的解读。"道"在整个《道德经》以及"意"哲学中起根本作用，著者也曾明确讲："本书基于《道德经》'道'的哲学，建构'自然之意'的哲学体系。"③ 那么"道"和"自然之意"是怎样的一种转换，这种转换是如何完成的，又如何实现本体性的创新呢？

《道德经》第一章讲："道可道，非常道；名可名，非常名。无名天地之始，有名天地之母。"④ "道"可言说，但可言说的"道"并非恒常的"道"；"名"可用文辞表

---

① 詹石窗，何欣：《道家与文化自信》，《孔学堂》2017年第4期。
② 谢清果：《新时代中华老学研究》，《新时代中华老学研究》2019年10月第12卷第5期。
③ 温海明：《道德经明意》，北京：中国社会出版社，2019年，第26页。
④ （魏）王弼注，楼宇烈校释：《老子道德经注校释》，北京：中华书局，2008年，第1页。

述，但可用文辞表述出来的"名"并非恒常的"名"。无（名）是万物之始，有（名）是万物之母。这两句是对"道"的最完整叙述。"道"不是具体可现的存在之物，它视之不可见，听之不可闻，搏之不可得，无形无名无象无状，是具有普遍性的抽象存在。但抽象存在并非不存在，只是不在现象世界存在，"无"是"道"一种存在状态的描述，但这里的"无"不是绝对的空无，它只是"有"隐着的状态而已，"道"隐着时是"无"，显现时是"有"，即现象世界有形有象有名有状的万物，"无"是体，"有"是用，无论是体还是用，也是"道"，都是对"道"的描述。

对于"道"的本体性解读，王弼用"无"来明确其内涵："无形无名者，万物之宗也。不温不凉，不宫不商。听之不可得而闻，视之不可得而彰，体之不可得而知，味之不可得尝。故其为物也则混成，为象也则无形，为音也希声，为味也则无呈。故能为品物之宗主，包通天地，靡使不经也。"① 因其无任何规定性也就无任何局限性，所以为万物宗主，它虽然是"无"却也实实在在地存在着，因为"无"不仅是本体还有生成论的内涵，它是具有客观性的、人可以通过接触具体的事物来认识作为本体的"无"。但在《明意》中，著者并没有将关注点放在具体事物本身上，因为就像著者所理解的："老子开篇就讲透了一切哲学言说的真理，都在言说之外，无论言语的逻辑如何严密，表述如何清晰，都是盲人摸象，不可能真正达到事物存在的实相本身。"也就是说我们不要将我们自以为正确的事物之"理"等同于事物本身，所以我们能探讨的只能是事物表现出来的状态。

对此不可道之"道"，《明意》如此解读："代指宇宙之道，是天地之间一切现象如此展现的根据，即哲学所谓实体、本原、真理和规律等，在本书的解读中，基本上等同于'自然之意'。"② 也就是说"道"的内涵即是"自然之意"，"自然之意"与"道"一样是万物之本体。那么"自然之意"的内涵是什么呢？"'自然之意'，即是天道自然生发而有其意。"③ 这是把"自然之意"理解为天道自然的状态之意。"自然之意即万化之真理，自然之意即事物之生命，这种自然之意三位一体的结构。"④ 这是认为"自然之意"、真理、生命同为一体。"自然之意"一语有两个关键词："自然"和"意"，"自然"内涵之一是宇宙间万事万物，内涵之二是指事物活动时的本相，"意"是万事万物生发后进入人的视野被人领会的表达，所以"自然之意"是与作为宇宙一分子的、有思维的人类试图更好地理解世界、与世界和谐相处产生的生命思考的表达。"'道'是道意，是道被领会在意念之中。"这是认为，"道"为人所知，

① 楼宇烈：《王弼集校注》，北京：中华书局，1980年，第76页。
② 温海明：《道德经明意》，第56页。
③ 温海明：《道德经明意》，第58页。
④ 温海明：《道德经明意》，第64页。

不可能离开人的"意"。"'道意'即自然之意的基本状态，是道必然进入意中，以意的方式行世。"①"道"无疑是真实存在的，但其在人的世界中存在还需借助"意"，即人的意念领会，人只有通过"意"，才有可能彻底领会"道"，这样"意"便是"自然之意"，人之所思所想皆是符合于"道"的，那么行之于世的便不再是个体之私意，而是事事物物皆能以符合自身正确的方式存在。著者在讲到"自然之意"时曾说："叔本华的意志和《奥义书》的'自我'意念，都不是个人起心动念，而是天地自然之意，是世界无始以来原生本有的、在一切当下现象中存续的自然意志。"②可见，其"自然之意"思想受到叔本华和印度思想的启发。

不论是西方思想还是东方思想，我们对世界的认识既是客观的又是主观的，但又不是纯粹客观的、纯粹主观的，而是主客合一的。恰如康德《纯粹理性批判》中所讲的"物自体"是我们永远都不可能认识的，我们所认识的都是我们的先天知性范畴在对感性杂多材料整理的基础上形成的现象世界。知识形成的前提是感性材料先发生对我们感性器官的刺激，而知识得以形成又赖于人的先天知行范畴和先验自我意识的统觉。《明意》将"道"的含义明确为"道意"，即是将道的存与人的主观意念直接联系起来，"道"只有通过"意"，也就是每个人的意念的领会才得以"存在"。没有"意"来领会，道只是道，其存在对人来说没有任何意义，可见，"意"对"道"的领会和开显具有核心意味。

《道德经》第四十章曰："天下万物生于有，有生于无。"王弼的注解："天下之物，皆以有为生。有之所始，以无为本。将欲全有，必返于无也。"③此一章的"有""无"和第一章的"有""无"有着几乎相同的含义，其与"道"三者之间有着相同的架构，万物之生于能显现的"有"，而根本上来说"有"源于隐着的"无"，也就是"道"。"无"意为无形象、无方所、无内外，是"自然之意"只可意会不可言传的状态。"有"指道落于形器而有形质，是"自然之意"被领会，形成意念，在经验界得以实化的状态。两者并非绝对二分的关系，而是一体两面，是"自然之意"在不同维度上的表达，相辅相成。关于"有"、"无"二者与"自然之意"的关系，著者明确说明："自然之意的存在即是有而无之。万物其实每时每刻的存在都是一种有而无之的状态，即看起来'有化'，其实'无化'。所谓'有化'，即物之就其自然被意会'有'。所谓'无化'，即物之就其自然被意会为'无'，在追根溯源上必须回到自然之意的状态。"④"自然之意"只有时时被人的意念进行领会才能时时存在，也就是"有"，而

---

①   温海明：《道德经明意》，第63页。

②   温海明：《道德经明意》，第57页。

③   （魏）王弼注，楼宇烈校释：《老子道德经注校释》，第110页。

④   温海明：《道德经明意》，第225页。

这种领会的要求是对自然之意的还原，所以"有"的背后是无时不在的"无"。所以"无"只有借助"有"才能真正落实于人的世界，才能存在，而"有"须时时回顾"无"才能真实地存在，所以二者是相辅相成支撑起了"自然之意"。也就是说，"有"与"无"是"自然之意"的存有架构。

二、"领会"和"意会"——"自然之意"之运化

从认识论的角度说，事物本身是我们如何努力也无法触及的，所以只有被悬置。《明意》认为，我们对世界的认识只能借助于"自然之意"，而"自然之意"不是个人之私意，也并非某一人之独断构想，它是对万化之真理、万物之生命的真实领悟，直接理解到一切事物之存在、生成、发展均赖于自然之意。

所以"领会"在《明意》的"意"哲学中是"道"得以存在的关键一环。"领会"一词是存在主义哲学家海德格尔解释学中的一个重要概念。海德格尔的解释学不是对某一文本（语言）的解释发挥，它所展示的乃是此在生存活动的基本方式，"领会在理解中并不成为别的东西，而是成为它自身"[①]，领会是世间物事被解释即显现的前提。海德格尔摒弃了西方传统的静态本体论，他认为，世界因人的生存才成其为世界，我们不断地做事，不停地"去存在"，这个世界才向我们显现，所以"领会"（auslegen）便是世界存在之活的源始境域，因而成为生成的源泉。《明意》将类似的理解表达为意念对世界之有的领会，这里的"领会"含义并不是像海德格尔哲学中针对人的实践活动而言，但它却与之有着相同的作用，即在万物存在与否的问题上起决定性作用，"意对存在者的领会是存在者被领会进而存在的根据"，"领会之意对存在者的规定即是存在者进入世界之后获得的规定"。[②]可见，在"意"哲学中，"领会"也基本可以和"存在"画上等号。若"道"的本然状态也就是"自然之意"可被"意"领会，那么"道"便是可落实到经验界，便是存在的了；若"道"没有被彻底领会，那么"道"便是不存在于人的生活世界，便是不存在的，"自然之意"无法在经验界落实，万物也就无法运化。

《明意》也称这种"领会"为"意会"。《明意》中对万物之生成与自然之意有明确解释：

宇宙从乾阳元气的运化开始，形成天地间万物万事天生地成，各正性命、生生不息，待意与会。因万物自在，自化无待，却不为人所知所识，所以其自然之意，

① [德]海德格尔著，陈嘉映、王庆节译：《存在与时间》，北京：生活·读书·新知三联书店，2014年，第181页。
② 温海明：《道德经明意》，第136—137页。

必待人之意向与之交汇而开显，化为阴阳二气，化为三才四象无形六位之分，条分缕析，丝毫不爽。天人之道，因意化转，分门别类，感应互动，吉凶生之，趋吉避凶，运道之化，实意之功。①

　　自然之意也即万化之真理，其在与"意"交会之前是混沌一体的，它在自然万象之中并不主动显现，当其开始"意"交会时，若能被"意"真切领会，也就是"意会"发生之时，那么"自然之意"便可如如朗现，世界便也能得以真实运化。
　　那么对自然之意之真实运化如此关键的"领会"行为，其有着怎样的内涵呢？是否仅仅就是一种理性的认知呢？其实纵览"意"哲学的构建，"领会"其内涵的根本底色还是来自传统的中国哲学，即中国哲学中使得人穷理可以尽性见天道的"直觉性"行为。《明意》中明确讲到，对于自然之意，可以用"牟宗三'智的直觉'来意会它的运化"②。"智的直觉"是牟宗三先生《智的直觉与中国哲学》一书中针对康德哲学中人不可能做到像上帝一样对万物之运化进行掌控而提出的，牟宗三在书中借张载的"大心"概念提出中国哲学的"智的直觉"一词，以此说明中国哲学人也可以像上帝一样领会万物之运化。张载《正蒙·大心篇》云："天之不御莫大于太虚，故心知廓之，莫究其极。"③首先是天道之本然运行，因以"太虚神体"为体故能妙运无方而无穷地创生万物，而这种天道的生生运化人是可以看清甚至可以参与其中的，方法便是以诚明之心进行观照：

　　"心知廓之，莫究其极"，此是主观地说，是以"心知"之诚明形著此"不御"而证实之，亦即具体而真实化之。"莫究其极'是如其"不御"而证实其为不御。"廓之"即相应如如范围而形著之之意。"范围"不是圈限之，乃是如如相应而印定之之意，即如其"不御"而印定之。此种如如相应而印定之的"心知廓之"即是一种智的直觉。即是智的直觉，则不但如如相应而印定之，即不只如如相应而认知地呈现之，行著之，且同时亦即能客观地树立起来与那天道生德之创生之不御同一而其自身即是一不御的创造。客观说的天道生德之创生之不御究竟落实处即在此主观说的"心知之诚明"之创生之不御。④

① 温海明：《道德经明意》，第220页。
② 温海明：《道德经明意》，第100页。
③ （宋）张载：《张载集》，北京：中华书局，1985年，第25页。
④ 牟宗三：《智的直觉与中国哲学》，《牟宗三先生全集20》，台北：联经出版事业股份有限公司，2003年，第239页。

这样一种直觉的观照已然脱了感性的直觉亦不是知性的概念思考，而是达到了"尽心知性知天""天地与我并生，而万物与我为一"的圣人精神境界后对万物的观照。所以这更多的是一种精神上的直觉性行为，"意"对"道"领会（意会）的最理想法门便是如此。著者针对领悟的方法讲："心不是用其认识功能来理解道的，也就不是通过正常认识外物的途径，如从感觉经验材料开始，形成表象、联系、观念、判断，进而形成命题的推理、演绎等方式来认识道，而是通过超言绝相的意会，直接与道融会贯通的方式领悟。"①"自然之意"并非一个客观的实实在在的对象，它是不断创生性的存在，是活泼泼的，所以只用脑子不走心的方法是认识不到自然之意的，自然之意自然也不会与你发生关联的。

《道德经》十六章能帮助我们更好地解读这种领会时的心理状态。十六章云："致虚极，守静笃，万物并作，吾以观复。夫物芸芸，各归其根。归根曰静，静曰复命。复命曰常，知常曰明，不知常，妄作，凶。知常容，容乃公，公乃王，王乃天，天乃到，道乃久。没身不殆。"②以心观物，以"意"会"道"，致虚守静是根本法门，"虚者，心斋也"（《庄子·人间世》）。"致虚"即是追求内心极度空无纯粹，没有任何私心杂欲，"守静"即是意念保持极度的清净不为外界物事所干扰。"道"本就超越于一切经验界的物事至上，它没有任何的规定性，是"玄之又玄"的"无"，"虚"便是其性，而人心如果要领会"道"便是要达到这样一种绝对清净空明的境界。以心观道，而道非抽象的静态之物，道体现万物生生的过程中，心若能见道，便是与生生之万物融为了一体，也就没有了自己，是"无心"的状态，也可以说是"大心"的境界。

在这种境界中，心即万物，万物即心，心物不二，那也就是说意完成了对"道"的领会，达到了一种最完满的境界——"意道之境"："道意之境总是意道合一，无所谓作为的。当道意不分，无所不至，道在万物之中，意也在万物之中，道即是意，意即是道意，道意不二。随物附意，意随物显。"③这是强调"意"与"道"的同构性，用"意"悟道时，"道"必意"道意"为人领悟。"心意与道无对，自然之意与万物无对，消融不分。心意发动皆为自然之意。"④到此境地，也即人达到道意之境，人之起心动念皆合自然之意。自然之意既是本体，有是功夫：

自然之意是其所是，造就了世间的一切。自然之意成就自身、设定自身，另外

① 温海明：《道德经明意》，第131页。
② （魏）王弼注，楼宇烈校释：《老子道德经注校释》，第35—36页。
③ 温海明：《道德经明意》，第208页。
④ 温海明：《道德经明意》，第253页。

也设定跟自身相关的一切存在，所以自然之意是一切存在的尺度，是一切存在物自然而然存在的尺度。人身上的自然之意表现在心念发动的境界之中，在心意反观的内在境遇中自然生成。①

所以著者顺着老子的言道逻辑，指出只有我们领会了"自然之意"既本体即功夫的状态，才能当下直觉性地领悟"自然之意"可以时刻真实地运化，自然（我们的世界）才能自然而然地、恒久有序地运转。万物流转之间，我们领悟自然之意的自然状态，此即人在道中，在道意之境中，如鱼在水中，真实运化，当生则生，当死则死，顺道而行，即是顺自然之意而成事，所做无不合于天道。

三、养身——"自然之意"之澄明

《明意》顺着老子之意认为，只有达到"致虚极守静笃"的状态时，才有可能领会"自然之意"，那么人生于世，寄托于由好色之目、好音之耳、好味之口组成的身体，稍不留意，便私意泛滥，所以如何处理与身体的关系，才能去澄明自然之意呢？在《明意》的哲学体系中，自然之意得以澄明的最关键一环便是"身的道意化"。

在西方哲学传统中，心或者神通常代表认识纯粹真理的能力，而身一般代表污浊的欲望，心因为身体所累而难以认识真理，所以关于两者，柏拉图在《斐多篇》中讲："灵魂从肉体中解脱出来的时候是纯洁的，没有带着肉体给他造成的污垢，因为灵魂在今生从来没有自愿与肉体联合，而只是在肉体中封存自己，保持与肉身的分离。"②如此一来，真正的哲学是练习死亡，即不断地摆脱身体即欲望的拖累而获得真理。在中国道家思想中，心形或神形关系也一直是道家哲人所关注的问题，但与之不同的是，道家认为身体是追求真理的重要载体，甚至有很强的保身观念，"贵以身为天下，若可寄天下；爱以身为天下，若可托天下"③，若一个人连自己的身体都不珍贵、爱惜，那么即使把天下托付给他，他也不会照顾好天下人的。司马谈在《论六家要旨》中对道家的神形观有明确的阐释："凡人所生者神也，所托者形也……形神离则死。"④人寄居于天地间可托付的只能是身体，而人能有活泼泼的生命关键在于人有精神，身体离开精神，则不再为人之身，只是一团血肉，精神离开身体，则精神游荡于天地间，并不能长存，所以身体和精神不可分离，分离则人会死去。在《明意》的哲学阐发中，身体的存在是自然之意最终被领会的前提，因为自然之意的展

---

①　温海明：《道德经明意》，第 253 页。
②　王晓朝译：《斐多篇》，《柏拉图全集》第 1 卷，北京：人民出版社，2018 年，第 85 页。
③　（魏）王弼注　楼宇烈校释：《老子道德经注校释》，第 29 页。
④　（汉）司马迁：《太史公自序》，《史记》，北京：中华书局，2011 年，第 1004 页。

开是有境域性的，那么身体的实有便是自然之意创生的情境。如著者所讲"生之境为意之情境"①。所以《明意》继承了道家传统哲学的思想，不遗弃身体的存在。

身体作为宇宙万物存在的一种，在《明意》的"意"哲学体系中，被认为并非客观独立存在的事物，它的存在是与"心"为一体的，著者讲此种形态称为"身—心意识"。身体的存在并非因为它由耳目口鼻四肢组成就是身体，如果没有意识的话，"身体"何以被当作身体？因为被意识到是身体，发挥了身体的作用，才能说作为"身体"存在于人的认知思维中。王阳明有一段著名的论述："这视听言动皆是汝心，汝心之视，发窍于目，汝心之听，发窍于耳，汝心之言，发窍于口，汝心之动，发窍于四肢；若无汝心，便无耳、目、口、鼻。"②耳目口鼻之所以是耳目口鼻，是因为它们能视听言动，而使得它们发挥视听言动作用的只能是"心"，也就是人的意识，人的主观能动性，所以若没有人的意识，也就没有耳目口鼻，也即是没有什么关于身体的认识是可以离开心灵意识的，"这种'身—心意识'是人身在世的根本出发点，身之所以为身，因其有意，身之实存，因其有心；身之安行，因心之安行；身之成毁，因心与意之成毁。"③所以若想通达自然之意，拥有上下与天地同流的境界，需要修身，修身也即是在净心，而净心的过程也是在存身。

《道德经》第十章讲："载营魄抱一，能无离乎？专气致柔，能如婴儿乎？涤除玄览，能无疵乎？"④从正面解读，是讲人应该让形神合一，如此而不分离，持守天真元气，如此才能像婴儿一样，涤除污垢以玄观妙有，如此才能澄澈而无瑕疵。从负面解读，则是在责难与道背驰面目全非的于尘世游走之人。"婴儿"在老子的话语体系中就是"道"的化身，刚出生的婴儿无知无语，拥有一颗赤子之心，无知无欲，自然能感通万物。但随着人在世间的行走，不断被外在之物所诱惑，想对万物占为己有的私意不断充盈于心，"自我"的意识不断强化使得人很难有一种虚灵的心境感通万物，从而也就无法领会自然之意。《道德经》第十三章讲："何谓宠辱若惊？宠为下。得之若惊，失之若惊，是谓宠辱若惊。何谓贵大患若身？吾所以有大患者，为吾有身。及吾无身，吾有何患？"⑤于尘世游走之人尤其是为名为利之徒常常得宠惊喜受辱惊吓，心理上患得患失，这皆源于对外在得失的过分执着。人把所有的心念都放在对自我得失上，便很难客观地观照其他事物，与他物他事和谐共处，最终正常地行走在人世间都是不易之事，所以大多以亡身为终。所以老子要人们持一种"无

① 温海明：《道德经明意》，第322页。
② （明）王守仁著，吴光等编校：《传习录》，《王阳明全集》，上海：上海古籍出版社，2011年，第41页。
③ 温海明：《道德经明意》，第118—119页。
④ （魏）王弼注，楼宇烈校释：《老子道德经注校释》，第22—23页。
⑤ （魏）王弼注，楼宇烈校释：《老子道德经注校释》，第28—29页。

身"的观念，"无身"的观念不是讲要遗弃身体，人人都摒弃尘世生活欣然奔向死亡，这也是不符合道家一贯的风格。而是不再把身体视为一己之私物，身体本就来自大道，某一个人的身体只是大道提供给人寄托身心的居所，所以人不应当完全占为己有，沉浸在身体各种感官带来的享乐上。

身体与万物一样均来自大道，人只有正确地对待身体，始终持有"养身"的念头才可能让身体得到善终。如前所述，身—心存在是一个整体性的结构，所以养身即是涤除私心杂念，以意念控制身体各种感官的逐物行为。"五色令人目盲，五音令人耳聋，五味令人口爽，驰骋畋猎令人心发狂，难得之货令人行妨。是以圣人为腹不为目，故去彼取此。""五色""五音""五味"等均是"为目"的生活方式，是心思向外奔驰，而"为腹"是一种心思的内敛，是关照内心从而与道感通的生活方式。陈鼓应解读："为'腹'，即求建立内在宁静恬淡的生活。为'目'，即追逐外在贪欲的生活。……老子唤醒人要摒弃外在物欲生活的诱惑，而持守内心的安足，确保固有的天真。"①"为腹不为目"是养身、爱身、存身的不二法门。

这种心思内敛的修身方式也即身的"道意化"。《道德经》第七章云："天长地久。天地所以能长且久者，以其不自生，故能长生。是以圣人后其身而身先，外其身而身存。非以其无私耶？故能成其私。"②这种"不自生""后其身""外其身"的无私境界，《明意》认为就是一种身的道意化过程：

对身的现实观照从本质上是私意化的，但人通过意识反身性的自我修炼，可以进入意识的无分别状态，从而化解自身、己身与他身、他人之别，从而将身道意化、永恒化，让身意通于道，让身意的领会发生能够"天长地久"的根本性转变，让对短暂肉身之意的真实性道意化，从而实现超越短暂肉身的永恒性，也就是让寄托于短暂肉身的意实现道意化，实现超越自身有限性的永恒化。③

有道家思想背景的北宋理学家邵雍有著名的"以物观物"论："夫所以谓之观物者，非以目观之也。非观之以目，而观之以心也，非观之以心，而观之以理也。"④他还说："不我物则能物物，圣人利物而无我，任我则情，情则蔽，蔽则昏矣。因物则性，性则神，神则明矣。"⑤《明意》中的"自然之意"与邵雍这里讲的"理"是相同

① 陈鼓应：《老子注译及评介》，北京：中华书局，1984年，第108页。
② （魏）王弼注，楼宇烈校释：《老子道德经注校释》，第19页。
③ 温海明：《道德经明意》，第92页。
④ （宋）邵雍：《观物篇》，《皇极经世绪言》卷6，中华书局聚珍仿宋版，台北：台湾中华书局，1975年，第26页。
⑤ （宋）邵雍：《观物篇》，《皇极经世绪言》卷8下，第27页。

的理路，观照世间万物最高超的方法便是以事物本身之理（意）进行观照，若只是一味为满足自己的私欲跟事物打交道时有一个强烈的自我意识在，那么对事物的了解就会因为昏蔽而不明。

《明意》讲领会了自然之意之后，这种时刻无私无欲的状态，用"无欲之意"的"玄意门"来表示。[①]正如庄子讲："其耆欲深者，其其天机浅"（《庄子·大宗师》）[②]，嗜欲深的人对欲望的追逐堵塞了与万物产生感通的通道，只有自己放弃对外在欲望的纠缠，使心念控制感官对外在事物的过分追逐，从而使得被自我意识封闭的、本与天地之意相通的先天能量打通，这样人可以每时每刻得到天地之间先天之气的滋润和养育，起心动念与自然之意为一，而不循私意，使"自然之意"得以澄明，从而成己成物。

四、结论

本文试图对《道德经明意》的理论体系和概念框架进行整理，并对其意本论哲学视角进行简要评析。文章主要通过三个部分来说明该书如何以"自然之意"哲学思想中心，围绕《道德经》文本展开意哲学的诠释。文章首先分析了作者如何讨论"有"与"无"的关系。进而说明"自然之意"之存有；其次从"领会"和"意会"等角度来深入讨论如何理解"自然之意"的澄明和实化过程，指出其具有现实意义。

本文认为，《道德经明意》在中华老学研究史上，从意哲学角度推陈出新，开创了以比较哲学研究《道德经》文本的新范例，成为著者整个意本论哲学体系的奠基之作。可以说，《道德经明意》基于《道德经》的本义进行诠释和讨论，试图开创和构建一种新的哲学话语，既扎根于传统道家哲学的深层意蕴，又有着和西方近现代哲学，如现象学和存在主义哲学对话和交流的宽广视野和胸襟。《道德经明意》的这种学术努力，对于推进当代《道德经》哲学的思考，尤其是在比较哲学视域中如何对道家哲学进行深入研究，将有无法绕开的学术史意义。

---

① 温海明：《道德经明意》，第49页。
② （清）郭庆藩著，王孝鱼点校：《庄子集释》，北京：中华书局，1985年，第228页。

"以身观身"与"反身之意"的治身之道

——以《道德经》第五十四章为中心

郑鹤杨 *

内容提要: "身"是老子哲学中的重要议题,贵身抑或无身、修身还是外身的讨论在老学史上多有聚讼之处。《道德经》中可开显出一套完整的治身逻辑,用"损不足以益有余"的人之道"殆矣"的判断以及名货致患的归因,阐明贵身的必要;以修、观阐明治身的方式,落脚于知止不殆的外身与无身。第五十四章提出了"修之于身"于"以身观身"两个面向,"身"兼含个人体道修道的具体落实义和政治隐喻义,境遇化体现的"反身之意"意味着"身"的道意化。而"观"实为"观而不观",向内要求反观自身、消融身意边界,向外推而广之要求以道观照家、乡、国以至天下,融身于道、身通意道。

关键词: 道德经 身 观反身之意

引言

"身"(body)的问题一直是道家哲学和道教的核心议题,自《道德经》始便有外身、贵身、修身以及观身等对"身"不同面向的关怀。而后道家和道教两重序列中,"身"一方面作为落实修道方法的存在,直接与认识论、体道方法或广义的养生修行问题关联;另一方面,"身"在道家哲学的语境中与"国"相挂钩,"身国同构""身国同治"等提法或黄老道家由养生到治国之线索,其理论根据亦肇端于《道德经》的第五十四章中"修之于身"与"修之于国"、"以身观身"与"以国观国"并举。

---

* 郑鹤杨(1997年—),女,浙江慈溪人,中国人民大学博士研究生,主要研究道家哲学、语言哲学。

　　《道德经》第五十四章在老子诠释脉络中未得到足够的重视①，本文以"身"作为切入点，以第五十四章为核心，考察严遵、河上公、王弼、杜光庭等人对本章的诠释，厘清无身无为、治身养生、修身察己三条诠释进路，同时在彼我之观、身与天下之修中仍存在诠释困境。温海明《道德经明意》基于自然之意提出"反身之意"，开启"身"之"生命之有"体察自然之意的生生之"道-门"。以五十四章中"观"作为修身之方法论核心，内观自身思虑神气，外观彼我、外物以臻天道，在"观而无观"中消融身意边界最终实现身的道意化。

　　一、《道德经》中的"身"：以第五十四章为中心

　　"身"在《道德经》的 9 章中皆有出现②，其意涵大致可以分为三类：第 13、26 章着眼于"贵身""贵大患若身"；第 7、66 章则就"圣人"而言"后其身""外其身""以身后之"；第 9、13、16、52 诸章则强调"功遂身退""无身无患""没身不殆""无遗身殃"，从否定的进路把"身"定位在隐退的"无"的状态，将身退、没身、无身作为一种道或天道的收束。

　　"身"在《道德经》中的每一次出场，皆与天下、天之道关系密切③。第五十四章是极为特殊的存在，"身"与"天下"并举，其间加入家、乡、国三重序列，同时有"修""观"两种兼具认识和实践意味的提法。不妨对第五十四章文本做一考察：

> 善建者不拔，善抱者不脱，子孙以祭祀不辍。
>
> 修之于身，其德乃真；修之于家，其德乃余。修之于乡，其德乃长；修之于国，其德乃丰；修之于天下，其德乃普。
>
> 故以身观身，以家观家，以乡观乡，以国观国，以天下观天下。吾何以知天下然哉？以此。

　　不考虑后出注本，单就文本而言，此章如下几处诠释空间：其一，起首一句为何从善建者、善抱者转向子孙"祭祀"这一具有儒家意味的代际传递之"礼"？其

---

① 学界对"身"的考察有多种进路，以问题为导向的有刘笑敢《老子古今》一书中辟一节讨论"重身"还是"无身"，邓联合亦有《〈贵身〉还是〈无身〉》一文深入辨析；以注本为导向的，则将河上公注、想尔注中关于"身"之思想抽绎出来，讨论连贯的诠释文本中关于身的论说及宗教倾向；以政治哲学为导向的，则常以"身国同治"或"身国同构"的提法对老子治身说进行建构，然则学界关于老子治身的融贯逻辑的表达则莫衷一是。

② 分别为第 7、9、13、16、26、44、52、54 和 66 章。

③ 在第 13、26、52、54 和 66 章中，"身"字面上都直接与"天下"相关联，第 7、9、16、44 章虽然没有使用"天下"这一概念，但也将"身"与"天之道""道""长久"等并提。

二，第二段中"之"的指代，即所修于身、于家、于乡、于国者为何？其三，由"身"到"天下"，此中是否存在一条类似儒家修齐治平似的由内圣而外王的进路？历代《道德经》注疏都在或隐或显地回应这些问题，可梳理为无身无为、治身养生、修身察己三系主要的说法。

（一）严遵：无身与无为

现存最早的《道德经》注本即西汉末严遵（严君平）的《老子指归》[1]，原有十三卷，现存后七卷[2]。严遵本特为每一章命名，通行本五十四章被列为上经卷之三，篇名为"善建篇"，指归言：

……唯无所为，莫能败之。……无为不能遁福，有为不能逃患。……无为无事，反朴归真，无法无度，与变俱然。……故治之于身，则性简情易，心达志通，远所不远，明所不明。重神爱气，轻物细名，思虑不惑，血气和平。筋骨便利，耳目聪明，肌肤润泽，面理有光。精神专固，生生青青，身体轻劲，美好难终。治之于家，则夫信妇贞，父慈子孝，兄顺弟悌，九族和亲。……治之于乡，则睹纲知纪，动合中和，名实正矣。……治之于国，则主明臣忠……治之于天下，则主阴臣阳，主静臣动，主圆臣方，主因臣唱，主默臣言。……

是故，我身者，彼身之尺寸也；我家者，彼家之权衡也；我乡者，彼乡之规矩也；我国者，彼国之准绳也；人主者，天下之腹心也；天下者，人主之身形也。故

---

① 据《汉书·艺文志》记载，西汉有《老子邻氏经传》《老子傅氏经说》《老子徐氏经说》和刘向说老子，合四家老子著述；东汉则有毋丘望之所撰《老子注》《老子指趣》，其中不见严遵《老子指归》。且《四库全书总目提要》和清人学者，或认为严遵指归乃是伪书。稍为晚近，蒙文通认为《指归》乃晋人郑思远之作。张岱年、王德有等人则通过辨伪认为《指归》确系汉代文风，且多化转易学术语。据《汉书·王贡两龚鲍传》记载，严君平"卜筮于成都市……才日阅数人，得百钱足自养……依老子、严周之旨，著书十余万言"。上文中以天地、阴阳分别对应《道德经》上经、下经的做法，以及《汉书》所载其卜筮为业的占卜家身份，也可一窥其受易学中象数派的影响。《指归》中体现的天地变化原理，着眼于统合天人，注重对宇宙万物"变化"的发挥，同时有很强的政治哲学关怀。张岱年认为严遵本的特点是提出了独具特色的天地起源论，宣称："天地所由，物类所以，道为之元，德为之始，神明为宗，太和为祖。道有深微，德有厚薄，神有清浊，和有高下。清者为天，浊者为地。"并认为其基本观点是老子"有生于无"的发挥，是淮南子天地起源论的改造，"可以说属于客观唯心主义，对魏晋玄学可能有一定的影响"。后之学者多将《指归》认定为严遵所作，有西汉文风、严遵个人生平和学术风格等诸方面的论证，疑古思潮过后，对指归作者确系严君平持学界大多肯定态度。

② 其中《君平说二经目》云："上经配天，下经配地。阴道八，阳道九，以阴行阳，故七十有二首。以阳行阴，故分为上下。以五行八，故上经四十而更始。以四行八，故下经三十有二而终矣。阳道奇，阴道偶，故上经先而下经后。阳道大，阴道小，故上经众而下经寡。……下经为门，上经为户。智者见其经劾，则通乎天地之数、阴阳之纪、夫妇之配、父子之亲、君臣之仪，万物敷矣。"可以一窥严遵本藉由阴阳相匹的思路对应《道德经》的上经、下经，同时有由人道达天道，通天地之数之意。

天下者与人主俱利俱病、俱邪俱正。主民俱全,天下俱然。家国相保,人主相连。苟能得已,天下自然。……①

　　严遵注不囿于原文字句,其注多用四字句,几乎另起炉灶从"天地"言及"我身",由治身到治天下的递推部分着墨颇多。同时他将"无所为,莫能败之"的宗旨糅合进由身到家、乡、国再及天下的建道途中,间接回应了"所修"的内容是无为。

　　在治身一层,严遵认为可达到的状态是:性情简易、神气皆得葆养且血气平和,起心动念皆通达平实,外化表露在形骸上便是筋骨便利、耳聪目明的精神专固之貌。而在"国"与"天下"两层之间,严遵加入了"人主"的设定,认为君王乃天下的腹心要害,天下之安危兴亡委于人主之身形,因此践行"建道抱德"的主体是"人主"。在"我"与"彼"间存在类比、类推关系,但彼我关系最终都是为"主"这一上位者服务的,只有君主无为无事,民方全,家国方可保,天下方可自然。

　　《指归》显示出强烈的政治关怀,以知人论世的角度观之,严遵砭汉儒经学之弊,反对儒学与政法体制合体以钳制百姓的过度有为导致的"不自然",重提无为以要求君主应处于阴、静、圆、因、默之状态以复返自然。严遵并不反对儒家所推崇的上下有序的礼治法度,重视由治身到治天下的递进论证,且掺入"人主"一环作为沟通天人的重要环节,受天人感应说影响,有会同儒道的倾向。

（二）河上公:治身与养生

　　河上公注本常对举治身与治国,言"说圣人治国与治身同也"②。治身关键在于爱气养神、清静安宁,以期长生久寿;治国关键在爱惜民财,不骄奢放纵、穷兵黩武,以期国家安定长久太平。这种身国同治的运思逻辑在第五十四章注疏中体现得极为清晰:

　　建,立也。善以道立身立国者,不可得引而拔之。善以道抱精神者,终不可拔引解脱。

　　为人子孙能嗅到如是,（则）长生不死,世世以久,祭祀先祖宗庙,无（有）绝时。修道于身,爱气养神,益寿延年。其德如是,乃为真人。修道于家,父慈子孝,兄友弟顺,夫信妻贞。其德如是,乃有余庆及于来世子孙。修道于乡,尊敬长老,爱养幼少,教诲愚鄙。其德如是,乃无不覆及也。修道于国,则君信臣忠,仁义自

　　① 严遵著,王德有点校:《老子指归》,北京:中华书局,1994年,第53—54页。
　　② 王卡点校:《老子道德经河上公章句》,北京:中华书局,1993年,第11页。一说"说圣人治国与治身也",无"同"字,注12有影宋本有"同"字,治要、道藏等本无。

生，礼乐自兴，政平无私。其德如是，乃为丰厚也。人主修道于天下，不言而化，不教而治，下之应上，信如影响。其德如是，乃为普博。以修道之身观不修道之身，孰亡孰存也。以修道之家观不修道之家也，以修道之乡观不修道之乡也，以修道之国观不修道之国也，以修道之主观不修道之主也。老子言：吾何（以）知天下修道者昌、背道者亡？以此五事观而知之也。

较之严遵强调无为，河上公直接将"所修"的对象明确为"道"，落实于"身"是长生不死之道，落实于"天下"则是不言而化、不教而治之道。河上公只为"天下"确定了"人主"的主语，而身、家、乡、国四道则并不限于人主的单一面向。

相较于限定治国主体的严遵，河上公更重有普适性的"治身"，在身国两面中反窥内化的养生长生、保养精神之道。河上公本也可视为从道家及政治哲学向道教养生学的转捩点，下启魏晋神仙道教、葛洪的《抱朴子》等道教中人也都对河上公本重治身强于治国的倾向有了很大的发扬，开启了对"身"的宗教式的进路，直接以身之危殆的反题来回应治身。

（三）王弼：修身与察己

如果说河上公开始了宗教式治身进路，王弼则反归哲学式的诠释进路：

固其根，而后营其末，故不拔也。不贪于多，齐其所能，故不脱也。子孙传此道，以祭祀则不辍也。

以身及人也。修之身则真，修之家则有余，修之不废，所施转大。彼皆然也。

以天下百姓心，观天下之道也。天下之道，逆顺吉凶，亦皆如人之道也。

此，上之所云也。言吾何以得知天下乎？察己以知之，不求于外也。所谓不出户以知天下者也。[1]

其有两个倾向值得注意：一是由人道到天道，两道同理；二是知天下"不求于外"，内在转向到"察己"。前者一定程度上与严遵开始的天人同源诠释方向同轨，后者与河上公不同，不以长生久视作为目标，甚至不是治身的重要环节，也并不着意解释人的生命现象，王弼对五十四章的解读更有认识论倾向。宗教式的进路区别于道家哲学之处就在于：无论是老庄还是严遵，形骸之身得到葆养都是修道于身的附带结果不是目的，重视益寿延年并以其为目的则倒转了老庄的治身逻辑，把身之

---

① 王弼注，楼宇烈校释：《老子道德经注校释》，北京：中华书局，2008年，143—144页。

危殆的问题限缩在形骸层面。王弼注本后辑佚的《老子指略》中也阐明了他在这一问题上的立场:"后其身而身先,身先非先身之所能也;外其身而身存,身存非存身之所为也。"身之"先"和"存"都并不以先身和存身本身为目的,而是在其"崇本息末"的逻辑下,身先与存皆是"其子",王弼旨在复守"其母",身先身存是末而非本,倒转以其为目的则是"伪成",故应复返素朴寡欲之木,至于身之得治,不过是顺其自然的结果。

由严遵到河上公再至王弼,三人对"身"的阐发分别侧重了无身之治身、养生之治身和察己之治身三个面向。就各自问题意识而言,三者分别侧重政治哲学、修养功夫论和认识论,就思想倾向来看,严遵和王弼的注释都有汇通儒道的痕迹,尤其受易学由人道及天道思维的影响,河上公则开宗教式的解说《道德经》以及治身问题的风气。

(四)杜光庭:兼言三教

后出注本情况较为复杂,以唐杜光庭据唐玄宗"御注本"为底本所撰《道德真经广圣义》为例,其注疏自觉以儒释道三家思想注解《道德经》:

> 不修道之身,动违正理,名辱身危。修道之身,外绝众缘,内染一气,除垢止念,守一凝神,以慧照自观,证了实相,不滞空有,深入妙门,可以得道。理国之君,允执厥中,则永享天禄也。①

> 老君圣慈愍物,垂教殷勤。重明于家于国理乱之由,修之与不修之证,再自举问,广示群迷:何以知天下兴亡?盖以此五观之法,观其善恶损益之验尔。观我生者,《易·观卦·六三》云"观我生",谓进退之象也。我生,身所动也。②

其中可观儒释道三家的思想痕迹:儒家方面,以《文言》中坤卦之"积善之家,

---

① 杜光庭著,巩日国点校:《道德真经广圣义》,南京:凤凰出版社,2017年,第365页。此一段亦可观其采撷、糅合儒释道三家文本的痕迹颇重。

② 《道德真经广圣义》杜光庭撰,巩日国点校,凤凰出版社,2017年,第367页。后接详细论述,以《观卦》卦象解释《道德经》之"观":"六三居下体之极,是有可进之时;又在上体之下,复在可退之位。远而非物,不为童观之卑;上非九四,未能观光于国。既居进退之地,可以自观我生。可进即进,可退即退,观风相机,其道未失。此以卦象之理,进退则然。若夫观国观身,义在力修道德。道德修则国不倾拔,享福登真,失道德则国削祚危,祸至身辱。以为君臣至诚,得不自勖哉?所云'观其生者',最处上极,高尚其事,生亦道也,为天下观其之道,故云'观其生'也。以为特处异地,为众所观,既居天下可观之地,可不慎乎?君子谨慎,乃得无咎。《正义》云:我生、其生,皆动出生长之义也。"直接借用易学思想资源,会通易老,这与三国两晋南北朝以来"易""老""庄"被设定为"三玄"文本的思潮紧密相关。

必有余庆"解释"修之身，其德乃真"；以《象传》中乾卦象辞"'见龙在田'，德施普也"解释"修之天下，其德乃普"；以《观卦》解"观身"与"观天下"，多处以易学比附老子之说、融儒家修齐治平之说，甚至直接使用"允执厥中"儒家式的表达形式。道家方面，杜注杂糅了老庄道家中老子的形象与道教经过神化的"老子"，多用"老君"之称，意指道教尊奉老子为大道化身的教祖、人格化的至上神[1]。

杜光庭有限地保留了道家哲学性的一面，相较前三注本视角更为后置，其中有"证了实相，不滞空有，深入妙门"式受佛教、般若空宗影响的论说，以"涤除玄览"比附超离名言世俗之域求证实相的佛教思想。在治身观上，杜氏修身修道方法明托"老君"神授，暗访佛经般若空宗，兼言三教。杜本延续了河上公的进路，极为重视修身体道的一面，而治身的主体则是人君、人主，讲究"以正身九重，天下自顺"[2]，仍为"身国同构"序列中的余绪，"身"又是杂糅了儒释道的心性论、修行观和修道观的复杂载体。

概言之，无身无为、治身养生、修身察己三条主要的诠释进路，严遵及河上公通过引入"人主"来消弭所修于身于国的变化，身同时作为体道的落实和对政治结构的比附。养生进路则基于某种历史政治对思想的筛选，政治没有选择道家，政治思想建构不再仅需要从道出发论证合法性，亦不需要单以治身的逻辑比附治国，对身的诠释也内缩进宗教式的养生和与儒家修养工夫论亲缘关系更近的修身察己。

二、观：贵身与无身之间

无身、治身抑或修身三脉诠释，对五十四章文本内部"身"与修、观之间的治身逻辑仍有未尽之处[3]。在治身、修身这一中间环节中，"观"是极为重要的方法论。第五十四章中"修之于身"与"以身观身"呼应，如果说"修"仅具有内向性的意涵，"观"则兼有向内和向外两重意蕴。"修"仅出现在第五十四章中，"观"则稍多见，第一章便有"以观其妙""以观其徼"，以及十六章中的"吾以观复"。段玉裁《说文解字注》曰：谛视也。宷（审）谛之视也。《谷梁传》曰：常事曰视，非常曰

---

① 唐注本中将老子形象杂糅老君形象，与唐代君主祖述"李耳"的政治因素也有极大关系，尤其玄宗时设"玄学博士"，将道家经典封为"真经"：《老子》封为《道德真经》，《庄子》封为《南华真经》，《列子》封为《冲虚真经》，《文子》封为《通玄真经》，《关尹子》则为《文始真经》。作为先秦思想流派的道家经过封经，也成了道教所尊奉的五大经典，也不难推出作为思想家的道家人物被神化为道教始祖。

② 杜光庭撰、巩日国点校：《道德真经广圣义》，南京：凤凰出版社，2017年，第366页。

③ "善建者不拔，善抱者不脱"为对不殆之道的特征的表述，基于此言修之于身、家、乡、国和天下；对损不足益有余的人之道"殆矣"的判断，人之道应当自觉上参天道，在名、货等外物与身之间分晓轻重，故有"贵大患若身"以及"贵以身为天下"之言。"身存"意味着依然有"大患"的可能，后身、外身、无身方能无患，故言无身则无患。贵身与无身在《道德经》中并不矛盾，而是在不同的意义上成立。在"贵身"与"无身"之间的"修身"，作为中间环节完善了由"身之贵"到"身之无"的闭环。

观。凡以我谛视物曰观。使人得以谛视我亦曰观。犹之以我见人、使人见我皆曰视。相较于日常的、普通的对象用"视","观"本身去体贴的对象就是"非常"的,且这种"非常"的审查视角是从"我"出发,以"我"审查他物,同时也保持自身被他人审查的可能性。"观"较之"视"更为审慎和详尽,较之视觉主导的简单信息获取更加入了思虑和主体的判断。

"观"具有方法论意义,且同等适用于"身""家""乡""国"以及"天下"五个层次。一方面,"观"作为一种审查方式在身、家、乡、国和天下的每一层、每一个体内部奏效,另一方面,"观"本身又意指每一层之中的不同个体之间的交互和由此及彼。

传统的解释面临的问题是:在身、家、乡、国四层的内部,可顺承解释为"观"同一层中彼身我身、彼家我家、彼乡我乡甚至彼国我国之间的主体间性,但是"天下"一层却难以说共时性的彼之天下、我之天下。王弼对修、观之句的解读体现了"观"的审视义,显然注意到了这一问题,因此对"以天下观天下"特做解释:"以天下百姓心,观天下之道。"认为老子论说行进之观天下,便上升到了天道一如人道,察人道可不出户以知天下。这种解释消解了身至天下共有的主体间平行的关系,在认识论意义上天下显然较之前四者更高一层。严遵和河上公注本则在国与天下之间引入了"人主":《指归》言"人主者,天下之腹心也;天下者,人主之身形也";河上公言"人主修道于天下",而"观"则是以修道的主体观不修道的主体。二注本通过引入人格化的"人主"来消解上述诠释的裂痕,把是否存在彼我天下的问题置换为存在彼我之国的问题,通过"人主"与"天下"的互换,甚至直指王道。这样做存在两方面潜在的风险:首先,"修道"与"修身"的终极完成者只有"人主",修身是否可致的普遍性被取消,道本身的意涵也被转嫁到"主术"的政治领域;其次,究竟是否存在共识性的"我"之天下和"彼"之天下的问题被最终等同于了彼我之"国"。

与王弼明天人之分和严遵、河上公引入"人君"的两种解释方式不同,也有注家对这一问题存而不论。陈鼓应直以"从[我的]天下关照[其他的]天下"译此段,注中援引王弼"彼皆然也"及林希逸"即吾一身而可以观他人之身,即吾之一家而可以观他人之家,即吾之一乡而可以观他人之乡"①来辅助论证。刘殿爵(D.C. Lau)的英译本中也直接将天下一层和前四层用了平行的结构,将"以天下观天下"翻译

① 陈鼓应:《老子今注今译》,北京:商务印书馆,2006年,第272页。

为"look at the empire through the empire"①，其实并未将"观"的审慎义点明，甚至模糊了"观"与"视"的分别。

老学诠释史上对第五十四章未得应有之重视，"身""观"以及"彼我"诸问题在各注本中存而不论的状况也屡见不鲜，或可从"身"的定位、"观"的方法论以及"彼我"在认识论上的重新认识出发。温海明《道德经明意》认为：

"观"是修身之法门，是在意识投射向外观察的同时，保持清楚明白的内省和反观，因而内观可谓洗涤心灵，放下私心私意的过程，所以"观"是同时向外和向内的明观，都是于黑暗中关照而明亮起来的意味。道家和儒家对于"观"的意识有别。观卦为《周易》第二十卦，有宗庙祭祀的大观之意，而老子在此处有从有道者的眼光来反观自身，进而观察天下的意味，可以如此理解：要从我自身的修身之道来观察别人；以观自家来观照他家；以观自乡来观照他乡；以观自国来观照他国；以观今日的天下来观照将来的天下。②

"身"作为能够体道的具体存在，向内可内观修身，向外可观照彼我。而"观"本身作为方法论，借由《周易》的观卦可与儒家身心一如的一体性认识关联，借由神仙家、道教养生学又和宗教式的修身挂搭。在道家而非道教、哲学而非宗教的语境里，"观"不对"身"预设宗教式的超越，但仍然保持沟通天人的可能，也就体现在意识的"内省、反观"以及"投射向外观察"的共时性上。同时，《道德经明意》的解释是以历时性的"今日之天下"与"将来之天下"来解决彼我天下的问题，这也将"国"与"天下"之间的界划勾勒得足够清晰，与魏源注本相同，"今之天下，亦古之天下；后之天下，亦今之天下"意指古、今、后的同理，即"藏天下于天下"。在不引入严遵、河上公"人主"的主体预设的同时，保证了"观"之于"身"的普适性。

以"观"作为方法论入手，可重构五十四章的内在意涵：在贵身和无身之间，"观"作为修身之法，体现了抱道建德到求诸己的进路，这也是王弼言"察己以知

---

① D.C LAU: *LAO TZU TAO TE CHING, Penguin Books*, 1963, pp.61. 整章翻译可参：What is firmly rooted cannot be pulled out；What is tightly held in the arms will not slip loose; Through this the offering of sacrifice by descendants will never come to an end. Cultivate it in your person and its virtue will be genuine; Cultivate it in the family and its virtue will be sufficient; Cultivate it in the hamlet and its virtue will be endure; Cultivate it in the state and its virtue will be abound; Cultivate it in the empire and its virtue will be pervasive. Hence look at the person through the person; look at the family through the family; look at the hamlet through the hamlet; look at the state through the state; look at the empire through the empire. How do I know that the empire is like that? By means of this. 由"person"递进至"empire"都使用了同样的结构。

② 温海明：《道德经明意》，北京：中国社会科学出版社，2019年，第274页。

之"，经过了向内的收摄，修身者具备了反求诸己的可能。进一步，观也赋予了修身者观照外物的能力，因及家、及乡、及国进而及天下，其间层层关系并非比附式的映射，而是由主体性的"观"兼备内外而共时性和历时性的统一。

在轻身重外物的"殆"与没身轻外物之间，"观"作为特殊的治身方式统摄内外，观损益，观动静，观兴灭，观彼我，融贯天道人道。

三、反身之意与身通意道

以五十四章为中心，可窥老学诠释脉络隐而不显地完成了某种内在化的转向，人主为治身唯一主体仍意味着治身比附治国，不预设圣人为单一主体的"观"则与广义的身心关系、心性论相联系。作为治身方法论的"观"，并不乞灵于神化的老君去赋予个体观照自身和万物的能力，而是诉诸主体本具的"反身之意"以及"观"的境遇性（contextual）。

因此，"观"并不只作为五十四章中的"词眼"，也能够开显出整个道家认识论和修养工夫论的核心精神。"观"兼言内外的同时必须与"道"紧密关联，因此观是"观而不观"。

《道德经明意》认为个体化的身意有道意化的可能，"身"是"意"的载体——离身无意：

> "自"只是短暂存在，不可能永久。"自"以"意"的反身性为根本前提。身是自意观照，身在意先，是存有上说。意在身先，是存在上说。身意不可有私心私情，因身本自然之意的彰显，属于自然运化过程的阶段，其特殊性在于是意的载体，离身无意，离意亦无身。[①]

基于自然之意，《道德经明意》提出"反身之意"，这意味着身体是"意"能够并且最终得以创生的背景（context）。"观"作为方法论就已经内在于一种境遇性之中，主体并不能脱离境遇性、不能脱离时空从中抽绎出纯粹的认识。而在身意的一面，"意"需要实化，"身"有通意道之可能，"道"又是自然之意的境遇所在。人因本具的反身意识，体证到实存的自然之意，便是"意"之动。而往往自然之意隐而不发、幽而不显，若对"身"不顾或者轻视，就意味着会在意念发动之前丧失本可以实化的可能，丧失由隐至显的境遇，也置"身"于危殆之中。因此要使身、意得以保全，便要以认识到反身之意、修炼反身之意，进一步以反身之意察照精神。

---

① 温海明：《道德经明意》，第92页。

由此可以发现，基于个体性同时又是普遍的"身"这一载体，"反身之意"上参自然之意，在境遇性中完成身、意、道之通达。清末魏源著有《老子本义》，亦言"离身而言修者，非真修也"，反身之意、道实化诸身才能保证抱道建德之"真"。吕惠卿注《道德经》五十四章时亦有"观诸吾身，其所余者已足而无待于外，则以观家国天下，亦若是而已矣"之说，都强调具体的、形骸的身体小我和一种身意化的、通于道的大我。至于治国，不过是治身的绪余，在身之治中，区别于语儒家的身心意识：

儒家把身体看作一切功业的开端，所以宠辱都与身意相关联，但老子要割裂外物之缘与身的关系，建构一个纯粹对身的珍视和观照，但同时又通于天道的身体观。①

换言之，《道德经》通过反身之意建构起的对身心之观照是纯粹的，终极指归是通于天道、达于自然之意。儒家式的身是作为能爱的基点而存在，老子开显出的身体观在某种程度上并不反对这一基点，但是道家观照世界和与"我"共在的"彼"时少了情上的切己性而显得更为冷峻，如严遵所言治身而有"性简情易"之境，并且这种治身之观照的底线是必须不伤损自我：

身之为身，因其有意，身之实存，因其有心；身之安行，因心之安行；身之成毁，因心与意之成毁。身心之意本来协同天地自然之意，即道意，可以自然和谐，但如果在身心之意缘生情态上面着一点私意，就会因为有为而伤害自然之意。②

"反身之意"将身、心、道以意融通，身的道意化要求放下与身本就无关的外物外缘，否则就会因为有为而伤及自然之意，使道意与身都丧失其整全性。观、观而不观都是以保全原有的整全性为目的，落实于身则是不因与身体有关的得失而患得患失。这与儒家式的修齐治平实则分路而行且并不同归，"先天下之忧而忧，后天下之乐而乐"式的忧国忧民或者"天下疲癃、残疾、惸独、鳏寡，皆吾兄弟之颠连而无告者也"式的挂怀天下同胞，都是要求保有那一份切身且饱满的忧患意识。儒家并不要求消融身意的边界以让小我通天合道，而是要求是每一个小我去察照和感触其他的小我。

---

① 温海明：《道德经明意》，第 119 页。
② 温海明：《道德经明意》，第 118—119 页。

至此，文章开头提出的起首一句"缘何转向子孙祭祀"这一具有儒家意味的代际传递之"礼"似也可回应，五十四章中修身之道可以经由"观"外推至治家治国，而"子孙以祭祀不辍"同时也意味着一种境遇性和生成性。"道生一，一生二，二生三，三生万物，生生而不穷，亦由子孙之嗣其家"，林希逸就以子孙比附道之生成序列[①]，以道之动解释修、观之对象，以道之用落实修、观之主体。这也要求我们要在"道之动"的境遇性和生成性大前提下把握五十四章中的递进关系，这是老学诠释史上始终未曾言明的。五十四章中"子孙以祭祀不辍"更突出的不是"子孙祭祀"而是"不辍"的道意恒常与生成，在道动之"不辍"的大前提下"反身之意"才有了超越个体私意的时空局限性，走向更为广阔的时空之"观"。

概言之，以"反身之意"为基础建构起的身体观，涵括了对"身"的重新定位以及以"观"为方法论的治身之道。"身"与"天长地久"的密切关联更是指向个体能够超越自身和自身之私意的有限性，这种超越的可能奠基于"反身之意"的重构，超越的最终指向就是反身之意与道意的同频共振即"身通意道"。

结语

《道德经》作为重"身"之大本大源，开显出此后道家和道教史上的各种诠释进路。道家哲学常以身比附国家，引向了政治哲学中"身国同构"说；而具体之"身"必须落实在个体的形骸"身体"，这也给了长生久视说发挥的空间。老学诠释史[②]中哲学性的一面，如严遵等颇具政治关怀，其运思由治身外舒、外推到治国；更多的是王弼式"察己"的内在取向。宗教式的一面，河上公本是重养生亦治身的代表，道教学者和道教徒亦致力于延续这一路径，抓住人自然性情中悦生恶死的朴素情感及对长生的企羡，对修道者做出命运可改和长生可为的许诺，且这一宗教式的解决方案和老庄哲学对人生根本问题的关怀并不冲突。

无身无为、治身养生以及修身察己三说对第五十四章有不同方向的发挥，如果只注意到老子言身之贵重而走向对"身"本身的护持，就会走向宗教式将身视为目

---

① 林希逸《老子鬳斋口义》解释五十四章道："此句皆是设喻以言道虽无穷而实长存也，修诸身则实而无伪，修诸家则积而有余庆，修诸乡则为一乡之所尊，修诸国则其及人者愈盛，修诸天下则其及人也愈徧。长尊也，丰盛也，普遍也，即吾一身而可以观他人之身，即吾之一家而可以观他人之家，即吾之一乡而可以观他人之乡，推之于国、于天下皆然。言道之所用皆同也，以此者道也，以道而观天下，则天下无不然。"一方面强调道之生成，另一方面从道之体与道之用两面而言修、观，颇有可取之处。

② 《道德经》中的"身"向内可以开显出治身，向外可以同构的比附国与天下以指向治国安民。河上公本和王弼本都开始强调的内在转向，加之道教宗教式的处理，道教徒依照老庄哲学中天地万物与人同源的思想资源，吸取了汉儒的说法，兼采中国传统医学的理论，得出"天地为一大宇宙，人身为一小宇宙"的说法，从而在生生不息的宇宙万物中，强调积极有为的命运可改、追求返本归元和自我生命的无限延续。

的而非自然表露，则会将五十四章中"观"兼含内外的两全之道偏废一面。唯有强调"反身之意"与观身实际上是"观而不观"，才能不把"修之于身"的含义不局限于区分外物染浊之身、本然之身或者体道之身多个分身。"身"是一以贯之之身，"反身之意"是可体天道之意，而复返天道的方式由"观"来保障，向内要求反观自身、向外推而广之要求以道观照家、乡、国以至天下。通过对"不辍"的境遇性和生成性的强调、对身之为身因其有意的建构，所修所观之道区别于儒家式的切己的治身之道。而"观"作为治身方法论，兼言内外，观而不观，沟通我身、彼身、家乡国进至天下。以"反身之意"的建构与"观而不观"的治身之道的统摄，《道德经》第五十四章这一在老学诠释史上未受应有重视之章方能圆融解释。

老学文本与历史研究

老子其人其书研究再检讨

李　健*

内容提要：传统学术世界里，通常认为老学早于孔学，且老子一人一时著书五千言。在具有现代学术精神的古史辨疑古学派里，诸多学者开始举证怀疑传统观念。近几十年来，多位学者呼吁"走出疑古"，重新认同传统学术对老子其人其书的判断。对疑古过勇的反思是有必要的，但简单"走出疑古"出现了诸多需要检讨的地方。尤其是简帛《老子》的出土，进一步验证了疑古学派中一些学者对老子其人其书问题的研究方法与研究结论，科学性（客观性）作为古史辨精神的遗产仍然需要认真继承与发展。

关键词：老子　年代　成书　流变　古史辨

老子思想的深入研究，无法回避两个根本性问题。一个是老学与孔学的关系，谁先谁后的问题；一个是《老子》文本成书问题，它是一人一时之作，还是多人跨时的学派著作。第一个问题是要回应老学是否批判孔学，第二个问题涉及《文本》内部分梳，它是一个静态的文本，还是文本内部有多种思想的流变走向。对《老子》文本，采取静态的打包研究，还是采取历时性的流变研究，是截然不同的思想效果。

基于此，有必要对老子其人其书，进行考据上的一个回应与检讨。这个检讨的是基于新的材料，那就是老子简帛研究成果。基于考据，然后进行老子思想的疏解，体现考据与义理的有机结合。

一、"老学在前、老学在后"论证之检讨

老子其人主要涉及老学与孔学的先后问题，也就是中国思想史的秩序问题，这无法绕过去。作为现代学术标志的民国古史辨学派，出现了两种思想史秩序。胡适

---

*　李健（1982—），男，贵州遵义人，西安外事学院老子学院研究员，北京元学文化院院长，研究方向：老子及道家哲学。

主张老学早出论，《中国哲学史大纲》从老子写起，冯友兰主张老学晚出论，《中国哲学史》从孔子写起。两本著作至今仍是哲学史中的经典之作。

20 世纪八九十年代以及 21 世纪初，老学早出论再次被突出，以陈鼓应、刘笑敢等为代表。但汉学界，仍然以老学晚出论为主流。笔者倾向于老学晚出论，即使依据早出论提供的史料，也是孔子先讲学，老子后著书。孔老即使同时代，但孔子讲学甚早，老子著书较晚，老子是晚年出关时才著书，孔子不是等老子著书后才讲学（孔学是以孔子讲学内容为准，老学是以老子著书为准）。另有三个方面证据可以证明老学晚出论：一是民国古史辨学派关于孔老关系的辩论里，梁启超、冯友兰、钱穆、顾颉刚等从不同角度列出了大量的老学晚出论证据，胡适虽然回应了部分证据，但最后不得不提出"展缓判决"，放弃进一步辩论。二是简帛《老子》的出土，进一步验证了五千言晚出论的一些观点，比如郭沂注意到，梁启超提出的晚出证据大都不在郭店《老子》里，说明五千言是历时性完成，成书晚于郭店《老子》（庞光华从汉语史角度列举了诸多五千言战国晚期语词，有的写《西周史》《军事史》注意到《老子》原文"三十辐共一毂"不是春秋车的状貌，春秋车只有二十五毂）；而郭店《老子》是战国中期偏晚的传抄本，还不能得出《郭店》老子这部分内容一定在春秋，更不能得出老学早出于孔学（孔子是在春秋讲学）。陈鼓应用郭店《老子》质疑老子晚出论，"简本的出土……推翻了《老子》成书晚出说"①，陈鼓应的说法是难以成立的。三是 20 世纪八九十年代与 21 世纪初学者重新突出老学晚出论，但缺乏证据或研究方法上有些问题，接下来对相关问题进行驳论。

1. 通过《史记·老子列传》能否得出老学早出？陈鼓应根据《史记·老子列传》里三个老子有主次，肯定性记载的是老聃②；并根据孔子问礼于老子③，证老学在孔学之前。需要注意的是，老子是孔子问礼的那位老聃，只能证明孔老同时，不能证明老学在前。相反，孔子讲学在先，而《史记》恰恰记载老子著书是在出关时，老子著书是比较晚的。另外，《史记·老子列传》里又记载了老子对孔子的批评："孔子适周，将问礼于老子。老子曰：子所言者，其人与骨皆已朽矣。"（《史记》）孔子问礼，老子对礼进行了批评，认为那是陈旧的事物，是对孔子恢复旧礼的否定，同时也说明老子不是复古主义，而是与时偕行。在《老子》里还有"夫礼者，忠信之薄而乱之首"（《老子》第三十八章）的表述。老子批判孔子，在学理逻辑上，也是孔学在前。有的人提出，老子批判仁义礼智，未必针对孔学，孔学之前也有仁义礼智，但要注意到孔学之前的仁义礼智等是散漫的，孔学进行了系统性讲解，而老子又对仁

---

① 陈鼓应：《老庄新论》，北京：商务印书馆，2008 年，第 79 页。
② 陈鼓应：《老庄新论》，第 66 页。
③ 陈鼓应：《老庄新论》，第 20 页。

义礼智等进行了结构性批判："失道而后德，失德而后仁，失仁而后礼"（《老子》第三十八章），"大道废，有仁义"（《老子》第十八章），"故以智治国，国之贼"（《老子》第六十五章），"六亲不和，有孝慈"……这说明老学是通过破孔学而立自己的学说，帛书《老子》德经在前，以"失道而后德，失德而后仁，失仁而后礼"一章开篇，也是以批判孔学出场。

2. 老子与孔子有相同的词句，能得出老学在前吗？胡适以孔子提无为得出孔子受到老子影响而老学在前，后来论辩对手又反着说，认为老子提无为是受到孔子影响，胡适后来做出了反思，认为孔老词句的相同不能得出一定影响了谁："同样的用孔子说'无为'和老子说'无为'相比较，可以证老子在孔子之前，也可以证《老子》的作者在三百年后承袭孔子！所以我说这种所谓'思想线索'的论证法是一把两年锋的剑，可以两边割的。"①但遗憾的是陈鼓应仍然采用同样的方法证老学在前："《论语》这样推崇'无为而治'，可见在这个观念上孔子所受老子的影响。"②陈鼓应忽视了其实《诗经》里就有多处无为的原文。陈鼓应还认为《论语》的"'以德报怨'出自《老子》第六十三章。这一条是《论语》记载孔子曾引用《老子》话的铁证"③，陈鼓应的说法沿袭张岱年，后来李学勤沿袭陈鼓应说法④。都忽视了胡适在《古史辨》里的反思，同时忽视了其实"以德报怨"或"报怨以德"都不是老子或孔子首创。也有学者对陈鼓应先生提出了质疑："'以德报怨'"已是春秋时人的一种共同观念，北起周室，南起吴越，莫不然。"⑤其实，"报怨以德"老子未必说过，早在姚鼐时就提出"报怨以德"与前后文不符，应为后学注混入，而出土的郭店《老子》正好有同章而无同句，地下文献与地上考据吻合了。

陈鼓应还用《墨子》与《老子》的相同词句证老学在《墨子》前。列举的 10 处原文里，其实只有一句和老子基本相同，《墨子》里有"功成名遂"，《老子》里有"功成事遂"。⑥同样也可能是《老子》出自《墨子》，或共同出自更早的经典。

3. 通过老子文本与《诗经》《楚辞》文本比较能否得出老子早出？刘笑敢通过《老子》与《诗经》《楚辞》的文风比较（用韵、修辞、句式等），认为《老子》接近《春秋》风格，不接近《楚辞》风格，这一比较是用心的，也是有意义的，但由此而得出《老子》在《楚辞》之前，且《老子》可能就在春秋，在方法上是有问题的："因而《老子》与《诗经》的多方面的相似性说明《老子》完全可能是春秋末年《诗

---

① 罗根泽编著：《古史辨》（第 6 册），海口：海南出版社，2015 年，第 265 页。
② 陈鼓应：《老庄新论》，第 28 页。
③ 陈鼓应：《老庄新论》，第 28 页。
④ 李学勤：《古文献论丛》，北京：中国人民大学出版社，2009 年，第 112 页。
⑤ 杨兆贵等：《老学早于孔子说商榷》，《管子学刊》2015 年第 3 期。
⑥ 陈鼓应：《老庄新论》，第 72—76 页。

经》时代遗风的产物,而不可能是战国中期《楚辞》时代的作品。"①"《老子》应该是在《诗经》时代影响下的作品,具体说来也就是春秋末年。"②如果《老子》文风接近《诗经》,而不接近《楚辞》,同样也可以《老子》在楚辞之后。一是,《老子》在楚辞之后也可以不吸收《楚辞》风格,比如战国晚期诸多著作都有《楚辞》风格吗?(今人写古体诗而不写今体诗的诗人,不能得出他的作品年代在古代);二是,即使《老子》接近《楚辞》风格,也不能必然得出孰先孰后,也可以是《楚辞》受到《老子》影响;三是,就即使假设《老子》在春秋末年,同样无法得出必然在孔学之前,孔学也在春秋末年。

二、"老子一人一时著书五千言"论证之检讨

在文献学里,整个诸子书都是流变而成,且为学派著作,这些都是基本共识。余嘉锡认为"秦汉诸子即后世文集",吕思勉也认为"然则某子之标题,本不过表明学派之词,不谓书即其人所著"。李泽厚、熊铁基、高华平、郭沂、池田知久等都从不同角度论述过"五千言非一人一时之作"。李泽厚如此评价《老子》文本性质:"竹简所录当为古本……今本《老子》乃不断增改,历经数百年始定形的结果,并非一人一时之作,可解决长期聚讼纷纭的时代、作者等问题。"③熊铁基提道:"汉代曾经对先秦典籍进行了较为全面的改造,其中,对《老子》一书的改造就很典型。"(熊铁基,《光明日报》)但在哲学学科里,不少学者还坚持"老子一人一时著书五千言"的说法。

下面对常见的一些误解进行驳论(驳论中也有立论)。

1. 通过今本《史记.老子列传》"老子言道德之意五千言",能否得出老子一人一时著书五千言?陈鼓应提道:"司马迁在《史记》中明确指出老子原为史官,到了晚年从史官退隐时,写了《老子》上下篇,内容是言道、德之意,字数是五千言,这与现在通行本的《老子》是一致的,也与马王堆出土的《老子》甲乙本相符。"④陈鼓应认为司马迁明确了老子是史官,但《史记》里原文是"守藏室之史",并没有说是史官,吕思勉考据"守藏室之史"是小库史。著书上下篇,言道德之意五千言,与帛书本与通行本相符合,并不能得出老子一定写了上下篇的五千言。一是,司马迁是汉代的,而春秋战国文献里没有记载老子著书五千言,司马迁突然提及,只能是

① 刘笑敢:《老子——年代新考与思想新诠》,台北:东大图书公司,2015年,第13页。
② 刘笑敢:《老子——年代新考与思想新诠》,第50页。
③ 李泽厚:《初读郭店竹简印象纪要》,《道家文化研究》第17辑,北京:生活·读书·新知三联书店,1999年,第420页。
④ 陈鼓应:《老庄新论》,第66页。

来自传说或汉代《老子》面貌。郭店《老子》作为战国中期偏晚的传抄本，篇幅、结构、内容就与通行本差异很大，郭店本、帛书本、通行本等多本之间的历时性差异，进一步确认《老子》文本具有流变性，犹如丁四新所言："根据《老子》的出土诸本与其传世诸本的对照来看，从先秦到刘向定编之前，至少有一部分子书文本实际上一直是在不断发展和变化的。并且，还可以发现，这些文本抄写的相距时间愈近则其差异性愈小，愈远则其差异性愈大。"[①] 高华平通过战国文献对《老子》的引文进行考察，认为战国时期还不具备五千言的规模："今本《老子》的最后定型，应该是在秦始皇统一中国之后。"[②]

2. 通过郭店《老子》甲乙丙三本形制、字体、用字不同，能否得出郭店《老子》是摘抄本？陈鼓应提道："简本《老子》之所以为节抄本，究其原因不在乎有二：一是由于竹简繁重，书写工具不易，全本不易流传；二是抄写者根据自己的构思和意图来进行摘抄。"[③] 陈鼓应的讲法，是借余嘉锡接着讲，余嘉锡讲到古书有某种需要只抄取有一篇的现象。但并不能必然得出郭店《老子》三本系摘抄。余嘉锡同时还讲过"秦汉诸子即后世文集"，包括今本《老子》也是学派著作，在战国中期时不具有五千言规模也就属于正常。如果甲乙丙摘抄自同一文本，而甲乙丙三本的内容反映出的年代又有差异，显然不符合常理。甲乙丙有时间差异，且竹简形制、思想内容有差异，反而体现了文本发展的历时性，证明三本不是同一个作者，后来才作为同一学派合并进五千言。彭浩："一般来说，用于抄写同一篇文章的竹简长度、形状及契口的高度都是一致的。《说文》云：等，齐简也。多年来发现的出土文献也证实了这一点。"[④] 陈鼓应列出两大原因仅仅是推测，并无实据。在讲第二个原因时，陈鼓应引王博的讲法："王博在达慕斯大学《老子》会议论文中指出：各组的抄写都体现出抄者的侧重，如乙丙组各有自己的主题，乙是修身，丙是治国，甲组也可以大致分为这两个主题，第一部分与丙组类似，主要讨论治国方法，第二部分的主题是关于道、天道与修身的。"[⑤] 但王博的看法预设了原作者不能有主题，这种预设是不当的。如果有主题就是摘抄本，成玄英认为五千言也有主题结构，五千言也是摘抄本？另外，王博对各本的主题定位，也是有出入的。比如提"乙是修身"，而乙本的 8 章里就有 3 章提到国（邦）或天下（有一章提到"可以有国"，有一章提到"爱以身为天

———————

① 丁四新：《早期〈老子〉〈周易〉"文本"的演变及其与"思想"之相互作用》，《中国社会科学》2013 年第 2 期。

② 高华平：《先秦〈老子〉文本的演变——由〈韩非子〉等战国的〈老子〉引文来考察》，《中州学刊》2019 年第 10 期。

③ 陈鼓应：《老庄新论》，第 83 页。

④ 艾兰等：《郭店老子：东西方学者的对话》，北京：学苑出版社，2002 年，第 36 页。

⑤ 陈鼓应：《老庄新论》，第 83 页。

下"，有一章提到"以天下观天下"）。对甲本概括也有出入，甲本有 5 组竹简，整理小组拼合的甲组顺序仅仅是临时的，李零根据分篇符号等拼合的顺序就很不同。

　　郭店《老子》三本有差异，不能简单以摘抄本推测遮蔽专业的文献学考据。周凤五与高华平是文献学的专业人士，从不同角度互证了郭店《老子》甲本与乙丙本是经与后学的关系。周凤五从形制差异分出经与传："郭店竹简有经与传注之分，简策长者为经，短者为传……以简策区分经、策的原则是一致的"，"简端形状也是区分经、传的主要依据，梯形为经，平齐者为传"①，"（郭店）甲组《老子》……竹简的上下端都修整为梯形"，"乙、丙两组《老子》的简端同样平齐而非梯形，显示其与甲组《老子》确有区隔"②。高华平从内容体例差异上分出了经与解说文："通过考察郭店楚简《老子》的内容和文体特征，认为郭店《老子》文本显示《老子》一书原是经、传（'解说文'）的混合体；郭店《老子》甲组属'经文'，乙、丙二组属'解说文'。"③

　　有的学者通过郭店《老子》甲本与丙本重复章节内容有差异，而得出郭店《老子》三本有不同的祖本，或得出郭店本是摘抄本都是不当的。陈鼓应认为："甲组文义较近祖本，它所根据的传本当比丙本要古早，再则由甲丙组合于今本第 64 章下段的部分内容相重而字迹颇有差异这一点来看，可见抄手根据的是不同传本。"④陈鼓应忽视了甲本与丙本同章而内容与字迹有差异是由于两个本子时间不同，时间不同则丙本同章内容可以由甲本流变而来，未必一定是不同祖本。字体不同也是时间差异造成的，而书法不同是不同抄手而为，这都不能得出同一章一定有不同传本。河上公本与王弼本某几章有差异，难道能得出他们一定有不同的祖本？

　　3. "文本趋同说"能否得出五千言在前？刘笑敢提出"文本趋同"说，首先注意到了《老子》文本的流变："《老子》已经经过两千年的演变，这种演变至今未止。竹简本、帛书本的发现，更为《老子》演变的研究提供了千载难逢的机会，也激发了延续古代《老子》的新潮。"⑤并认识到"近古必存真"的考据原理，"事实上，越是流传广、通行久的版本，其演化越多，距离原貌越远；倒是不大流传的传世古本比较接近古本旧貌"⑥。依照此原则，郭店《老子》作为迄今为止发现最早的《老子》文本，则更接近《老子》原貌，而刘笑敢却把郭店《老子》当作摘抄本对待，从而预

---

　　① 周凤五：《郭店竹简的形式特征及其分类意识》，《郭店楚简国际学术研讨会论文集》，武汉：湖北人民出版社，2000 年，第 59 页。

　　② 周凤五：《郭店竹简的形式特征及其分类意识》，第 54 页。

　　③ 高华平：《对郭店楚简〈老子〉的再认识》，《江汉论坛》2016 年第 4 期。

　　④ 陈鼓应：《老庄新论》，第 82 页。

　　⑤ 刘笑敢：《老子古今》，北京：中国社会科学出版社，2006 年，第 69 页。

　　⑥ 刘笑敢：《老子古今》，第 30 页。

设有一个五千言祖本，而遮蔽了五千言系由少到多层累构成："大体说来，各种八十一章本虽然可能各有所依，但最初当有一个共同的八十一章作祖本。"① 由于忽视从郭店《老子》到帛书《老子》再到今本《老子》的层累关系与流变线索，刘笑敢在论述"文本趋同"之"思想聚焦：增加核心概念"时，无法自洽地解释诸本现象。刘笑敢认为，今本老子与帛书老子相比，"道""无为""圣人"等核心概念都有所增加②，但都有诸多反例可以消解。关于"无为"的概念，郭店《老子》出现了 7 次，今本《老子》篇幅是郭店《老子》的 3 倍，如果核心概念增加，应在 21 次以上，而事实上只出现 12 次，不增反减；郭店《老子》有"道恒无为"，而帛书本却变成了"道常无名"；关于"道"的概念，郭店《老子》有"天道芸芸"，而今本反而变成了"夫物芸芸"；刘笑敢也注意到帛书《老子》有"古之善为道者"，而今本《老子》却变成了"古之善为士者"。关于"圣人"的概念，郭店《老子》甲本早于丙本，而甲本有"是以圣人能辅万物之自然"，在丙本里却变成了"是以能辅万物之自然"。刘笑敢在论述"文本趋同"之"思想聚焦：调整段落文句"时，认为从郭店《老子》的"天大、地大、道大、王亦大"，到五千言的"道大、天大、地大、王亦大"，"从帛书本开始，这一段的次序重新安排"③，但北大汉简《老子》在帛书《老子》之后，仍然保留郭店《老子》的次序，且《淮南子·道应篇》引用时也如此。

另外，刘笑敢把传说中的傅奕本作为"介于竹简本、帛书本和今本之间的过渡性版本"④，有时序上的错置。傅奕本有项羽妾墓本的内容仅仅是传说，另傅奕本也被后人大幅度修改，范应元本也有过交代（蒋门马注意过这个问题）；傅奕本与今本内容很接近，与郭店《老子》比较，帛书《老子》更接近郭店《老子》，而傅奕本却几乎无郭店《老子》的内容，也说明不可能有项羽时期的内容。傅奕本是唐传本，且后人修改幅度大，王弼本在《隋书·经籍志》里就有记载，王弼本应排序在傅奕本之前。关于对刘笑敢分章问题，余英时在刘笑敢的《老子古今》序言里提出了质疑。丁四新也对此提出了质疑："汉简本是一个基本定型的本子，它的分章非常清晰，共有七十七章，上经四十四章，下经三十三章，分别对应于今本之《德》篇和《道》篇。而八十一章本及《道》先《德》后的次序，据宋人谢守灏《混元圣纪》（载《正统道藏》）引《七略》，乃由刘向校中秘书时所裁定。顺便指出，刘笑敢所谓'王弼本分为八十一章当在明代后期或清代'的意见并不正确。"⑤ 其实王弼注也有分章意

---

① 刘笑敢：《老子古今》，第 137 页。
② 刘笑敢：《老子古今》，第 50—56 页。
③ 刘笑敢：《老子古今》，第 57 页。
④ 刘笑敢：《老子古今》，第 29—30 页。
⑤ 丁四新：《早期〈老子〉,〈周易〉"文本"的演变及其与"思想"之相互作用》，《中国社会科学》2013 年第 2 期。

识，比如第 66 章整章都没有注释。

  《老子》五千言 81 章到底如何历时性形成的，还是有一些较为可靠的文献线索。郭店《老子》甲本是所见最早的文本，且甲本地位最高（周凤五注意到甲本竹简形制规格高于乙丙本，甲本为经，乙丙本为传；高华平注意到内容体例上，甲本是经的风格，乙丙本是解说文风格；李零注意到，甲本有结构秩序，而乙丙本结构散漫）；甲本是 19 个单元，而谭宝刚注意到唐代陆德明正好提到"老聃为喜著书 19 篇"。多方证据来看，甲本或为老子元经，至少是早期的经典化文本（唐代陆德明有没有可能看到郭店《老子》的传本呢？是有可能的。据汉学家鲍则岳考据，陆德明《老子音义》里有三处文字出自郭店《老子》，而不出自其他《老子》版本。李学勤等还注意到，宋代的《汗简》《古文四声韵》提到的"古老子"文字，有的与郭店《老子》一致，比如提"古老子"里的"衍"，郭店《老子》有，而其他版本无）。郭店《老子》乙丙本为 15 个单元（含《大一生水》两篇，曹峰等认为《大一生水》是两篇），而《史记》提到，"老莱子著书 15 篇，言道家之用"。甲本地位高，作为经，乙丙属于后学，故"言道家之用"。甲本为老聃著的经，乙丙应为老莱子著的传。甲本 19 个单元，乙丙 15 个单元，已有 34 个单元，离 81 章还缺 47 个单元。而《汉书·艺文志》里提到老子三家注正好 47 篇，这 47 篇也是老子的传（《老子邻氏经传》4 篇，《老子傅氏经说》37 篇，《老子徐氏经说》6 篇），即老聃著经十九，老莱子作传十五，邻氏 / 傅氏 / 徐氏再作传四十七，共计八十一，或为太史儋整理合集五千言八十一。81 章的章是后来的说法，81 章的章其实就是篇。

  结语

  关于老子其人，简帛《老子》文献更支持老学晚出论，这需要重新反思老子的思想史定位。孔老之间，传统的老子印象是孔子的老师，在考据上可以重新确立老子的批判性地位，批判的价值比施授的价值更大。不论是孔老会面，还是《老子》文本自身，都能明确体现老学对孔学的批判。在整个道家体系更能看到批判性色彩，一是批判儒学学术，二是批判现实专制。

  关于老子其书：简帛《老子》与今本《老子》的巨大差异，本身也体现出《老子》文本的流变与层累构成。今本《老子》非一人一时之作既符合多本差异之状貌，也符合诸子书作为学派著作的大概率。关注到今本《老子》作为学派著作在历时性中生成，有利于克服共时性打包文本研究造成的遮蔽，有利于关注到文本内部的义理分梳及其历时性发展脉络。把五千言里的自然共时性处理，与历时性处理，视觉是完全不一样的。论语记录了孔子各个时期的话语，如共时性处理这次孔子思想的变化与发展。

更为重要的是关注方法的问题。近几十年的"走出疑古"潮流，一方面有利于克制疑古过勇，但一方面造成了信古的泛滥。学术研究作为科研活动，必须守住科学精神，而科学精神以疑为前提，突出理性精神，警惕把信仰、情感当作学术主线。古史辨学派作为中国现代学术的转型标志，以科学考据与现代价值为根基，其学术遗产值得今天的学人应进一步弘扬。

言说序列视角下的"道法自然"

宋德刚 *

内容提要:《老子》的"道法自然"需要在言说序列中进行层层剖析。言说序列分为两部分：首先，"人法地，地法天，天法道。""人法地"意指人遵循、效法地和地上自然物的"自然"，"地法天"意指地、人、地上自然物遵循或效法天、天上自然物的"自然"，"天法道"意指天地、万物都要遵循"道"的"自然"。其次，"道法自然"。其总体思想内涵是"道"、天地、万物等存在者遵循或效法"自然"，其具体内涵需要从"道"、天地、万物（自然物与人）的合理之"自"和"自—他"关系这两个维度理解。"道法自然"的意义在于：（1）对合理"自—他"关系的全面概括；（2）强调了"法"的重要性，并将知识、存在状态、价值熔于一炉；（3）将"自然"定格于《老子》核心的哲学范畴。

关键词:《老子》 道法自然 言说序列 "自—他" 关系

基金项目：本文为广东省哲学社会科学规划项目一般项目"道家'自身指称'概念群哲学思想与当代意义研究"（GD20CZX05）；广东省普通高校青年创新人才类项目"先秦道家'自身指称'概念群哲学思想研究"（2019WQNCXO61）。

一、引言

近些年，学界对道家尤其是《老子》的"自然"概念展开了热烈的讨论。在这个过程中，大多数学者将"自然"的基本含义理解为"自己如此"。由于道家都是在积极意义上使用"自然"的，那么"自己如此"也应当在正面的意义上理解。基于此，笔者将"自然"解释为合理的"自己如此"，是概指具有正面价值性的存在状态。

《老子》中共有五例"自然"，最重要者莫过于第二十五章的"道法自然"。学界对"道法自然"的解读历来最多，古人提供了一些基本的路径，影响最大的是河上

---

* 宋德刚（1984—），男，山东青岛人，广州美术学院马克思主义学院，讲师。主要研究方向：道家哲学，观念史。

公与王弼。河上公曰："道性自然，无所法也。"① 王弼曰："道不违自然，乃得其性，'法自然也'。法自然者，在方而法方，在圆而法圆。于自然无所违也。自然者，无称之言，穷极之辞也。"② 河上公的解释十分明确，强调"自然"属于"道性"的范畴。王弼的解释较为模糊，"道不违自然，乃得其性"，是"道""乃得其性"还是"道"外之"物""乃得其性"？从"在方而法方，在圆而法圆"来看，"自然"指向"道"外之"物"或现象世界的可能性较大一些，但王弼又认为"自然"是难以言说的。今人的理解、诠释无不建立在二人基础之上。王中江指出多数学者倾向于河上公之说，但他认为王弼的路径更加合理："'道法自然'的'自然'不是'道'的属性和活动方式，它是'万物'和'百姓'的属性和活动方式。……'道法自然'的准确意思是：'道遵循万物的自然'。"③ 在河上公、王弼之外，还有一条诠释路径是将"道法自然"放在整个言说序列中去理解。言说序列即是"人法地，地法天，天法道，道法自然"（《老子·二十五章》）。④ 范应元曰："人法地之静重，地法天之不言，天法道之无为，道法自然而然也。人虽止言法地，而地法天，天法道，道法自然，泝而上之，皆循自然，岂可妄为哉？清静无为，循乎自然，此天地之正也。"⑤ 范应元认为对于人、地、天、"道"来说都要法或循"自然"。林光华认为："'道法自然'即'道取法自然'，人通过层层效法而最终效法'自然'……'道法自然'，意味着'道'是自然而然的存在，它不依赖任何东西。"⑥ 这也是从言说序列入手，并强调了人效法"自然"。

三种路径各有各的道理，今人对"道法自然"的理解既可取其一端，也可兼而综之。笔者认为将"道法自然"放在言说序列中去理解更有意义，只是学界对言说序列的论述往往不够详尽。言说序列可以分为两部分：

A. 人法地，地法天，天法道
B. 道法自然

本文主要从这两部分入手，在充分解析"人法地，地法天，天法道"的基础上，考察"道法自然"的思想内涵与意义。

① 王卡点校：《老子道德经河上公章句》，北京：中华书局，1993年，第103页。
② （魏）王弼著，楼宇烈校释：《老子道德经注校释》，北京：中华书局，2008年，第64页。
③ 王中江：《道与事物的自然：老子"道法自然"实义考论》，《哲学研究》2010年第8期。
④ （魏）王弼著；楼宇烈校释：《老子道德经注校释》，第64页。
⑤ （南宋）范应元：《老子道德经古本集注》，上海：华东师范大学出版社，2010年，第47页。
⑥ 林光华：《〈老子〉之道及其当代诠释》，北京：中国人民大学出版社，2015年，第171—172页。

二、解析"人法地，地法天，天法道"

必须注意到言说序列在三个版本（郭店竹简本，马王堆帛书本，王弼本）全都相同，也就是说这样的言说顺序是确定无疑的。言说序列从"人"开始，这里的"人"应该如何理解？值得注意的是，在"人法地"之前是"域中四大"：道、天、地、王。在三个版本中，"域中四大"的顺序帛书本与王弼本一致，而竹简本的排序为天、地、道、王。四大的排序问题不是本文研究的重点，这里笔者要关注的是在"人法地"之前的是"王"。毫无疑问，"王"指人王、统治者、统治阶层。严格按照"域中四大"来理解接下来的言说序列，"人法地"应从寇才质、高亨作"王法地"更为确当①，或者将"人"理解为人主。但是如果考虑到竹简本、帛书本中也作"人法地"，就会感到"人"不应当特指"王"，而是一种泛指，那么此中就存在着一种转换：从"域中四大"的"王"转换成"人"，里面蕴含着一个视角的下移和更高层面的提升。在"域中四大"中突出"王"，一是因为"王"在现实中的地位可称为"大"，二是因为"王"在良好社会的形成中具有先导性。但是，任何一个社会不是只有统治者、统治阶层，因此必须视角下移，将民众纳入其中（当然，这是从最粗的框架上来说的），同时这也意味着要站在更高的层面上来看待"人"。于是，"人"作为一个"类"的概念在这里显示了重大的意义：它指的是人类这一整体，而不是只针对某一类人，"人"获得了一种哲学上的"人类整体"的意义，它的背后就是老子对人类的思考、尊重与展望。当言说序列以"人"开始时，人的整体性便向世界展现出来。而人作为整体所要面对的世界就是"域中四大"的其他三大：地，天，道。

言说序列又以"法"作为枢纽。"法"古文作"灋"，《说文》曰："灋，□也。平之如水。从水。廌，所以触不直者，去之，从去。法，今文省。"②从许慎的解释中可以看出，"法"有去不直、求"平"之意。在春秋时期，"法"作名词有"法则""规范""法典""国法"等意，多用于人事，有些还与惩罚制度相关。"法"作动词有"遵循""效法"之意。《左传·襄公三十一年》载北宫文子之言曰："文王之行，至今为法，可谓象之。故君子在位可畏……作事可法。"③第一个"法"字既可以理解为名词"法则""规范"，也可以理解为动词"遵循""效法"，第二个"法"字则明显作动词。"法"虽有"遵循""效法"之意，但"遵循"与"效法"又有区别，"遵循"更加突出顺应性、客观性，"效法"更加突出主动性、主观性。某一主体"效法"一对象，必然是要"遵循"这个对象的；而某一主体"遵循"一对象，则不必然是"效

---

① 高亨：《老子正诂》，北京：清华大学出版社，2011年，第44页。
② （汉）许慎撰，（清）段玉裁注：《说文解字注》，上海：上海古籍出版社，1988年，第470页。
③ 杨伯峻编著：《春秋左传注（修订版）》，北京：中华书局，2009年，第1195页。

法"。言说序列里的"法"字就其字面意思来说是"遵循""效法",但是既然两者有着些许不同,那么该选用哪个语词或含义呢?应当说,"遵循"具有比较普遍的适用性,而"效法"有着过强的主观意识色彩,它更适合用在人身上。因此,在后文的论述中,关于人,则"遵循"与"效法"同时使用,关于人、天、地、"道"的整体性论述中主要使用"遵循"。

这里还要涉及一个与"法"即"遵循""效法"密切相关的内容,这就是春秋时期的"因"观念与概念。吾淳认为在"宜""时"观念与概念的基础上,发展出了"因"观念与概念。"与'时'相比,'因'明显有适宜的确切含义;而与'宜'相比,'因'的内涵显然大大丰富了。一般而言,'因'这一概念大约是在春秋中期以后逐渐开始确立起在自然天人观念和思想中的标识地位的。具体地,'因'包括'因天'、'因地''因时'等含义。"在《国语·越语下》,也就是春秋末期已经出现了"因阴阳之恒""因以为常""天因人""圣人因天""圣人因而成之"等内容,"这些'因'都有适宜、顺应之意","因""宜"的概念蕴含了丰富的顺应自然的观念,而"道法自然"很大程度上是对这种观念的发展。①

应当看到,春秋时期"因"观念与概念的产生非常重要。"因"既然有着适宜、顺应的内涵,也就有着"遵循"的意味。在"因"或"遵循"的过程中,人还要"因地制宜",也就是说从"因"或"遵循"的对象中有所"效法"。"因"与"法"可以说十分相近,值得注意的是,《左传》《国语》中尚无"法天""法地"之说,但已有"因地""因天地""天因人""圣人因天"。"因地"出现于昭公二十五年,当早于《老子》,而"因天地"等则出自范蠡,当晚于《老子》或与《老子》同时,也就是说范蠡的说法可以当作一种背景来看。那么,一方面"因地"补充上主语就是"人因地",这与"人法地"有相近性;另一方面"×因×"和"×法×"是一种比较规范的主谓宾结构,"因"和"法"是动词,作谓语,"地法天""天法道""道法自然"与"天因人"就有着一种结构上的相似性,都是人之外的"物"作主语,当然,这只是一种在大背景之下的比附。老子不用"因"而用"法",或许是出于以下考虑:"法"的"效法"的含义比"因"更明确,"法"比"因"更具有规定性、必然性。不过,我们仍然可以借由"因"观念与概念来理解"法"的具体内容。吾淳的研究表明,"因"观念与概念实际上与人类的实践活动、知识密不可分,特别是农耕、物候、气象、天文知识,它们是"因"观念与概念的底色。那么,与之相对应,在老子那里,"法"的观念或思想,也应是以这些知识为底色的。

---

① 吾淳:《中国哲学起源的知识线索——从远古到老子:自然观念及自然哲学的发展与成型》,上海:上海人民出版社,2014年,第215—217页,第402页。

　　在理清"人"与"法"的内涵后，现在来具体分析言说序列的第一部分。首先是"人法地"。主语是人，宾语是地，字面意思就是人遵循、效法地。这个"地"字值得琢磨，其具有更广泛的表征意义。首先，字面上看"地"是存在者，但人要遵循、效法的其实是存在者的存在状态，比如范应元所说的"人法地之静重"，静重正是"地"的一种存在状态。其次，人和自然物组成了万物，自然物又可分为地上自然物（如动物、植物、山川、江海）和天上自然物（如日月星辰）。人与地上自然物都是在大地上展开其存在的，对于地上自然物，老子一向主张人要遵循、效法它们的存在状态，比如江海的"善就下"、万物草木以及水的"柔弱"。因此，宾语之"地"实际上表征着地和地上自然物的合理存在状态。由于合理的存在状态就是指"自然"，那么"人法地"的意蕴就是人遵循、效法地和地上自然物的"自然"。

　　其次是"地法天"。由"人法地"递进到"地法天"，作为主语的"地"和作为宾语的"天"也都具有了表征意义，前者包含着地、人、地上自然物，后者则意指天和天上自然物的合理存在状态。在《老子》之前的时代，天通常比地要高一层，人们对天心存敬畏，认为天是一种最高存在，天通过日月星辰的运行以及云雨来显现自身，特别是日月星辰周而复始，万世不灭，体现出宇宙合理的法则、规律、秩序。于是，人们通过观测天象、日月星辰的变化，来探知天的奥秘。同时，人们也观察到地上自然物的活动、变化也遵从着天。《尚书·尧典》曰："乃命羲、和，钦若昊天，历象日月星辰，敬授民时。……日中，星鸟，以殷仲春。厥民析，鸟兽孳尾。……日永，星火，以正仲夏。厥民因，鸟兽希革。……宵中，星虚，以殷仲秋。厥民夷，鸟兽毛毨。……日短，星昴，以正仲冬。厥民隩，鸟兽氄毛。"[1]这些内容正道出了人、鸟兽对天的运作、日月星辰运行的遵循（对人而言还有效法）。老子是史官，天文学或占星术以及相应的物候等知识是其基本的知识储备。因此，在"地法天"中蕴含着地、人、地上自然物"法天"也就并不难理解，其意蕴就是它们遵循或效法天、天上自然物的"自然"。

　　《老子》十分重视人对天地的遵循、效法。《二十三章》曰："希言自然。故飘风不终朝，骤雨不终日。孰为此者？天地。天地尚不能久，而况于人乎？"《七章》曰："天地所以能长且久者，以其不自生，故能长生。是以圣人后其身而身先，外其身而身存。非以其无私邪？故能成其私。"[2]"希言""不自生"实际上是在强调天地的运作、施为都是合理的，也即"自然"的。对此，人理应去遵循、效法，展开说，像人顺应地利，不去破坏大地，并能因地制宜，在非必要的情况下不要去干涉自然物，

---

　　① （清）孙星衍著，陈抗、盛冬铃点校：《尚书今古文注疏》，北京：中华书局，2004年，第10—22页。

　　② （魏）王弼注，楼宇烈校释：《老子道德经注校释》，第19、57页。

遵循它们的"自然"状态，依照天象、天体运行指定历法，不违背天时，甚至是在政治活动、人际交往、为人处世方面不做多余的事情、不贪婪求取等等，都属于人"法"天地之"自然"。

最后来看"天法道"。这个"天"实际上已经包含了天地、万物，也就是现象世界中的一切能动之"物"。尽管老子在某些方面继承了前人，但更多的是提出新说。在《老子》这里，天并非最高存在者，在天之上还有"道"。"道"作为终极之"物"（《二十一章》曰："道之为物，惟恍惟惚"①），"孕育"出现象世界，所谓"道生之，德畜之，物形之，势成之。是以万物莫不尊道而贵德。道之尊，德之贵，夫莫之命而常自然"（《五十一章》）。"'道'以'德'的形式内贯于天地、万物，天地、万物便以'德'体现着'道'。'德'是天地、万物的本性，而'德畜'就是本性的发动。天地、万物因不同的'德'呈现出不同的形态，具有了不同的质料，并在形势、环境之下不断展开自身。"②可以说，整个世界的合理性的根据、根源就在于"道"，"道"永恒"自然"。"法道"就是天地、万物都要遵循"道"的"自然"，也即"道"的"不自为大""无为""无名""朴"等存在状态。这些存在状态和"希言""不自生"一脉相承，只不过"道"作为最高存在者，其"自然"更具有决定性，对于人而言，也就更具有典范性。

按照一般的理路，到"天法道"应当说文意已足，而老子偏偏又抛出了"道法自然"，其中的深意自非一般。

三、"道法自然"的思想内涵与意义

经由"人法地，地法天，天法道"的层层递进，"道法自然"中作为主语的"道"实际包含着作为终极之"物"的"道"、天地、万物（自然物与人）。而作为宾语的"自然"是名词，但它不是指某一个实体，而是对正面价值性存在状态的高度概念化。概言之，"道法自然"的总体思想内涵就是指"道"、天地、万物等存在者遵循或效法正面价值性存在状态——"自然"。具体又可分为两个方面来理解：

首先，"道法自然"要着眼于存在者之"自"。这里借用王弼的"法自然者，在方而法方，在圆而法圆。于自然无所违也"来做一新解：第一个"方"和"圆"可以理解为"物"，而第二个"方"和"圆"可以理解为"物"所具有的存在状态，但这个存在状态只能是合于该物的本质、本性的，非本质、不符合本性的存在状态也就不足以表征着该物。那么，所谓"法自然"，就是人遵循人自身的合理存在状态亦即遵循自身的本性，自然物遵循自然物自身的合理存在状态亦即遵循自身的本性，

① （魏）王弼注，楼宇烈校释：《老子道德经注校释》，第52页。
② 宋德刚：《辨析〈老子〉之"物"》，《中州学刊》2018年第12期。

天地遵循天地自身的合理存在状态亦即遵循自身的本性，"道"遵循"道"自身的合理存在状态亦即遵循自身的本性。换言之，能动之"物"都应遵循自身的合理存在状态和本性，都遵循了也就是不违背，这就是"于自然无所违也"。某种意义上说，这是将王弼与河上公之说进行了融合，又将其扩展到普遍的能动存在者。这种对自身的遵循也就是对自身的本然实现。此为"道法自然"思想内涵的第一个方面，侧重于体现存在者的合理之"自"。

其次，在"人法地，地法天，天法道"中，主语位置上的"人""地""天"（当中蕴含自然物）要"法"在宾语位置的"地""天""道"，在字面上，无论是作主语还是作宾语，"人""地""天"都是能动之"物"，而从内容上来说，作为能动之"物"的天地、自然物、人要"法"的实际上就是他者的"自然"或者说他者的合理存在状态。那么"道法自然"中作为能动的终极之"物"的道也要遵循他者的"自然"吗？依照言说序列推论，可以得出肯定的答案。问题的关键在于，"道"是怎样去遵循他者之"自然"的？这又要回到内涵的第一个方面，"道"始终遵循着自身的存在状态，而"不自为大""无为"表征着"道"给他者留下了存在的空间，那么"道"遵循或者说成就他者的"自然"就是通过遵循自己的"自然"来实现的。此为"道法自然"思想内涵的第二个方面，侧重于体现"自—他"关系。

存在者的合理之"自"是"自—他"关系的基本前提。合而言之，言说序列中的"道法自然"的具体思想内涵可表述如下：人本然实现着自身"自然"（实现自身本性）的同时就要遵循、效法自然物、天地、"道"的"自然"，自然物本然实现着自身"自然"（实现自身本性）的同时就是在遵循着天地、"道"的"自然"，天地实现着自身"自然"（实现自身本性）的同时就是在遵循着"道"的"自然"，"道"实现着自身"自然"（实现自身本性）的同时就是在遵循或成就着天地、万物的"自然"。

有了如此重要、深刻的内涵，其意义也非同一般，至少具有以下三点：

第一，"道法自然"是对《老子》一书中合理"自—他"关系的全面概括，并使"自 - 他"关系获得了和谐。老子十分重视"自—他"关系，但是如果不考虑"道法自然"，则《老子》全书仍缺乏一个合适的全面概括"自—他"关系的表述。老子作为哲学家，需要为"自—他"关系提出一个概括性命题。"道法自然"所表达的是能动之"物"遵循着自身的"自然"与他者的"自然"，其最终指向世界之总体和谐。在总体和谐之下，"道法自然"的"自—他"关系包含着"求同存异"与"和而不同"。存在者既实现着自身的"自然"又遵循着他者的"自然"，这便是一种深层的"求同"。当然，"求"字对人来说更加合适，对于其他存在者来说，"求"的本质就是自身本性的体现。每一个存在者的"求同"表示世界达到了和谐状态，但和谐是保持其多样性情况下的和谐，而不是失掉自身独立性，遵循自身与遵循他者乃是平衡并行的。

第二，"道法自然"强调了"法"的重要性，而就"法"的内容来说，实际上是将丰富、普遍的知识转化成极高的哲学智慧。《老子》中有不少近于"法"（遵循、效法）的表述，但言说序列下的"道法自然"是最为精炼的表达，一个"法"字就将书中所有有关遵循、效法的内容概括了。特别是"道法自然"突出了人之"法"，言说序列由人开始，人要去"法自然"，强调人在世界中的重要地位。"法"蕴含着人的主动性，当然这种主动性也是受到限制的。"自然"建立在对存在者的观察、思考的基础上，而要对存在者有所"思"就离不开丰富、普遍的知识。由知识才能进一步形成对整个世界的系统的认识与理解。"道法自然"是从世界的整体性出发，以"法"为枢纽，以各种知识为底蕴，并囊括了一切能动之"物"以及其应然的存在状态，知识、价值、存在状态统一于"道法自然"的哲学智慧中。

第三，"道法自然"将"自然"定格于《老子》核心的哲学范畴。笔者认为，《老子》核心的哲学范畴有三，分别是"道""德""自然"。是否成为核心，一方面与概念的出现频次有关，比如"道""德"在《老子》中的出现频次都比较高；另一方面与概念自身的抽象程度、概括程度和在语境、文本中的地位有关。以出现频次而言，"自然"只有五次，单看频次无法断定。从第二个方面看，其他四例"自然"都有一定的抽象、概括程度，在语境中也都处于一个重要地位，但"自然"仍然依附于存在者，其描述性过强。因此，还不能说"自然"已经稳居核心。而"道法自然"使"自然"获得了某种意义上的"超越"。"法"以及语序揭示出"自然"在一定程度上超越了"道"、天地、自然物、人。这表示老子的视点是聚焦在存在者之存在这一维度上的，并已经将正面价值性存在状态置于存在者之上："自然"作为一种同一，可以解决一切能动之"物"的问题。"自然"的这种统摄性、整体性恰恰体现出一种核心的意义。

总之，"道法自然"是老子对整个哲学体系所做的最终的概括，体现了老子对整个世界变化、发展的最终思考，甚至可以说《老子》一书一言以蔽之即是"道法自然"。

王重民先生《老子考》的特色与影响

褚国锋 *

内容提要： 王重民先生所著《老子考》是一部重要的老学目录学著作，但长期未受到足够的重视。本文对《老子考》的学术特色、撰著缘由及学术影响进行了探讨。《老子考》之特色在于收录齐备、体例完善和辨章学术。

关键词： 王重民　《老子考》　目录学

《老子考》是我国著名文献学家王重民先生 (1903—1975) 在老学领域的代表作。该书于 1927 年 7 月由中华图书馆协会出版，系《中华图书馆协会丛书》之第一种，分为上、下两册。关于该书，目前仅有张宗友的《论王重民先生〈老子考〉的目录学成就》[①] 予以专门评介，另有王闯肯定了《老子考》对清代老学文献的整理工作[②]。这种情况同《老子考》的学术贡献并不相符。笔者拟从研究特色、著书缘由及学术影响等方面进行考察，以期进一步揭示《老子考》一书在学术史上的价值与贡献。

一、《老子考》的内容

《老子考》是王重民先生在北京师范大学求学期间的学术成果之一，也是其公开出版的首部著作。他自述撰写工作始于 1925 年冬，至 1927 年春定稿，同年 7 月正式刊印。[③]

---

  * 褚国锋 (1988—)，男，山西太原人，四川大学道教与宗教文化研究所 2017 级博士研究生，研究方向：明清道教史、道教思想。

① 张宗友：《论王重民先生〈老子考〉的目录学成就》，《大学图书馆学报》2008 年第 3 期。

② 王闯：《清代老学研究》，武汉：华中师范大学出版社，2016 年，第 40 页。

③ 关于成书时间，王重民先生在该书"自序"中有所交代，见王重民：《老子考》，"自序"，北京：中华图书馆协会，1927 年，第 1—2 页。

　　《老子考》的书名由梁启超①先生题签，"序"为袁同礼先生所写，之后为王重民先生所撰"自序"。梁任公先生和袁守和先生皆为学术重镇，题字、赐序固有奖掖后辈之意，亦是对该书学术价值的一种肯定。

　　《老子考》的正文部分凡七卷，按时代顺序罗列老学著作，依次为两汉、三国晋六朝、唐（附五代）、宋、元、明及清（附民国）。附录部分凡六篇专题目录，包括存目、通论与札记略目、日本老子著述略目、老子译书略目、老子传记略目和《道德经》碑幢略目。附录之后，则为引用书目、索引、补遗和勘误表。

二、主要特色

　　作为一部具有开拓意义的《道德经》目录学专著，《老子考》具有三大特色。第一，收录齐备，兼顾中外。王重民先生在撰书期间博访穷搜，使得该书资料丰赡，蔚为可观。自数量而言，全书共收录中外老学著述四百多家，堪称齐备。自资料种类而言，除古籍文献外，还收录了唐、宋等朝的《道德经》石刻碑文。自注家而言，包括帝王公卿、文人雅士、高道羽客、佛门高僧等不同群体的注疏均被采纳。自国别而言，日本的老子著述、英法德三国的老子译著及研究论文皆有收录，充分体现了国际化学术视野。

　　此处需要特别强调两点。其一，王重民先生收录了《道藏》所集多部《老子》注本。在引用书目部分，涵芬楼影印本《道藏经》（玉诀类）排在首位。②商务印书馆影印《道藏经》的计划自1923年启动，于1926年完成。③王重民先生则于1925至1927年间撰写其书，恰逢涵芬楼影印本《道藏》出版。通过阅藏，他颇有收获，弥补前人之缺。例如，陆心源认为司马光《道德论注》已亡，而王重民先生则于《道藏》中发现该书。④是故，王重民先生当为最早阅读涵芬楼影印本《道藏》的中国学

---

　　① 梁启超先生于1925年10月获聘为国立京师图书馆馆长，1927年卸任馆务。袁同礼先生于1925年10月任图书部长，其得梁启超先生信重。梁启超致袁同礼的信件，见丁文江、赵丰田编：《梁启超年谱长编》第11册，上海：上海人民出版社，1983年，第1006页。另一封则为《给孩子们的书》，见《梁启超年谱长编》第11册，第1091页。王重民先生与梁启超先生的相识当与此有关。另据刘修业先生介绍，王重民先生曾在1927年参与梁启超先生修撰《图书大辞典》的工作。见刘修业：《王重民教授生平及学术活动年表（附〈著述目录〉）》，《图书馆学研究》1985年第5期。

　　② 王重民：《老子考》，"老子考引用书目"，第527页。

　　③ 具体过程可见尹志华：《涵芬楼影印〈道藏〉始末考》，《世界宗教研究》2019年第2期。

　　④ 王重民：《老子考》，"自序"，第2页。

者之一。① 其二，较早注意到《老子》的海外译介情况。尽管《老子考》所录《老子》在异域的注本、译本及研究情况的数量不算多，但这一做法充分体现了王重民先生的卓越见识，可惜王重民先生后来未曾利用 1934 年至 1947 年间的海外工作机会对《老子考》予以丰富。后来者陆续对《老子》的外文译本予以整理。目前，《国际汉学》2019 年增刊《〈老子〉译本总目》堪称全面。令人遗憾的是该总目的整理者在梳理《老子》译本目录的研究情况时，遗漏了《老子考》。

第二，体例完善，堪称典范。王重民先生自承《老子考》的体例来源有自，主要仿照清代朱彝尊的《经义考》和谢启昆的《小学考》，并在其基础上有所创新。《老子考》的体例可以概括为四点。

其一，以时为序，逐次排列。王重民先生以时代为纲，以作者和注疏为目，对《道德经》问世以降的老学著述进行了有序排列。排序的原则方法如下，若能通过自序或他序来确定著作年月，则依此排序；若不能确定著作年月，则根据作者的生卒年月来排列；若均不可考，则查阅著录，以首次见于志或书的年代来排列。不仅历代老学著述依此原则排列，各书的序跋读书记等也按此排序。全书因故次序井然，便于阅读。

其二，详著存佚，分类精当。《老子考》广收古籍，对元明以前的著作求尽求详，对清代著作则以各图书馆和藏书家目录为限。该书的存佚之法有四项："存"包括存世之书和残缺之书；"佚"包括亡佚之书和有辑本的佚书；"未见"指不知存佚之书；"未刊"指近人稿本。此外，"残"亦于数处出现，如赵至坚《道德真经疏义》② 和王守正《道德真经衍义》③，盖因二书皆有部分残缺。

其三，考述版本，叙其流变。对于所录老学之书，《老子考》皆述其版本。其中，尤以存世诸书所论最详。以卷一首条"老子《道德经》"为例，该处详列六朝写本、唐人写本、唐宋刻石本、宋刊本，并注明所引敦煌文献之出处，指出敦煌古籍和唐宋刻石本对研究《老子》的重要性。王重民先生的此项工作颇具学术价值，相当于建立了《老子》版本史的框架，让读者能够进一步去探析版本的流变。

其四，信息详尽，便于检索。《老子考》每书之下，"首著其存佚，刻本，次自

---

① 王重民：《老子考》之后，王重民先生还曾有过阅读《道藏》的想法。根据王重民先生 1942 年、1943 年致胡适先生的两封信件可知，他曾有将欧洲所得敦煌道书与《道藏》本校其存佚异同的计划（1942 年 12 月 1 日），还有拟将道书单刻本、旧抄本或敦煌残本等批注于《道藏》目录以备阅藏时作校勘的想法（1943 年 1 月 4 日）。见北京大学信息管理系、台北胡适纪念馆编：《胡适王重民先生往来书信集》，北京：北京图书馆出版社，2009 年，第 18、21 页。

② 王重民：《老子考》，第 267 页。

③ 王重民：《老子考》，第 281 页。

序，次他人代序，次题跋记读书记，次按语"①。在辑录文献时，王重民先生既注意引文的完整性，也保留了所引序跋的年月日期。在卷二王弼《老子注》条，晁说之所撰跋文被全文引用，跋末"政和乙未十月丁丑，嵩山晁说之酈时记"亦被留存。② 对于如此庞杂的古籍文献，王重民先生通过时间排序、格式统一和编制索引使得该书易于检索。以时为序前文已述。格式统一则指《老子考》全书的引文体例较为完整。目录采取"作者＋书名＋卷数"的形式，如"杜光庭《道德经广圣义疏》五十卷"③；若散佚之书未明卷数者则只写"作者＋书名"，如"宋衷《老子注》"④。每书之下的征引文献格式略有不同，试以卷一"《河上公老子章句》二卷"条为例来说明。在该条所引用的文献，若有作者则写"作者＋书名"，如"晁公错《郡斋读书志》"⑤；若为国外文献，则为"国籍＋作者＋书名"，如"日本全善森立之《经籍访古志》"⑥；若为集体著作，则只列"书名"，如"《四库书目提要》"⑦。此种格式既便于阅读，亦利于查阅。王重民先生还以作者的姓氏笔画为序，精心编制了包括作者、书名、卷数在内的索引。上述举措使得《老子考》成为一本使用非常方便的老学工具书。

第三，辨章学术，自出机杼。王重民先生关于老学的思考和讨论主要体现在他所写的"按语"当中。"按语"并非每书皆有，一般是那些需要考辨或说明的书籍才有。自位置而言，"按语"通常位于辑录文献之后，偶有数处按语位于辑录文献之前。例如，卷一《老子道德经》的按语便在前。⑧ 自内容而言，"按语"或为考辨，通过辨析古籍而旗帜鲜明地提出了自己的观点。例如，卷二对羊祜有著《老子道德经解释》而无《老子注》所做的辨析。⑨ "按语"或为补充说明，如卷四雷思齐《老子本意》、张庆之《老子注》的按语皆为对二书断代的说明⑩。

三、成书缘由

《老子考》之撰著同王重民先生的个人兴趣和治学方法密不可分。王重民先生素好《老子》，自 1925 年从袁同礼先生学习目录学后，乃发愤编撰《老子考》。著书期

---

① 王重民：《老子考》，凡例，第 1 页。
② 王重民：《老子考》，第 79—80 页。
③ 王重民：《老子考》，目次，第 14 页。
④ 王重民：《老子考》，目次，第 2 页。
⑤ 王重民：《老子考》，第 36 页。
⑥ 王重民：《老子考》，第 51 页。
⑦ 王重民：《老子考》，第 38 页。
⑧ 王重民：《老子考》，第 1 页。
⑨ 王重民：《老子考》，第 96—97 页。
⑩ 王重民：《老子考》，第 270—271 页。

间曾发表论文《道德经碑幢刻石考》[①]，该文主体部分被纳入《老子考》"附录六 碑幢略目"[②]。据其"自序"可知动因有二，其一可借机抽绎历代史志藏书志，其二拟作为研究老子的预备。

　　能在二十余岁便撰成此书，固然与王重民先生的兴趣、天分和努力密不可分，在相当程度上也得益于名师指点。当年北京师范大学名师云集，中西交融，学术氛围浓厚。王重民先生跟随袁同礼先生学习目录学，为编撰《老子考》寻到了一件治学利器，还在资料搜集等方面得到了袁同礼先生的大力支持[③]；于1926年去函向陈垣先生请教《易州龙兴观道德经碑》[④]，复又去函请教《道藏辑要》，皆得陈垣先生悉心答复[⑤]；编制英法德三国学者《道德经》论著时，得到李小缘、严绍诚等先生的指教[⑥]；杨树达、傅增湘等先生亦多有指点。一众名师的倾囊相授，让王重民先生的学术视野兼顾中西，迅速而稳健地成长。作为理论学习与具体研究的尝试，《老子考》的编撰为王重民先生日后的科研道路奠定了坚实基础。

　　《老子考》的问世亦与当时的学术思潮有关。20世纪上半叶，老学研究颇为兴盛，呈现出传统与现代方法、中学与西学相交织影响的局面。从1919年至1936年，关于《老子》年代问题的论争持续十余年之久，在多个方面促进了老学研究的发展。[⑦]在该时期众多老学著作中，《老子考》从版本目录学入手，考辨老学之源流，其学术价值历久弥彰。

　　王重民先生在大学毕业后没有专门从事《老子》研究，诚为20世纪老学史上的一件憾事。但他在1937至1938年间曾为敦煌文献中的《老子道德经河上公注》（伯2639；斯477，3926）、《老子想尔注》（斯6825）、《老子道德经注》（伯2594，2864，3237，2577，3277）及《道德真经疏》（伯3592，2823）等写卷撰写了题记。[⑧]这些题记与《老子考》皆为王重民先生的老学研究成果，实为老学梯航，确如袁同

---

　　① 王重民：《道德经碑幢刻石考》，《东方杂志》第23卷第14号（1926年）。

　　② 王重民：《老子考》，"附录六 碑幢略目"，第519—528页。

　　③ 例如，袁同礼先生在东游日本之时，曾代为辑录日本关于老子的著述。事见《老子考补遗》，第1页。

　　④ 《道德经碑幢刻石考》一文当与此次请教有关。

　　⑤ 陈垣先生给王重民先生的两封回函，见陈智超编著：《陈垣来往书信集》，上海：上海古籍出版社，1990年，第311页。

　　⑥ 王重民：《老子考》，凡例，第2页。

　　⑦ 关于此次大讨论，见熊铁基等著：《二十世纪中国老学》，福州：福建人民出版社，2002年，第79—107页。

　　⑧ 王重民：《敦煌古籍叙录》，北京：中华书局，2010年，第229—246页。《敦煌古籍叙录》初版于1958年，黄永武在该书基础上增补写卷图片和新的研究成果，编成《敦煌古籍叙录新编》。关于《老子》写卷的研究，亦可参看《敦煌古籍叙录新编》第12册和第13册的相应部分。

礼先生所言"于治斯学者贡献多矣"①。

四、学术影响

尽管王重民先生自认为其书系弱冠之时的"稚作",但《老子考》实乃 20 世纪老学研究史上重要的目录学著作。该书面世之后,陆续得到了若干评价,亦对学术界产生了一定影响。笔者谨就所见,择其要者依时间顺序排列如下。1938 年,姚名达从"版本目录"的角度指出:"专门考究一书之版本者,有王重民之《老子考》,实为最早之杰作。"②1970 年,柳存仁先生在《论道藏本顾欢注老子之性质》指出:"王重民先生《老子考》绝版已多载,盖其少作,唯图书馆中或尚可求之。其书……搜考殊博,且系索引,亦便于检查。然偶有失考者。"③吴小如先生在《中国文史工具资料书举要》将《老子考》视作"研究《老子》的一部重要参考书"④。周文骏教授则从目录学的角度,指出"在我国目录学史上,先生的《老子考》是继僧佑《出三藏记集》、朱彝尊《经义考》等优良编目传统的传承者和光大者。"⑤

严灵峰读《老子考》获益甚大,多次自陈其所受启发。1957 年,严灵峰在《中外老子著述目录》的自序中指出《老子考》乃一巨制,其书"用依王氏旧书,删繁补阙,正其失误,著为斯篇。"⑥1965 年,严氏在《老列庄三子知见书目》的自序中再言《老子考》的影响。⑦鉴于该书的重要性,严灵峰在其所辑《无求备斋老子集成续编》第十四函中收录了该书影印本,分为四册,由台北艺文印书馆于 1970 年出版。1975 年,严氏在《周秦汉魏诸子知见书目》的自序中复言《老子考》的影响。其序曰:"道书精华,不外老、列、庄三子,……世无专书著录。迨民国十六年,高阳王重民氏撰《老子考》一书,实开老子专书著录之先河;灵峰自 1957 年先后出版《中外老子著述目录》并《补编》《列子庄子知见书目》《老列庄三子知见书目》与《补正》以及《墨子知见书目》《管子晏子知见书目》多种,不过踵武前修,别为编次而已。惟采取表格形式,体例未仍旧贯耳。"⑧

① 王重民:《老子考》,"序",第 1 页。
② 姚名达:《中国目录学史》,北京:商务印书馆,1998 年,第 414 页。
③ 原文刊于 1970 年。见柳存仁:《和风堂文集》(上册),上海:上海古籍出版社,1991 年,第 220 页。
④ 吴小如:《中国文史工具资料书举要》,北京:世界图书北京出版公司,2011 年,第 255 页。
⑤ 周文骏、王红元:《王重民先生的学术成就》,北京大学信息管理系编:《王重民先生百年诞辰纪念文集》,北京:北京图书馆出版社,2003 年,第 2 页。
⑥ 严灵峰:《中外老子著述目录序》,严灵峰:《老庄研究》,台北:台湾中华书局,1979 年,第 638 页。
⑦ 严灵峰:《老列庄三子知见书目》,"自序",台北:中华丛书编审委员会,1964 年,第 3 页。
⑧ 严灵峰:《周秦汉魏诸子知见书目》,"序",台北:正中书局,1975 年,第 1—2 页。

　　相较于《老子考》在我国台湾学术界所产生的巨大影响，它在大陆学术界则长期未得到与其学术价值相匹配的关注，仅被若干老学著作及学术论文简单提及①。近年来，这一状况有所改观。部分研究者注意到《老子考》，并指出了一些条目的失误。②该书成书甚早，又未经原作者修订再版，难免存在疏误，但不能因此而否定《老子考》的价值。及至 2018 年，方勇主编的《子藏·道家部·老子卷》收录了《老子考》的影印本，由国家图书馆出版社出版。《老子考》卷一至卷四在第 93 册，卷五至卷七在第 94 册。这一影印本将促进学术界重新认识《老子考》的贡献。2017 年，国家社科基金重大项目"《王重民全集》编纂"正式立项。随着该项目的稳步推进③，相信经过精心校对的《老子考》将会很快出版。

　　要而言之，《老子考》一书作为研究老学的目录学专著，具备材料丰富、分类精当、体例完备、中外会通等特点，为该研究领域树立了一个相对成熟的范式。该书在目录学、版本学、老学史、《老子》域外传播等方面皆具有先导意义，有待学人继续探讨和充分借鉴。

---

　　① 此类介绍均比较简略。熊铁基先生的介绍稍微详细。详见熊铁基等著：《二十世纪中国老学》，福州：福建人民出版社，2002 年，第 197 页。

　　② 例如，尹志华指出《老子考》对于文如海和《道德真经集注》之关系的误判。见尹志华：《北宋〈老子〉注研究》，成都：巴蜀书社，2004 年，第 18 页。

　　③ 根据 2019 年 12 月 13 日《〈王重民全集〉编纂中期检查检查报告》可知，《老子考》的数字化扫描、存档和文本整理已经完成。

严灵峰《周秦汉魏诸子知见书目》
明代《老子》书目匡补

涂立贤[*]

内容提要： 明代老学是明代思想史的重要组成部分，文献的搜集、整理是明代老学研究的前提和基础。目前专门对明代老学文献进行考证、收录、整理的著作中，严灵峰先生的《周秦汉魏诸子知见书目》所收老学文献最为全面，但因为技术仍占有文献数量等主客观原因的限制，其中难免存在疏漏和错误。本文拟对《周秦汉魏诸子之见书目》中明代《老子》书目进行考证与补充，以期对明代老学研究、思想史研究有所裨益。

关键词： 严灵峰 《周秦汉魏诸子知见书目》 明代 《老子》 匡补

基金项目： 本文系教育部人文社会科学研究青年项目"明代老学史研究"（编号：19YJC770043）阶段性成果之一。

严灵峰（1904—1999），又名明杰，字旭，号若令，福州连江人，长期致力于先秦诸子研究，对道家文献用力尤深，《周秦汉魏诸子知见书目》（后简称《书目》）是其诸子文献研究的代表作。《书目》共收录诸子62家，分为五卷于1975年出版。五卷本《书目》，道家文献独占第一、二卷，可见严灵峰对道家文献之重视。为方便后来学者研究查找，《书目》收录文献力求全备，为后学研究提供了重要文献支持。但随着对道家文献研究的深入，《书目》中的疏漏与错误也开始显现出来。本文以《书目》中所录明代《老子》书目为研究对象，对其中存在的错误与缺漏进行匡补，希望为明代老学文献整理略尽绵薄之力。

笔者研究明代老学文献，发现学者对明代老学文献的搜集、整理成果丰富。从论著形式看，可分为两类：一类是老学文献的汇编类著作。这类成果有严灵峰编《无

---

[*] 涂立贤，女，历史学博士，上海政法学院马克思主义学院讲师，主要研究方向为中国思想史，道家道教思想文化。

求备斋老子集成初编》①及《续编》②，熊铁基主编《老子集成》③第六、七、八卷。方勇主编《子藏·道家类·老子卷》④。《初编》中去除同一著作的不同版本，共计收录明代老学文献 45 种，《续编》中收录 4 种；《老子集成》收录明代老学文献 52 种，并首次对收录文献进行点校。《子藏·道家类·老子卷》共收录明代文献 77 种，其中包括苏园《老子》、崔虚纯《道德真经注释讲义》等多本首次收录的老学文献。一类是目录性论著。这类成果有清黄虞稷的《千顷堂书目》⑤，收录明代老学文献 41 种；王重民的《老子考》⑥，收录明代老学文献 57 种；严灵峰编《周秦汉魏诸子知见书目》⑦，收录明代老学文献 150 余种；日本李庆的论文《明代的老子研究》⑧，统计明代老学文献 106 种；熊铁基等著《中国老学史》⑨统计有 104 种；韦东超的博士论文《明代老学研究》⑩，统计为 105 种。这种数据的差异一方面显示了各时代学者对老学文献研究、整理的不懈努力，但同时也表明因各时代的技术及学者占有文献多少等主客观原因的限制，研究难免存在缺漏与错误。严灵峰的《书目》是目前收录明代老学文献最全的目录性著作，但其中可待商榷之处仍然不少。本文拟对《周秦汉魏诸子之见书目》中明代《老子》书目进行考证与补充，以期对明代老学研究、思想史研究有所裨益。

一、严氏收录书目匡正

严灵峰先生在考订明代老学文献作者及成书年代之时，因文献记载不详、缺漏，或因未亲见原著，难免存在错误或不确定之处，下面先就此类问题进行考证，所列顺序以《书目》中出现先后为准：

（一）赵特峰《赵特峰注〈老子〉》

对于赵特峰，严灵峰先生言："未见，《绛云楼书目》著录。按：赵特峰未详，疑系元人，兹暂列元末。"⑪查《绛云楼书目》，其中相关记录非常简略，只有一句："赵特

① 严灵峰编：《无求备斋老子集成初编》，台北：台北艺文印书馆，1965 年。
② 严灵峰编：《无求备斋老子集成续编》，台北：台北艺文印书馆，1972 年。
③ 熊铁基，陈红星主编：《老子集成》，北京：宗教文化出版社，2011 年。
④ 方勇主编：《子藏·道家类·老子卷》，北京：国家图书馆出版社，2018 年。
⑤ （清）黄虞稷著，瞿凤起、潘景郑整理：《千顷堂书目》（附索引），上海：上海古籍出版社，2001 年。
⑥ 王重民：《老子考》，北京：中华图书馆协会，1927 年。
⑦ 严灵峰编：《周秦汉魏诸子知见书目》，台北：正中书局，1975 年，第 1 卷。
⑧ （日）李庆：《明代的老子研究》，《金沢大学外语研究中心论丛》第 1 辑，1997 年。
⑨ 熊铁基、马良怀、刘韶君著：《中国老学史》，福州：福建人民出版社，2005 年。
⑩ 韦东超：《明代老学研究》，华中师范大学博士论文，2004 年。
⑪ 严灵峰编：《周秦汉魏诸子知见书目》，台北：正中书局，1975 年，第 1 卷，第 155 页。

峰注《老子》七篇。"①查"赵特峰"此人,乾隆《泉州府志》卷43中"赵恒传"曰:

> 赵恒,字志贞,号特峰,晋江人。……嘉靖甲午荐乡试第五,……戊戌成进士。……恒居郎署,声籍甚,卒以鲠介无援,迁浙江盐运司同知,未几,擢守姚安,……年九十四卒。所著有《庄子涉笔》《史记涉笔》,与《录疑》并行于世。②

同时,明黄凤祥著《中宪大夫云南姚安知府特峰赵先生暨配赠恭人王氏合葬墓志铭》云:"是岁万历甲辰五月三日,先生以寿终。"③若赵特峰即为赵恒,则赵特峰生卒年为1511—1604,当为明中后期之人,并非元朝人。

（二）何心山《老子注》

何心山生平不详,严灵峰先生将何心山《老子注》的成书时间定为元末明初(？—1387),并言其姓氏或作"河"。④关于何心山的文献记载很少,笔者只在元书法家赵孟頫的书法作品《洛神赋》后所附的跋中查到"何心山"此名。赵孟頫于元大德四年(1300年)书《洛神赋》一篇送友人(现藏天津市艺术博物馆),篇末有何心山的跋,其文曰:

> 子昂笔法妙一时,复书此纸,与子敬炳辉前后。逸民此兴不凡,视如褚遂良家藏王贴,余嘉其俱以韵胜而神遇也。何幸与寓目焉！因识以左云。大德庚子仲秋之七日,何心山。⑤

若此何心山即为注《老子》之何心山,则可知何心山应为"何"姓。且赵孟頫书此《洛神赋》时年47,何心山若与其相交,并为其书写跋文,则年龄应与其相当,即便以30岁计,则1387年时,何氏已117岁,这样的高寿还是非常少见的,故何心山当为元人更为合理。

---

① （清）钱谦益著,陈景云注:《绛云楼书目》卷2《子道家》,北京:中华书局,1985年,第155页。

② （清）怀荫布修,黄任、郭庚武纂:《泉州府志》（二）,《福建府县志辑》,上海:上海书店出版社,2000年,第23册,第372页。

③ （明）黄凤翔:《田亭草》卷13,《续四库全书》,上海:上海古籍出版社,1995年,集部,第1356册,第255页。

④ 严灵峰:《周秦汉魏诸子知见书目》,台湾:正中书局,1975年,第1卷,第156页。

⑤ 任道斌:《赵孟頫系年》,郑州:河南人民出版社,1984年,第95页。

（三）吴宣《道德经注》

元、明时期有两个吴宣，一为元末明初之吴宣，字泰然者，一为吴宣，字师尼者。严灵峰先生注释吴宣生平时，因为不能肯定两人是否为同一人，故注释曰："吴宣，嘉善人，字泰然"后，又注释了吴师尼的生平，言"未知是否一人。"① 其实吴泰然与吴师尼并非一人。

吴宣，字泰然，元末嘉善人，清《嘉善县志》中有传：

（吴宣）幼聪敏，嗜学，精于医。疏财尚义，诸兄弟分析资产，独退让不取。元季苗兵压境，将屠其民，宣杖策叩军门，乞贷民命。主帅怜之，乃获已。晚好溪山之胜，放情茗霄间，终于四安山。有《道德经注》《子午流注通论》等书行于世。②

《义门吴氏谱》中记载得更为详细：

吴宣，字泰然，一字□之。……时乱，元顺帝召问国祚，对曰："千秋万岁何虑，但恐日月并行耳。"元将黑左辖，强聘参军，逃栖淞泖。王师过，问计，对处身以正，用兵以奇等语人。张士诚兄弟聘，拒之。隐吴兴泗安南华山。筑洞一精舍，著书，号洞一先生，又号逍遥游。先示死期，坐化尸解。……著《道德经注》《子午流注通论》等书。③

上文可知，吴宣，字泰然者，元末人，精通医术，发明了子午流注针灸法，即最佳时间针灸法，此法流传至今，著有《道德经注》《子午流注通论》等书。

至于吴师尼，《四库全书总目提要》卷175《野庵文集》条下记述：

（吴）宣，字师尼，野庵其别号也。崇仁人，景泰癸酉举人，授左军督府经历，坐劾长官不法，系狱十年，始得释，改中府，升镇远府知府。道病卒。其文落落有气，而格律未严。是集乃其门人王君谟等所编。未经刊行，其玄孙道南复订正，藏于家，前有道南自诉头末一篇。④

① 严灵峰：《周秦汉魏诸子知见书目》，第157页。
② （清）江峰青等修，顾福仁等纂：《嘉善县志》卷22《行谊上》，《中国方志丛书·华中地方》，成文出版有限公司，1970年，第59号，第424页。
③ 政协嘉善县委会文史资料研究委员会，嘉善县志办公室，嘉善县博物馆编：《嘉善文史资料》第五辑（内部资料），1990年，第10页。
④ （清）永瑢等撰：《四库全书总目提要》卷175，上海：商务印书馆，1931年，第34册，第97页。

可知著《野庵文集》之吴宣，乃江西崇仁人，明景泰四年（1453 年）举人，与著《道德经注》之吴宣并非一人。

（四）郑瓘《道德经正解》

严灵峰在记叙郑瓘生平时言其为"成化庚戌进士"，后又备注"《浙江通志》作'弘治进士'"。① 然成化年间（1465—1487）并无庚戌年，应为弘治庚戌年，即弘治三年（1490 年）。且《明诗纪事》记载有郑瓘生平："瓘字温卿，兰溪人，弘治庚戌进士，授邹平知县。改长洲，再改楚雄判官。有《蛙鸣集》。"② 再次证明，郑瓘乃弘治进士。

（五）黄省曾《老子玉略》

严灵峰先生记黄省曾生平曰："嘉靖辛卯举人，官少詹事。生于孝宗弘治三年，世宗嘉靖十九年卒，年五十一岁。"③ 有学者考证，黄省曾于嘉靖辛卯（1531）中举之后，会试不第，此后无心科举，"自京返吴后的黄省曾科举之意渐薄，而归禅之意愈浓"④。李清宇在《五岳山人黄省曾年表稿》中亦考证其"平生未曾仕宦"。⑤ 对于黄省曾的卒年，严灵峰、李清宇都认为是嘉靖十九年（1540），然据王成娟考证，黄省曾"当殁于嘉靖二十五年（1546）"⑥。黄省曾著述传世者颇多，可惜《老子玉略》如今仅剩序文一篇存于《五岳山人集》中。⑦

（六）李维桢与《老子合易解》

严灵峰曾见顾如华《深远集》中引有李维桢《大泌山房集·老子合易解序》之文，未考察《老子合易解序》原文，就将《老子合易解》寄于李维桢名下，⑧ 实为未见《老子合易解序》全文之误。《老子合易解》为明道士王家春所做，李维桢为其作序。乾隆《温州府志》中有王涵虚传："王涵虚，旧志名家春，字九灵，永嘉人，潜心《老》《易》，为应道观道士，居无几遂，遍游五岳，禁足武当，注《道德经》，李

---

① 严灵峰：《周秦汉魏诸子知见书目》，第 158 页。
② （清）陈田辑：《明诗纪事》丁签卷 6，上海：上海古籍出版社，1993 年，第 2 册，第 1213 页。
③ 严灵峰：《周秦汉魏诸子知见书目》，第 162 页。
④ 王成娟：《黄省曾研究》，浙江大学硕士学位论文，2007 年，第 15 页。
⑤ 李清宇：《五岳山人黄省曾年表稿》，《中国文学研究》（辑刊）2014 年 1 期。
⑥ 王成娟：《黄省曾研究》，浙江大学硕士学位论文，2007 年，第 16 页。
⑦ （明）黄省曾撰：《五岳山人集》卷 24，《老子道德经玉略序》，《四库全书存目丛书》，济南：齐鲁书社，1995 年，集部，第 94 册，第 719—720 页。
⑧ 严灵峰：《周秦汉魏诸子知见书目》，第 197 页。

本宁为之序。"①且考《老子合易解序》原文，其言："永嘉王幼潜读《老子》，而以其理合于《易》，因用《易》释之，八十一章皆然。"②李维桢在《题王逸士相册》中再次言明："东嘉王涵虚道人，绝意婚宦，专精《老》、《易》……余尝读其《易粹编》、《道德经合易解》，与之上下论议，悉其生平贞白，《淮南鸿宝》之诀，太乙遁甲之书；九章历象之术，太仓素问之方，靡不精诣。"③可见《老子合易解》实为王嘉春所著。

（七）邓球《老子注》

严灵峰先生介绍邓球生平比较简略，只注明邓球，字应明，未记其生卒年。④据查，《贵州通志》据《湖南志》记载有邓球生平：

> 邓球，字应明，湖南祁阳人。年十四，以试雍齿先侯论得名，嘉靖己未（公元1559年）进士，知宜兴弋阳县，升户部郎中。时乡有官都御使者，为张居正私人兼掌选事，球薄之，丐外补铜仁知府，数月告归，于理学有心得，人称来溪先生。（《湖南志》）⑤

其中"应明"应为"应鸣"之误。《三吾文化精粹》中介绍，邓球，字应鸣，生卒年为1525—1595，⑥据嘉靖三十八年《进士登科录》记载，邓球，字应鸣，会试时年33，⑦嘉靖三十八年（1559），邓球33岁，则其生于1525年可信。至于其卒年，未知据何而来。

（八）金邦柱《老子绎》

严灵峰未查到金邦柱生平，只根据《红雨楼书目》著录得金邦柱条目，将其列入万历之前。⑧经查，金邦柱"字道隆，吴江人。万历三十七年举于乡。历邵武知县、

---

① （清）李琬修，（清）齐召南，（清）汪沆纂：乾隆《温州府志》（二）卷26，《中国地方志集成·浙江府县志辑》，江苏：江苏古籍出版社，上海：上海书店，成都：巴蜀书社，1993年，第519页。
② （明）李维桢著：《大泌山房集》卷8，《四库全书存目丛书》，济南：齐鲁书社，1997年，集部，第150册，第474页。
③ （明）李维桢著：《大泌山房集》卷130，《四库全书存目丛书》，济南：齐鲁书社，1997年，集部，第153册，第659页。
④ 严灵峰编：《周秦汉魏诸子知见书目》，第175页。
⑤ 贵州省文史研究馆点校：《贵州通志·宦迹志》，贵阳：贵州人民出版社，2004年，第273页。
⑥ 蒋练：《三吾文化精粹》，北京：中国社会科学出版社，2012年，第113页。
⑦ 龚延明主编：《天一阁藏明代科举录选刊·登科录》（下），宁波：宁波出版社，2016年，第263页。
⑧ 严灵峰：《周秦汉魏诸子知见书目》，第176页。

兵马指挥、职方主事"①。《邵武县志》中记载其主政之事更为详细：

> 崇祯中知邵武县，廉明慈慎，有治才。丙子大饥，捐俸煮粥以济贫民，复躬诣各乡劝粜，闭籴者罪之，全活者甚众。南郊水柜无稍失守，泮池屡涸，邦柱于水流分截处置石闸，募人司之，会郡人魏朝明捐田五十余亩瞻其役，自是城内源源不竭。士民感其德，为建祠，立三碑，一在水柜旁，一在钟楼前，一在长虹桥之左。②

杨守敬编《增订丛书举要》卷七中载有"金邦柱《残明册府拾遗》"。③可见金邦柱应为万历以后之人，其著作名"残明"，可知其清初尚在人世。

（九）龚修默《老子或问》

对于龚修默生平，严灵峰先生没有介绍，经查，龚修默生平主要存于方志文献之中，因涉及方志文献多种，故以文献为依据，综述其生平如下：

龚修默，字应身，"讳道立，号修默，吴之昆陵人"④。"万历十四年（1586）进士，初授兵曹"⑤。后又授户部主事，"万历二十年（1592），任建宁知府"⑥，"日与士子讲学，入觐鬻资产行李，中道立心悸，驰归，母方弥留，握手永诀"⑦。无锡东林书院重修完成，龚道立"与高攀龙、钱一本、唐鹤徵等会东林。嗜藏书，与道书梵典，亦多涉猎"⑧。万历三十六年（1608），龚修默时任江西参知，与同府官员一起，"各捐癝俸"，在上犹建学⑨。在江西任职期间，"与邹元标究'性命之学'，本经术以饬吏治"⑩。致仕之后，"归十五年，杜门著书。弟道高以贡授浙江仁邳训导，不就，与兄聚讲不

---

① 钱海岳：《南明史》卷31，北京：中华书局，2006年，第5册，第1583页。
② （清）李正芳总修，张葆森总纂：《邵武县志》卷13，咸丰五年版，福建省邵武市地方志编纂委员会整理，内部资料，1986年，第314页。
③ 杨守敬编，曾梦阳、丁晓山整理：《增订丛书举要》，谢承仁编：《杨守敬集》，武汉：湖北人民出版社，1988年，第7册，第124页。
④ 赣州地区志编纂委员会：重印《同治赣州府志》（上），1987年，第517页。
⑤ 南京师范大学古文献整理研究所编著：《江苏艺文志·常州卷》，南京：江苏人民出版社，1994年，第141页。
⑥ 张琦主修：《建宁府志》卷22，南平地区地方志编纂委员会，1994年，第449页。
⑦ （清）王具淦，吴康寿修，（清）汤成烈等纂：《光绪武进阳湖县志》卷23，《中国地方志集成·江苏府县志集》，南京：江苏古籍出版社，1991年，第37册，第583页。
⑧ 南京师范大学古文献整理研究所编著：《江苏艺文志·常州卷》，南京：江苏人民出版社，1994年，第141页。
⑨ 罗中坚，黎上达编纂：重印《同治南安府志》卷22，赣州：赣州印刷厂，1987年，第563页。
⑩ 南京师范大学古文献整理研究所编著：《江苏艺文志·常州卷》，南京：江苏人民出版社，1994年，第141页。

倦"①。著有《白鹭洲答问》，佚；《金刚经注》《清静经评》《紫芝草》《绿云集》《杜律心解》。②

（十）周光德《道德经疏》

严灵峰言周光德是万历壬午（1582）进士，③查《蕲水县志》发现，周光德并非进士，而是举人。《蕲水县志》卷7《选举》将周光德列于"举人"栏，并注："周光德，治《易》，四川渠县知县，有传《文苑》。"④在《蕲水县志》卷9"文苑"中记载周光德生平曰：

> 周光德，字翼明。明万历壬午举于乡，授章邱谕，所识拔俱捷南宫。嗣令渠县，适旱雹为灾，光德设坛祷禳，而有麦秀穗岐之瑞。秩满，闻亲病，力乞终养，杜门著述，博综天文、地理、兵屯、法律之书，著《易似言》《太极图说诸卦衍义》《道德经疏》《薛文清要语》，未刊。七举乡宾，殁从祀乡贤。⑤

（十一）陆文远《老子解》

严灵峰据《浙江通志·经籍志》将陆文远及其《老子解》列在明末，⑥然陆文远实为南宋末年人。《重修浙江通志稿》第56册《著述考》中《老子解》条下记载：

> 《老子解》无卷数，宋·陆文远撰。文远，平湖人。一名启桢，官都巡检。此书据《平湖经籍志》以及旧《通志》引天启《平湖县志》，未见。⑦

同书《皇极大衍数》条下记载：

> 《皇极大衍数》无卷数，宋·陆启桢撰。启桢，字兆圣，平湖人。宋末官至都巡

---

①　（清）王具淦、吴康寿修，（清）汤成烈等纂：《光绪武进阳湖县志》卷23，《中国地方志集成·江苏府县志集》，南京：江苏古籍出版社，1991年，第37册，第583页。

②　（清）王具淦、吴康寿修，（清）汤成烈等纂：《光绪武进阳湖县志》卷28，《中国地方志集成·江苏府县志集》，南京：江苏古籍出版社，1991年，第37册，722—734页。

③　严灵峰：《周秦汉魏诸子知见书目》，第204—205页。

④　（清）徐养忠等修：（乾隆五十九年）《蕲水县志》卷7，《故宫珍本丛刊》，海口：海南出版社，2001年，第136册，第146页。

⑤　（清）徐养忠等修：（乾隆五十九年）《蕲水县志》卷9，《故宫珍本丛刊》，海口：海南出版社，2001年，第136册，第173页。

⑥　严灵峰：《周秦汉魏诸子知见书目》，第209页。

⑦　浙江省通志馆编：《重修浙江通志稿》，北京：方志出版社，2010年，第56册，第4871页。

检。此书据旧《通志》引天启《平湖志》作陆文远，《平湖经籍志》一作启桢，谓考旧《志》本传、官阶事实，即一人。①

查《平湖县志》记载，陆姓，乃平湖大姓之一，其祖乃唐中书侍郎平章事陆贽后裔，原籍嘉兴，支系繁多，其中一支传至南宋，"有哲学家陆九渊，原籍江西金溪，其玄孙陆启桢，宋理宗时任嘉兴路巡检，后迁平湖"②。而"陆启桢，宋末官至都巡检，居齐景乡。著《老子解》《离骚解》《皇极大衍数》《大乐书》"③。

（十二）释大香《道德经希言》

严灵峰先生言《道德经希言》为云外道人，号大香者所著，对其生平也没有介绍。大香实为明末僧人，人称庵嗟香公：

庵嗟香公者，吴之诗人吴鼎芳，字凝父者也。世居洞庭之武山。年未三十，生四子。一夕梦大士告曰："偕尔佛子，传佛慧命。"因展两首光作，布满空届，反照身心，瞿然而寤。遂断绝妻子，缘入云栖，祝发莲池大师像前。因名大香。年已四十矣。……崇祯丙子九月八日结跏而寂。徒众瘗之。如其言。世寿五十五，僧腊一十六。著《云外集》、《经律集录》十余种。④

可知释大香生卒年为1581—1636。其所著《云外录》现有崇祯间德清夏元彬刊清顺治乙亥修补本，明文书局《禅门逸书初编》第8册（134）收录，《云外录》卷16有《道德经希言序》，可知《道德经希言》实为释大香所著。⑤

（十三）许岳《道德经解》

严灵峰先生对许岳生平相关资料未见，只知其为钱塘人，根据《杭州府志·经籍志》记载，将其"暂附崇祯末年"，⑥据嘉靖二十九年（1550）《进士登科录》记载，"许岳，字子峻，浙江钱塘县人，时年32"，⑦可知许岳生于正德十三年（1518）。万历

① 浙江省通志馆编：《重修浙江通志稿》，第4828页。
② 庄文生主编，浙江省平湖县县志编纂委员会编：《浙江省平湖县志》，上海：上海人民出版社，1993年，第144页。
③ 庄文生主编，浙江省平湖县县志编纂委员会编：《浙江省平湖县志》，第823页。
④ （清）钱谦益撰：《列朝诗集小传》（下），上海：上海古籍出版社，2008年，第717页。
⑤ （明）释大香撰：《云外录》，《禅门逸书初编》，台湾：明文书局，1981年，第8册，第131页。
⑥ 严灵峰：《周秦汉魏诸子知见书目》，第211页。
⑦ 龚延明编：《天一阁藏明代科举录选刊·登科录》（下），宁波：宁波出版社，2016年，第67页。

十六年（1588），张翰、许岳等致仕缙绅十余人，在杭州创立怡老会，张翰将集会创作诗文辑为册，是为《武林怡老会诗集》。在《诗集》前面有入社会员的简介，其中有许岳的简介："公名岳，字子峻，仕为南京工部主事，历员外郎中，直隶常州、广西柳州、梧州三府知府，广东按察使副使致仕，时年七十一。"①可知，许岳应为嘉靖、万历年间人。

（十四）黄润玉《道德经附注》

严灵峰收录此书时因未见原文，故将其注书时间定为黄润玉的卒年1477年，现熊铁基等主编的《老子集成》第6卷收录此书，书前有黄润玉亲撰的《道德经附注题辞》，文末落款为"正统丁卯仲夏四明黄润玉书于临清舟中"②。可知黄润玉《道德经附注》当成于正统十二年（1447）或之前。

（十五）田艺蘅《老子指玄》

严灵峰先生未见田艺蘅《老子指玄》，故将其创作时间定为田艺衡主要活动的嘉靖年间，今熊铁基等主编的《老子集成》第6卷收录有《老子指玄》。《老子指玄·自序》文末末题有"嘉靖三十三年夏五月望日"③，可知《老子指玄》完成于嘉靖三十三年（1554）或之前。

（十六）张位《道德经解》

严灵峰先生将张位《道德经解》的成书时间定为嘉靖十七年（1538）。④张位，字明成，隆庆二年（1568）进士，据隆庆二年《进士登科录》记载时年张位"年三十五"⑤。汤显祖在《张洪阳相公七十寿序（代）》中写道："今上御历之三十一春王正月之元旬，是为洪阳张老先生诞辰也。"⑥御历三十一年指万历三十一年（1603），时张位七十岁。由上可见，张位生于嘉靖十三年（1534）。故《道德经解》不可能成书于1538年。《道德经解》现有万历十九年（1591）刊本，可知其成书应在万历前后。

---

① （明）张翰编：《武林怡老会诗集》，《丛书集成续编》，台湾：新文丰出版公司，1988年，第114册，第652页。

② 黄润玉：《道德经附注》，熊铁基、陈红星主编：《老子集成》，北京：宗教文化出版社，2011年，第6卷，第210页。

③ 田艺蘅：《老子指玄》，熊铁基、陈红星主编：《老子集成》，北京：宗教文化出版社，2011年，第6卷，第340页。

④ 严灵峰：《周秦汉魏诸子知见书目》，第161页。

⑤ 屈万里主编：《明代登科录汇编》，台湾：学生书局，1969年，第17册，第8868页。

⑥ （明）汤显祖著，徐朔方笺校：《汤显祖诗文集》卷28，上海：上海书店出版社，1982年，下册，第999页。

二、严氏未见书目

严灵峰先生在搜集明代老学文献时，有些文献只在地方志或目录著作中见其书目，并没有亲见注文，随着各种大型丛书的出版，很多分散于各图书馆、藏书家之手的文献汇集成册，为老学研究提供了很大的便利，笔者参考《四库全书存目》等大型丛书，对严灵峰先生著书中言"未见"，且其后老学研究成果中亦未收录或未见原文的书目予以部分补充。

（一）王世懋《老子臆解》

《老子臆解》不是专门的解《老》著作，而是王世懋《经子臆解》中的一部分，严灵峰先生在《四库全书总目存目》中见到此书记录，但并没有亲见此解，只推断曰："大抵以己意推衍，无所发明，在《经子臆解》内。"[1] 今查齐鲁书社 1995 版《四库全书存目丛书·集部》第 133 册收录有王世懋《王奉常集》，《王奉常集》卷 54 有《经子臆解》，其中有关于《老子》"绝学无忧"章之注解，[2] 应该就是严灵峰先生所说《老子臆解》。

（二）万表《道德经赘言》

严灵峰先生对万表的《道德经赘言》按曰"未详"[3]，仅知《千顷堂书目》中录有此书，据笔者查证，万表《道德经赘言》尚存，今存于万表文集《玩鹿亭稿》卷 8 之中。[4]

（三）杨慎《衍韩非解老》

《衍韩非解老》，未见此书，笔者只查到一条关于此书的记载。《升庵外集·子说》"宠辱若惊"条末尾云："昨晤张汝玉夜宿，汝玉深于老氏之书者也，其言犁然有当于予心，予曰，是言也，苦县之沉魄首肯，而柱下之浮魂击拊乎。为《衍韩非解老》一篇，附之《老子疏》，并书一通诒张子焉。"[5] 可知《衍韩非解老》是一篇文章。

---

① 严灵峰：《周秦汉魏诸子知见书目》，第 160—161 页。

② （明）王世懋著：《王奉常集》卷 54，《四库全书存目丛书》，济南：齐鲁书社，1995 年，集部，第 133 册，第 753 页。

③ 严灵峰：《周秦汉魏诸子知见书目》，第 165 页。

④ （明）万表撰：《玩鹿亭稿》卷 8，张寿镛编：《四明丛书》，扬州：扬州古籍刻印社，1940 年，第 7 集，第 43 册。

⑤ 杨慎著，焦竑编：《升庵外集》（四）卷 46《子说部·老庄》，屈万里主编：《杂著秘笈丛刊》，台湾：学生书局，1976 年，第 3 册，第 1543 页。

（四）邓球《老子注》

严灵峰先生据《湖南通志·艺文志》记载，查知邓球著有《老子注》，并未亲见此书。①据查，《老子注》今存于邓球《闲适剧谈》卷3。②

（五）汤宾尹《老子品粹》

《老子品粹》出于汤宾尹所编《历子品粹》，严灵峰先生并未亲见，只在日本人见卜幽轩所著《老子口义抄》的引文中得知此书。③经查，大陆亦藏有此书，今藏于中国社会科学院文学研究所。

（六）石鸡山房主人《道德经旁注》

《道德经旁注》乃明世德堂刊《二经旁注评林》中的《老子》部分，注文开头题有"石鸡山房主人纂补，世德堂主人校勒"字样。石鸡山房主人，不知何许人也，世德堂主人或即唐晟。世德堂乃"明万历年间金陵人唐晟字伯晟、唐杲字叔永的书坊名。刻印过《二经旁注评林》（《老子》2卷，《庄子》5卷）7卷"④。故此书当成于万历年间。严灵峰先生因资料所限，未见此书，经查，此书收录于《故宫珍本丛刊》第523册。⑤

三、严氏未收书目

明代老学文献众多，著者涵盖帝王将相、市井小民等社会各阶层，这使得明代老学文献的搜集、整理很难做到没有遗漏，因此明代老学文献的整理工作一直没有间断。下文参考老学文献研究者成果，结合笔者的搜集，对《周秦汉魏诸子知见书目》中未收文献进行少许补充。

（一）黄懋《校正〈老子道德经〉》

《中国老学史》中录有此人，⑥其书今未见。黄懋生平，据明英宗时大学士吕原为黄懋所写碑文："景泰六年十月二十三日以疾卒，距其生洪武庚午正月四日，春秋六

① 严灵峰：《周秦汉魏诸子知见书目》，第175页。
② （明）邓球：《老子注》，《闲适剧谈》卷3，《续修四库全书》，上海：上海古籍出版社，1996年，子部，第1127册。
③ 严灵峰编：《周秦汉魏诸子知见书目》，台北：正中书局，1975年，第1卷，第198—199页。
④ 瞿冕良编著：《中国古籍版刻辞典》，苏州：苏州大学出版社，2009年，第134页。
⑤ 故宫博物院编：《故宫珍本丛刊》，海口：海南出版社，2000年，第523册，第231页。
⑥ 熊铁基、马良怀、刘韶军著：《中国老学史》，福州：福建人民出版社，2005年，第430页。

十有六。"①可知黄懋生卒年为1390—1477。乾隆《元氏县志》记载:黄懋"永乐己未进士,擢户部主事,尚书夏元吉甚重之,累官嘉兴知府。廉公刚正,子惠困穷,除夙弊盗,息赋均尤,笃意学政,孜孜好贤乐善,有古良吏风,士民逮之若父母。后迁福建布政使,历五年致仕,卒。"②"明代书法家,……工书。"③旧《浙江通志》言其:"正统中知嘉兴,筑捍海堤,建济众仓,缮完澉、乍二城。"④

（二）苏浚《老子道德经注释摘锦》

目前老学文献整理成果中均未见著录此书。苏浚（1542—1599）字君禹,号紫溪,福建晋江人。万历元年（1573）乡试第一,万历五年（1577）中进士。此本《老子道德经全文注释精摘》乃是《新刊六子全文注释摘锦》中的老子部分。《新刊六子全文注释摘锦》刊于万历二年（1574）,书末有言:

古今评百家者,惟六子为胜。但全书浩瀚,本堂恳请名公精选校阅,凡切举业者,全段不遗,或只摘三四行,或只取数十余句,务致血脉融贯,颠末俱在,要约不繁。百家之书不出范围,一展卷,精意便灿然矣。⑤

可见此书出版的目的并非阐发学术观点,而为科举参考之用,《老子道德经全文注释精摘》选取《老子》中修身治国相关者39章,并在文中和眉栏附以简短注释。

（三）陶崇道《道德经印》

严灵峰先生未收录此书,今《老子集成》第8卷中收录。⑥陶崇道,字路叔,号虎溪居士,万历三十八年（1610）进士,官至兵科给事中。《道德经印》前有陶崇道及姻弟徐人龙撰写的序言,文末所记时间为丁亥年,可知此书应著于万历十五年（1587）年前后。

① （明）吕原著:《吕文懿公全集》卷10《明故□□大夫福建等处承宣布政使司左布政使黄公神道碑》,《故宫珍本丛刊》,海口:海南出版社,2000年,第553册,第318页。
② 李英辰、王明月、殷吉申整理:《元氏县志》,北京:中国文史出版社,2007年,第140页。
③ 赵禄祥主编:《中国美术家大辞典》（下）,北京:北京出版社,2007年,第1712页。
④ 浙江省地方志编纂委员会编:《浙江通志》卷150,北京:中华书局,2001年,第8册,第4281页。
⑤ 沈津:《美国哈佛大学哈佛燕京图书馆中文善本书志》,上海:上海辞书出版社,1999年,第275页。
⑥ 熊铁基、陈红星主编:《老子集成》,北京:宗教文化出版社,2011年,第8卷,第532页。

（四）释镇澄《道德经集解》

《千顷堂书目》、《老子考》《周秦汉魏诸子知见书目》《中国老学史》都未收录此书，在《老子集成》中首次收录。释镇澄，字空印，俗姓李，北京人，15 岁时出家西山广应寺，精研《华严经》。万历十年（1582）与憨山德清"结隐五台"，此后三十五年一直居于五台山，万历四十五年（1617）圆寂，寿 71。著有《楞严正观》《金刚正眼》《清凉山志》等。①《道德经解》著于万历三十四年（1606）。

（五）洪其道《道德经解》

此书《千顷堂书目》《老子考》《周秦汉魏诸子知见书目》《中国老学史》都未收录，在《老子集成》中首次收录。洪其道，生卒年不详，字心源，又字惟一，万历十七年（1589）进士，河南商城人，万历二十年（1592），任洛南县知县，修为官期间主持修撰《洛南县志》。后世评价曰："雅有儒书，其志亦称善本。"②其著作有《中庸解》《桑蚕一览》《道德经解》。③《道德经解》作于万历四十六年（1618）年。

（六）陈文烛《老子要语》

此书首次收录于方勇主编《子藏·道家类·老子卷》第 63 册。陈文烛，江西临川人，万历二年(1574)甲戌科进士。博通经史，擅长书法。《子藏》收录《老子要语》为明万历九年（1581）刊《六子要语》本，书前题有"临川进士陈文烛选注，檇李门人贺灿然、徐名世、高弘燮，黄承玄仝校"字样④，文章注解随文夹注，并对《老子》进行圈点，标示重点，并句读，然圈点者已佚，全书分为道经、德经上下两卷，注解内容不多，所选《老子》内容多与修身治国相关。

（七）苏园《老子》

此书首次收录于方勇主编《子藏·道家类·老子卷》第 63 册。苏园，原名孙潜(1618—?)，字潜夫，一字凯之，又字节生，号苏园，又号知节君，别署字山法顶、道人法顶，又号知节君，别署字山法顶、道人法顶，清初常熟人，爱好藏书，尤精校雠。曾从黄虞稷、叶树廉、周在浚等人借书抄校，手抄、手校之本流传甚多，所抄藏书有"潜夫""孙潜之印""校书亦已勤""立志读书不求闻达"等钤记。⑤苏园

---

① 蓝吉富主编：《大藏经补编》，台湾：华宇出版社，1985 年，第 27 册，第 87—88 页。
② 林平、张纪亮编纂：《明代方志考》，成都：四川大学出版社，2001 年，第 447 页。
③ 洛南县地方志编纂委员会编：《洛南县志》，北京：作家出版社，1999 年，第 18 编，第 680 页。
④ 方勇编：《子藏·道家类·老子卷》，北京：国家图书馆出版社，2018 年，第 63 册，第 383 页。
⑤ 戈炳根：《常熟国家历史文化名城词典》，上海：上海辞书出版社，2003 年，第 428 页。

辑校《老子》,抄录原文,不加注解,对于《老子》文本的保存有一定的价值。

（八）崔虚纯《道德真经注释讲义》

此书首次收录于方勇主编《子藏·道家类·老子卷》第63、64册。崔虚纯,生平不详,在《道德真经注释讲义》序言中署名曰:"老君山道德门下嗣教修真晚进弟子崔虚纯薰沐稽首百拜谨序。"[①] 此书成于万历十年（1582）,分为七卷,崔虚纯自谓曾于钟南山太上说经台遇至人授性命双修之道,发现其与《老子》主旨相符。不忍独善于己,"欲与天下学人共入重玄之门,同修道德之果"[②],(479) 遂开讲《道德经》,始有此书。

四、结语

明代老学在明代思想演变中扮演了重要的角色,但是明代老学在学术界一直处于被轻视、甚至被忽略的地位,明代老学的价值亟待发掘。研究明代老学,文献的搜集、整理是前提和基础。严灵峰先生的《书目》为中国历史、哲学、文献研究提供了极大的方便,并起到了整理和保存中国传统文化的作用,正如严灵峰先生在《书目》自序中自谦曰:"回溯编撰此书,积年累月,历时二十余岁;虽未行万里路,但阅万卷书;无非为保存中华文化遗产之陈迹,为后学研究尽纤微之心力。"[③] 后辈受益于前人研究,不揣冒昧,亦希望能够对明代老学文献整理略尽绵薄之力。

---

① 方勇编:《子藏·道家类·老子卷》,北京:国家图书馆出版社,2018年,第63册,第492页。
② 方勇编:《子藏·道家类·老子卷》,第63册,第479页。
③ 严灵峰:《周秦汉魏诸子知见书目·序》,台湾:正中书局,1975年,第1卷,第2页

明清民国时期江西老学概述

郭鸿玲 *

内容提要：本文主要梳理介绍了明代到民国时期江西地区内对于《老子》的重要注疏，以及对作者情况的简要考察。这一时期江西地区老学思想发展面貌多样，有道士之注，也有儒者之注，还有内丹家之注，这些注疏不仅反映了当时的老学特色，也呈现出地域学术面貌。

关键词：《老子》 注 江西

《老子》是先秦时期的重要文化典籍，道教以其为经典，从他产生之日起就有不同的人进行考证、注释和阐发，这些人有帝王、官员、一般知识阶层以及道士，从而使老子研究随历史的发展不断积累，一直延续至今。明清以降江西地域的不少官员、知识阶层以及道士都对老学有自己的著述，现介绍其中的主要著作。

一、危大有《道德真经集义》

危大有，明初盱江（今江西广昌县盱江镇人），生平不详，根据张宇初为其书所作的序言可知他曾任"盱江道纪"，明代道纪司设立于洪武十五年（1382），而在书中的自序中称其书完成于"洪武丁卯"（1387）。

《道德真经集义》十卷。书中汇集了河上公、何心山、吕知常、李道纯、刘使立、林希逸、董思靖、柴元皋、倪思、苏辙、晁迥、吴澄十二家的注释。此书是编者集各家注释而成，但是在对各家注释的选择上则体现出了自己的观念，即如张宇初在序言中所说"择其尤善者"，于是采选了多家著述中最符合自己的观念。从总体上来说危大有认为《老子》"非特道经之祖也，三教诸经亦岂外此而别有其理哉"[①]，这与

---

* 作者简介：郭鸿玲，四川大学道教与宗教文化研究所博士毕业，现工作于宜春学院江西宗教问题研究中心。

① 熊铁基主编：《老子集成（第六册）》，北京：宗教文化出版社，2011年，第32页。

其自身为道士的立场相互契合。危大有认为《老子》作为经典超越佛、儒的地方是：一方面《老子》讲述了内圣外王的道理，是治国的经典；另一方面《老子》对于个人而言则讲述了"葆炼存养之道"，是讲修心修身的经典。在所集多家注释中倪思、何心山的《老子》注已经亡佚，以此书得以保存。

作者"集义"此书的主要观点十分明确，即外论修齐治平，内讲炼养心性神气，对于诸家的注释也没有逐条系于原有经文之下而是做出了选择，比如较多地选择了吕知常①、何心山、林希逸、吴澄的注释，而其他多人则似乎是作为补充内容出现。危大有对何心山的注释引用颇多，特别是对"道"的解释，例如在解释首句"道可道，非常道，名可名，非常名，无名天地之始，有名万物之母"时说：

> 何氏曰：夫道者，元炁虚无，混沌自然，二仪从之而生，万有资之而形，不可得而名，强为之名曰道，故首章之首，宜以道一字句绝，如经中道冲而用之之章，亦是首揭一道字，尊而称之以示人。于以见其高无上，其大无对，名以道立，故并标云。下句可道可名者，所谓道术为天下裂以名为表者也。常道常名者，所谓虚无生自然，自然生道，绳绳不可名者也。夫道乃常道，则名乃常名，而可道可名皆其暂时。曰可则有可有不可，云胡而常，所谓强然即不然也。曰常则无可无不可，云胡而变，所谓自然即常然也。道其体而名其用也，有固为名，而无亦名也，道原于无，窅然空然，以名天地之始，物生于有，油然勃然，以名万物之母。②

另外，在个人身心的方面危大有既注重心性的内容，也重视对精气神的炼养。在此观念下，他对林希逸《道德经口义》和吕知常所著《道德经讲义》引用颇多。例如，对于"玄之又玄，众妙之门"一句的解释，既认同林希逸所说"玄之又玄者，赞言其妙也。'众'即《易》所谓妙万物者也。门言其所自出也，此章人多只就天地上说，不知老子之意正要从心上理会"③，也推崇吕知常所说"吕氏曰：玄者微妙之极也。又曰玄，天也，玄之又玄中则天中之天，郁罗萧台，玉山上京，在人乃天谷神官也。为脑血之琼房，津液之山源，百灵之命宅，自己？长生大君居之，人能以神内观于天中之天，则胎仙自成，天门自开，万神从兹而出入，故曰众妙之门"④。

---

① 吕知常，南宋孝宗朝道士，曾担任道官，但生平事迹不详，所作《道德经讲义》完成于淳熙十五年 (1188) 以前。是年八月十五日，吕知常以"左街鉴议主管教门公事佑圣观虚白斋高士"的身份将《道德经讲义》与《表》一起上进给了宋孝宗。
② 熊铁基主编：《老子集成（第六册）》，第 31—32 页。
③ 熊铁基主编：《老子集成（第六册）》，第 34 页。
④ 熊铁基主编：《老子集成（第六册）》，第 34 页。

二、张位《道德经注解》

张位（1534—1610），字明成，号洪阳，江西南昌新建区人。明代大臣、学者、诗人。著有《闲云馆集钞》《丛桂山房汇稿》《词林典故》等。在《明史》中有传，曾经参加过《世宗实录》的修纂，虽然他主张三教同源，不过从他的注解来看仍有宋元以来浓厚的儒学思想。

对于儒释道三家关系，张位认为："三家发端虽异，至其缮性理情，毕竟无殊。空空也，不贰也，定也，寂也，斯儒与佛同退藏也。立命也，静也，虚也，斯儒与老合。盖儒家顺性命以还造化，其道公；禅宗幻性命而超大觉，其义高；老氏修性命而得长生，其旨切。"①可以说张位在这里说的性命情理与道教之内的性命之论还是有不小差别的，主要的落脚点仍是儒家的，所以他认为的修道之法乃是以心的"虚静"为主旨。他在解说"致虚极"一段时说："致虚当至于极，守静当至于笃。此虚静二宝实修道真功夫也。然所以用此虚静功夫者，实以万物却发作在外，吾但以观其复生之机耳……要之寂然至静，旷然至虚，乃其常久不易之理……这虚静何等广大而容，何等无私而公，能为万象主而王，能为万有父而天。天与道一，道无止息。守此虚静，终身无危殆也。"②

《道德经注解》，上下两卷又名《张洪阳注解道德经》。在《注解》中，张位主张三教同源，从性命宗源角度阐释《老子》微义。他认为"《老子》性命之书也"，并阐释："浑沦旁魄，生天生地，无所不冒，道也；包涵蕴蓄，成身成物，有以自完，德也。自无生有，道也；从有返无，德也。各正性命，道也；尽性至命，德也。"③对于儒释道三家关系，张位认为："三家发端虽异，至其缮性理情，毕竟无殊。空空也，不贰也，定也，寂也，斯儒与佛同退藏也。立命也，静也，虚也，斯儒与老合。盖儒家顺性命以还造化，其道公；禅宗幻性命而超大觉，其义高；老氏修性命而得长生，其旨切。"④他十分推崇《阴符经》，认为此经与《老子》相表里，所以同时注释此两书，认为"可合而观焉"，而其中《老子》是"从性命宗源阐其微意"。于此相类在道论中张位承袭了宋儒以来的思想，认为："真常之道，不涉言语，不可名称。天地未判何名之有？形生既具方有名称。物具太极，各正性命非有真常定观不能窥其妙徼也。故至于静时，常守真空，根性自露；至于动时，常保妙有，命蒂自固。这有无两端都从原始太虚中生出，而为名不同。尽性至命，总是玄修。"也即"虚静"是"性命"的根本。

---

① 熊铁基主编：《老子集成（第七册）》，第107页。
② 熊铁基主编：《老子集成（第七册）》，第110—111页。
③ 熊铁基主编：《老子集成（第七册）》，第106页。
④ 熊铁基主编：《老子集成（第七册）》，第106页。

三、郭子章《老解》

郭子章[①]（1543—1618），字相奎，号熙圃，又号青螺，江西泰和人。

《老解》二卷。郭子章认为，世之尊老子者，以自然为老子之宗旨。而儒者不言自然，佛经批判自然，因此，自然非三教之宗，不是老子的高明处。世之诋老子者，批评老子绝弃仁义，实际上老子所弃绝的是"蹩躠之仁，踶跂之义"，而"上仁上义"是"老子所深慕而不可得者"。注中多有会通儒道之说，如谓《大学》"格物"之"物"，即《老子》"复归于无物"；谓"不尚贤"，"非不尚贤人也"，"不高尚而自贤"，等等。

郭子章十分博学，在《老解》中旁征博引，故该书下题曰"郭子章集解"。分析其中所引解释《老子》的文献包主要有以下几类：一是被后世认为是传承道家一脉的经典，即包含有《庄子》《韩非子》《淮南子》《关尹子》等书，也有《阴符经》《清静经》等；二是儒家经典，包括《周易》《大学》《中庸》《左传》等；三是河上公、苏辙、涂印玄、薛蕙、李贽、焦竑等人的《老子注》；四是佛教经典，《楞严经》《宝积经》等；五是史书，《战国策》《晏子春秋》以及《六韬》等。

其中郭子章对于"自然"这一概念有所讨论，他总结《老子》说道"自然"之处有五点："则自然者，道之母也。考儒书六经并未言自然，佛书《楞言》甚不然自然，佛告阿难，即如城中演若达多，狂性因缘若得灭除，则不狂性自然而出，因缘自然，理穷于是。阿难，演若达多头本自然，本其自然，无然非自。何因缘故，怖头狂走？若自然头，因缘故狂，何不自然，因缘故失？本头不失，狂怖妄出，曾无变易，何藉因缘？本狂自然，本有狂怖，未狂之际，狂何所潜？不狂自然，头本无妄，何为狂走？若悟本头，识知狂走，因缘自然，俱为戏论。老以自然为宗，佛以自然为戏，故吾儒不言。"[②]郭子章认为儒家对于"自然"是置于一边而不论的，他自己似乎也是同样采取了暧昧的态度，其实佛教对于"自然"的认识基础就与《老子》不同。佛教认为世界乃是因缘和合而成并非实有，《老子》则不同，认为世界乃是

---

① 郭子章，嘉靖二十一年（1543年）出生于江西泰和县一个书香门第。隆庆五年（1571）考中第三甲第二十四名进士，随即除为福建建宁府推官、摄延平府事，入为南京工部虞衡清吏司主事，又督榷南直隶太平府、领凤阳山陵（即明祖陵）事。万历十年（1582）迁广东潮州府知府，四年后督学四川，不久迁为浙江参政、山西按察使、湖广右布政、福建左布政。万历二十六年（1598）被万历皇帝任命为右副都御史巡抚贵州、兼制蜀楚军事，与湖广川贵总督李化龙合力剿平播州杨应龙叛乱，彻底消灭了盘踞播州八百余年、世袭了二十九世的杨氏土司，又多次平定贵州苗、瑶起义，以功封兵部尚书、右都御史，加太子少保衔。六十七岁时告老还乡，万历四十六年六月十七日（1618年8月7日）去世，卒年七十六岁。郭子章博学当时，著述颇丰，录入《四库总目》的有二十多种，据其九世从孙郭子仁在清光绪七年（1881）所做的统计，郭子章的著作当时犹存92种数百卷之多。万历三十二年（公元1605年）郭子章不仅刊刻利玛窦的世界地图，还撰写《山海舆地全图》序文一篇，介绍西方地理知识（后载入《黔草》一书）。

② 熊铁基主编：《老子集成（第七册）》，第632页。

实有。

四、纪大奎、纪大娄《老子约说》及续篇

纪大奎①，字慎斋，江西临川人，清代比较有名的易学专家。他于乾隆四十三年（1778）充任四库全书馆誊录，乾隆四十四年（1779）考中举人，著有《双桂堂稿》《易问》《观易外编》《周易参同契集韵》《老子约说》等书。光绪《临川府志》说他："于学无所不窥，至天文、地理、音律、历算、勾股、星命、壬遁诸书，皆抉其精微，正其讹谬，而古律一书，尤非秦汉以下所见及，时人亦无有知之者。"② 李祖陶认为纪大奎乃是江西地区程朱理学的代表人物，特别擅长易学，并且为他写作传记③。

《老子约说》上、中、下三篇，附纪大娄《续篇》。在纪大娄为《老子约说》所写的序言中说纪大奎认为《老子》被后人误解，因而为其作注以正之。他认为对《老子》的误读开始于申韩刑名之学，之后则是魏晋玄风和内丹之术。纪大娄的序中说：

昔人谓名士多喜读《老子》，顾老子之书，或强为之说，愈衍而愈离其宗。余兄慎斋为余言《老子》不可读，然兄暇时亦尝读之。非《老子》不可读，读《老子》自难也。《老子》厄于后世最深，其流祸最烈。《老子》谓：天地不仁，以万物为刍狗，圣人不仁，以百姓为刍狗。仁言胚切，情建乎辞。旧说直谓天地不仁，圣人不仁，遂以刍狗民物，流祸申韩，此一大厄也。《老子》谓：失道而后德，失德而后仁，失仁而后义，失义而后礼。旧说直谓重道德而轻仁义礼，遂以清言放诞流祸王何，此又一大厄也。余善病，尝问老子摄生之术于兄，兄谓后世修养术，非《老子》摄生之旨。因言《老子》谓：善摄生者，陆行不遇兕虎，入军不避甲兵。后世言摄生甚浅，其言不遇兕虎、甲兵，又甚幻，浅以迷其本，幻以罔其识，盖于是流祸于丹

---

① 关于纪大奎的出生年目前有多种记载，《抚州人物》认为纪大奎生于1756年（杨忠明等主编，方志出版社，2002年，第93页），而《江西省人物志》认为他出生于1746年（方志出版社，2007年，第271页）。

② 《中国方志丛书》，台北：台湾成文出版社，1989年，第2547页。

③ 李祖陶所作纪大娄的传记说："临川纪慎斋先生之学，粹然程朱理而旁通象数之原，于邵子亦深诣其奥。世俗所传占验前知等事，几于疑神疑鬼，要知皆先生之粗也。先生少时质最钝，其父谓是不可蹴，当听其自为，书慎独二字于斋，而注意邵诗，先生遂一意于身心之学，以求其所谓心安身自安，身安室自宽者，戒谨恐惧，以敬为所，以至善为归。久之，指视之严，皆化为身心之润，而心安如泰山，而室宽如天地间矣。此其诣于孔曾思孟之嫡髓传，宜其于戴东原之痛加斥驳，而其见于文者亦如日之光，如玉之洁，探天根而蹑月窟，独能言人所不能言，而韩欧曾王奔赴于辇下而不可遏也。吾江为理学渊薮，自宋而元而明，见于史者，指不胜屈，至近代落落如晨星矣。国初有谢秋水先生讲学于程山，康熙朝有张篑山先生求道于玉山，雍正朝有陶存轩先生息心于庐山，至乾隆朝而先生出，磅礴郁积，暗然自修，卓然于澜倒波翻之中，独延正学之一脉，而世俗知其人者仅取其地理末学而钞之读之，而不知其大本大原之所在，予能不为之三叹也哉。"周骏富：《清代传记丛刊》第162册，台北：明文书局，1985年，第599页。

术，此又一大厄也。^①

纪大奎作书的目的是廓清前代种种异端对《老子》的误读，他说："余尝取其书与后世之说是书者比而观之，盖文之足以害辞，辞之足以害意，而遂至于率天下之人而祸仁义礼智者，至老子之书极矣。顾吾于是书则诚有所未暇，仲弟曾庚好问疑义，故即其尤诬者略为之说如左，俾知所去取焉。"^②首先他认为《老子》与《易》都是论述天人之道的经典："盖于是知老子之善于言天之道、圣人之道也。天以道生万物，圣人以道成万物，皆不外于元德。是故圣人之作《易》也，将以顺性命之理，老子之言道德，亦欲示人以性命之理。元德者，所以顺性命之理也……读《老子》者，必其反求于天之道而后可，不然，宁无读焉可也；必其反求于圣人之道而后可，不然，宁无读焉可也。"^③"天道"与"人道"本就是先秦诸家所关心的问题，可以说在这一点上《老子》与《易》有共通之处。纪大奎在《老子约说》中引入了程朱之学的思想，以此弥合儒、道之间的差异。例如，对于《老子》中"绝仁弃义，民复孝慈"一句他说："三者本于性，达于情焉；生于心，发于政焉，则感人也深，《孟子》曰君子所性仁义礼智根于心属之谓也。是故圣人不自圣也，智不自智也，浑浑焉，噩噩焉，而民利百倍矣。仁不为煦煦也，义不为孑孑也，亲亲焉，尊尊焉，而民复孝慈矣。直而行之，非凿圣智以为巧也；顺而导之，非悖仁义以为利也。荡荡焉，平平焉，而民不争竞矣。盖道之本体无不具，而圣智仁义巧利之用无不周，故体道之君子，知多言之不如守中，而发于外者有所属而不离乎其本。"^④可见纪大奎是认同《老子》中关于道论的部分，对于其中与儒家思想相矛盾的地方则采取了尽量弥合的方法。

五、黄裳《道德经讲义》

黄裳，字元吉，江西丰城人，晚清著名内丹家、道教思想家。曾于清道光、咸丰年间在四川乐育堂传道讲学十余载，入门弟子众多。主要著作有《乐育堂语录》《道德经讲义》《道门语要》等。

《道德经讲义》，三卷。《道德经讲义》在近代的老学著作中很有代表性，学者萧天石曾给予这部书很高的评价："本人道以明仙道，字字金科玉律；体圣学以阐玄学，言言口诀心传。深入浅出，亲切平实。以之为用，可以明心见性，可以入圣登真，

---

① 熊铁基主编：《老子集成（第十册）》，北京：宗教文化出版社，2011年第208—209页
② 熊铁基主编：《老子集成（第十册）》，第209页。
③ 熊铁基主编：《老子集成（第十册）》，第209页。
④ 熊铁基主编：《老子集成（第十册）》，第212页。

可以明哲学处世，可以治国平天下。可藏可守，仕隐咸宜。衡情而论，确为《道德经》解本中不朽名著。"①黄裳解《老子》，论道常从常道、丹道、人道三个方面进行："每章首揭常道，次述丹道；首言世法，此言丹法。道学精微，文理密察。本末兼赅，体用咸宜。"而作为内丹家的黄裳在注释《老子》时其特色就是将内丹功法于老子思想联合起来，老子之道也就成了修炼内丹之道。黄裳的内丹思想对后世丹法影响很大，如现代著名道教学者陈撄宁所著《口诀钩玄录》是整理黄裳的《乐育堂语录》和《道德经讲义》而成。在《道德经讲义》中黄裳的内丹思想十分丰富，其中主要部分则是"玄关一窍"理论，而最终归宿仍然归于性命双修。关于"玄关一窍"，他说："下手工夫，在玄关一窍。太上首章即将无名有名、观妙观窍指出，足见修道之要，除此一个玄关窍，余无可进步也。"②而从修炼的角度讲"玄关"在于人身，是修炼内丹者可以达到的某种境界。《道德经讲义》第三十八章注："至于修养一事，咽津服气出而道一变，采药炼丹出而道一变，迄于今纷纷左道，不堪言矣，谁复知玄关一窍为修道之要务乎。吾今为人示之：人欲识此玄关，须于大尘劳、大休歇后，方能了彻得这个玄关……但恐于玄关未开之前，先加一番意思去寻度；于玄关既开之后，又加一番意思去守护。此念虑纷纷，犹天本无云翳，云翳一散，即现太空妙景；而却于云翳已散之后，又复加一番烟尘，转令清明广大之天，因之而窄逼难容，昏暗莫辨矣……吾今示一要诀：任他思念纷纭莫可了却，我能一觉而动即便扫除，此即是玄关。足见人之修炼，只此觉照之心，亦如天宫赤日，常须光明洞照，一毫昏黑不得，昏黑即落污暗地狱。苟能拨开云雾，青天白日，明明在前。如生他想，即落凡夫窠臼，非神仙根本。"③黄裳认为，服气采药不过是方术小数，而能否找到"玄关一窍"才是修炼的关键所在，内丹修炼关键是"先天之铅汞"，采炼先天真一之气可以成就仙胎神丹，而采炼服食后天有形之精气不会有什么收获。

六、文廷式《老子枝语》

文廷式（1856—1904）④，字道希、芸阁，号纯常子、罗霄山人等，江西省萍乡市城花庙前（今属安源区八一街）人。文廷式学问渊博，撰写有《纯常子枝语》《补晋

① 熊铁基主编：《老子集成（第十一册）》，北京：宗教文化出版社，2011年第65页。
② 熊铁基主编：《老子集成（第十一册）》，第69页。
③ 熊铁基主编：《老子集成（第十一册）》，第117页。
④ 文廷式，清咸丰六年丙辰十二月二十六日辰时（公元1856年1月21日）生于广东潮州，成长于官宦家庭，为陈澧入室弟子。光绪十六年（1890年）榜眼，授职翰林编修，擢侍读学士，甲午战争时主战反和，致力于维新变法。戊戌变法失败后被革职逐回原籍，在萍乡开设"广泰福"煤号，创办新学。1898年戊戌政变后出走日本。1900年八国联军侵华时，赶回上海参与组织自立军起义。1904年逝世于江西萍乡。中国近代著名爱国诗人、词家、学者，在甲午战争时期主战反和，并积极致力于维新变法运动，是晚清政治斗争中的关键人物之一。转引自百度百科词条。

书艺文志》《闻尘偶记》《春秋学术考》等 50 余种。

《纯常子枝语》四十册，《老子枝语》乃是其中有关《老子》的部分。此书曾于民国三十二年在南京刊印，严灵峰从"国立中央"图书馆所藏原稿中辑录出来，题为《老子枝语》，收入其编辑的《无求备斋老子集成续编》。

此篇内容乃是由他人编辑，内容都是条目，没有连贯的体系，但是从这些条目中已经可以看出此时知识分子对《老子》的解读已经展现出与传统不同，即出现了许多对传统观念的批判，对其中的文字提出异议。例如，"老子：道冲而用之，或不盈。案：不字疑衍。言道虽冲虚，而用之则盈满为万物之宗也。王弼注冲而用之，又或不盈。似失其解。下文云：大盈若冲，其用不穷。是其证。"①

文廷式认为黄老有所不同，如《汉书·地理志》云："昔在黄帝，作舟车以济不通，旁行天下。"此一说法《世本》亦有记载，故为可信。而《老子》欲民"老死不相往来"，则知黄老之说有所不同，后人黄老并称，乃后世道家托始轩辕而已。又据《国语·鲁语》所载："黄帝能命百物，以明民共财。"而《老子》乃言："非以明民，将以愚之。"亦与皇帝之说不同，故谓老氏之言非尽出自黄帝。又论道家、儒家的不同。《老子》说"视之不见""听之不闻"，即言"不见""不闻"，则政治之所不及，六经之所不言，故曰"不可致诘"，此即《庄子》所谓"六合之外，圣人存而不论，六合之内，圣人论而不议"之意。由此可知政教之有区别，道家言其"不诘""不论"之故，而儒家不言此事，即是孔子所谓"可使由之，不可使知之"。

七、陈三立《老子注》

陈三立②（1853 年 10 月 23 日至 1937 年 9 月 14 日），字伯严，号散原，江西义宁（今修水）人，近代同光体诗派重要代表人物。陈三立生前曾刊行《散原精舍诗》及其《续集》《别集》，世后有《散原精舍文集》17 卷出版。

《老子注》二卷。此书为陈三立 29 岁时所作，次年他即在乡试中举，此注释代表当时青年的一些基本思想。陈三立的注释较为简略，思想也不是很成熟，但体现出当时青年对实事的一些态度。例如，他在自序中说：

> 昔衰周之际，孔老并出，各专其道，不相为师。
> 老子之书，言道言德，澹泊宁静，窅然无为，儒与道不相兼，道家言道，儒家

---

① 熊铁基主编：《老子集成（第十一册）》，第 605 页。
② 他于 1892 年壬午乡试中举，历任吏部行走、主事。1898 年戊戌政变后，与父亲陈宝箴一起被革职。1937 年发生"卢沟桥事变"后北平、天津相继沦陷，日军欲招致陈三立，陈三立为表明立场绝食五日，不幸忧愤而死，享年 85 岁。参见邵洪群《刘未林的书法研究》，江西师范大学 2017 年硕士学位论文。

言礼，自是徒众益竞异同，或相奖诬以汩其真，数千年莫能明。

孔子固流以明用，老子养晦以观变，其志一也。故老子明其原，而孔子持其流。

盖天不一道，道不一圣，圣不一治，文质之变，各有其宜，升降之数，各有其情。①

序言表明陈三立认为儒道并立，认为"老庄乃忧世之书"，是周衰的产物，而其所处也是中华处于千年未有之大变局的情况。他在乱世中求变，希望摆脱前代的积弊，"天不一道"是当时知识分子的主流。在注释"大道废""绝圣弃智"及"上德不德"等几处儒道有冲突的经文时，陈三立各从其意，此时传统宋元理学的权威已经衰落，完全可以肯定老子学说的本来意义。在文中作者不再以《老子》为基础阐述自己的思想，而是在征引不同版本对文字进行比较，其中多处提到《永乐大典》中所引《老子》，在对文字的解释上多以先秦文献为依据，多征引《说文》《释文》等书。

八、蔡可权《老子玄赞》

蔡可权（1881—1953），号公湛，江西新建人，晚清秀才，古玉藏家、理论家，诗人，书画家，毕业于江西心远学堂。历任北洋政府交通部秘书，津浦铁路局课员、课长、秘书和北京公路局秘书等职。曾参加北京稀园诗社，为《学衡》杂志投稿。1951 年 12 月被聘任为"中央文史研究馆"馆员。1953 年 1 月 4 日病故，终年 68 岁。著有《或存斋诗文》《获古录》《阴符经初解》《墨子浅说》《蔡公湛诗集》《老子玄赞》《医理通诠》等。

《老子玄赞》上、下两篇。书前有徐世昌撰序以及李翊灼撰的题词。书后有杨僧若所撰题跋。跋云："湛庵不注《老》，但于每章后附以玄赞，与湘绮（王闿运）不注《庄》，但于内七篇略述大恉，同一用意。"② 所谓"玄赞"，即在每章后以六句四言诗概括经义。例如，第一章赞为："性与天道，圣者难言。执一不远，致虚极焉。诚无不成，惟曲则全。"③ 徐世昌序称："蔡君公湛既治老子书，乃独为之赞。每节之次，系以赞词。观理之切，衰义之精，览者当自得之。至其有慨于当世之患，将以阐引道德之真者，此固公湛之志所存也夫。"④

---

① 熊铁基：《老子集成（第十一册）》，第 691 页。
② 熊铁基：《老子集成（第十四册）》，第 10 页。
③ 熊铁基：《老子集成（第十四册）》，第 2 页。
④ 熊铁基：《老子集成（第十四册）》，第 1 页。

老子思想的现代价值

《老子》文本的现代借鉴价值

内容提要：中华优秀传统文化是人类文明的有机构成，作为其中的佼佼者，《老子》涵天覆地，博大精深，每一时代的人都能够从中汲取精华，充实精神家园。借鉴《老子》高远的"生态智慧"、非凡的人生智慧、超迈的管理智慧和通达的化生智慧，将成为新时代不尽的思想源泉和内在的精神动力。

关键词：《老子》 现代 借鉴 价值

作为享誉世界的历史文化名人，老子在人类文明的"轴心时代"，以一颗赤子之心向全人类奉献了一部绝无仅有的原创性的五千言精妙——《老子》。《老子》涵天覆地，博大精深，从宇观、宏观层面说"道"论"德"，既阐释了以"道"为本的自然观、世界观，又阐释了以"德"为本的人生观、社会观。在传承发展中华优秀传统文化、研学体悟国学经典蔚成风气的今天，应坚持古为今用、推陈出新，创造性转化、创新性发展的基本原则，全面准确地诠释《老子》文本，明确其独具的现代借鉴价值。

一、借鉴《老子》高远的"生态智慧"

《老子》蕴含着"道法自然"的高远的"生态智慧"。《老子》第二十五章说："人法地，地法天，天法道，道法自然。"[①]"道法自然"也就是"道"自然而然，历来如此，她存在于大化流行、茫茫自然界、人类社会、人自身之中，虽然无形、无色、

---

* 作者简介：陈大明（1957—）男，出生于河南鹿邑（祖籍河南睢县），研究生学历，中国老子文化研究中心研究员，华夏老学研究会副会长，老子研究院首席研究员，主要研究老子文化、道家文化、《道德经》文本。陈辰（1989—）男，河南鹿邑人（祖籍河南睢县），鹿邑县委党校助理讲师，研究方向为中国传统文化。

① 本文所引《老子》，均出自陈鼓应先生的《老子今注今译》，北京：商务印书馆，2003年。后文所引，只标明章数，不再标具体页码。

无声、无味，看不见，摸不到，但作为本体、本源，世间万有的原动力和客观规律，她时时刻刻都在发挥着作用。人类只有遵从她、顺应她，与她融为一体，才能构成命运共同体，实现可持续的长远发展。因为，人是大化流行、自然界的一部分，人就是自然界的产物。老子似乎是深刻感知到了人类不一定能够做到与"道"为一、"道法自然"，所以，也一针见血地指出了违背"道"的规律，背逆了"道法自然"要求所导致的恶果。《老子》第三十九章明确指出："昔之得一者：天得一以清，地得一以宁，神得一以灵，谷得一以盈，万物得一以生，侯王得一以为天下正。其致之也：天无以清，将恐裂；地无以宁，将恐废；神无以灵，将恐歇；谷无以盈，将恐竭；万物无以生，将恐灭；侯王无以正，将恐蹶。"

这话说得何等深刻啊！老子既提出了"道法自然"的生态智慧，又以高远敏锐的眼光看到了人类不能遵道而行终将酿成的恶果。时间过去了两千多年，人类在发展进程中没有听从老子的谆谆告诫，已经出现了《老子》第三十九章明确揭示的触目惊心的"环保灾难"。

放眼"地球村"，大气和水污染，粮食、肉类和果蔬污染，土壤沙化、碱化，水土流失，可耕地面积日见缩小，稀有野生动植物濒临灭绝，许多自然资源丧失良性循环和再生能力，不可再生资源面临枯竭，气候异常，自然灾害频繁，作为"地球之肺"的热带雨林遭到肆无忌惮的砍伐。此外，由于地表升温，两极冰雪日渐融化，导致海平面上升，许多岛屿和沿海城市面临灭顶之灾；由于大量使用制冷设备而过量排放氯氟烷烃，南极上空的臭氧层空洞逐年扩大，其面积已经超过美国领土。如果任其发展，人类及地球上的一切生物将因失去紫外线隔离层的保护而遭到毁灭。

对于地球村民秉持人是自然界主宰理念，滥施淫威所导致的恶果，德国著名学者 F. 厄尔克在弗赖堡大学 1957 年校庆的演讲中做了深刻揭示，他说："对于动植物而言，人是地道的恶魔般的东西：他以占优势的可怕权威专横跋扈，他在他所喜欢的地方，以他所喜欢的方式栽种植物，又随心所欲地把它毁掉。他按自己鼠目寸光的判断去改变它，因为他肤浅地掌握了事物发展变化的规律，而这些规律似乎默默地顺从他。但是，人对托管的行星恣意妄为，破坏的程度令人发指，无可挽回。有朝一日，人类自己也必然因此而遭到毁灭。"① 英国哲学家怀特海断言："如果我们不放弃自然存在的唯一理由是为人类服务这一基督教义，生态危机还会恶化。"② 美籍德国哲学家弗洛姆也指出："人类在历史上从来没有像今天这样面临着如此巨大的毁灭自

---

① ［德］狄特富尔等编，周美琪译：《哲人小语 - 人与自然》，北京：生活·读书·新知三联书店，1993 年，第 210 页。

② ［德］狄特富尔等编：《哲人小语——人与自然》，第 182 页。

己的潜力。"①总之,在当今世界上,人类赖以生存发展的环境和条件充满危机,人类已经进入与自然敌对的风险时期,恩格斯当年所深刻指出的自然力对人的恣意妄为所进行的无情报复已经开始。②

面对着上述诸种因生态失衡所导致的生态危机、所造成的环保灾难,必须重温老子的谆谆告诫,借鉴《老子》高远的"生态智慧"。正是基于这种思考,2019 年 5 月 15 日,习近平主席在亚洲文明对话大会开幕式的主旨演讲中深刻指出:"道法自然、天人合一是中华文明内在的生存理念。"③揭示了中华文明得以绵延不绝的 DNA,是中华文明最本质、最核心的理念。人是自然的产物,人是自然中的一分子,人与自然中的各式各样的生命体,从无机界到有机界,从千姿百态的动植物到山川河流、平原大漠,等等,皆是平等的。它们是使各种生命得以繁衍生息的生态链中的一环,人类同样也是其中的一环,离开了哪一环,皆会导致生态链的断裂并进而造成生态灾难。正因如此,要"道法自然",而不能违逆自然;要"天人合一",而不是天人分离乃至于对立。"人定胜天"只是一种美好的愿望或一厢情愿,"天"或者说自然而然、法尔如是的"道",永远在默默地制约着宇观、中观、微观世界中的一切,包括人类。唯有"道法自然""天人合一",才能实现生态平衡,万物兴旺,永续利用和发展。也正是在这个意义上,我们说《老子》"道法自然"的命题蕴含着高远的"生态智慧",现在是到了准确诠释、认真吸取并躬身践行的时候了。因为,大化流行尤其是人类共同的家园地球,已经在曾经的 1082 亿和目前近 76 亿人口的过度开采利用,甚至掠夺性占有消耗进程中变得千疮百孔、面目全非,人类再不住手,地球留给人类的时间恐怕真的就不太多了,到那时,真的会在茫茫苍穹中出现一颗"流浪的地球"啦!我们和我们的后代子孙们真的不希望看到啊!

"杞人忧天"是由古代一则看似很好笑的故事引发形成的一则成语,千百年来,人们都在嘲笑那位仰望上天,时刻都在担心"天"会塌下来的杞人,认为他是操闲心,管闲事。如今看来,我们应该学习这位杞人仰望星空的"忧天"精神,因为他深刻认识到了道法自然、天人合一。他忧的其实是随着人类的繁衍、社会的发展,人类抛弃了道法自然、天人合一理念,只顾自身享受、索取,不顾自然界的其他生命体的繁衍生息,导致天人分离、天人对立了怎么办?有这种深刻思想,既脚踏大地,又仰望星空,并时时铭记"道法自然"、天人合一"道德令律"的人,才是真正的得道者啊!

① [德]E.弗洛姆:《生命之爱》,罗原译,北京:工人出版社,1988 年,第 39 页。
② 董京泉:《论老子哲学思想与当代全球性哲学问题》,《文史哲》2016 年第 6 期。
③ 习近平:《深化文明交流互鉴,共建亚洲命运共同体——在亚洲文明对话大会开幕式上的主旨演讲》,2019 年 5 月 15 日。

二、借鉴《老子》非凡的人生智慧

有人评价《老子》是一部救世的书。救世就是救人，没有人，哪来的世，所以，《老子》充满了非凡的人生智慧。

北京大学副校长王博评价《老子》洋溢着"清冷的智慧"，[①] 此言不虚。《老子》是在公元前 491 年写就的，按照这个时间节点，老子已经 80 岁了。在周朝的时候，年龄达到了八十岁的老人可以撑着拐杖入朝，天子不会怪罪，所以，80 岁称为杖朝之年。已届杖朝之年的老子，经历了人生的风风雨雨和周朝廷的起起落落，看惯了诸侯国间、诸侯国与周天子间的纷纷扰扰、钩心斗角，已经心如止水，进入了他所推崇的"玄德"境界，对人生的升降起伏，自然有很多不同于常人的独到的体悟。这些体悟，洋溢在《老子》的字里行间，闪耀着智慧的光芒，人们分明能够读出蕴含其中的大气、和气、静气、骨气和灵气，并认真学习与借鉴。

首先是纵览宇宙、贯通古今的大气。纵览《老子》五千言，语言畅达，一气呵成，大气磅礴，可谓格局大，视野宽，主题鲜明，气势恢宏。《老子》从宇观层面入手，一开篇，就把人人都关心，都在寻求答案的"宇宙从哪里来、要到哪里去"的问题提了出来，对宇宙的本源、动因和运行规律进行大胆探索。经过鞭辟入里的深入分析，得出了"人法地，地法天，天法道，道法自然"（第二十五章）的精辟论断，要求人们以这一论断为依据，正确处理人与自然、人与社会、人与人、人与自身的关系，进入庄子所谓的"天地与我并生，而万物与我为一"[②] 的和合、和美、和睦、和谐境界。老子从全局、整体上把握天地万物发展大规律的大气象，鲜有人能够匹及。

其次是自强不息、宁折不弯的骨气。《老子》第三十八章明确指出："是以大丈夫处其厚，不居其薄；处其实，不居其华。故去彼取此。"突出强调人立于天地之间，应具有顶天立地、无所畏惧的"大丈夫"的骨气。中华民族这种"大丈夫"骨气的核心内涵是自强不息，厚德载物。作为一种民族精神，几千年代代相传、生生不息。正是这种"大丈夫"的民族骨气，使中华民族自立于世界民族之林，使中国傲然屹立在世界东方。其实，《老子》第三章提出的"虚其心，实其腹，弱其智，强其骨"的做人要求，便是这种"大丈夫"骨气的具化。骨气是一种不甘落后、奋发图强的精神，也是不怕困难、不怕挫折、泰山压顶不弯腰的志气和毅力。有志气和骨气的人，一定是虚怀若谷、脊梁如铁、自知自胜的强者，是铁骨铮铮、迎难而上、宁折不弯的英雄汉子。在抗击新冠肺炎"疫魔"时义无反顾，白衣执甲的 4 万多名医护

---

① 王博：《〈道德经〉是怎样一部书》，《光明日报》2006 年 11 月 16 日，第 6、7 版。

② 陈鼓应：《庄子今注今译》（上），北京：中华书局，1983 年，第 80 页。

人员；响应号召，舍小家顾大家，自觉隔离防疫的千万武汉居民；招之即来，来之能战，日夜施工，仅用十天便建成火神山、雷神山方舱医院的近万名民工；千千万万个奔波在病区、隔离区、居民小区的清洁工、快递小哥、社区工作者、义工；全国各省区市和人民军队不惜代价无私支持湖北武汉抗疫的滚滚铁流，皆是中华民族面对"疫魔"，不屈抗争，排除千难万险，最终取得胜利的"大丈夫"骨气的集中展现。

再次是致虚守静、以静制动的静气。《老子》洋溢着清冷的智慧，这种智慧源于不同于世俗常人的静气。老子在第十章集中阐述了获得静气的六种方法：一要身心合一不分离。"载营魄抱一，能无离乎？"（第十章）让精神与身体合二为一、融为一体，想事做事不好高骛远，而是量力而行，从而使自己的心静下来。二要纯真质朴如婴孩。"专气致柔，能如婴儿乎？"（第十章）一切顺应人的自然本性，像婴儿那样纯真无邪、无私无欲、朴素自然、心无杂念，使心境在顺乎自然中静下来。三要照镜自省勤除疵。"涤除玄鉴，能无疵乎？"（第十章）进入心灵深处进行认真观照，经常反省自己的行为。在这种状态下，内心便会趋于安静。四要建功立业不妄为。"爱民治国，能无为乎？"（第十章）把名利置之度外，专心致志做事而不考虑是否会出名、不考虑是否会有利可图，人的心境一定是平静的。五要控制欲望守柔静。"天门开阖，能为雌乎？"（第十章）控制视、听、嗅、言、食等本能的生命活动，使自己的感官不被外界诱惑干扰，让内心保持清静。六要通达事理袪心机。"明白四达，能无知乎？"（第十章）在广知万事，通达事理之后，而不卖弄炫耀自己的知识，就能保持内心平静。这种静气，集中表现为老子所说的"众人皆有余，而我独若遗。我愚人之心也哉"（第二十章），是一种冷思维、冷智慧。

复次是和光同尘、和衷共济的和气。《老子》五千言通篇洋溢着惠风和气。在老子看来，大化流行、茫茫自然和人类所赖以生存的"地球村"是和谐共生、相反相成的，人们应该认识和把握宇宙万物和谐共生这个客观规律，坚持和谐包容、和衷共济。在处理人与自然、人与社会、人与自身的各种关系中，要坚持"和其光，同其尘"（第四章）、"冲气以为和"（第四十二章），把握"方而不割，廉而不刿，直而不肆，光而不耀"（第五十八章）的辩证法，共建友好和谐，共享和谐快乐。因此，中国提出的构建人类命运共同体的设想，很快写入联合国文件，并为世界上的绝大多数国家所接受。而中国倡导的"一带一路"，由于是造福沿线各国人民，实现各国共同发展、共同受益的和谐之路、发展之路，日益得人心，人气很旺盛。同样，个人、家庭、单位也是如此，必须和气充盈，方能心齐气顺，干成事，成大事，"和气生财"就是这个道理。而互相猜忌，整日里鸡飞狗跳，则气虚心伤，百事不成。

最后是睿智聪慧、灵活机动的灵气。老子生活在黄淮河冲积大平原上，在水乡泽国的环境中，自小观水悟道。他从涡河的浩浩东逝水中，体悟出了水性即是道性，水德即为道德，并由衷地得出了"上善若水。水善利万物而不争，处众人之所恶，故几于道"（第八章）的体悟。老子出生地水乡泽国，物华天宝、地杰人灵的大环境，使得老子天资聪慧，充满了灵动之气。加上后天的潜心问道，坚持学习，日积月累，表现在《老子》的字里行间，便能够使人见出跃动于其中的灵气。面对着大化流行，茫茫自然，老子思接千载，视通万里，巧妙地运用直觉思维的方法，用观、见、闻、听、思来诱发自己的灵感和智慧，直接领悟和觉察、理解宇宙万物的真谛。恰如老子所说："古之善为士者，微妙玄通，深不可识"。（第十五章）老子用"玄通"来形容人的心灵，表达用心体悟的能力。《老子》通篇采取的辩证思维、辩证论证方式，同样来自他得自于自然、社会的思维的灵气。恰如老子所说："正言若反"。（第七十八章）突破常规，善于从反面观察、分析、思考问题，其实是顺着"反者道之动，弱者道之用"（第四十章）的思路顺理成章的展开。于是在辩证法之父老子那里，欲达正面先从反面着手；欲达反面，先从正面突破。由正而反，使《老子》的阐释和论断充满了机智灵敏的前瞻性与创造性，使人不由自主地跟随老子进入充满思辨的殿堂，经历一次不同凡响的心灵之旅。

老子思想的大气、骨气、静气、和气、灵气，是老子非凡人生智慧的集中体现，也是老子的气质风骨和人生观的真实写照，对中华传统文化的影响极其深远。认真吸取《老子》的大气、和气、静气、骨气、灵气所彰显的非凡的人生智慧，无疑会使人们有着不一样的精神追求，不一样的人生境界。研学《老子》、借鉴《老子》非凡的人生智慧有如此奇效，我们何乐而不为呢？

三、借鉴《老子》超迈的管理智慧

"无为而无不为"是老子奉献给全人类的超迈的管理智慧，在中国古代，有人把《老子》叫作《无为经》，可见，"无为"是《老子》中的一个非常重要的思想。在《老子》中，"无为""清静无为""无为而治"是含义相近或相同的概念。美国学者弥尔敦说，无为的真精神，不是一无所为，而是善其所为。日本学者福田光同认为，老子的无为，乃是不恣意行事，孜孜营私，以舍弃一己的一切心思记虑，一依天地自然的理法而行的意思。中国学者董京泉则进一步指出："作为老子政治哲学范畴的无为，绝不是无所作为之意，而是指人的这样一种行为原则和行为方式：按照因循事物特别是人的自然本性及发展趋势的基本要求，以客观公正的态度，以道所体现的柔弱的特点和方式加以辅助、引导或变革，或者并不直接作用于客体，只是为其自然的发展变化提供良好的环境和条件。这种行为方式的主要特点是似无而实有。无为既是对以上行为方式的充分肯定，也是对反自然的行为方式的限制和消解。在无为原则下的一切作为，都应按照'道法自然'的原则要求，不强行，不偏私，义所当为，理所应为，如行云流水，雁过长空，瓜熟蒂落，水到渠成。"①从这种意义上说，"无为"也就是"无违"，即无违于自然。老子说："为无为，则无不治。"（第三章）老子对"为"与"无为"的内涵讲得很深刻、很透彻。他在这里所说的"为"，是目的，也是过程；"无为"是手段和工具，以"无为"的治理方式达到"无不治"的社会效果。"无为而无不为"是一种治国理政的方式，也是治国理政的最高境界，洋溢着超迈的管理智慧，值得认真学习与借鉴。

首先，准确把握"无为而治"的基本内涵，在管理上达到"无为而无不为"的最高境界。为了丰富"无为而治"的内涵，老子提出六个观点。一是把握"至柔"观。认为"天下之至柔，驰骋于天下之至坚"，以柔克刚，施行"不言之教"，以"至柔"达于"至坚"（第四十三章），是治国者之首选。二是"虚""无"观（第十一章）。以轮辐、坯体、房屋虚实相合，而"虚"（空间）带给人的益处更大的精彩比喻，说明"有"和"无"、"实"与"虚"相得益彰，而"无""虚"的作用更大，以此印证"无为"的作用。三是"无争"观。认为"圣人之欲上民也，必以其言下之；欲先民也，必以其身后之"（第六十六章），治国者不去和人们去争（无争），那么天下人也都不和他争，如此也就能安安稳稳地治理天下了。四是"守中"观。提倡以"守中"（第五章）治天下，顺其自然，使百姓有自主的活动空间，自由自主地繁衍生息，而不是靠繁多的政令教渝，事事处处替百姓筹划安排。禁锢太多，适得其反。五是"自然"（第二十三章）观。主张自然平和，反对行为狂暴。指出治国者做事平和符合"道"，就能像"道"一样自由顺畅；做事平和符合"德"，就能像"德"一样泽被万物而不争。六是"重静"（第二十六章）观。认为"重为轻根，静为躁君"，应以稳重、镇静治天下，反对轻浮、急躁。如果轻浮、急躁，则会"失根""失君"（失去臣下和民众的信任）。

其次，准确把握"无为而治"的基本操守，实现上无为而下有为、人无为而制有为。老子阐述了治国者施行"无为而治"应具备的基本操守。一是"后其身""外其身"的献身精神。治国者只有"后其身""外其身"，才能"身先""身存"（第七章）。应认识到天地之所以长久，是因为它们从不图谋自己的存在；治国者要想得到人们的拥戴，也不能一事当前先替自己谋划。只有这样，才能保全生命并被人们推举在先，从而达到治理好国家的目的。二是以"百姓心为心"（第四十九章）。提出了一个著名的且影响深远的命题，即"圣人恒无心，以百姓心为心"，这是中国古代治国之道中"民本"思想的先声。以"百姓心为心"，就要广泛听取百姓的意见，而

---

① 董京泉：《老子道德经新编》（下卷），北京：中国社会科学出版社，2012年，第747页。

没有一点自私的欲望，就要完全遵照百姓的心愿，而没有一点自利的主张。这样一来，便能进入"百姓皆属其耳目，圣人皆孩之"的胜境。三是"重积德"（第五十九章）。提出了治理国家的人心向背问题，指出治国者注重"积德"就会人心所向，得到民心，就会攻无不克；攻无不克，民众就能够积累无法估量的力量，负起保卫国家的责任，这样也就把握住执政的根本了。掌握了执政的根本，就可以长治久安了。老子在有关章里对执政者修身养性的阐述，落脚点在使执政者"重积德"，解决人心向背问题，抓住了执政的根本。四是"镇之以朴"（第三十七章）。治国者应尊崇"道"，因为"道常无为，而无不为"。在这个前提下，治理国家要"镇之以朴"，即用无私无为的常朴胸怀，去宾服由人们的私欲驱使而产生的种种胆大妄为，收到"天下将自正"的效果。

再次，准确施行"无为而治"的基本方法，做到大公无私、顺其自然。一是"去甚、去奢、去泰"（第二十九章）。治国者应适其物性，顺其自然，不固执己见，不奢望最好，不强求划一。值得指出的是，在这里老子已意识到天下万事万物的产生、发展、变化都有一个冥冥主宰（规律性）在起作用，面对这个主宰（规律性），芸芸众生要适应它，并进而把握它。提倡遵循规律，不能违逆规律，不可将主观意志强加于规律之上。二是"为道愚民"。认为善于执政的人，不是明察人们的过错，而是让人们生活得愉悦。不是人民难以治理，而是统治者总是利用机巧治国，其结果必定形成激智斗奸、上蒙下欺的局面，给国家带来祸患。因此，不以机巧治国，善于"娱民"（第六十五章）应是治国者长久把握的基本原则。三是行"天道"，以善心善行待民。这样做是为"有德"，否则便是"无德"（第七十九章）。四是"治大国，若烹小鲜"（第六十章）。告诫治国者要胸怀全局，掌握平衡，不能朝令夕改，那样会把国家搞乱；应追求"两（鬼神，圣人）不相伤""德交归焉"的执政效果。五是"损有余而补不足"（第七十七章）。这里表达的是老子朴素的平均主义思想，认为只有遵循天道的有作为的治国者才能做到这一点。

在历史发展新时代，来自国际、国内方方面面的挑战与日俱增，面对变幻纷纭的新形势，我们要从《老子》中吸取"无为而治"治国理政管理智慧的精髓，在遵从大化流行、茫茫自然、人类社会、人自身固有的客观规律前提下，该无为时无为，该有为时有为，以无为达于有为，以有为更好地无为。任凭风浪起，稳坐钓鱼船，面对变局，迎接挑战，整合方方面面的力量，调动亿万中华儿女积极性，向着实现中华民族伟大复兴"中国梦"的既定目标坚定地迈进！

四、借鉴《老子》通达的化生智慧

老子以大视野、大智慧观察思考大化宇宙、自然界、人类社会和人自身，得出了相应的精辟结论，使得《老子》充满了通达的化生智慧。最突出的表现就是在《老子》中，以无私、无心、无欲的人生境界，彰显贵生而不惧死的精气神，展示了通达的化生智慧。

首先是无私的人生境界。老子提倡的"无私"，不同于人们寻常所说的公而忘私、先公后私、大公无私，而是从"天长地久"层面对"无私"做出的明确的价值定位。在老子看来，"天长地久"的奥妙就在于天地"无私"，这种"无私"不是谁赋予天地的，而是天地与生俱来，法尔如是的。天地历来如此，才成就了大化流行中的一切。所以老子明确提出："天地不仁，以万物为刍狗；圣人不仁，以百姓为刍狗"。（第五章）这里的"天地不仁""圣人不仁"中的"仁"，不是一般意义上的"仁慈"，而是一种大仁大慈。这种大仁大慈的突出特点是视万物、百姓如一体，顺应自然规律、社会规律、人生规律而一体视之，不妄加侵扰，不事事干涉，让自然万物和天下百姓在自自然然的状态下春华秋实、进化生发，"甘其食，美其服，安其居，乐其俗"（第八十章），生、老、病、死一如寻常，这不正是大仁大慈吗？这里，老子对"仁"与"不仁"的理解对人们颇有启发。在老子看来，"仁"本来充满恩爱仁慈之心，天地如果有恩爱之心，必然会按照自己的意志有为的向万物施加恩泽，按照自己的好恶来改变万物的状态，这表面上是仁，其实是违背自然规律的恶。所以，天地的本质属性只能是"不仁"，让万物按自然法则在那里自生自灭。同样的道理，得道的圣人在治国理世时的正确选择也只有一种："不仁"，即"以百姓为刍狗。"因为仁义孝慈原来是人类的自然本质，无须提倡，它已经自然存在那里，根本无须画蛇添足，再去树立"慈""孝"等美名有意识地加以提倡。如果对此奖励倡导，必然会在利益的驱动下造成伪道德的出现，导致真道德的丧失。这恐怕与"天长地久"的"无私"之德也是正相背离的！可见，"天地不仁，以万物为刍狗；圣人不仁，以百姓为刍狗"（第五章）正是天地、圣人"无私"的另一种表现形式，只有施行这种大仁大慈，才能促成天下万物、黎民百姓共存共荣。可见，"天长地久"的"无私"是一种追求，是一种境界，更是一种永恒。追求"天长地久"的"无私"境界，达到"天之道"与"人之道"的和谐统一，是老子"无私"命题的基本价值取向，要求人们"致虚、守静、归根、复命"（第十六章），甘愿"受国之垢""受国不祥"（第七十八章），真正做到贵身无患。因为"贵身"才能"无私"，"无私"才能"无患"，"无患"才能"天长地久"。老子以清晰的逻辑链条给人们指出了通往"天长地久""无私"境界的基本路径。

其次是无心的人生境界。在《道德经》第四十九章，老子提出了"无心"思想，高扬起"圣人常无心，以百姓心为心"的旗帜。在老子看来，得道的圣人没有主观成见，始终以天下百姓的心为心。在治国理世过程中，善良的人，善待他；不善良的人，也善待他；以此引导人人向善。守信的人，信任他；不守信的人，也信任他；以此引导人人守信。得道的圣人善于收敛主观成见与意欲，引导天下人心归于浑朴，百姓自自然然生产、生活，圣人孩童般地对待他们。老子"无心"思想昭示了建德抱道的价值取向；"玄德深远""乃至大顺"（第六十五章）的价值取向；"自知不自见"（第二十二章）、"自爱不自贵"（第七十二章）的价值取向；"行于大道"、不做"盗夸"（第五十三章）的价值取向和"功遂身退"（第九章）的价值取向。同时，也指出了"无心"思想的实现路径——奉行"天道"，服务百姓。因为在老子的思辨体系中，奉行"天道"是人君做到"以百姓心为心"的大前提，正所谓"圣人不积，既以为人己愈有，既以与人己愈多。天之道，利而不害；圣人之道，为而不争"（第八十一章）。老子强调，奉行"无心"的"天道"，要"损有余而补不足"（第七十七章），"悠兮其贵言"（第十七章），不代大匠斫，"代大匠斫者，希有不伤其手矣"（第七十八章）。只有进入"无心"的大境界，才能真正"以百姓心为心"（第八十九章）。

再次是无欲的人生境界。老子提倡"见素抱朴，少私寡欲"（第十九章）。他还强调指出："祸莫大乎不知足，咎莫大于欲得"。（第四十六章）"圣人欲不欲，不贵难得之货"。（第六十四章）"知足不辱，知止不殆"。（第四十四章）"不欲以静，天下将自定"。（第三十七章）老子倡导的"寡欲"是一种对"欲"的节制，也是有其特定范围与合理限度的。无欲的人生境界，并非排除人之为人的正当的欲望，而是要善于把这种正当的欲望限制在特定的范围，使之具有合理的限度。因为，"欲"乃人生之自然，也是社会前进、人类发展的动因。无欲的境界是指分清公欲和私欲、合理之欲与非分之欲。老子在这里所强调的是对私欲的"度"的把握，他反对"甚欲"、纵欲，把"甚欲"看作罪责、过失和灾祸的渊源，倡导"见素抱朴，少私寡欲"的人生境界。人们进入到这样一种人生境界，就能够抵御诱惑，挣脱名缰利索的枷锁，自然而然地会有一种物我两忘的纯正心态，将荣辱贵贱抛之脑后，无欲无求、超然物外，始终以一颗平常心面对纷繁世间的一切，"不畏浮云遮望眼"，拥有通达自信、淡泊超凡的人生。

综上，《老子》的借鉴价值无法估量，《老子》的深刻意义永世长存。作为人类文明"轴心时代"最杰出的思想家、大圣哲、大智慧者，老子思想的火炬照耀着人类文明前进的方向，启迪着生长在蓝色星球——地球上的万千精灵！

让我们听听身处不同国度、不同种族、不同语言的世界文化名人、科学家对《老子》文本的现代借鉴价值是怎么诠释的：

耗散结构理论创始人、比利时物理学家、诺贝尔奖得主普利高津指出："道家的思想，在探究宇宙和谐的奥秘、寻找社会的公正与和平、追求心灵的自由和道德完满三个层面上，对我们这个时代都有新启蒙思想的性质。道家在两千多年前发现的问题，随着历史的发展，愈来愈清楚地展现在人类的面前。"①

荷兰汉学家、欧洲汉学会会长许理和在《老子与东方和西方》一文中说："中国也是一个深刻智能的源泉，以老子为象征。……每一个时代都能利用《道德经》作为灵感的源泉"。②

美国哈佛大学教授约翰·高说："《道德经》的意义永无穷尽，通常也是不可思议的。它是一本有价值的关于人类行为的教科书。这本书道出了一切。"③

自发秩序理论创始人、英国知名经济学家和政治哲学家、诺贝尔经济学奖得主哈耶克认为，老子说的"我无为而民自化，我好静而民自正"是其自发秩序理论的经典表述。

在宇宙学上，英国剑桥大学著名物理学家、现代最伟大的物理学家之一霍金提出的"有生于无"的宇宙自足理论，与老子的宇宙观不谋而合。

在物理学上，美国的卡普拉教授认为量子场的概念包含在老子的道之中，而且明确地表达在气的概念中。

爱因斯坦晚年致力于统一场论的研究，道与场的关系近年来越来越受到科学家的关注。李约瑟博士认为，在某种意义上，道家的全部思想是一种力场的思想。一切思想都根据它们定位，不用任何指示，也不需用任何机械的强迫。

混沌论、测不准理论等现代物理学与老子的相关哲学思想也是相吻合的。对此，西方一些著名科学家和学者为之惊叹不已。

正因为如此，美国著名学者威尔杜兰在其《世界文明历史》一书中说："或许除了《道德经》外，我们将要焚毁所有的书籍，而在《道德经》中寻得智慧的摘要"，"在思想史中，它的确可以称得上是最迷人的一部奇书"④。

让我们走近这部奇书，善于从其中萃取精华、吸取能量，保持对自身文化理想、文化价值的高度信心，保持对自身文化生命力、创造力的高度信心。全面准确地诠释《老子》文本，全方位、多层面推进《老子》文本在现代的传播普及。从中汲取丰富的思想营养，彰显其独有的现代借鉴价值，为我所用，为世所行，为实现中华民族伟大复兴"中国梦"，构建人类命运共同体提供学理支撑和精神动力，做出无愧于新时代、无愧于中华优秀传统文化和《老子》、无愧于人类文明发展进步的新的更大的贡献！

---

① 赵馥洁：《老子价值理念的现代意义（代序）》，刘本炬主编：《〈老子〉思想与现代社会——曲江楼观"老子文化节"学术研讨会论文集》，北京：社会科学文献出版社，2013 年，第 10 页。

② 李世东、陈应发、杨国荣：《老子文化与现代文明》，北京：中国社会出版社，2008 年，第 109 页。

③ 张明明：《智者不惑》，北京：经济日报出版社，2013 年，第 26 页。

④ 党连文：《道可道——〈道德经〉的哲学解读》，北京：华夏出版社，2012 年，第 236 页。

老庄思想在《卧虎藏龙》中的体现与价值

曾耀农　刘　庆*

内容提要：电影《卧虎藏龙》以先秦道家老庄思想为宗，兼含儒、释各家中国传统文化内容，以极具中国色彩的题材诠释中国传统文化精神，并通过鲜活的人物形象、波折的故事情节、独特的电影语言、丰富的主旨内容来表现中国传统文化。尤其在表现老庄道家思想上独具一格，无论对中国乃至世界武侠电影还是对道家思想的解读和传播都具有十分重要的意义。

关键词：李安　电影　《卧虎藏龙》　老庄思想

《卧虎藏龙》是李安 2000 年推出的一部武侠作品，也是"李安继电影《推手》之后，又一次着重展现道家魅力的影片。这部作品真正让李安走向国际，获得了世界的认同"[①]。电影改编自大陆小说家王度庐的同名武侠小说《卧虎藏龙》，讲述了由一把"青冥剑"引起的一系列的江湖风波，从而产生对爱情、孝道、责任、人性、自由、生死等的哲理性思考，是由两对男女主人公的爱情演绎的一场浪漫悲剧，极富道家哲思。"老庄思想"是道家思想的核心，其中"道"是中国传统文化精神的重要组成部分，以《老子》和《庄子》为理论基础，包括了"顺应自然"的死生观、"贵柔"的处事观、"真诚"的人性观、"相反相成"的辩证观、"无欲无为"的人生观等哲学观念。这些思想均在电影《卧虎藏龙》中体现得淋漓尽致。

一、老庄"道论"在电影《卧虎藏龙》中的体现与价值

老庄"道"论中从古至今都没有一个明确的定义，通常认为"道"即自然，是

＊ 作者简介：曾耀农（1959—），男，湖南长沙人，武昌理工学院文法与外语学院教授、博士、硕导，致公党湖南省委文化与体育委员会顾问，主要研究方向：影视美学与传播美学、文化产业；刘庆（1998—），本校学生，主要研究影视文学。

① 荆宜：《李安电影中的道家思想解读》，硕士学位论文，山西大学，2014 年，第 10 页。

世间万物相互关联的产物①，它是一种客观唯心的存在，"无形无象"。而老子在《道德经》第一章就表明"道可道，非常道；名可名，非常名"②认为可以用言语解释的道，不是永恒不变的道。此外，又有"大道泛兮，其可左右"③，主张大道流行泛滥，无处不在，无时不有，可左可右。这种种对老庄"道"的诠释和定义在电影《卧虎藏龙》中都得到了充分的表现。

（一）"道是无名"——江湖声名遍地，都是虚无

在老庄思想中，最为人口口相传的观点是"无，名天地之始；有，名万物之母"④，认为真正的"道"是不可言说的。在电影《卧虎藏龙》中，首先表现在李慕白在古老寺庙中对玉娇龙说的话：李慕白就是虚名，宗派是虚名，剑法也是虚名，这把青冥剑还是虚名，一切都是人心的作用。这番话虽被玉娇龙的一盆冷水泼了回去，但导演的心思正在于李慕白所达到的境界，虽身负"虚名"，却看得明白，看得淡然，不仅如此，江湖宗派、宝剑名声在他眼中也是徒有虚名，均完美地诠释了"道是无名"的道论观点。

其次，电影中第一个令人闻风丧胆的名号是"半天云"，罗小虎不过是一个和玉娇龙一样初出茅庐的年轻小子，却有着响彻大漠的名号，过往的货商、官宦等只要一听到"半天云来了"都会自乱手脚。而事实上罗小虎也只是以"半天云"的称号在大漠中更好地谋生，他在西北的洒脱给了玉娇龙幻觉，而一旦进入江南体制之内，即使再大的名号也显得毫无威胁力，不但无法把爱人从传统礼俗和家庭境遇中解救出来，就连自身的生存也要依赖李慕白和俞秀莲的援助，如此漠北的"半天云"不过是江南的无名之辈，微不足道。如果说李慕白前面的陈述表现了电影对"道是无名"的直接解读和追求，那么罗小虎在南北两地的身份差异则从侧面反映了再大的名号也只是人内心虚无缥缈的称号，人若畏之，其小也大，人若小之，亦不过如此。

此外，玉娇龙作为一位隐藏在江湖之外、京都之下不可一世且心高气傲的女性，最是看不惯无为之人的虚假与伪装。因此在她逃出家庭逼迫的婚礼，带着青冥剑独自行走江湖的过程中，对一个个在她面前卖弄资历的所谓江湖人士嗤之以鼻。而无论是冀东铁鹰爪宋明、飞天豹李云，还是铁臂神拳李大彪、凤阳山魁星五手鲁君雄，每一个人都有着无可取代的名号，仿若有了这名号他就是天下功夫第一。其中美名曰"铁臂神拳"的李大彪以群人之首的身份道貌岸然地说着向玉娇龙来请教，抱拳

① 黄国荣：《道无道 花非花》，重庆：重庆出版社，2015年，第41页。
② 黄国荣：《道无道 花非花》，第1页。
③ 黄国荣：《道无道 花非花》，第38页。
④ 庄子著，孙通海译注：《庄子》，北京：中华书局，2017年，第1页。

也好、摆姿势也罢，武林江湖中该有的礼仪表面上一样也不落，待真正向玉娇龙出招时，却经不住她一只手的攻守，乃至于最后玉娇龙揭穿了他"铁臂神拳"的假象，扯掉他的衣袖而现出套在他手臂上的金属保护层，他也没有丝毫感觉到羞愧。而在场的"各方英雄"不仅不为自己受骗而断然与李大彪绝交，反而气势汹汹地把一切矛头指向玉娇龙，即使几十号"江湖老手"一齐对付终于进入江湖的玉娇龙也都不是她的对手，张扬跋扈与鼻青脸肿，前后对比，由此以花样百出的称号来嘲讽他们"浪得虚名"，空有其名而没有真本领。这样不同于前二者的反面衬托，体现了导演对"虚名"的透彻解读，同时也是其对"道可道，非常道；名可名，非常名"的道论观点的生动表现。

（二）"无形无象"——李慕白对神秘力量的疑惑和思索

老庄思想认为道是无形无象、无任何行迹的存在。在影片《卧虎藏龙》的开头，李慕白在同俞秀莲的寒暄中，谈起自己因为闭关修炼失败而发出的对"道"的困惑，说自己似乎触到了师父从未指点过的境地①。正是这种神秘的力量促使李慕白重新审视自己的人生，纵使未能获得一种"得道"的喜悦，却对内心放不下的事物有了清晰认识，并进而知道自己想要的是什么。如李慕白所述，他最为挂念的便是俞秀莲。此处"道"以李慕白的本心存在，指引他遵循自然本心，来处理心中放不下、牵绊着他无法达到武当派所追崇的境界的事情。在电影的结尾，李慕白受命运的指引走向人生的尽头，俞秀莲竭力地克制，要李慕白用临死前的最后一口气"炼神还虚"。李慕白却放弃用生命的"最后一口气"去追求那种解脱得道、圆寂永恒的境地，而选择用它来向俞秀莲表明心中情谊。导演没有让人物代替他或观众去追寻那种神秘力量的答案，也没有明确地向观众说明李慕白和俞秀莲所说的"得道"所得的是一种什么"道"，圆寂永恒也只是一个毫无说服力的托词。导演的高深在于他将所有人置身于影像之外，用人物角色的人生、困惑、选择来诠释"道"。李慕白得道的失败致使他重返追寻内心，而他对内心的追寻使他放弃得道，完成内心的追寻才使他真正无憾得道，相较于前者虚妄的"道"的境界，对本心的追求才使他真正挣脱了理与礼的束缚完成自我的超脱。

电影中的"道"无形存在，却有两种形式，一是角色的意识里难以言表、苦苦追寻的事物，明显表现在李慕白和俞秀莲口中谈论、心中追求的神秘而不可知的力量；二是随着角色的行为活动，尤其是李慕白对自我内心的追寻，体现出来的遵循自然本心的选择，这种选择表面上是人物自身在特定情境下做出的决定，事实却是

---

① 本论文其他例子都出自电影《卧虎藏龙》，不再另标注。

受到自我本心的指引，一切都是自我内心真实追求的结果，而这种"自然本心"存在于人的意识之外，不仅无形无象，甚至不为人所察觉，它又无时无刻不在指引个体前进并为自己做出的每一个选择承担责任。这在《道德经》上的另一种表示便是"大方无隅，大器晚成。大音希声，大象无形"①，认为最方正的反而没有棱角，大器物常常最后炼成。大声音即是无声音，大形象反而没有形象。"道"之不可见反映了"道"的强大。

（三）"大道泛兮"——以"道"论"武"的武侠世界

老庄思想认为"道"普遍存在于周围一切处所，具有运动功能。《卧虎藏龙》作为一部经典的武侠电影，其对武侠人物所属流派、所用武器、所练功夫等都有深入细致的设计，如李安所言："我与我的团队选择了电影史上就算不是最受欢迎至少也是民粹的电影类型——武打电影——来说故事，基本上我们就是利用这个流行电影形式，来探讨中国古典文化遗产，我们拥抱最大众的艺术形式，然后将其与最高级的艺术形式混合——神秘的武术，在源远流长的道家修炼与思想中流传至今。"②传统文化作为重要的元素撑起电影的半边天，而"道"又无时无刻不存在于"武"中，由此，"武"侠元素的普遍存在是老庄道家"大道泛兮，其可左右"在电影中的鲜明表现。武当派由宋人张三丰创立于湖北武当山，武当功法的特点是强筋骨、运气功。强调内功修炼，讲究以柔胜刚、以静制动、以慢击快……"武当"之名取自"非真武不能当"。武当派的各种武术门类的功法有一个共同的特点，"那就是：柔中有刚，刚中有柔，动静结合，以柔克刚，刚柔并济，动若行云流水的独特风格"③。由此可以看出武当派与道家思想一脉相承。

在电影中，情节围绕出身武当派的各色人物展开，无论是获得真传的正宗武当弟子李慕白、俞秀莲，还是由于没有受到公平对待铤而走险的反派碧眼狐狸，又或是在机缘巧合下拜被逐出师门的碧眼狐狸为师的玉娇龙等主要人物，要么出自武当派，要么通过其他途径习得武当功夫行于江湖，为电影提供了一个完美的"道"的境界。电影结尾处俞秀莲要生命将走到尽头的李慕白追寻武当派所推崇的解脱得道、圆寂永恒的境界，这也是武当派追求"炼精化气，炼气化神，炼神还虚，炼虚还道，增智开慧"④的结果。

与此同时，玉娇龙在与俞秀莲的第一个回合中，俞秀莲便得出她是武当派的门

① 黄国荣：《道无道　花非花》，第46页。
② 柯玮妮：《看懂李安》，黄煜文译，济南：山东人民出版社，2012年，第184页。
③ 田友良：《中国武当武术形成与发展探源》，《科技创新导报》2007年35期。
④ 田友良：《中国武当武术形成与发展探源》，《科技创新导报》2007年35期。

人的论断，因此即便玉娇龙声称武当山是酒馆娼窑，但正如她施展的功夫是武当派的功夫一样，她的思想和意识亦无法摆脱武当心诀和武当思维的影响和牵绊，她对江湖的向往、对传统的反叛、对自我内心的追崇无一不与武当之道、老庄之道所崇尚的境界相吻合。因此在电影展现的武侠世界中，以武当功夫和武当精神来表现武侠气度和道家思想是其独特魅力。

其次，剑是武当功夫中的代表性武器，电影以青冥剑为发端和线索，串起各方人物对它的追寻和解读。其中就命名而言，"青冥剑"之"冥"，与庄子《逍遥游》中出现的"北冥有鱼，其名为鲲"[①]中的"冥"有异曲同工之妙，含义相同。"冥"在《逍遥游》中通"溟"，指大海深黑，浩瀚无边。[②]而青冥剑在电影中便充当着深似海的一种冥冥之中的力量，它在李慕白眼中虽拥有某种灵性，但终究是杀人不滴血的凶器，因此才委托俞秀莲将其代赠给贝勒爷，以表离开江湖恩怨的决心。贝勒爷在给九门提督大人看剑时，对其外形有一番说明，其中从剑的旋纹看，是先秦的揉剑法，到汉朝就失传了。这说明了剑的特点，一个"揉"字使锋芒毕露、闻风丧胆的宝剑与老庄道家贵柔的思想归而为一。除了外在的特性，青冥剑在电影中如神秘力量的化身，一步步将几位主人公的命运紧密联系在一起，并为他们自身的每一个选择指引方向。其中李慕白和玉娇龙都是由于这把青冥剑，冥冥之中被引向神秘的深渊，或实现自我意识的洗涤，或为之付出生命的代价。因此，如果说在李、俞、玉、罗之外还有第五个主人公的话，不是碧眼狐狸，而是这把凝聚武当精神与老庄思想的青冥宝剑。

最后，武当派之所以能够成为江湖上功夫流派中首屈一指的宗派，主要原因在于武当功夫。影片中最不缺乏的就是武打戏，包括罗小虎、俞秀莲、李慕白、各路江湖人士等与玉娇龙的多番较量，以及李慕白与反派碧眼狐狸的对决等。其中极具代表性、最能说明武当精神与道家思想相通的段落，在于李慕白对玉娇龙的教导。导演借李慕白之口，向玉娇龙及观众传授武当功夫的知识——揣而锐之，不可长保……勿助、勿长、不应、不辩、无知无欲，舍己从人才能我顺人背……修武德才能体会静中之动的境界，才配得上用这把青冥剑。这种武当心境的追求正是老庄道家思想欲速不达、无为无欲、柔弱处上、致虚守静等观点的综合诠释。李慕白站在竹梢沉稳不焦躁的造型是电影的亮点，既以其自身功夫展现武当之境界，又以其性情诠释道家无欲无求的思想。

---

① 庄子著，孙通海译注：《庄子》，第1页。
② 庄子著，孙通海译注：《庄子》，第3页。

二、老庄"辨证论"在电影《卧虎藏龙》中的体现与价值

《老子》中"有无相生""死而不亡""哀者必胜"等篇章和观点都显示出其善于以辩证的角度来诠释其理念。庄子《齐物论》中也继承和发展了老子的观点,"非彼无我,非我无所取……物无非彼,物无非是……故曰:彼出于是,是亦因彼,彼是方生之说也……"①认为没有种种情态就没有"我",而没有"我"就没有各种情态,万事万物彼此相存,所以事物的彼方于此方都是彼此相互对立而产生的,彼与此相互依存。老庄这种深刻的辩证理念体现在电影《卧虎藏龙》中,既有李慕白为求宁静却失性命的得失相生、事与愿违的宿命;又有复杂的人物性格和人物关系内在与外在的相反相成;还有西北大漠与江南竹林不同场景的对立统一……如此种种,老庄的辩证观充分体现在电影的故事情节、人物关系、视听效果中,极富意蕴。

(一)"相反相成"——复杂的人物和人物关系

老庄思想认为相反的东西能相互依存,矛盾双方以对立方的存在为前提,互为依托,相互转化。首先,在电影的主要人物中,姑且可以分为以李慕白和俞秀莲为代表的"江湖派"、以玉娇龙和罗小虎为代表的"向往江湖派"以及以碧眼狐狸为代表的"生存派"。

李慕白和俞秀莲是在江湖教义下成长的真正的侠客,他们看似在体制之外,但受到的正统礼仪思想相比闺门中的玉娇龙有增无减,也正是对江湖道义和传统礼俗的严格遵守才树立起他们在行内的盛名,他们看似逍遥自由,却深受礼仪的束缚,不得不忍受情感压抑的痛苦。"在主人公李慕白身上,寄托着编导者有关传统文化和中国儒侠的美好想象。"②他"身上充满了儒侠的韵味:温文尔雅、刚正不阿"③。

罗小虎和玉娇龙的共同特点一方面在于他们在西北大漠时的自由与在江南水乡的憋屈迫使他们对自我身份进行审视,而前者的洒脱与后者的忧郁都是他们性格的生命的一部分。他们的思想纯粹,为自由而战,其中玉娇龙身为官宦家眷,习孔孟之道,却挥洒自如,在江湖内外惹出是非。她愤恨传统礼教的束缚,但也绝不甘于受束缚,看似百般娇弱,楚楚可怜,却心似烈火,为所欲为。

碧眼狐狸可以说是传统意义上的"反派",她欺师灭祖、背信弃义,这些在谁看来都是可鄙的,可导演在所有人都对她嗤之以鼻的时候又对她表示同情。所以背叛师门,是因为师门众人重男轻女,这样她的所作所为纵然不合礼法却在情理之中,因此这一形象也在辩证的性格中成了有灵魂的立体人物。

---

① 庄子著,孙通海译注:《庄子》,第33页。
② 李道新:《中国电影文化史》,北京:北京大学出版社,2005年,第509页。
③ 荆宜:《李安电影中的道家思想解读》,硕士学位论文,山西大学,2014年,第11页。

其次，在人物关系中，电影以玉娇龙为中心，几乎每一个与之相关的主要人物表面上都与她有着尖锐的矛盾冲突和完全不同的人生、价值观。罗小虎虽然得到了玉娇龙，却最终失去了玉娇龙，他知道玉娇龙刚烈，却不能感受玉娇龙向往自由而又受缚礼教的痛苦挣扎的内心，从某种意义上讲，罗小虎只是玉娇龙的外壳，天真、纯粹、空有功夫、心无城府。

俞秀莲与玉娇龙同是传统礼教下的传统女性，对关乎自己一生的事往往没有决定的权利。前者受世俗的束缚压抑情感独守空房，后者承受家庭的压力嫁给对其毫无情感的男人，但前者更倾向于理性，后者更倾向于感性，二人的结局——俞秀莲在李慕白临死前失声痛哭，玉娇龙则飘逸地跳下悬崖，前者感性终于得以爆发，后者理性终于回归，事实上，二人互为彼此。

李慕白之所以紧追着玉娇龙不放，如他所说，也许是因为若不能收服玉娇龙，她就会成为江湖的一条毒龙，但同时，他的心中，对玉娇龙的欣赏的艳羡，纵使再高的修炼也无法真正抵达。他是传统教义下的产物，看似至高无上，算是武林豪杰，却连自己心中挚爱都只能隐藏，甚至直到生命的最后一刻才悔不当初。他对心中那个"玉娇龙"的压抑，若非绝对的理智和对礼教的绝对服从，绝不可能变成终身遗憾。碧眼狐狸作为玉娇龙的师父，一方面传授她功夫，一方面又依赖于玉娇龙的识字能力深入学习武当功夫，而她对玉娇龙的信任使她最终宁可与其同归于尽，也一定要杀死玉娇龙，事实上就是杀死她自己。走过了李、俞、罗、碧眼狐狸四人的心路历程，他们对玉娇龙的排斥与追寻、爱与恨，都诠释了他们自己内心的矛盾，因此说每一个人的内心深处都住着一个"玉娇龙"。

（二）"对立统一"——空旷大漠与秀丽水乡殊途同归

老庄的辩证观点用西方哲学来解释也就是对立统一，在老庄思想中没有绝对的美与丑、善与恶，如庄子"其美者自美，吾不知其美也；其恶者自恶，吾不知其恶也"①。庄子借逆旅小子之口表明人自以为美或丑，而在别人看来不一定是美或丑。

在电影《卧虎藏龙》中，主要设有两个典型场景，一是西北大漠，一是江南水乡。二者不仅在画面上表现出强烈的对比：旷野边疆和秀丽竹林，更表现在前者象征自由，故事通过闪回的方式再现出来的，而后者象征桎梏，这里发生的一系列事情才是真正的现实。

大漠中的场景多用远景镜头，人物在一望无际的大地上或纵马奔驰，或迷失方向，人物显得渺小，却丝毫不受拘束，而"室内"也是更接近人性最初状态的山洞。

---

① 庄子著，孙通海译注：《庄子》，第 239 页。

江南的场景中多用中近景镜头，人物常常被置于室内正堂之下，如电影开头，李慕白初访俞秀莲的镖局，在俞秀莲同李慕白的对话的镜头中，背景便是贴有"乔木发千枝岂非一本，长江流万派总是同源"和"春祀秋尝遵万古圣贤礼乐，左昭右穆序一家世代源流"两副对联的正堂墙壁，玉娇龙的出场也是伴随着严肃的书房正墙上的庄重对联。这些礼乐教义是大漠中所没有而在江南中被奉为最低底线和最高境界的内容。导演把二者分开来，以至于从边疆而来的罗小虎想要寻回心中的玉娇龙就必须承受江南的世俗眼光，而玉娇龙再回到新疆去，却是付出生命的代价。

电影中的人物，无论是玉娇龙、罗小虎还是李慕白、俞秀莲，"自由"是他们无论在肉体还是精神上苦苦追求的，导演便是通过截然对立的两个场景、两种无言而富有深意的布景、两种人物性格、两段爱情故事表现出心中"理性与感性"的挣扎，同时通过这样"矛盾统一"的方式表现了导演对老庄思想中"自由境界"的追问。

（三）"得失相生"——李慕白赠剑欲隐，却更生事端

老庄思想认为相互对立的双方可以相互转化。庄子"无用之用"的命题中亦含有"塞翁失马焉知非福"[①]的观念。电影以李慕白托俞秀莲把他随身携带的"青冥剑"送去贝勒府，来表退隐江湖之决心为起点。眼看着二人隐藏在内心深处却流露在眼神中的情感将在李慕白的退隐下有所进展，宝剑却在贝勒府遭到九门提督府的小姐玉娇龙的盗窃，因此，李慕白和俞秀莲不得不为了寻回宝剑而重新被引入江湖风波。

正是在寻剑过程中，李慕白不仅发现玉娇龙将是一位颇具天赋和潜力的武当功夫传人，而且还因此找到了一直杳无音信的仇人碧眼狐狸，很多在归隐前无法放下的事情都浮出水面待他处理，似乎在为他的彻底归隐提供机会。但那把青冥宝剑，李慕白本可以在黑夜中从玉娇龙处拿回宝剑放回贝勒府便返程隐退江湖，但他却因为一系列的江湖恩怨更深地被卷入江湖之中。

而在经历了一系列的事件，尤其是在了解了玉娇龙和罗小虎的故事之后，他和俞秀莲更能面对自己内心深处的情感，并试图将其表达出来，眼看着他们向往的生活就要来临，却失去性命……这是包括他自己和俞秀莲在内都没有料到的结局，电影的结局看似是"来去一场空"的悲剧，却正是在一场起伏变化、福祸难分、得失相生的辩证生命历程中体现出复杂的人物性格与人物关系。

三、老庄"柔弱论"在电影《卧虎藏龙》中的体现与价值

老庄思想崇尚"以柔克刚"，并非普遍意义中"以柔胜刚"的"女性强于男性"

---

① 庄子著，孙通海译注：《庄子》，第4页。

的解释，更多的是一种处事态度。其中"将欲歙之，必故张之；将欲弱之，必故强之……柔弱胜刚强"①，认为要收缩某事物必先扩张它，要削弱某事物必先使它强大……柔弱而温和待之必定胜于强硬对抗它。而"人之生也柔弱，其死也坚强。草木之生也柔脆，其死也枯槁"②，更是以人和草木生前柔软、死后僵硬或脆硬的不同状态为论据强调老庄思想中"强大处下，柔弱处上"③的观点。此外，在老庄顺应自然的"无为"论中，认为要真正做到不与自然对抗而与自然万物和谐相处，就必须具备柔顺的品性。因此"柔弱"论在老庄道家思想中具有无可替代的地位。无论是对待自身还是处理人与自然、人与社会之间的关系，柔弱论都为我们提供了为人处世的最佳选择。在电影《卧虎藏龙》中，宝剑、竹林、李慕白对玉娇龙的教导方法，以及俞秀莲周全解决问题的处事风格等，均从视觉、内容、思想等多方面向观众诠释了老庄所推崇的"柔弱论"。

（一）"柔顺本性"——剑与竹林意象

《卧虎藏龙》中的故事以青冥剑为线索，从赠剑、盗剑、寻剑、还剑、夺剑到扔剑等，一把剑串起四个人物的故事情节和内心冲突。在玉娇龙第一次见到青冥宝剑的时候就提出了对剑的重量的疑问，俞秀莲解释说剑走轻灵，剑是兵器中最为轻巧的，其中剑身尤其薄而轻。

在电影中，青冥剑剑身看似薄而软，却锋芒毕露，即使是久在江湖闯荡的俞秀莲擅长的双刀都经不住它的力量。玉娇龙与俞秀莲在镖局的对决中，青冥剑更是以其柔顺本性在玉娇龙的全力施展下尽显其威力，俞秀莲的兵器从双刀到长枪到大刀再到双钩换到剑等都不是青冥剑的对手。两相对比，在俞秀莲换过的一系列兵器里，一件件看上去都坚不可摧，青冥剑则显得微不足道，但在真正的对决当中，青冥剑却令俞秀莲恼火而说出"有本事就别用宝剑"的无奈言辞。事实上俞秀莲在最后占得上风也是因为换上了一把看似不具备强大力量的薄剑，尽管它最终也难逃身首相离的命运，但却帮助俞秀莲伸向了玉娇龙的脖颈，并获得了主动权。在电影中，青冥剑有着势不可挡、名震四方的名声，令人望而止步，而它凭借的恰恰是一片极薄的金属片，剑身出鞘，柔顺坚韧、能屈能伸。

在江南段落中，"竹"这一意象更集中体现了柔顺的本性。竹在外形上不像松那样笔直挺拔，亦不像柳絮那样飘柔妖娆，它中通外直而具有与生俱来的韧性和弹性。中国传统的弓箭用竹制成，也是基于竹子韧性与张弛特性。道教《炼虚歌》中

---

① 黄国荣：《道无道　花非花》，第40页。
② 黄国荣：《道无道　花非花》，第85页。
③ 黄国荣：《道无道　花非花》，第85页。

谈道："处事以直，处世以顺，处心以柔，处身以静，竹之节操也；动则忘情，静则忘念，应机忘我，应变忘物，竹之中虚也；立决定志，存不疑心，内外圆通，始终不易，竹之岁寒也；广参至士，遍访名师，接待云水，混同三教，竹之从林也。"①"竹子成为《卧虎藏龙》中最偏爱的一种意象，它或以自然背景出现，或直接参与影片审美营造。竹子这种中虚圆通却坚韧有力的特性，正合乎'道冲而用之或不盈'的'道'。"②电影里玉娇龙和李慕白两位主人公在竹林中、竹尖上打斗，与玉娇龙的急躁、冲撞相比，李慕白的沉稳与顺势功力更能帮助他在竹尖上游刃有余，他与竹子浑然天成的交融也体现出其"柔顺"本性。

（二）"柔弱处上"——大侠李慕白对玉娇龙的"宽容式降服"

玉娇龙对江湖和自由的向往而促使她"盗剑"，由此有了她与李慕白的对决。在碧眼狐狸同蔡九等人相约对决的那天晚上，玉娇龙与李慕白有了第一次较量。此后玉娇龙"还剑"的那个夜晚，李慕白更是守株待兔以规劝玉娇龙，二人再一次展开较量。至古寺，李慕白开口便提出玉娇龙对武当心诀的领略理路不正，需要良师的调教，重理剑法的建议，在短短的几招内都没有拔剑，甚至仅提起一根竹子便开始对玉娇龙的功夫和心性进行点化。同时，不同于面对俞秀莲，丝毫不恋战，玉娇龙一见到李慕白就急着脱身，她的眼神里流露出的不耐烦与自知打不过的担忧……这些都衬托出李慕白的功夫无论如何都远在玉娇龙之上，因此他若要收服不羁的玉娇龙，完全可以拔出手中的剑，在极有把握的几招之内就打败玉娇龙。但李慕白相信碧眼狐狸未能泯灭她的良心，为此，他手中指向玉娇龙的剑或竹子总是点到为止。李慕白还向俞秀莲直言为玉娇龙可以破例把武当的玄牝剑法传给女性。在后来二人竹林对战中，站在泉水边，李慕白进一步感化了玉娇龙的曲化心性，尽管没有取得完全意义上的成功，却使玉娇龙有了思想的转变。

电影最后，李慕白为了救玉娇龙付出生命的代价，同时玉娇龙也看出了师父碧眼狐狸要杀她的本意，才使玉娇龙有了彻底的变化，并最终奋力为中毒的李慕白研制解药，尽管失败，却在一系列事件中完成了自我心性的转变和养成。在李慕白"收服"玉娇龙的整个过程中，李慕白没有用"以武治武"对待玉娇龙，相反，他以教化为主，尽力用自己的"善"和"宽容"去感化她，终于以他的"柔"克服了玉娇龙的"刚"，使自己进入了玉娇龙的心灵世界，并将玉娇龙从邪恶的边缘救了回来。

---

① 杨蓉：《竹之道——道教竹医药与养生研究》硕士学位论文，广西民族大学，2012年，第39—40页。

② 荆宜：《李安电影中道家思想解读》硕士学位论文，山西大学，2014年，第28页。

（三）"委曲则全"——俞秀莲息事宁人的处世态度

老庄主张"以曲求全""以屈求伸"的处世态度，认为"曲则全，枉则直"[1]。这一点在俞秀莲这一角色上表现得尤为淋漓尽致。电影开始在确定刚送到贝勒府的"青冥剑"被偷时，俞秀莲心中便已经把盗剑者猜中三分。相比刘泰保的冒失，俞秀莲则先若无其事地拜访玉府，与玉娇龙姐妹相称，一探玉娇龙的本性。在确定玉娇龙心性非恶之后，她再请贝勒爷找借口把玉夫人和玉娇龙约至贝勒府，在假装不知的情况下与玉夫人攀谈，与此同时，一语双关把对玉娇龙肩负着家庭和社会责任的忠告通过对"盗剑者"的讨论传达给玉娇龙，此外，还不动声色地验出了玉娇龙的功力并最终确定玉娇龙就是偷盗宝剑的人。后面玉娇龙还剑之举便验证了俞秀莲的猜测——一者玉娇龙是盗剑者；二者玉娇龙本性不坏；三者"委曲"可以"求全"。

俞秀莲之父与贝勒爷是世交，而贝勒府与九门提督府也来往密切、颇有交情，为了顾全贝勒府和玉府两家的颜面，保全玉娇龙和玉府名声，她自己忍负责任，迂回着让玉娇龙认识到错误并自觉把青冥剑还回去，如她自己所说："我的责任是要把剑找回来，还得顾及大家的颜面。"她这样大事化小小事化了、息事宁人的做派，完全照应了老庄哲学中"委曲求全"的观念。

此外，电影中出现了两处"教导"式对话。一是李慕白教玉娇龙功夫——"勿助，勿长。不应，不辩。无制，无欲。舍己从人才能我顺人背。二是贝勒爷作为上司对九门提督玉大人从官从政的忠告——"刚柔相济，方得治道"。无论是对个人还是对社会，"刚"与"柔"相互依存相辅相成才能顾全大局，其中"柔"在各种矛盾和事物的处理中显得尤为重要。

在电影《卧虎藏龙》中，老庄道家的"柔弱论"充分体现在人物自身性格、武术功夫的体悟、治理一方土地等方面，中国人正是在这样的思想熏陶下成长起来，包括道家的"阴阳论"。在中国人的世界观中，不大有绝对的"黑"与"白"，二者对立，但二者相通，黑中有白，白中见黑，相互变通。其柔弱观也是同样的道理，老庄不主张"以硬对硬"，而是"以柔克刚"，"柔顺"往往能达到刚强不能达到的效果。

① 黄国荣：《道无道　花非花》，第24页。

上善若水，如水人生

贺志韧　　林彩梅*

内容提要：在道家学说里，水乃是至善至柔之物；水性绵密，微细则无声，巨涛则汹涌。它与人无争，容纳万物。上善若水，水则有七善。处善位、寻宽容、予仁爱、品诚信、德以治、善其能、等时机。这实际说的是做人的方法，即做人应如水，水滋润万物，但从不与万物争高下，这样的品格才最接近道。水有滋养万物的德行，万物均依赖它生存与发展，能与万物和平相处。人生之道亦如此。上善如水，水的品性与道相通，本文通过对水的分析，以达到了解水所拥有的品质代表。

关键词：上善若水 趋势 顺应 发展

基金项目：湖南省社科项目"屈原宗教改革思想研究——以《离骚》《九歌》为中心"（XSP18YBC061）成果。

上善若水，水善利万物而不争，处众人之所恶，故几于道。居善地，心善渊，与善仁，言善信，正善治，事善能，动善时。夫唯不争，故无忧。

——老子《道德经》

一、处·善位

"居善地"。水的特性是向下，水一般都是从高处流向那些低处，而低处在世俗间正是人们所厌恶的地方，人们常说"水往低处流，人往高处走"，这也是世间人们所追求的理念。在社会交往中，人们要往高处走，势必要竞争，众人争夺，抱着不撞南墙不回头的决心，结果则是头破血流，你死我活。但如果有人能注意地处的安详与益处，换种心态去看待社会处境，放低身段，自居卑下地为人处世，这就是"不

---

* 作者简介：贺志韧（1986—），男，安徽安庆人，金陵科技学院马克思主义学院讲师，研究方向为中国哲学。林彩梅（1998—），女，海南省儋州人，湖南理工学院政治与法学学院本科生，研究方向为思想政治教育。

争"，"不争"就是"上善"的行为之一。而"上善"正是"道"的蕴意。因此，地处最终仍是有所收获的。这也是世界观、人生观、价值观不同之处，看待问题的角度也就不同。正所谓"吃亏是福，得便宜处失便宜"说的也是这个道理。江海之所以能够成为一切河流的归宿，是因为它善于处于下游的位置，所有的河水都会汇集于这里，流向大海。再来看水的特性，它是从高处流向低洼之处的，但在这过程中它没有停止过自身的蒸发、升华。而做人也是如此，要能时时刻刻把自己的位置放低，让那些有才能的人奔向你。詹石窗在道教文化研究的新开拓——《评〈姜汉魏两晋南北朝道教伦理论稿〉》中有一观点："世界已经到了一个需要重新考虑人与人之间、人与社会之间和人与自然宇宙之间协调伦理关系的时候了。"这其实也是说明，我们当前时代下的关系都需要一个恰当的调整，而本文所提及的"居善地"其实就是要正确地对待自己所处的位置。"居善地"，其实是一种目标，而如何实现这种目标，是要通过居低处，借此实现真正的高处；居善地要求做到"处众人之所恶"，从最基层的研究做起，了解最基层、最根本的东西，逐步成长，不断积累经验，才能为发展奠定坚实的基础，并逐渐建立竞争优势，并处于有利的位置。在这个信息化、优胜劣汰的世界里，以低调、平和的姿态做人处世，是非常重要的。如你以低姿态出现会给对方合作者一种心理上的满足，使对方愿意与你合作。实际上越是表面谦虚的人，越是非常聪明的人，越是对工作认真的人。"天行健，君子以自强不息，地势坤，君子以厚德载物。"天相距离我们有一定的距离，但是，在我们的日常生活中，是可以做到自强不息与厚德载物的，做一个如水一般的君子，不争的同时，力所能及地对别人施予援手。水具有"善居地"这一特性，不仅不在意自身所处的境地，甚至尽最大的能力去帮助别人前行，让我们看到了水这一高尚的品格。

二、寻·宽容

"心善渊"。水的本质是清明宁静的，它不受外界任何外来的影响，在物理与化学的性质中表现得极为稳定：无色、无味、透明。它在流动时可能混杂或夹带着泥沙砾石，但一旦停下来，泥沙砾石将会沉淀，它就会恢复往日的清澈。它也可以包容很多除自身之外的物质，但在它蒸发的时候，这些物质就会消失，留下的是本身的纯净。古希腊神话中有一个大英雄叫海克利斯。有一回他走在坎坷不平的道路上，在路中间有一个袋子很碍路，他便用脚踢了一脚，而那个袋子没有被他踢走反而变大了。海克利斯恼羞成怒拿木棍去击打它，而它在击打中越来越大，最后把海克利斯前进的路给堵住了。而这时走出一位圣人，对他说：这是一个仇恨袋，你若不犯它，它便一切如初，但你若侵犯到它，它就会膨胀起来，挡住你前行的道路。在人的一生中，我们总要与他人打交道，而在这些交往中，难免与人产生误解、摩擦、怨恨，而这些负面情绪不加以关注，没有及时处理，就会像仇恨袋一样逐渐变大，最终会堵塞通往成功的道路。心善渊所代表的是，让人心多一份宽容，少一份仇恨，主动关心与帮助他人，赢得他人的尊重，以纯正的心灵去看待这一个世界，达到心无尘埃的境界。切不可像海克利斯那样把有限的精力浪费在无谓的事情上，否则会在一定程度上阻碍你前进的道路。心善渊其实就是想让我们始终保持初心，不要被外界的环境所迷惑，做到不忘初心，方得始终。这告诫我们一个道理，用争夺的方式，我们将永远得不到满足，但是用宽容的方式，我们得到的可能比我们期望的还要多的东西。

三、予·仁爱

"与善仁"。水对任何物体都是充满仁爱的、平等的。无论是参天的大树，还是卑微的小草它都愿意去滋润。它视万物平等，以温和友善的态度去对待世间一切，无论给别人多大的帮助或恩惠，都不会以此为凭仗与倚靠，觉得自己比别人高一等。有这么一个故事：一位年轻的小伙子遇见一个乞丐，他走到乞丐面前非常高傲地给了他两块钱。在这时一位穿得非常时尚、满手购物袋的女士走过来。她由于不方便拿钱给乞丐，便让乞丐从自己的口袋里拿钱，男士看到乞丐拿了十美元后，对自己刚刚的行为感到很羞耻。这个故事让我明白了要有怎样的品格才能视万物平等，才能毫无芥蒂地视乞丐为与别人一样的普通人，正如那位女士一样给像乞丐那样的弱者理解与尊重。有一句话说得好，"你以怎样的态度对待别人，别人也会以怎样的态度对待你"。我们现在的时代，在各个方面都在强调公平，人与人之间，群体与群体之间，国家与国家之间，公平是一种秩序，也是一种追求，这是一种万事万物发展的趋势，这也"与善仁"的核心思想。

四、品·诚信

"言善信"。就是做人要讲诚信。对于水，孔子曾言"其万折也必东，似志。"（《荀子·宥坐》）水即便历经千万曲折，也一定向东流去，这正体现了诚信的品格。正如"言必出，行必果"一样，言行一致，知行统一，表里如一，既不虚张声势，也不矫情伪饰。《道德经》中提到"信不足焉，有不信焉"，说的是若诚信不足，才会有不被信任的事情发生。而在物理学上说过一个理论：作用力等于反作用力。用以解释"与善信"，即正如向他人给予什么，你就会得到什么，一个人不受信于人，是因为他失信于人，反之，若一个人受他人信任、尊敬，是因为它的诚信，如一诺千金的季布，只要是他答应过的事情，无论多么困难，他都设法办到，世人流传"得黄金百斤，不如季布一诺"，因此，他受到世人的赞美与尊重。古代《曾子杀猪》的故事已经告诉我们做人要言而有信，特别是在与孩子相处时，需要说到做到，不能随意给自己找一些可笑的理由就欺骗他们，因为我们的言行在潜移默化地影响着他们，他们会效仿我们的言行。由此可见，父母对孩子承诺的事情一定要做到，如果有特殊情况，及时向孩子说明情况，不要在他们的心里种下不诚信的种子。这种行为无疑会对他们以后的成长产生影响。"言善信"指的需要讲究信誉，要说到做到，如果觉得做不到就不要轻易许诺别人，要把言善信当成一种习惯来执行，当对他人做出承诺的事情而没有办到，后因此而产生愧疚之心，那么这样的情形就是真正的言善信。

五、德·以治

"正善治"。水是根据"道"的原则和具体地形地势来决定它的流向，无论它在哪里，无论是直行蜿蜒，它都要依据地势而为。水体现的是真正的"无为之治"。所谓的无为而治，绝对不是放任自流，而是从政如水，像水一般的净化污秽，需要领导者用自己高尚的品德去影响他人，感化他人。《道德经》中说"治大国，若烹小鲜"，无论统治者治大国、平天下，还是我们平民百姓修身齐家，应当恰到好处。善人正善治，如我国当下火热的反腐败。反腐败是用法律去规范人们的行为，而正善治强调用柔性方式去处理，对他人实施潜移默化的影响。每个人都拥有着自身独特的价值，不要事事都依靠于外在因素，对于企业管理来说，有这么一个现象，管理者去遵从员工的想法，对于企业的治理也有独特的优势。即是在"不治"与"治"之中转化。其实可以让员工知道他们的工资与奖金，还有各种福利，都是企业在赚钱、发展的时候，才能让他们一起分享劳动成果。在企业管理中可以采纳员工们的想法去管理，让员工做企业的"主人翁"。这里的管理者并非不去进行管理，没有任何管理措施而是通过发挥员工的自主性，让他们自发地去为企业工作，这才是一个合格且优秀的管理者。如何行使权力，如何对所要发生的事情进行把控，是"正善治"所要传达的思想，是以大智慧去洞察掌握这所要发生的一切。

六、善·其能

"事善能"指做事要善于利用才能。而水的能力就在于可以以柔克刚。正如老子所说："天下莫柔弱于水，而攻坚强者莫之能胜，以其无以易之。弱之胜强，柔之胜刚，天下莫不知，莫能行。"（《道德经》第七十八章）"善能"是善于发挥自己的长处。李白诗曰"天生我材必有用，千金散尽还复来"，要学会发掘自己的内在潜力，做任何事情都要有针对性的处理，凭借一时的意气是绝对行不通的。术业有专攻，一个天天沉浸在数学公式中的博士，是很难去对《红楼梦》做出深刻剖析的，这无关个人能力问题，这是个人的专长所在，发挥自己的专长，将其最大化才是合理的做法。如法拉第对文科不敏感，却对理科特别是电学痴迷，也就因此全身心地投入理科研究中，后来通过自身的努力发现了电磁原理，建立了电磁学说，使人类迈进电气时代。比如说刘邦，目不识丁，市井无赖，但是竟然取得了天下，有人不解，而刘邦说，论打仗我比不上韩信，论智谋我赶不上张良，但我有驾驭他们的能力。同理，古代赤壁之战也是如此，孙权、刘备在强敌进逼关头，结盟抵抗，扬水战之长，巧用火攻，终以弱胜强，赢得此战胜利。经此一役，天下形成魏、蜀、吴三国鼎立的局面。而这场战争得以胜利在于善于利用自身的优势。这些成功与胜利都取决于对自身的了解与能力的发挥，只有在充分认识自己能力的情况下，才能够对所要进行的事情做出计划，也因此才有了成功的机会与可能，试想法拉第去学文科，刘邦没将韩信收入麾下，孙权、刘备没有联合而是各自为战，或许世界的历史进程都会改写。

楼宇烈在对中国文化的学术探究中，曾经说："中国文化中尊重自然的理念在今天体现得非常好。尊重自然、顺应自然，一切顺其自然，不要做违背自然的事情，我们只能够借势引导，因势利导。"梅须逊雪三分白，雪却输梅一段香，世间万物皆如此，各有所长，学会引导自身所具有的才能，将会成为一种最宝贵的财富。我们的世界是由不同的价值信念、利益追求、存在和生活方式的个人及组织构成的相互联系、相互作用的一个系统，在这一个系统中，其实就是"事善能"中每个人存在意义的说明。

七、等·时机

范应元《老子道德经古本集注》中提及"动善时者，可行则行"。"动善时"即指行动要善于把握时机，应时而动，适时而止。古今中外很多成功人士，他们的成功正是因为善于把握了时机。秦国，这个在华夏大地上充满传奇色彩的国家，一开始只是一个偏远且落后的蛮夷之国，而且饱受邻国的威胁，但是这个国家，抓住了一切的机会发展壮大自己，而商鞅变法无疑是那个年代中最大胆的举动。这个国家没有在这个强大的机会面前逃离，而是经历数不尽的腥风血雨，终于成功变法，奠定了统一华夏的基础。又如李嘉诚，在改革开放初期，社会经济还比较落后，土地也没有像今天这样的"寸土寸金"。但就是在这样的环境下，李嘉诚目光长远而不在于当下，在他并不富裕的情况下，勇敢地借巨款购买了大量的地皮。这也正是此次常人难以想象的投资让他发家起业，成了亚洲地产界的传奇，正是因为他善于抓住时机的缘故。你可以想象一下，此次决定需要多大的勇气，要么成富商，要么成负商。而机会也就只有一次。在人生这个大舞台上，时机犹如流水一般与你擦肩而过，而你若不能把握时机，善待机会，你将与成功失之交臂。相反你学会把握时机，它将会是你迈向成功的垫脚石。戴尔·卡耐基曾说的一句话："成就最大的人往往是那种愿意行动而且敢于行动的人，'万事俱备'号轮船永远不会驶离码头太远。"只有自己主动，自己愿意，并且不惧怕失败的情况下，你才拥有成功的可能，才能构建出朝胜利彼岸前进的道路。明者因时而变，知者随事而制，所谓的机会，永远需要一双锐利的眼睛，对于时机，是应该主动寻找还是耐心等待，都没有定论。而"动善时"即"时不至，不可强生；事不究，不可强成"，强调说明了时机的重要性，需要做到顺应时势而动。

　　上善若水，是中国数千年前就形成的智慧，而这种智慧至今仍然还在影响着我们生活的方方面面，渗透进我们的生活。我们就像一艘迷茫的船，正是这种智慧指引我们前进的方向。褚国锋在《改革开放四十年中国道学研究》中提及："作为一种生命意识强烈的思想文化系统，道学的主张围绕生命而展开，兼及生活和生态。"即它的所有品质其实都是在诉说着我们作为一个人的生活方式，它所代表着的一切，看似普通，而实际上又非常重要。上善若水，向往的是人最本质的美好，是天地赠予人们最大的善意。或许人们终其一生也难以达到水的精神高度，但是并不阻碍人们对它的向往与学习。探讨上善若水，并不是希望我们每个人都能成为拥有水一般品质的人，但是希望这上善若水，可以为这世界带来一丝洗涤，可以让人们记住它曾经带来的美好，激发人们对它的追求。

《河上公章句》的弱人类中心主义思想探析

黄新华 *

内容提要： 在道教丰富的关于生态环境保护的教义思想中，《河上公章句》关注福德常在、余庆及于子孙，注重人类整体延续，追求长生的内在价值而倡导捐情去欲的思想与现代环境伦理学中的弱人类中心主义站在人类利益的立场上，考虑人类种系的发展而注重可持续发展，从而倡导以理性愿望过滤感性愿望的思想有着诸多契合之处。

关键词： 弱人类中心　《河上公章句》　环境保护

18 世纪以来，随着工业革命的开展、科学技术的进步，人类施加于自然的影响日益增大，甚至超出了环境自身的承载能力，以致自然无法按照其自身运行规律运行，并直接导致了环境污染、生态破坏等次生环境问题的产生。因此，全球变暖、垃圾成灾、物种灭绝、土地荒漠化、酸雨、能源短缺、水资源污染等环境问题成为人们所熟知，且直接影响人类社会发展的重要问题。

面对日益严峻的环境问题，世界各国的有识之士开始对这些环境问题的产生进行反思，特别是对笛卡尔以来的主客二分论和康德的"人是目的""人是自然界的最高立法者"等西方启蒙运动以来占据人类社会主流地位的思想进行批判反思，并倡导吸收人类社会的传统文明来解决环境问题。如林恩·怀特就认为："再多的科学与技术也将不能让我们摆脱如今的生态危机，除非我们找到一种新宗教或是重新思考原有宗教。"[①] 在对原有的宗教或传统文化的思想进行检索甄选时，许多人都将目光对准了在中国本土文化中产生和发展的道家、道教思想。现代物理学家卡普拉就认为："在伟大的诸传统中，道家提供了最深刻并且最完美的生态智慧，它强调在自然的循

* 作者简介：黄新华，苏州市道教协会秘书长。

① 林恩·怀特：《生态危机的历史根源》，汤艳梅译，《都市文化研究·网络社会与城市环境（第 6 辑）》，上海：上海三联书店，2010 年，第 89 页。

环过程中，个人和社会的一切现象和潜在两者的基本一致。"① 马夏尔也认为："最早的、清晰的生态思想在公元前六世纪的中国已经表达……道教提供了最深刻、最雄辩的自然哲学，首次启发了人们的生态意识。"② 澳大利亚生态哲学家西尔万 (R.Sylvan)和贝内特 (D.Bennett) 则说："道家思想是一种生态学的取向，其中蕴涵着深层的生态意识，它为'顺应自然'的生活方式提供了实践基础。"③

如同卡普拉等所言，以"道"为核心，倡导"道法自然"的道家、道教思想，在几千年的发展过程中，最终合流于道教，形成了丰富的思想体系，其中就包括了深刻而雄辩的自然哲学和生态智慧。道教在"道"化生天地万物的宇宙论基础上，建构了普遍的生命平等观，提出了"好生恶杀"的生态伦理规范，形成了以生命为中心的道教生态伦理。④ 因此，刘仲宇教授就指出："道教的生态思想不仅在于理论上的深邃，根本的还在于，道教成功地将这些理念化成了实践，化成了生活方式。将贵生的价值观和相应的理论探求化为平时的生活方式，是道教生态思想最为精到之处。"⑤

无论是倡导"道法自然"还是将贵生的教义思想融入生态保护之中，道教的生态环保思想可谓内容丰富。但在道教悠长的发展历程中，其生态思想在不同的时期、不同的经典中也有不同的呈现。如杨子路就指出："道教重玄学派提倡的道性论为非人类中心主义的生态观，而主要由阴符家发展的盗机论，则持一种弱人类中心主义的立场。"⑥ 在对道教生态环保思想进行挖掘和借鉴的过程中，人们更多的是从非人类中心主义的角度切入，如前文所提及的刘仲宇、乐爱国两位先生的文章，多注重于好生恶杀，与物平等的非人类中心主义立场来进行研究，而对于道教弱人类中心主义的立场却关注较少。事实上，道教的弱人类中心主义立场至少从《老子道德经河上公章句》中便已有所体现。

《老子道德经河上公章句》，也称《老子河上公章句》或《老子河上公注》等（以下简称《河上公章句》），其成书年代大致在西汉至魏晋之间，虽然具体时间至今仍聚讼纷纭，但其长期作为道教徒必须传授修习的经典之一，影响深远。《河上公章句》的主要内容为"言治国治身之要"，认为"治国与治身之道相同，二者皆本于清虚无

①　Fritjof Capra, *Uncommon Wisdom：Conversations with Remarkable People*. Simon & Schuster edition，January，1988，p.36.

②　Peter Marshall, *Nature's Web: Rethinking Our Place on Earth*，New York：Paragon House，1992，p.413.

③　Richard Sylvan and David Bennett, Taoism and Deep Ecology. *The Ecologist*. 1988，18，p.148.

④　乐爱国：《道教生态伦理：以生命为中心》，《厦门大学学报》(哲学社会科学版)2004年第5期。

⑤　刘仲宇：《道教生态思想要义》，《中国宗教》2015年第2期。

⑥　杨子路：《道性与盗机：道教生态伦理思想新诠》，《中国哲学史》2016年第2期。

为的自然之道"①。在其天道与人事相通，追求治国长生之道的思想中，其人最为灵，注重人类整体延续，追求长生的内在价值而倡导捐情去欲的思想与现代环境伦理学中的弱人类中心主义有着诸多契合之处。

人最为贵

20 世纪以来，面对人类无限度利用和掠夺自然界，导致日益严重的地球生态危机问题，越来越多的有识之士开始反思生态危机产生的深层根源，并更多地把矛头指向以"人是万物的尺度，是存在者存在的尺度，也是不存在者不存在的尺度"②为价值标准的"人类中心主义"，认为只有自然界才具有内在价值，而人类只存在工具价值，③并提出了"动物权利／解放论""生物／生态中心论"等主张"非人类中心主义"的价值观念。如 P. 辛格和 T. 雷根认为动物具有和人平等的，对人而言是非工具性的天赋价值。A. 施韦泽则认为："自然界中的一切生命存在物都具有平等的内在价值，而不存在所谓的高级和低级、有价值和无价值之分。"④

但不可否认，在对地球生态的反思过程中，无论是追求人类利益的最大化还是"维持生命共同体的和谐、稳定和美丽"，这些思考和探索归根结底都是"人"的思考和探索，"人"始终处于这个过程的主体地位。因此，蒂姆·奥利奥丹说："人的有意识的行动本质上是人类中心主义的。无论他试图建立一个生命权利系统还是将一片森林转变成一个居住区，这个人在他的社会与政治文化背景下看待这一行动。"⑤正是基于对于生态环境问题的解决依赖于人的有意识的行动，20 世纪 60—70 年代以来，以美国人 B.G. 诺顿、W.H. 墨迪等为代表的现代人类中心主义者在思考生态环境问题的解决时，认为环境伦理学要做的即是确立人类的活动规则，以限制那些在人类理性认识中能够确定为会严重破坏环境的行为。环境问题的解决最终仍离不开人对于自身价值和自我行为的认识。W.H. 墨迪就认为，人把人类评价得比自然界其他事物有更高的价值无可厚非，因为这适用于任何生物物种，如同"蜘蛛一定会把蜘蛛评价得比自然界其他事物都高。"墨迪承认每一物种均有内在价值，但人类的行动显示出人类评价自身的存在或自身的种的延续要高于其他动物或植物的存活。因此，虽然"人并非一切事物的衡量尺度。他不是宇宙的中心，不是一切价值的源泉，也

---

① 王卡点校：《老子道德经河上公章句》，北京：中华书局，1997 年，第 8 页。下文所引《河上公章句》内容均出自本书。

② 北京大学哲学系：《西方哲学原著选读》（上卷），北京：商务印书馆，1999 年，第 54 页。

③ 戴茂堂：《论道德世界的超自然性：兼论自然主义伦理学的错误》，《伦理学研究》2003 年第 4 期。

④ 施韦泽：《敬畏生命》，陈泽环译，上海：上海社会科学院出版社 1992 年，第 132—133 页。

⑤ 安德鲁·多布森：《绿色政治思想》，郇庆治译，济南：山东大学出版社，2005 年，第 54 页。

并非地球进化的终点。然而，他是进化浪潮新的最高峰"。"人不仅是他这个种的延续的关键因素，也是宇宙价值得以延续和推进的关键因素。"①

如同所有道教经典一样，《河上公章句》认为世界是由道所化生的，在反复强调"道生万物"（能为第十、养德第五十一）的同时，也构建了道、一、天地、人、万物的次第关系，把人的地位置于万物之上。在解释表达老子宇宙生成观的"道生一，一生二，二生三"句时，《河上公章句》即说："道使所生者一也。一生阴与阳也。阴阳生和、清、浊三气，分为天地人也。"（道化第四十二）

首先，道是本源，"万物皆须道以生成"（法本第三十九），"天地神明，蜎飞蠕动，皆从道生"（去用第四十）。非但如此，"道生万物而畜养之"，"道生万物，无所取有。道所施为，不恃望其报也。道长养万物，不宰割以为器用。"（能为第十），因此《河上公章句》进一步指出："道之于万物，非但生而已，乃复长养、成孰、覆育，全其性命。"（养德第五十一）

由"道"而下，即为"一"。《河上公章句》认为："一，无为，道之子也。"（法本第三十九）"一者，道始所生，太和之精气也。"（能为第十）"一"是道首先所创生的，道生万物，而"一主布气而畜养"，"为万物设形像"，"为万物作寒暑之势以成之"（养德第五十一）。也因此，"天得一故能垂象清明"，"地得一故能安静不动摇"，"神得一故能变化无形"，"谷得一故能盈满而不绝"，"侯王得一故能为天下平正"（法本第三十九）。一是道之子，是道的代称，《河上公章句》甚至"道一"连用，称："道一不命召万物，而常自然应之如影响。"（养德第五十一）

一布气蓄养万物，为万物设形象，使物之为物，但道和一都不直接生化万物，真正生化万物的是天地，天地不仅"无所不盖""无所不载"（象元第二十五），而且直接生育万物。《河上公章句》就说："天下万物皆从天地生。"（去用第四十）"万物母者，天地含气生万物，长大成熟，如母之养子也。"（体道第一）

在承认人与万物一样，都是"天地含气"所化生，"道生万物而畜养之"的同时，《河上公章句》又明确地将人与天地之外的万物区别对待，认为"天地生万物，人最为贵"（虚用第五）。道教自诞生以来即十分重视人的价值地位，如同北宋高道袁淑真《阴符经》注中所称："人与禽兽草木俱禀阴阳而生，人之最灵，位处中宫，心怀智度，能反照自性，穷达本始，明会阴阳五行之炁，则而用之。"②虽然万物都由道所化生，但人与万物是有区别的，"人乃天下之神物也"（无为第二十九）。人是可以与道相互应和的。《河上公章句》认为："道之在天下，与人相应和，如川谷与江海相流

---

① W.H.默迪：《一种现代的人类中心主义》，《哲学译丛》1999年第2期。
② 《道藏》第2册，文物出版社、上海书店、天津古籍出版社联合出版，1988年，第740页。

通也。"（圣德第三十二）"人能知上古本始有一，是谓知道纲纪也。"（赞玄第十四）人能通过认知一，从而认识道的纲纪。因此，人是明显高于其他生物的。在道化生万物的过程中，道先生成"一"，"一"化生阴与阳，阴阳再生成和气、清气和浊气，生成为天、地、人。最后"天施地化，人长养之也"。天地生化万物，而由人作为法度、标准，管理万物。《河上公章句》中，就多处提到法式，认为人能够成为天下万物的法度、标准。在解释"是以圣人抱一为天下式"时就说："抱，守也。式，法也。圣人守一，乃知万事，故能为天下法式也"。（益谦第二十二）又说："人能为天下法式，则德常在于己，不复差忒。"（反朴第二十八）因此，在承认"天大者，无所不盖也。地大者，无所不载也"的同时，也强调人类的王者"无所不制也"（象元第二十五）。

在《河上公章句》看来，虽然"道长养万物，不宰割以为器用"，但万物却在满足人的价值需求过程中，彰显物之为物的特性和作为该物的作用。"舆中空虚，人得载其上"，"户牖空虚，人得以出入观视；室中空虚，人得以居处"（无用第十一），无论是以三十辐为一毂做车，和土以为饮食之器，凿户牖以为室，它们的空虚与否是彰显它们的价值标准，而这一评判标准正是对于人是否有用，即车是否能够让人乘坐其上，饮食之器能否供人盛放食物或水，房屋能否供人居住。正是站在人的价值追求上，道教在倡导的爱护生物，不妄杀鸟兽虫鱼的时候，往往是从为了追求人的长生成仙的目的进行劝化的。行善是修真登仙的必然要求，而爱护生物，不伤害自然万物就是行善，为了人最终能够与道合一，所以才需要爱护自然万物，因此，《河上公章句》说："人能强力行善，则为有意于道，道亦有意于人。"（俭武第三十）而当人真正做到"德与天通，则与道通同也"。与道相合，"与道通神"，"乃能长久"（归根第十六）。

福德常在

在人的意识中，人类是高于自然界的其他生物，而且，人虽然可以认识到其他物种的内在价值，但为了人类自身的存在和人类种系的延续，人会忽视其内在价值，而选择对人类的利益有益的行为。但在人选择对自身有益的行为时，人应该遵循的原则是人类种系的利益最大化。墨迪指出："一个人类的存在既是一个等级系统（由诸如器官、细胞、各种酶等子系统构成），又是一个超个体的等级系统（人口、物种、生态系统、文化系统等）的组成部分。因此人只是一个多层系统组合中的一套组合。"诺顿也认为，人类不能只考虑个人利益，最大多数人的最大幸福——人类的种系发展才是人类活动的最高原则。因此，人类的行动必须关注代际的恰当配置，使人类种系的延续、幸福与生态系统的平衡、稳定相适应。[①]可见，在弱人类中心主义看来，人的行为必须关注人类这一群体的长远利益，要考虑子孙后代的可持续发展。

《河上公章句》在承认人高于万物，从人的使用价值出发，认识万物的同时，也认为应该考虑人类的长远利益，在追求个体的养生过程中，也十分注重人类的整体利益。它强调人要法道而行，学习道法自然的规律，就能"福德常在，不去其身"（养身第二）。而在其所认为的福德中，不仅包括个人与道相合，获得长生永存，也包括"宗庙无绝时"，即家族子孙的不断延续发展。

作为"以论治身养生为主义"[②]的道教经典，《河上公章句》在注重对个人自然长生之道的追求之外，也关注宗庙祭祀的世代延续。在阐释《道德经》"修之于身，其德乃真"段时，《河上公章句》就认为，法道而行会随着区域的不同而达到不同的效果，从国家的政平无私，社会的尊敬长老、爱养幼少，到家庭的父慈子孝、兄友弟顺、夫信妻贞，而其中最根本的还是"宗庙无绝时"，即人的种系的传承和延续，只有家族血脉的有序传承，家庭关系才能存在，社会和国家的和谐有序才具有意义。这种意义，即是建立在道教承负思想基础上的"乃有余庆及于来世子孙"（修观第五十四）。

承负是道教教义思想中的重要范畴，其认为个人行为的善恶，不仅会影响其子孙后代的福祉，也会影响到周边的人群，即个人行为关系到人类整体的利益。《河上公章句》在倡导个人追求自然长生之道的同时，要求人奉道而行，从而以使天降甘露，即要求个人的行为为人类整体的福祉负责。

《河上公章句》认为在对长生之道的追求过程中，关键的就是奉行道的准则，与道相应合，所谓"不行道者早死"（俭武第三十）不奉行道的准则就无法得以长生。在《河上公章句》看来，"道性自然"，"施而不求报，生长万物，无所收取"（象元第二十五）。人追求与道相合，就要学习道的自然之性。因此，在解释《道德经》"以辅万物之自然"句时，《河上公章句》就说："教人反本实者，欲以辅助万物自然之性也"（守微第六十四），并称太上之君"恐离道失自然也"（淳风第十七）。

奉道不失自然即是认识和遵循自然环境的规律，并以"大道制御天下"（反朴第二十八）。《河上公章句》发现了"云从龙，风从虎，水流湿，火就燥""自然之类"（虚无第二十三等），认识到了"春生夏长，秋收冬藏，斗杓运移"（制惑第七十四）等自然规律，认为人"当用天道，顺四时"，"以节度行之"，"应期而动，不失天时"（易性第八）。只有当人类行为与道相应合，"天即降下甘露善瑞也"（圣德第三十二）。

---

①   Bryan G. Norton, Environmental Ethics and Nonhuman Rights, *Environmental Ethics*, 1982.1,p.18—21.

②   王明：《道教和道家思想研究》，北京：中国社会科学出版社，1984 年，第 304 页。

如墨迪所言:"人不仅是他这个种的延续的关键因素,也是宇宙价值得以延续和推进的关键因素。"① 道教对于万物自然规律属性的尊重,很多时候也是从维护人的最大利益出发的。如《老君说一百八十戒》中提出的戒律:"不得烧野田山林;不得妄伐树木;不得妄摘草花;不得以毒药投渊池江海中;不得竭水泽;不得冬天发掘地中蛰藏虫物;不得妄上树探巢破卵;不得便溺生草上及人所食之水中。"② 这些戒律行为既是对花鸟虫鱼等自然生物的保护,同时也是为了人类的长远利益。山林焚烧、枯竭水泽,虽然短时间内能够获得里面的猎物,但烧死了山林中的鸟兽,枯竭了水泽中的鱼虾,就使人类失去了获取资源的宝库,不能再从山林和水泽中获取生存所必需的资源;挖掘蛰藏虫物、探巢破卵,同样如此,既破坏了生物正常延续的规律,也使人抓获成熟的鸟兽虫鱼变得困难。如同弱人类中心主义所认为的保护非人类自然的需要是要为后代人留下一个"健康的、复杂的和起作用的生态系统"《河上公章句》。倡导奉道而行,也是为了能够"种之得五谷,掘之得甘泉"(象元第二十五)。也只有以"大道制御天下",才能使天"降下甘露善瑞",使民"安其业",从而使"福德常在"。

捐情去欲

作为人类种系和宇宙价值延续的关键因素,人类会为理性或宗教信仰选择,与自然最大限度和谐相处,人类会为理想奋斗,对破坏自然的行为予以严惩。③ 而人做出这种选择的依据即在于人类不仅具有"当前可以通过某些明确体验来得以满足的个体愿望或需求"的感性愿望,人类还具有"一个人经过深思熟虑之后才会表达的愿望或需求,他断定这些愿望或需求与一种可以被理智接受的世界观相一致"的理性愿望。感性愿望以人的直接需要作为价值的导向,它只关注人感官的需要,而不考虑伴生的后果。理性愿望是经过小心的审视后表达出来的个人的希望和需要,是经过"某种起支配作用的充分的科学理论和解释那些理论的形而上学的理论结构,以及一整套合理的起支配作用的美学和道德思想"④ 的世界观的考量,并与之相一致的愿望。弱人类中心主义者认为,地球生态环境问题的产生,即在于人过度的满足人的感性愿望,认为人是衡量一切事物的尺度,人所有的愿望都是合理的,人类可以为了满足自己的任何需要而对自然界予取予夺,甚至毁灭一个物种的存在。出于

① W.H.默迪:《一种现代的人类中心主义》,《哲学译丛》1999年第2期。
② 张君房著,蒋力生校注:《云笈七签》,北京:华夏出版社,1996年,第218—219页。
③ B.G.Norton,Antropocentrism and Nonanthropocentrism. *Enivrronmental Ethice* 1984.6:p.131—148.
④ B.G.Norton, Environmental Ethics and Weak Anthropocentrism . *Environmental Ethics*, vol. 6, No. 2 (Summer) 1984, p.131—148.

这一认识，与强人类中心主义不同，弱人类中心主义认为感性意愿不具有价值参照系的意义，感性愿望需要经过理智的过滤，成为与某种世界观相一致的理性的意愿才是合理的。理想愿望不仅肯定了满足人的偏好的合理性，而且还能依据一定的世界观对这种偏好本身的合理性进行评判，从而对人类对大自然的掠夺提出批判，并从源头上防止人们对大自然的随意破坏。

《河上公章句》同样认为人生来就具有感性愿望，而且欲望是天生的，"有欲之人与无欲之人，同受气于天"（体道第一）。在注释《道德经》"玄之又玄"句时，《河上公章句》就说："天中复有天也。禀气有厚薄，得中和滋液，则生贤圣，得错乱污辱，则生贪淫也。"（体道第一）不管是理性愿望（贤圣）还是感性愿望（贪淫），都是秉气而生，是人所先天固有的，只是"气"有不同，因此，欲望的强弱也有不同。产生欲望的"气"是"错乱污辱"之"气"，由此产生的欲望（感性愿望）过于强烈，就会出现王侯"刻画宫观、雕琢章服、奇物滋起"，民众"饰金镂玉，文绣彩色日以滋甚"（淳风第五十七）的奢靡之风。如此显然是与道教所推崇的见素抱朴、少私寡欲，将节俭视为珍宝的教义相违背的。国家和社会如果放纵欲望的扩张，在全国形成奢靡铺张的风气，有道的人都会远远地离开这个国家。对于一个人来说，如果贪淫好色，则伤精失明。人过分的放纵自己的感性愿望，则和气去心，言失于道，精神散亡，行伤身辱。因此《河上公章句》告诫人们："嗜欲伤神，财多累身。""财多则害身也。""好得利则病于行也。"（立戒第四十四）由珍爱财物等引起的嗜欲会伤人形神，伤害到自己的身体。人应该"不贵之以禄，不贵之以官"（安民第三）。即捐情去欲，虚其心，除嗜欲，去乱烦，去掉过度的贪淫声色、过多的服饰饮食和豪华的宫室台榭，将欲望降到最低。

《河上公章句》倡导捐情去欲，但捐情去欲并不是要去除欲望。欲望是人天生就有的，不能去除，只能节制。节制的方法就是"守中和"之道，即要守清静之道，做到知足。《河上公章句》就说"人能知足，则长保福禄"（辩德第三十三）。欲望过多会累身、伤神，捐情去欲控制欲望，则能保养身体，进而达到养生的目的。《河上公章句》把欲望的控制与"长生"追求相结合，认为："除情去欲守中和，是谓知道要之门户也。"（体道第一）"道要之门户"是道教所追求的与道合一的重要法门，能够控制欲望，做到知足，就能接近长生的目的。事实上，对于自身欲望的克制，本身也是对自己的一份修炼。人能"自胜己情欲，则天下无有能与己争者，故为强也"（辩德第三十三）。能够控制自己的情欲，那么天下就没有什么能与之竞争了。《河上公章句》进一步说，"除情去欲，一自归之也"（赞玄第十四）。"一"是道的化身，是赋予天、地、谷、神等以特性的根源。道教的修炼注重守一，一来归，即是道来归，所谓"人能除情欲，节滋味，清五脏，则神明居之也"（虚用第五）。这也就达到了长生成仙的目的。因此《河上公章句》说："名无欲者长存，名有欲者亡身也。"
（体道第一）"保此余生之道，不欲奢泰盈溢。"（显德第十五）能够控制自己的欲望，
就能长生，为了能够让自己的生命延长，人就应该控制不必要的欲望。如同"水壅
之则止，决之则流，听从人也"（易性第八）。人如果能够控制自己的欲望，理性地
对待世间万物，就能像道衣养万物一样，做到"天施地化，人长养之"，并最终达到
"人能自节养，不失其所受天之精气，则可以长久"（辩德第三十三）的目的。

　　道教在漫长的发展历程中，形成了深刻而雄辩的自然哲学和完美的生态智慧，
在其丰富的关于生态环境保护的教义思想中，《河上公章句》其人最为灵，关注福德
常在，注重人类整体延续，追求长生的内在价值而倡导捐情去欲的思想与现代环境
伦理学中的弱人类中心主义站在人类利益的立场上，考虑人类种系的发展而注重可
持续发展，从而倡导以理性愿望过滤感性愿望的思想有着诸多契合之处。

《道德经》视域中的公共卫生应急行政思想资源

——以新冠病毒肺炎防控的反思为例

黎在珣 *

内容提要："为学日益，为道日损"中的"为道""为学"一体两面。高效的应急行政既离不开"为道"，也离不开"为学"。《道德经》里道这一语境中之"无为"并非指完全不作为，而含有顺性而为、顺势而为等内涵，落实到应急治理层面，就是政府建构好完善的服务网络，做好到位服务的保障后要"无无"，放手让各专业团队专业人员和社会力量去作为；应急人员不能有分别之心。"学"的内容包括应急行政达到最优化所需的知识、设备、措施和能力等。对《道德经》来说，每一次拓展每一次发掘都是一次新生，都丰富了老学的内容。在后疫情时代，《道德经》蕴藏的丰富思想资源能助力公共卫生应急行政效能的提升，助力政治、社会、文化、经济、生态文明等领域的变革和重塑。

关键词：《道德经》 应急行政 思想资源

一、引言

一种学说或文化的价值既表现为它强大的阐释力，还表现为它在深度、广度方面持续不断地自我突破力。这既是继承弘扬优秀传统文化的方法手段，也是一种价值取向。如同人类的繁衍总是基于儿女与父母的告别，或曰某种程度上的叛离一样，一种文化一种学说的真正延续必然是在持续的开疆辟土的基础之上不断突破重建的过程。"六经责我开生面"，对《道德经》这部意蕴丰富的源头经典，我们不能总是匍匐地聆听、阐释，还得将它置于世界多元文明的大背景中，站起来跨出原有的地界，展开多维度、多方位的学理思考，开拓新的领地，发掘新的价值。本文试图开

---

* 黎在珣（1964—）男，安徽宿松人，文学学士，安徽省宿松中学高级教师，安徽省文艺评论家协会会员，安庆市文艺评论家协会理事；安庆市禅宗文化研究会理事。研究方向：中国古代哲学。

启阐释、发展《道德经》的别样思路，在与《道德经》保持一定距离的基础上拓展传承《道德经》的路径，激活《道德经》被遮蔽的强大内在生命力。

新冠病毒肺炎疫情发生已有半年了，经过严密的防控，进入4月份，全国各地陆续进入复工复产复学阶段。但6月16日晚北京市又启动突发公共卫生事件二级响应。站在这个节点去梳理、复盘这半年国内外疫情防控，本人多次想起"为学日益，为道日损"。这八个字出自《道德经》第四十八章："为学日益，为道日损，损之又损，以至于无为，无为而无不为。取天下常以无事，及其有事，不足以取天下。"①尽管这里以"为道"为主，但并没有否定"为学"。从某种意义上，"为道""为学"一体两面。"为道"是为了减少智巧，回归到自然亦即"无为"状态。"道"是"为学"之"学"的重要内容，"为学"之"为"是指求得符合宇宙万物自然生长、人类社会演进的规律性知识，以便辅助他们不受阻碍地生长、发展。柳宗元在《种树郭橐驼传》中借郭橐驼之口说："凡植木之性，其本欲舒，其培欲平，其土欲故，其筑欲密。既然已，勿动勿虑，去不复顾。"（《〈柳宗元文集〉卷十七·传》）本欲舒，培欲平，土欲故，筑欲密，就是植木之道，亦即"学"之内容。郭橐驼之无为——"勿动勿虑，去不复顾"是建立在舒、平、故、密这些顺性之为的基础之上。从这个角度看，《道德经》里的"无为"并非指完全不作为，而含有顺性而为，顺势而为的内涵。

《道德经》不主张摒弃所有的知识，也不一味反对学习："学不学，复众人之所过，以辅万物之自然而不敢为。"（64章）在《道德经》里，与常人不同，圣人学习常人所不学习的知识，以补救常人的过错，辅助宇宙万物的自然发展和人类社会的自然演进而不加以不适当的干预。《道德经》也不一概反对作为，81章明确地说"圣人之道，为而不争"，在63章主张碰到困难的事要从简易处入手，做大事要从细微处做起，这样就能成就大事："图难于其易，为大于其细；天下难事，必作于易，天下大事，必作于细。是以圣人终不以为大，故能成其大。"从这些阐说可以看出，《道德经》并非主张什么都不作为，而是反对乱作为，主张正确作为，亦即顺着事物的发展规律顺性而为、顺势而为。

《道德经》主张"治大国，若烹小鲜"（60章），而烹煮小鱼可是需要技巧和工夫的。说得直白些，把大国治理好，有如烹煮出美味小鱼一样，不是不为，而是不能乱为，因为这既是一个讲技巧的艺术活，又是一个有艺术性的技术活。《吕氏春秋》中伊尹劝商汤致力于王道时有此一喻："调合之事，必以甘、酸、苦、辛、咸。"调合之事以什么为佳呢？伊尹说："久而不弊，熟而不烂，甘而不哝（浓），酸而不酷，咸

---

① 本文《道德经》中引文及部分解读来自：陈鼓应：《老子今注今译》，北京：商务印书馆，2003年。

而不减，辛而不烈，淡而不薄，肥而不腻。"而要烹煎出"熟而不烂"的小鲜，火候的把握至关重要；烹煎出"久而不弊"的小鲜，翻炒要恰到好处；要烹煎出"甘而不哝，酸而不酷，咸而不减，辛而不烈，淡而不薄，肥而不腻"的小鱼，各种佐料的搭配有一定比例。可见，即便是烹煎小鱼这样普通的日常行为，要想做好，不仅需要一定的知识，还需要一定的技巧。

正因为《道德经》并不反对知识，也不反对能力和作为，只是反对无助于认识事物本质、规律的知识，反对智诈，反对乱作为，所以，如果不只是对着讲，还接着讲的话，"为学日益，为道日损"可以理解为：合乎物之本性发展的规律性知识、经验要不断增多，与之相关的能力需不断提高；而欲望、感情之类诉求要不断减少。具体到这次新冠疫情上，"道"有新冠病毒出现之道、其特性和传染之道，应急防控之道。落实到应急治理层面，就是政府建构好完善的服务网络，做好到位服务的保障后要"无事"，放手让各专业团队专业人员和社会力量去作为；应急人员不能有分别之心。"学"的内容包括防控效果达到最优化所需的知识、设备、措施和能力等，譬如科学的防控意识、知识和有效的预防措施，科学的诊治设施和有效的诊治方法，智能防控设施和有效的措施，化危为机的意识和能力，争取国际社会和专业组织支持的意识和能力。

二、加强防控意识，做到防微杜渐

公共卫生的关键在于用尽可能小的成本为公众生命安全和身体健康提供尽可能完善的保障，将突发重大公共卫生事件对公众的伤害控制到尽可能小的范围和尽可能轻的程度。这里的成本和伤害都包括有形无形、隐性显性两个方面，所以早发现、早隔离、早诊断、早治疗对防控传染病等公共卫生事件来说至关重要。"扁鹊见蔡桓公"是许多人耳熟能详的经典。扁鹊说："疾在腠理，汤熨之所及也；在肌肤，针石之所及也；在肠胃，火齐之所及也；在骨髓，司命之所属，无奈何也。今在骨髓，臣是以无请也。"（《韩非子·喻老》）扁鹊告诉我们，随着病情的加重，治病的难度越来越大，以此说明防微杜渐的重要性。

《道德经》强调关注、重视祸患的根源，主张防患于未然。因为"合抱之木，生于毫末；九层之台，起于累土；千里之行，始于足下"，所以要"为之于未有，治之于未乱"，而且要"慎终如始"，才能做到"无败事"。第64章的这些表述显露出《道德经》自觉防范、防控风险的思想资源。

在当代，由新生病毒所引发的突发公共卫生事件对人类的影响愈来愈大。这主要基于以下三个方面的原因：一是与野生动物的接触愈发频繁，而到目前为止，那些对人类生命健康构成严重威胁的病毒的宿主基本上都是野生动物；第二，由于经济集中化程度愈来愈高，世界人口愈来愈集中在城市，这为病毒的大面积传播提供客观条件；第三，交通的便捷为病毒的迅捷传播带来了可能。

而一种新发传染病或其他突发重大公共卫生事件的出现，即便是相关领域的顶尖专家，对它的认知往往也得借助一定的先进技术设备的检验检测，才能有一个比较准确的判断。专家认为，新发传染病如果等到清楚病原，确定诊断方法，才采取防控措施，就会错过最佳防控窗口期，导致防控难度增加，防控成本增大。就新冠疫情而言，流行病学家唐金陵认为，如果把分离病毒以及研制检测方法、治疗方法和疫苗等工作看作首要任务，那是"完全错误的"，这是因为"这些研究固然重要，但是对于控制迫在眉睫的传染病，根本就来不及"。[1] 因此，流行病学教授姜庆五主张："新发疾病早期不要等待诊断方法，可以根据症状判断，有异常就应及时采取社会行动。"[2] 新冠疫情早期之所以被动，形成全国性的蔓延之势，除了对这一新型病毒的特性不了解外，一个重要原因是相关部门和机构防控意识不够强，没有及时随机应变、严阵以待、公开透明，快速建构有效防控系统；没有迅速控制好传染源，切断传播途径，避免蔓延扩散。

虽然 2003 年 SARS 袭击中国之后，中央政府投入数以亿计的资金打造了传染病疫情和突发公共卫生事件网络直报系统，用来监测、报告各类传染性疾病和不明原因肺炎等，虽然这个系统覆盖全国乡级以上所有的卫生机构，包括医疗、监督、疾病预防控制的机构，而且还有 2015 年非洲埃博拉病毒的血腥警示，以及随后比尔·盖茨富有前瞻性的警示——在未来几十年里，对人类威胁最大的极有可能不是战争，而是具有高度传染性的病毒；不是导弹，而是微生物，因而人类迫切需要建构一套行之有效的反应系统[3]——但是，那一"纵向到底、横向到边"的直报系统却在这次新冠疫情早期没有发挥其应有的作用。中国疾控中心副主任冯子健的解释是："新型冠状病毒感的肺炎是一个新发疾病，在现有传染疾病报告目录里是没有的，调整网络直报系统设置、人员培训需要一个过程。"[4] 这话的意思似乎是当初设置目录时没有考虑到新发传染病。依据常识，防控的对象不只是已知传染病和已知传染病毒，更要防控未知传染病和未知传染病毒，因为人类对已知传染病毒的传播特点和传染病的临床特点有一定的了解，也有一定的应对方法。面对公众对国家给予厚望的直

---

① 彭丹妮、李想俣：《去年已有百人感染 15 人死亡 专家：直报系统不负责发现新发传染病》，2020 年 2 月 27 日，https://user.guancha.cn/main/content?id=251277，2020 年 6 月 17 日。

② 彭丹妮、李想俣：《去年已有百人感染 15 人死亡 专家：直报系统不负责发现新发传染病》。

③ 比尔·盖茨：《面对病毒爆发，全世界都没准备好》，2020 年 2 月 5 日，http://kuaibao.qq.com/s/20200201AZPXAJ00?refer=spider，2020 年 6 月 17 日。

④ 刘玉海、瞿依贤：《SARS 之后国家重金打造的传染病网络直报系统，为何并未及时启动》，2020年 2 月 3 日，https://new.qq.com/omn/20200203/20200203A0KZMY00.html，2020 年 6 月 17 日。

报系统未设置新发传染病报告目录的质疑，原江苏省疾控中心主任汪华："实际上，这个直报系统并不负责发现新发传染病。"① 如果不能直报新发传染病，这个"突发公共卫生事件信息平均报告时间从原来的 5 天缩短到 4 小时内，并具备了在 72 小时内检测 300 余种病原体的能力"② 的全球最大传染病疫情直报系统就几乎没有什么作用了。因为每到冬季，各地以流感为主体的病毒性肺炎成千上万。③ 若是混杂在一般病毒性肺炎中上报，即便极具危险性的新发传染病也有可能被淹没于众多信息之中而遭忽视。

这一先进直报系统在遇到新发传染疫情即便具备传染病各类别的法定要件时也不能自行启动应急措施，而需卫生行政部门决定并予以公布后才能启动。这一过度作为的不恰当制度设计使这一高大上的报告系统在关键时刻形同虚设。换句话说，若是法定要件具备就能自行启动应急措施，那么新冠病毒出现初期就能被及时遏制，而不会出现后来大面积的蔓延。

当然，在国家疾控体系内，能监测传染病的还有一个直报系统。原卫生部从2004 年开始要求各地注意不明原因肺炎（PUE）病例监测，这是一个与传染病直报系统相连的主要依赖医疗机构临床医生上报病例的被动监测系统。2013 年，苏皖等地暴发人感染禽流感 H7N9 疫情初期，绝大多数病例就是通过 PUE 发现的。④ 但临床符合 PUE 定义的病例上报率却非常低，许多该上报的没有上报，这说明临床医生的疾病预防意识不够，日常医疗程序不够规范，也说明缺乏必要的监管。这种没有发挥作用的所谓进步、升级或智能化，实际上是自我敷衍、自我懈怠、自我消耗。借用一个社会学新词称之为"内卷化"（involution）⑤。由于在具体实施过程中相关人员经验、能力的欠缺，日常实施不能准确到位，这一系统设置也没有发挥其应该能够发挥的作用。

正是因为错过多次预警、多次围堵的机会，所以上海华山医院张文宏教授认为："这哪里是一只黑天鹅，这是切切实实的灰犀牛，危险一直在那里，视而不见的结果

---

① 彭丹妮、李想俣：《去年已有百人感染 15 人死亡 专家：直报系统不负责发现新发传染病》。
② 刘宏宇、王宾：《中国建成全球最大传染病疫情网络直报系统》，2017 年 11 月 17 日，https://www.chinanews.com/jk/2017/11-17/8379355.shtml，2020 年 6 月 17 日。
③ 张文宏：《以为是黑天鹅，其实是灰犀牛》，2020 年 2 月 27 日，https://www.thepaper.cn/newsDetail_forward_6173474，2020 年 6 月 17 日。
④ 彭丹妮、李想俣：《去年已有百人感染 15 人死亡 专家：直报系统不负责发现新发传染病》。
⑤ 内卷化一词源于美国人类学家吉尔茨（Chifford Geertz）的《农业内卷化》（Agricultural Involution）。黄宗智把这一概念用于中国经济发展与社会变迁的研究时指通过在有限的土地上投入大量的劳动力来获得总产量增长的方式，即边际效益递减的方式，称为没有发展的增长即"内卷化"。内卷化效应就是长期从事一项相同的工作，并且保持在一定的层面，没有任何变化和改观。

就是一旦发生就惨烈无比。"① 按照常理，疾控的价值，或者说这一工作重中之重在预防和早期控制，即所谓防患于未然，也就是防微杜渐，在传染疫情暴发初期就应及时遏制它们的蔓延。就新冠肺炎疫情而言，张文宏认为，如若在1月初启动临床诊断或者疑似诊断的网络直报，迅速构建全社会的医院网络体系，及时启动疫情预警，应该能够掐断新冠肺炎大范围的传播。② 这些需要汲取的经验教训要么是不识新冠肺炎传染之道，要么是防控意识的淡薄，要么是有关部门作为有欠缺，简而言之，就是"为学"或"为道"不够所致。

传染疫情发生后，不只是普通民众需要防范，医护人员也要做好防范。3月6日国务院新闻办公室新闻发布会介绍在被感染的3000多名医护人员，大多为非传染科的。③ 这么多医护人员被感染，主要源于防控意识淡薄，对新冠病毒认知不足，防控知识缺乏。北京援鄂医疗队曾这样介绍他们零感染的经验：强化危机意识，院感组要求医疗队每个成员都要把同伴都当作潜在的"疑似病例"；完善对隔离病房的专业改造，重新培训规范操作流程，监督所有人的操作流程，将交接班、查房、疑难病例讨论等工作的每个细节落到实处。④ 所以，源头防控至关重要。这就说明了必要的专业知识、专业防护设备和相应的能力不可或缺。深入学习、领悟、消化、吸纳《道德经》中"防微杜渐"的思想资源，对于构建公共卫生防控体系，提高应急行政效能，健康生活，是大有裨益的。

三、不断完善应急行政机制，提高应急行政水平和效能

宇宙有宇宙运行之道，日月有日月运行之道，地球上的山川有山川变迁之道，自然界的花草树木有花草树木生长之道，人类社会的发展也有着形形色色的发展演进之道，具体的应急行政需要遵循不同应急之事之道。随着社会的发展，科技的进步，社会各行各业专业分工愈来愈细，而另一方面不同行业之间的关联愈来愈密切。在这一背景下，要实现高效的应急行政，既需要综合性愈来愈强的复合型操作，又需要专业化程度愈来愈高的专业操作，如在病毒溯源、疫情监测、防控救治等方面，核酸检测、健康码、红外测温仪、医护助理机器人、5G远程会诊等数字技术发挥着传统手段和方法难以替代的重要作用，因此，"为道"和"为学"岂能有丝毫的马虎？

---

① 张文宏：《以为是黑天鹅，其实是灰犀牛》。
② 张文宏：《以为是黑天鹅，其实是灰犀牛》。
③ 李如意：《湖北超3000名医护人员感染，其中40%在医院感染》，2020年3月6日，https://xw.qq.com/cmsid/20200306A0KL3K00，2020年6月17日。
④ 刘汨：《北京医疗队零感染背后的秘密》，《北京青年报》2020年2月26日，第4版。

发生像新冠疫情这样的突发重大公共卫生事件，一方面需要尽其所能发掘、最大化激活本地公共卫生资源以快速提升应急效能；另一方面需要及时让所需各种人财物等资源及时能够从外部注入，与激活的域内资源有效整合之后精准地投放在所需位置和岗位，使其发挥最佳效用。确保后者取得实效，需要具备两个条件：一是有足够的资源，二是有及时激活和注入所需资源到适当位置的能力。而能力的高低强弱主要取决于硬件（信息技术网络工程建设，运输工具，交通设施等的建设）和软件（公共卫生应急执行能力）条件。因此，有必要构建一个全方位智能化网络系统，这样，政府可以借助以数字化、网络化和智能化"三化"和算据、算力、算法"三算"为特征的信息技术，通过收集到的应急事件相关信息进行有效的分析、解读、研判；在实现应急行政要素资源数字化的基础上，通过规范建模、网络交互、高性能计算以及智能化决策支持，实现数字链驱动下的整体规划、统筹、执行一体化集成与高效率协同，做到智能化应急服务实时可控，从而及时有效地激活应急潜能，将应急行政所需的各种资源有效整合后精准地注入所需位置，做到人尽其才，物尽其用，使他们尽可能及时发挥最大效能。在这一智能网络里，各相关数字流会一直共享，不断更新，资源形态、运行方式、运行状态、行政理念、行政手段等都在更高层面重塑，如资源形态从实物产品转变为"实物＋数字"复合产品，资源管理相应地过渡到数字化管理，行政理念从资源行政转变为服务行政和个性化治理。与之相适应，应急行政的效率和效能得到很大甚至极大的提高。

只要信息及时准确完整，系统设计合理，借助全方位应急行政网络系统，能够最大化地减少中间环节和人为的搅扰，非常及时地近似"无为"地实施精准行政，极大地提高应急行政效能。但这一切都是建立在综合性极强和专业化非常高的知识之上，需要一大批"学不学，复众人之所过"的综合性人才和专业人才遵循各自之道，各司其职，各尽其责，而又相互配合。

新冠肺炎疫情早期，一方面，武汉各大医院各种医疗物资全面告急；另一方面，海内外捐赠踊跃，源源不断的捐赠物资在仓库堆积如山，不能及时到达各急需的医院。造成这些问题的主要原因是被指定接收捐赠物资的几个机构专业能力严重不足，根本应付不了蜂拥而来的海量捐赠物资。后来，武汉民企九州通接到协助红十字会管理捐赠物资的指令后，立马勘查现场，规划库容，搭建物流管理系统；运来各种硬件设备；制定组织架构和流程方案，规范操作流程等。一天时间就构建起一个现代物流系统。该公司借助多业态、多品类、多业主、多账套、多库区、多种作业模式，非常专业地与不同的系统完成对接及数据实时交互，实现枢纽物流中心数据集中并网及信息共享互通、业务平台化与网络化经营、运营垂直化与数字化管控，并且协调多方的物流信息和物资管理，迅速适应多业主、多品类和多库区等捐赠物资作业管理需求，能够在很短的时间内理顺流程，与相关各方进行物资信息的交互和管理。[①] 专业人员循专业之道有条不紊地干专业之事，应急之政很快见高效。

从这件事可以得出两个结论：一个是，政府方面要多做减法，尽可能减少那些阻碍行业发展事物运行的管理环节，让专业公司专业人才循专业之道专心做专业的事；另一个是，专业公司专业人才需要不断学习、不断跟进，用最专业的知识最先进的技术最强的专业能力在应急行政过程中利人利己。因此，不是不要知识，而是不要阻碍万物正常发展运行的知识；不是不要作为，而是不要那些有碍事务正常进程的作为。

四、放松管控，加大培育民间组织成长的力度

新冠疫情早期，由于应急预案设计的缺陷，疫区医护人员的交通出行、吃饭、生活需求等都被排除在预案之外，以致出现领导在媒体上说物资充足，而医护人员饭都吃不上，女性医护人员连基本的卫生用品都没有。在这种情况下，一些市民、企业和民间组织自行组织起来，协同行动，见缝插针式弥补应急行政所不及的领域，发挥着政府没有发挥或无法替代的作用。如顺丰汪勇和他的志愿者团队就是新冠疫情期间一道亮丽的风景。

只是因为社会成长"营养不良"，这类民间力量很多没有被激发出来，没有形成合力，以致疫情防控期间，这类社会力量和非政府组织作用很有限，在许多地方还缺位。而在世界上，尤其是发达国家非政府组织在二战以后发展迅速，这并非民众政治参与热情高涨之必然，而是现代社会发展之所需。郑永年认为，中国社会急需一种"非授权的"的权力。因为通常情况下，与政府对口的还是政府部门或地方组织，而非政府组织对口的是社会和个体。在交互关联日益密切的当代，社会组织或社会力量在社会治理和提供个性化服务的过程中作用愈来愈大，因而需要将社会力量纳入社会治理的大系统，构建一种兼具集权与分权的复合型治理体制[②]。这样，在疫情突发时，既能借助高度的中央集权进行人财物力等整体统筹协同，又能靠高度的地方自治，将毛细血管延伸到社会的方方面面，实现应急行政无死角。

民间非政府组织其发挥作用之道，也有其成长之道。《道德经》里也有这方面的资源。第57章"天下多忌讳，而民弥贫"是说，一旦禁忌多，就会束缚民众的行为，让他们陷入贫困。一统就死的现象蕴含着简政放权的行政思想。新冠疫情早期，

①　阎侠：《协助红会管理捐赠物资的九州通，已用时半个月理顺仓库》，2020年2月28日，http://www.bjnews.com.cn/finance/2020/02/28/696513.html，2020年6月17日。

②　郑永年：《钟南山话外，折射中国社会急缺一种"非授权"的权力》，《联合早报》2020年2月18日。

各大医院医用物资全面告急，而海内外捐赠物资又堆积在仓库里，造成如此现象的一大原因就是只有几个官方指定的接收机构，而它们又缺乏相关的专业能力。因此，《道德经》主张："我无为，而民自化；我好静，而民自正，我无事，则民自富；我无欲，则民自朴。"也就是说，如果政府尽可能减少繁苛的制度设计，尽可能减少有碍社会和社会组织发展的作为，给民众和民间组织足够的发展空间，国家和社会更容易低成本地发育、发展得非常好，相应地，也容易近乎无为地自我化育出让人难以想象的自组织能力。

五、建构应急行政与常态行政良性互动的机制

《道德经》不只看到有无、难易、长短、高下、美丑、福祸、雄雌、牡牝、先后、亲疏、利害、贵贱、轻重、动静、前后等似乎势不两立的状态，还洞察到它们之间互为前提的相依，如第 2 章"有无相生，难易相成，长短相形，高下相倾，音声相和，前后相随""天下皆知美之为美，斯恶已；皆知善之为善，斯不善已"；不只互依而生，还相互转化，如第 58 章说："祸兮！福之所倚；福兮！祸之所伏。"这些宝贵思想资源为建构高效的应急行政提供诸多启示，如把应急行政和常态行政看作一个系统，既在不同时期因应不同时势采取不同行政模式，又让这两种行政模式形成良性互动，从而推动两种行政能力的不断提升。

如果把应急行政比作戏剧演员在舞台上的表现，那么常态行政有如平时的训练。俗语曰，台上一分钟，台下十年功。与应急行政所追求的为达成既定目标而采取针对性强的策略、统一的路径和整齐划一的步骤等不同，常态行政关注的一个重点是如何提高政府和社会在无法准确预测的各种环境挑战中正常运转的自适应能力和自发展能力，以保障国家和社会长治久安，国民生活质量、国家发展能力不断提高。没有常态政治经济社会秩序下的行政所建构的组织资源和积聚的各种有形无形资源，没有常态行政长期训练出来的行政能力，就难有应急行政高的效能。常态行政的理念和能力的高低在极大程度上决定着应急行政效率的高低。

常态行政在为应急行政的不断提升提供丰富资源、广阔参考视域的同时，也使应急行政在实质和形式两个层面不断呈现出新的形态，从而展露出应急行政的生成性和开放性，因而应急行政具体相对独立的形态和特征。而且，应急行政所积累的理论和实践层面方面的成果，为常态行政的升级换代和进一步完善提供建设性的实践理论资源，应急行政也在这一过程中显现出普适的意义。还有，应急行政过程暴露出来的问题和不足以及事后总结出来的教训，间接地为常态行政提供了有意的借鉴。

因此，这两种治理结构、行政模式并不分属于两个相互对立的思维体系、价值

体系，而是一直处于互动过程之中，共时性地寓于一体。常态行政是基础，指导着应急行政，应急行政所积攒的资源丰富着常态行政的内容，助力常态行政升级换代，二者互依构成一个理路有异而圆润融通的治理结构，为应对突发重大意外事件，为国家、社会行稳致远提供强有力的保障。

丘吉尔说："永远不要浪费一次危机。"但灾难性事件能不能转变为社会进步、政府行政能力提高的契机，并不取决于意外事件本身，而取决于政府和公众对待它们的态度。如果我们不能从灾难中体察、反思我们的不足，或者灾难过后，很快"街市依旧太平"，那么，下一场灾难就可能在不远处等着我们。遇到瘟疫、污染、重大安全事故、制裁乃至战争等突发重大灾难性事件时，如果每一个公民，每一个团体，每一个社区、街道，每一级政府及其各部门能够勇敢面对，把它当作一次学习的机会：仔细分析事件造成的原因，找到可以避免的人为因素，检讨相关重大事件防控体系和应急行政体系建设方面存在的短板和不足，纠正国家、政府、组织、企业等不当行为，完善相关专业人才队伍建设，不断提升应急行政能力，尽可能减少重大灾难性事件的发生，尽可能减少重大灾难性事件所造成的人员伤亡和各种其他损失，那么，不只是应急行政效能会不断提高，重大灾难性事件的发生率也会随之减少。2020年5月下旬，国家有关部门出台的《公共卫生防控救治能力建设方案》中提出："实现每省至少有一个达到生物安全三级（P3）水平的实验室，每个地级市至少有一个达到生物安全二级（P2）水平的实验室，具备传染病病原体、健康危害因素和国家卫生标准实施所需的检验检测能力。""依托综合实力强，特别是感染性疾病、呼吸、重症等专科优势突出的高水平医院（含中医医院），按照人口规模、辐射区域和疫情防控压力，结合国家应急队伍建设，每省改造升级建设1—3所重大疫情救治基地，承担危重症患者集中救治和应急物资集中储备任务，能够在重大疫情发生时快速反应，有效提升危重症患者治愈率、降低病亡率。"[①] 这一方案就是基于新冠肺炎疫情血的教训和有益的经验，顺应传染疫情应急之道推出的，为未来应对突发重大公共卫生事件提供必要的设备保障。"天道无亲，恒与善人"，并非说天道经常帮助善人，而是说善人得助，源于他们的自为，换言之，是他们循专业之道，按事物的规律而作为的结果。

（六）重视伦理建设

重视伦理建设。应急行政并非只是单纯的国家或政府行为，更根植于与之相关

---

① 国家发展改革委：《公共卫生防控救治能力建设方案》，2020年5月21日，https://baijiahao.baidu.com/s?id=1667262632318295196&wfr=spider&for=pc，2020年6月17日。

的人们的生活和工作之中。失去了对活色生香的现实世界以及鲜活个体的感同身受，应急行政就可能只是抽象的概念和脱离生活世界的粗暴执法行为。

之所以将伦理性特别提出来，是因为应急行政所蕴含的工具理性往往只考虑怎样通过最有效的手段最快速地达成具体目标，而较少甚至不关心与己无关的价值与意义方面的内容，因而容易碾压有些"碍事"的弱势群体，像新冠肺炎期间应急行政过程中就出现过一些完全可以避免的如粗暴执法等不人道现象。

尽管现实社会尤其是极限条件下的社会"不能够与一个作为理想中心的社会混淆在一起，更不能和一个作为人类的愿望和最崇高的信仰对象的社会混淆在一起"①，尽管应急行政往往含有一种对服从的某种强制，但是，社会不只是"由各种组织和制度所构成的、具有某种结构和功能的"②有机体，还是一个有理想有道德乃至宗教信仰的对象，因而责任伦理、职业伦理等伦理之善是应急行政中不可或缺的。

康德说"在头上的星空和我心中的道德律"是他经常思考的"两种东西"③，职业伦理就属于道德律。比如，新冠肺炎爆发初期，不管是临床一线的医护人员还是科研人员，对这种新型病毒都知之甚少，而一线临床诊治又迫切需要来自科研及时有效的指导。因此，吴仲义和蒲慕明希望科研人员在疫情防控关键时期能够及时发布自己研究出来的病毒数据，促进数据的传播与共享。不然，数据的延误发布，会顺延相关成果的出现，从而带来病患人数的众多，疫情的加速扩散，疫情防控的难度增大："根据进化的基本原理，病毒感染人群后可能会发生快速演变——这是迅速公布数据的关键科学依据。自然选择偏好高传染力的突变，进而增强了毒株的进化优势"。④ 如果说这是一种伦理之善，那么，下面这例则属于基本的职业伦理道德的范畴。

2020 年 1 月 31 日晚间，新华社发布"双黄连口服液可抑制新型冠状病毒"的消息后，社会上立马出现抢购双黄连口服液的风波。就此事件，国家新药筛选中心主任王明伟在廓清事实的同时，强调了坚守职业伦理的重要性。他说：所谓中成药双黄连口服液可抑制新型冠状病毒，这只是新药研究非常初步的阶段；再说，药物通过抑制病毒在细胞中的复制来延缓其繁殖生长，有利于感染个体依赖自身的免疫力来抵抗病毒，但"抑制"并不等于"杀灭"病毒。而双黄连对人的生殖功能有毒性作用，因而即便对新型冠状病毒有效，也要遵医嘱服用。因此，他希望科研机构

① 雷蒙·阿隆：《社会学主要思潮》，葛秉宁译，上海：上海译文出版社，2015 年，第 368 页。
② 李猛、陈涛等：《涂尔干：被遗忘了的道德科学》，2020 年 5 月 1 日 https://www.thepaper.cn/newsDetail_forward_7212673，2020 年 6 月 17 日。
③ 康德：《实践理性批判》，邓晓芒译，北京：人民出版社，2003 年，第 220 页。
④ 吴仲义、蒲慕明：《学术道义与社会职责——呼吁即时公布和共享 2019-nCov 测序数据》，《国家科学评论》2020 年 4 月第 4 期。

和媒体求真务实，不仅要向公众宣传希望，同时也要告知存在的风险和最坏的结果，避免诱导公众。① 由此可见，即便是生命伦理，也有其不同的内容。

在新冠疫情期间，之所以在卫生医疗和媒体等领域出现上述有待改善的现象，都是源于重己轻人，只看到或过于看重个人之利，而轻视甚至无视他人和公众之利。因此，加强伦理包括职业伦理建设，除了顺道而行，还得在欲望、诉求等方面做减法，不断淡化分别之心。《道德经》里有不少这方面的思想资源，如"天之道，利而不害；圣人之道，为而不争""圣人无常心，以百姓心为心""善者吾善之，不善者吾亦善之"。余英时认为《道德经》有暗示的"救赎"历程②，也可理解为救赎的路径。若我们"虽不能至，然心向往之"，进而"日新，日日新，又日新"，那么专业应急能力就能不断提高，应急行政的品质也会不断提升，而这也意味着社会和国家文明程度的提高。

传统不是古代流传下来的僵硬教条，而是根植于鲜活现实的应用和创造。对《道德经》来说，每一次拓展每一次发掘都是一次新生，都丰富了老学的内容。在后疫情时代，《道德经》蕴藏的丰富思想资源能助力公共卫生应急行政效能的提升，助力政治、社会、文化、经济、生态文明等领域的变革和重塑。

---

① 郑莹莹：《专访资深专家："双黄连抑制新冠病毒"只是早期研究》，2020年2月1日，http://www.chinanews.com/sh/2020/02-01/9075304.shtml，2020年6月17日。

② 余英时：《轴心突破和礼乐传统》，《二十一世纪评论》2000年4月号。

道教老学研究

道解《载营魄抱一》章

汪登伟*

内容提要:《载营魄抱一》章集中讲述了道家内修外化的修为与境界,是阐述道家工夫论的极重要篇章。自古以来对此章有不少阐说,可是道门核心理念还没有清晰的揭示。因此本文依据道门义理、炼养,修改此章文字并加以解释。六组设问中,前四组是内修之功,后二组是外化之德。内修中前两句表述肉身神气的修养,第三句表述光炁身心的修养,第四句表述与大道合同的修为。外化中,分别表述了证道者在社会群体、在天地万物中起到的大功用,所成就的大德。

关键词:载营 魄抱一 明白四达 无为 天门 玄德 内修外化

道祖老子是道文化的集大成者与创新者,由他开创的大道玄德思想,深深地影响了中华文明。他对宇宙万物的本原、归宿及根本动力的追究,对生命境界和人生价值的认识,远远超出了同时代的人,即使是今天,恐怕也少有人能够真正理解他的思想——当我们对其文章深入解读后,不得不如此说,因为他的灼见来源于高妙的内证经验,而不是仅凭学问思辨而有。

据说老子写了五千言,被称作《老子》,后世称《道德经》。但是从文本、思想分析,现今的通行本五千余言《道德经》,其中有部分与道德主旨相违之言,如柔雌思想、复古思想等。其书用词也有战国时人之语,如万乘等。其实先秦古籍多是一家之言,而非一人之言[①],又因通行本《道德经》中有大量的柔雌思想,所以我们以

---

* 汪登伟(1969—),男,贵州贵阳人,中国道教协会研究所研究人员,研究方向:丹道。

① 章学诚指出战国之后才有私人著述,他说:"古未尝有著述之事也。官师守其典章,史臣录其职载。文字之道,百官以之治,万民以之察,而其用已备矣。是故圣王书同文以平天下,未有不用之于政教典章,而以文字为一人之著述者也。"又说:"至孟子而其文然后闳肆焉,著作至战国而始专之明验也。"(章学诚:《文史通义》卷1《诗教上》,上海:上海书店,1988年,第20页)罗根泽亦承其说,其《战国前无私家著作说》称"遍考周、秦古书,参以后人议论知离事言理之私家著作始于战国,前此无有也。"(罗根泽:《诸子考索》,人民出版社,1958年,第13页)即使是战国时著作,也可能是一家之言,如今《庄子》书,除庄周著述外,亦有其后学所作。

为其主体文本大约是战国时柔雌派道家所集成。

我们知道，《道德经》阐述最核心的问题是大道玄德。德是道在事物中的具体表现，最上之德为玄德。大道"虚而不屈，动而愈出"，是推动身心、社会、神灵、宇宙运转的根本动力，亦是其本原与归宿[①]，还是我们修身治国齐物的原初依据。修身齐物，我们该如何做呢？《载营魄抱一》章集中讲述了内修外化的修为与境界，给我们提供了指导。自古以来对此章有不少阐说，可是道门核心理念还没有清晰的揭示，于是笔者加以阐发。

一、载营魄抱一章文本

此章文本，诸家稍有不同，这里仅列马王堆帛书本、河上公本、王弼本、傅奕本为例。

（一）帛书乙本：载营魄抱一，能毋离乎？抟气致柔，能婴儿乎？脩除玄鉴，能毋有疵乎？爱民活国，能毋以知乎？天门启阖，能为雌乎？明白四达，能毋以知乎？生之畜之，生而弗有，长而不宰也，是谓玄德。[②]

（二）河本：载营魄抱一，能无离。专气致柔，能婴儿。涤除玄览，能无疵。爱民治国，能无为。天门开阖，能为雌。明白四达，能无知。生之畜之，生而不有，为而不恃，长而不宰，是谓玄德。[③]

（三）王本：载营魄抱一，能无离乎？专气致柔，能婴儿乎？涤除玄览，能无疵乎？爱民治国，能无知乎？天门开阖，能无雌乎？明白四达，能无为乎？生之畜之，生而不有，为而不恃，长而不宰，是谓玄德。[④]

（四）傅本：载营魄褒一，能无离乎？专气致柔，能如婴儿乎？涤除玄览，能无疵乎？爱民治国，能无以知乎？天门开阖，能为雌乎？明白四达，能无以为乎？生之畜之，生而不有，为而不恃，长而不宰，是谓玄德。[⑤]

王本"天门开阖，能无雌乎"句，诸家"无雌"作"为雌"，王弼注云："天门开阖，能为雌乎，则物自宾而处自安矣。""为雌"才能"物宾"，则其本大约也原作

---

①　吴筠《玄纲论》说："道者何也？虚无之系，造化之根，神明之本，天地之源。"谓大道与虚无相系属，是创造化育的根本之力，是天地神明的本源。除其尚未明说大道为天地万物的归宿外，笔者所说与其一致。

②　裘锡圭主编，湖南省博物馆，复旦大学出土文献与古文字研究中心编纂：《长沙马王堆汉墓简帛集成》第 4 册，北京：中华书局，2014 年，第 205 页。

③　王卡点校：《老子道德经河上公章句》，北京：中华书局，1993 年，第 34—36 页。

④　王弼：《老子道德经注》，《四部要籍注疏丛刊·老子》，北京：中华书局，1998 年，第 86 页。

⑤　《道藏》第 11 册，北京：文物出版社，上海：上海书店，天津：天津古籍出版社联合出版，1988 年，第 482 页，下栏。

"为雌",故有按语云:"案注义,'无'似作'为'。"① 大体来说,除字词语气外,各家文本主要差别表现在爱民治国与明白四达是无知(智),还是无为上。也就是说,除爱民治国与明白四达如何分别对应无知、无为外,诸家文本所传达的意思基本一致。

不过,天门,与《庄子·庚桑楚》所说"入出而无见其形,是谓天门"之天门意同,即是"玄牝之门"。门开表示大道化生万物,门阖表示万物归根于道。如是,则无论是为雌还是无雌,都难以同天门开阖之意联属,故为雌或无雌有误。从意思上说,此句与表述大道"生之畜之"之德能够很好地衔接。而诸本却以"明白四达"为最高,在其后接上"生之畜之"诸句,似乎并不明了何为"玄德"。再者,此六组设问之间的递进关系,无论是与老子所表述的"修之于身……修之于天下"相较,还是庄子所说至人(真人)、圣人、神人关系相较,都不相同。因此我们觉得其文本可能有误。为了让道门学养的内在脉络清晰显现,这里依据修真的进程,及真人、圣人、神人的差别为根据而做修改,将其解构后重新组合为:

载营魄抱一,能无离乎?专气致柔,能婴儿乎?明白四达,能无疵乎?涤除玄览,能无知乎?爱民治国,能无为乎?天门开阖,能无始乎?生之畜之,生而不有,为而不恃,长而不宰,是谓玄德。

下面以道家思想为本位而给予阐释。

二、内修三层

(一)心一气柔

"载营魄抱一,能无离乎"句,"营魄"难解,我们先举几例古人的解释。

河上公注谓:"营魄,魂魄也。"《楚辞·远游》"载营魄而登霞兮"句王逸注谓"抱灵魂而上升也",则谓营魄即灵魂。将营魄解释成魂魄或灵魂,营字没有着落,显得牵强。且汉籍文章越古,单音节词越多,像将营魄处理为双音节词的越少。王弼注说:"营魄,人之常居处也。"将营释为居所,将魄代指人,谓此句意为"人能处常居之宅,抱一清神,能常无离乎,则万物自宾也",大意是说人居常宅,抱真清神而不离,则万物来宾。只是其说营魄,颇有让人感觉不知所云的味道,还不如将营释作神之居所,营魄释为神形相抱更接近道家思想。

唐玄宗《御制道德真经注》说:"人生始化曰魄,既生曰魂。魄则阴虚,魂则阳

---

① (魏)王弼:《老子道德经注》,《四部要籍注疏丛刊·老子》,北京:中华书局,1998年,第86页。

满，言人载虚魄，常须营护复阳。阳气充，魄则为魂，魂能运动，则生全矣。"①其《御制道德真经疏》谓："营，护也。言人受生始化，但有虚象，魄然既生，则阳气充满虚魄。魄能运动，则谓之魂，如月之魄照日，则光生矣。故《春秋》子产曰：'人生始化曰魄。既生魄，阳为魂。'言人初载虚魄，当营护阳气，常使充满，则得生全。若动用不恒，消散阳气，则复成虚魄而死灭也。"②意谓营护阴虚之魄，以使复阳气之魂，如月照日而光生，则阴魄化为阳魂。

按："人生始化曰魄"，其意源自古月相，如《尚书·康诰》云："惟三月哉生魄。"魄通霸。霸，《说文》云："月始生魄然也。承大月，二日；承小月，三日。从月，霸声。《周书》曰：'哉生霸。'"其意是说魄为人初生时依附之精神（郑玄说"耳目之聪明为魄"），以形体为阴，故称阴魄。与之相对的，为阳气之魂（孔颖达《春秋左传注疏》：魂魄，神灵之名。附形之灵为魄，附气之神为魂也）。阴魄阳魂，都是指人的精神。依儒者之说，出生后即具有的视听等肉体感官所引生的精神活动，为魄。以精气为凭依而有的精神活动，为魂。前者侧重于形体感官（如说体魄），后者侧重于抽象认识（如说国魂）。而不必归结为化阴为阳（崇阳之说，是受到《易经》影响而有，如《参同契》说"排却众阴邪，然后立正阳"），转魄为魂。

营，本义为四周垒土而居。《说文》解释说"帀居也"，段玉裁注："帀居，谓围绕而居。"王弼即以所居之处所释意。但营有周匝营回之意，如《楚辞·抽思》有"魂识路之营营"之句，《远游》有"魂营营而至曙"之句。营魄之营，当即指内心憧憧往还不安之状。所以说，营魄，即我们视听思虑、憧憧不安之心。这样解释比前面所举的释义恐怕更符合原意。

不过，从修真角度说，营魄还有更深的含义。魄从白从鬼，白为声符，也表意，即视觉所见之白色。所以说魄并不单指耳目之聪明，还指内修中精气所显现之光色。内修初步处于恬淡虚无时，即使思虑停息，情绪平和，但并没有光，如《太平经》说"瞑目冥冥，目中无有光"，又如佛门《楞严经》说"如明目人，处大幽暗。精性妙净，心未发光"。其次如黎明微白，其次如浮光明灭，或如流星闪过，其次如星如月。这些光色同样也是营魄，因其明灭不定，所以要将它抱作一团，打成一片，乃至泰定而常明——如《庄子·庚桑楚》说"宇泰定者，发乎天光"，意为当我们的器宇大定后，像晴明天气时一样的澄明之光就会显发。

因此，载营魄抱一，就是说：让我们的营营心神安处（载，置也，处也），抱为一团。外不被耳目所散（《管子·内业》"一意抟心，耳目不淫"），内不被情思所离。

---

① 《道藏》第 11 册，第 719 页，中栏。
② 《道藏》第 11 册，第 756 页，上栏。

这是恬淡虚无、精神内守的境界，亦是"内想不出，外想不入"的虚凝境界，更是神光凝定的修持工夫。这句工夫，丹家称作性功。其光，则称为性光（如尹志平说"光明大则性大，光明小则性小"）。

专气致柔之气，指精气，亦即"恬淡虚无，真气从之"之真气。"如婴儿"，即如经云"未知牝牡之合而朘作，精之至也；终日号而不嗄，和之至也"的精气精纯冲和状态。专，同抟，抟聚之意。专气致柔，意为抟聚精气达到和柔冲融如同具有充沛生机的婴儿一般。按工夫说，初始时只有清静空灵境界，精气尚未见其运化。积累日久，身心作一分虚豁，而其气热如火，动如风，乐如醺，便将有机动而运化之事。气机变动，亦须调和，方能如婴儿。这一句，丹家称作命功。

此两句工夫，《庄子·人间世》演为"虚室生白，吉祥止止"，《庚桑楚》篇称作卫生之经，所谓"全汝形，抱汝生，无使汝思虑营营"，《在宥》篇则深化为守一处和之术。其抱一，也是《太平经》守一明法的源头。《太平经钞》谓："还年不老，大道将还人年，皆将候验。瞑目还自视，正白彬彬，若且向旦时。身为安着席，若居温蒸中。于此时筋骨不欲见动，口不欲言语，每屈伸者益快意，心中忻忻，有混润之意，鼻中通风，口中生甘，是其候也。"①这是对修行境界更具体的描述（其意大约是说：闭眼内视，出现像平旦之时的正白光色，彬彬莹净。而身体安然于席上，体内气热如蒸。此际呼吸沉绵，口有甘津，体内暖乐，口不欲言，心念不欲起，身体不欲动，但只要有所活动，则快乐之意更加明显。这些征验就是还年功效的显现）。丹书《沁园春》所说"温温铅鼎，光透帘帏"也是此阶段工夫，丹家或称之为炼形化气，或称为炼精化气。

（二）明白四达

精气运化，便可在虚静中成就光炁身心（丹家或称其为婴儿。此炁和体内精气不尽相同），进一步成为《庄子·天地》所说"上神乘光"之"神人"（后世或名阳神，或名真性）。如《太平经圣君秘旨》说："守一复久，自生光明，昭然见四方，随明而远行，尽见身形容。群神将集，故能形化为神。"②成就光炁身心工夫具体进程，可以参考王志谨《论中和》③等。进而充塞于天地之间，光明遍照，与天地精神同流、智周于万物。其人即是《国语·楚语下》所赞"民之精爽不携贰者，而又能齐肃衷正。其智能上下比义，其圣能光远宣朗，其明能光照之，其聪能听彻之。如是，则明神降之"之人，其境即是"明白四达"之境（明白四达，从修真角度来说是实境，

① 《道藏》第24册，第314页，中栏。
② 《道藏》第24册，第599页，上栏。
③ 《群仙要语·栖云先生论冲和》，《道书全集》，北京：中国书店，1990年，第718页。

如丘祖说"断云归岫，长空凝翠，宝鉴初圆。大光明，弘照亘流沙""大光明罩紫金莲"之大光明，如佛门憨山经历的"不见身心，唯一大光明藏"之大光明境）。于此阶段不住诸相，不囿己见，器宇泰定，保合太和，方能无病（此句中诸本所用之"无知""无为"等词不能贴切地表述境界，故改作"无疵"）。丹法称此阶段为炼气化神。这已经不是肉体的功能了，而是光炁身心的功用。

此阶段，因光炁所构成的身心的特殊性，神与气的区别就淡化了，可以说神即是气，气即是神，也可以说神气合一（依据道门之说，"气为神母，神为气子"，即气是基本，而神是气中灵动且辨识能力强的那部分。此阶段所用气字，为了区别其他而多用炁字。而所谓神光性光，则是炁的"视觉"显象。神气合一，指性光中俱有神脉，因此有与物交融时直接获取信息的能力），能所合一（能、所，是从佛教传来的说法。能，指主体认知能力，相当于神。所，指被主体认知的东西——既指意识境，也指"客观"境，相当于物。依道门推理，认知能力之"心""识"，和被认识之"色""物"，其实是同一物类的不同功用的分类而已）。极端一点，甚至可以说一切唯心（因为心神与光炁合同）。

（三）无知合道

"涤除玄览，能无知乎"，是说于光明四达、智周万物之境中，百尺竿头更进一步，达到恍惚混成，乃至玄之又玄，无心无物。丹法称此为炼神还虚，是说于普天光明中成就杳冥、虚无之道身。混成杳冥之体，"其中有信"，犹如一个宇宙胎儿，其后变化的一切的信息及可能性都在蕴涵其中，因此可以说大道无所不知、无所不能。这已经很玄妙了，但还有更玄妙之处，无法形容，只能用虚无无知这种否定一切的方式来表述。

玄览，同玄观，即是同谓之玄的无欲观妙、有欲观徼（观妙，是鉴玄之妙；观徼，是察其功用）。无知，诸本作无疵。按无知即无观，即玄之又玄，比无疵意味深长也更合理，故调整（《道德经》中的玄字，都与大道境界相关，形容其幽邃难以被世人理解）。览，其意同阅，不宜作鉴。鉴意如庄子说"至人用心如镜"，只是无欲观妙，于有欲观徼之意未彰。

以上三层为内修之功，是"以身观身"而修。依庄子之意，即是至人（真人）之学。

三、外用两段

内修成就后，"爱民治国，能无为乎？天门开阖，能无始乎？"云云，则是证道者分别在社会群体、在天地万物中起到的大功用，所成就的大德。此中"无始"，本于经文"万物作焉而不始"句而改。诸本大多作"为雌",或作"无雌",俱非。始,通治。无始,即无须刻意治理,意同无为。一说,始通辞。无辞,即生物而不逊谢之意,如河上公本解无辞之意为"不辞谢而逆止"。天门,即玄牝之门,万物由此门而出生,亦由此门而复命。

在社会群体中的功用,又可细分为家、乡、邦、天下,经云:"修之于家,其德乃余;修之于乡,其德乃长;修之于邦,其德乃丰;修之于天下,其德乃普。"内德之充实,外用于家、乡、邦、天下,则见其德之扩展。其具体施用,则是"以家观家,以乡观乡,以邦观邦,以天下观天下",即在坚守道德的原则下依据事物各自的情形因循而用,而不是将身当作家、将家当作乡、将乡当作邦、将邦当作天下。

爱民治国,诸多文本说要"无知(智)",与通行本中"以智治国,国之贼;不以智治国,国之福"诸句含义相似,推崇"愚"民之政,但这与道家虚而能生、为而不争、应物处顺诸要旨违背,因此我们以为这些是后人妄改妄加而有,而采用"无为"之说。

为什么说爱民治国要无为呢?无为,在《道德经》中有两层含义。一是从万物相生相刃、或培(一作载)或隳的角度说,无为即不妄作为(妄作则凶)。有道之人,通常能够循乎天理、因其固然的处事,损益得其和,赏罚得其正,谋事于其易,安泰图其久,不是为了显摆自己刻意做作,而是"为而不恃""为而不争"。一是从大道本体说,无为即不用发号施令,无须作为。大道"虚而不屈,动而愈出",自然而然的能够"无为而无不为";且大道为万物之奥,乃万物归根复命之所,犹如大海,而川流自然归入,即成无为之治。这种不言之教,无为之事,孔子也有类似的说法,如其云:"天何言哉?四时行焉,百物生焉。天何言哉!"又云:"无为而治者,其舜也与?夫何为哉?恭己正南面而已矣。"因此,道者效法大道,任物自为自化,只在其"化而欲作"——将妄作之时而正之(机动时正之则易,势成时变之则难),使之还归正道,维持精纯冲和、长生久视(生,动词,生发。长生,长久生发之意。名词化后为长久的生命之意。视,同样是动词临事视政之意。通常理解久视为久活是错误的)。

所以说,无为不是一般人理解的不作为,工夫上说不是保持身心初步的空静,治理上说也不仅是维系"清静无为"。意识清静处之恬淡虚无,只有一些养生功效,自我救度尚且不能,故丹书有"再休提清静无为也"的感叹,禅门有"冷水泡石头"的讥讽,何以能真正的利人济物?治理上的"清静无为",大致能够起到休养生息的功效,但各种矛盾、负面能量也会积累力量,最终必然发生冲突,如何能够真正地长治久安?如果不明白此意,只会像《汉书》所说的那样,以为"独任清虚可以为治",殊不知此种柔雌清虚观念实在是对大道玄德的误会。比如汉初黄老思想在政治上虽然取得清静休养之效，但从内在说，它偏向于清虚守成，缺少与时迁移的变化（《淮南子·修务训》就已批评了"无为者，寂然无声，漠然不动，引之不来，推之不往"之论，说"自天子以下至于庶人，四肢不动，思虑不用，事治求赡者，未之闻也"，但似乎没有把握"无为"的要义），多种原因促使其最终不得不退出历史舞台。

天门开，万物化生以出；天门阖，万物归根复命（是所谓善生善死之境）。论其功则生生不息，论其用则蓄养天下，即使生养天下万物也不将之占有，即使有所作为而成功也并不自恃为己功，即使作为器长也不在其中作主宰。修真之人合于此道，即成与道合同的无上玄妙之德（故能大生、广生、长生），所谓"生之畜之，生而不有，为而不恃，长而不宰，是谓玄德"。若依庄子寓言，天地与我并生、万物与我为一的神人，自然能够"使物（役使神物）不疵疠而年谷熟"，使一方风调雨顺、五谷丰登。

这是两段外用。庄子后来演为《逍遥游》中的圣人、神人之说。按庄子之意，至人、圣人、神人修养境界相同，只是依其修身、治国、化物的作用不同（即是功用的大小不等），而分别给予不同的名称。[①]

四、尾语

由上分析可知，《道德经》实不易晓。一般人经常误读误解，出错的关键在于没有真正了解道家的核心理念，不清楚道家表述的修真境界。如果不了解道门修真的境界，读道家先哲的著作，恐怕始终都在门外琢磨，都在雾里看花。

学习此章，我们了解到：道家虽然不像儒家那样说以天下国家为己任，不说参赞天地之化育，也不像佛家那样说度尽一切众生，但从此章文字中，从玄德一词中，我们读出道家对生命、社会、宇宙的"无缘大慈"（借佛语），也读出了道家的伟大，所以"道人"（成为真人、圣人的道士）是域中四大之一。而且道人的功用是内在充实后自然而然的显发，不像其他家那样勉强。其功成也不居，因其不居，故其声名

---

① 《庄子·逍遥游》说"至人无己，神人无功，圣人无名"。按：此句正序应为：至人无己、圣人无名、神人无功。圣、神关系，如孟子说"大而化之之谓圣，圣而不可知之之谓神"。至人，至于极致的人。无己，无我，即"吾丧我"，失去了人世之我的观念、情感、意志、形体等一切的一切，不知有我否？不知无我否？强名曰"吾"。内既无我，外亦无人，是真无待（有彼方有此）。圣人，事无不通，光大而化之人。无名，内既虚而难以称名（语词概念可以界定任何境界、任何存在不存在，但道的境界本身是没有界限的，对应于无何有，可以说为无名），外又旷然无邀名之举。虽然，自古及今，其名不去。神人，变化莫测，不可知之人。无功，内无兴为之作，外无恋功之念。似无功于世，殊不知却于世有大功大行，犹如日月运行、四时更序，虽不兴功，而功在矣。无己、无名、无功，内外兼说，但无己偏于内说，无名、无功偏于外说。至人、圣人、神人，虽然三位一体（如《齐物论》谓"至人神矣"，则至人等同于神人。《德充符》说"彼且蕲以淑诡幻怪之名闻，不知至人之以是为己桎梏邪"，则至人无名），但至人侧重说一己功修（又称为真人），圣人侧重说无为而治，神人侧重说物我俱化（所以说"使物不疵疠而年谷熟"）。

也不会失去。

《道德经》所述学养次第和内修外化精神既开启了道门的内外之学（或可称其修身至于天下为内真外圣，《庄子·天下》称为内圣外王，道教演变为内功外行），也成为道门的理想境地，是道门之士毕生学修的方向。至于每位学道之人能够达到什么程度，就要看自己的根器、身心的状态、修为的力度，以及周围的环境等因素了。虽然我们常人连静心都难以达到，但只要认识清楚，努力修为，多少都会有些收获的。

笔者对此章文字的修改或许不正确，对修真境界的叙述或许有误，但所学绝不违背道门两千多年来传承的主旨。在道门内学衰微已极之时，故将此文刊出，为学道者提供参考。

法国老子研究

儒莲《老子道德经》译序

［法］儒莲 著 李佳 译

    《老子》*(Lao-Tseu)* 是一套三十四卷小对开本系列丛书 ① 的第一本。该系列涵盖十位著名的中国哲学家，他们在公元前的中国享有盛名，但他们和他们的作品在欧洲却鲜为人知。

    我们有理由将《老子》视为所有中国文学作品中最深奥、最抽象也是最难懂的一本。第一次出版这样一本经典著作的全译本，让我情不自禁地感到担忧。另外还有一点考量也加深了我的担忧：对于这本书中所涉及的内容，我和几位传教士汉学

---

    ①   II 庄子 *(Tchoang-tseu)*：老庄学派最著名的代表人物（参见第 XXVIII 页注释 1）。他的学说盛行于周显王统治时期。周显王于公元前 368 年继位。本人正着手将其著作翻译成法语，共四卷本，名为《南华经》*(Nan-koa-King)*。

    III. 荀子 *(Sun-tseu)*：孟子之后的哲学家、文学家，活跃在公元前 375 到公元前 230 年的战国时代。在本系列丛书中，他被视为儒家学派最著名的代言人。我们将其五卷本的著作，排在紧随《四书》之后。他在书中阐述了自己关于政治和伦理道德的观点。因其学识精专、文风明晰备受推崇。

    IV. 列子（*Lie-Tseu*）：道家学派哲学家，先于庄子，经常为庄子所引。根据某些中国研究者的看法，列子曾于公元前 398 年（周安王四年）公开发表了自己的著作，共两卷本。

    V. 管子（*Kouan-tseu*）：管子是法家学派最著名的哲学家，法家学派以其对刑法的论述而自成一派，其思想在公元前 480 年左右的齐国盛行。《管子》原文有 389 篇（关于政治经济、战争和法律等）汉朝刘向将其缩定为 86 篇。原著共 8 卷，24 册。

    VI. 韩非（*Han-feï*）：道家学派哲学家。其思想盛行于周安王（公元前 401 年至公元前 376）统治时期。周安王五年（公元前 397 年）派韩非出使秦国。他的著作共 4 卷，主要论述刑罚和律法。（国内还有比较流行的观点认为：韩非出使秦国是公元前 243 年而不是公元前 397 年——译者注）

    VII. 淮南子（*Houaï-nan-tseu*）：中国哲学家，通常被归入道家学派。可考的"杂家"学派最早的代表人物。汉朝开国皇帝高祖之孙。他的学说盛行于公元前 179 年至公元前 156 年汉文帝统治时期。被封为"淮南王"（淮南，今位于安徽省）。其著作共六卷本。

    VIII. 杨子 *(Yang-tseu)*：文学家、哲学家。生活在公元前 32 年至公元前 7 年汉成帝统治时期。其著作共两卷本，名为《杨子法言》。

    IX. 文中子（*Wen-tchong-tseu*）：文学家、哲学家。一些中国研究者认为其继承了孟子的思想。留有一卷本著作。

    X.：鹖冠子 (Ho-kouan-tseu)：道家学派哲学家。战国时期楚国人。据传与杨朱、墨翟为同时代人。孟子曾在书中多次攻击他的言论，儒家学派将其学说视为异端邪说。留有一卷本著作传世。编纂者们指出：目前我们可以清楚地看到，由于对作品的任意删节导致书中存在严重的纰漏和众多不实之处。

家，如：马若瑟神父、白晋神父和傅圣泽神父（les PP. Prémare, Bouvet et Fouquet）之间，以及和我们这个时代最睿智的汉学家之一雷慕沙先生（M. Abel-Rémusat）之间存在着分歧。这位才华横溢的学者撰写并发表了一篇关于老子及其学说的论文①，在欧洲引起强烈反响，而论文中对《道德经》（Tao-te-king）及其评论的深入考证激发了我继续研究的好奇心。

《老子》备受推崇、引人注目是因其集古老、深奥和难以企及的高度于一书。雷慕沙先生对出版它的全译本所呈现出的困难没有视而不见。他说："《老子》这本书不容易理解是因为原文晦涩的表达、古意和词语的多义性交织在一起，时常让文风成谜……"如果想要完整地翻译这本书并阐明深藏其中的义理，将要面临一个"巨大的困难"。但这不应该妨碍我们引用其中最著名的段落，或者"至少以一种大而化之的方式确定它的含义"。只要能够确定最能确定的含义就够了，有时甚至只需说明表达方式，即使其中存疑也无须去探究这些表达深奥的哲学内涵。撇开原文晦涩难懂的表达不谈，"书中的主题，当时的人完全能够清楚地理解……"

"原文②是如此的晦涩难懂，以至于我们几乎找不到方法获得其中完美的智慧，无法理解作者未明言的社会历史环境；简言之，无论从哪个方面来看，我们都离书中作者表达的思想如此之远，以至于面对离我们远去的意义，声称重新发现了它业已存在的确切含义显得过于鲁莽。"

老子的这本书在中国也同样难以解读，而且看到最著名的道家学者们在赴华传教士和雷慕沙先生有失偏颇的地方也遇到了同样的理解困难，似乎可以抚慰我们无法完全理解这本书的无力感。

"明确地解释《老子》中最深奥的段落实属不易"，西原 (Sie-hoeï)③——《老子》的评注者之一——这样说道，"可行的办法是对它们做出概括性的阐述"。

然而，不得不说的是：马若瑟神父、傅圣泽神父、白晋神父和雷慕沙先生遇到的来自语言和主题上的困难要小于他们所采用的解释系统的困难。

几位耶稣会传教士被令世人称道的热忱熏陶，在中国大力推动基督教信仰传播并且满怀坚定不移的信念致力于发掘大量隐藏在中国传统典籍中的、明显从圣书甚至天主教教义中借用的段落。他们在中国的发现让我们不得不承认，根据最正统的

---

① 《论老子的生平及其著作》（*Mémoire sur la vie et les ouvrages de Lao-tseu*），收录于《法兰西铭文和美文学院回忆录》第七卷 (*inséré dans le tom. VII des Mémoires de l'Académie des inscriptions et belles-lettres*)。——此外,还可见于雷慕沙先生的《亚洲杂文集》(*les Mélanges asiatiques*) 第 1 辑第 1 卷第 88—99 页。

② 雷慕沙：《论老子的生平及其著作》（*Mémoire sur Lao-tseu*），第 20—21 页。

③ 西原（Sie-hoeï）：薛蕙字君采，号西原，明朝亳州人，著的《老子集解》是明代中期较具代表性的《老子》注本之一。——译者注

基督教信仰，上帝早已经给予天朝子民某种启示。马若瑟神父撰写了一本四开本的专著——其手抄本现藏于皇家图书馆——以证明自己在此前一篇论文中的观点。在这篇论文中他与另外几位学识和名气都不在他之下的传教士（雷孝恩神父、孙璋神父和刘应神父①）展开论战。波诺帝先生 (M. Bonetti) 已经将其收录进《基督教哲学年鉴》（les Annales de la philosophie chrétienne）。蒙突奇②（Montucci）——上述阐释系统的支持者——认为："《道德经》的主要目标是构建起一个独特的'三位一体神'存在的认知。"他补充道："书中许多段落如此明确地谈到三位一体的上帝，以至于任何读到这本书的人都不会怀疑至圣三位一体的奥义在基督教传到中国之前的五个世纪就已经向中国人显现……"因此，为了在更广的范围内成功收获更多的信徒，研究和传播这本非凡的著作将会是对传教士们最大的助益。

钱德明神父 (Le P. Amiot) 认为在《道德经》第十四章第一句中存在着"三位一体的三个位格"③，译文如下：可视但不能见的被命名为"夷"（读作 KHI）；能听见但不能对耳朵言说的被命名为"希"(HI)；能感觉到但触碰不到的被命名为"微"(WEÏ)。(Celui qui est comme visible et ne peut être vu se nomme KHI (lisez I); celui qu'on ne peut entendre et qui ne parle pas aux oreilles se nomme HI; celui qui est comme sensible et qu'on ne peut toucher se nomme WEÏ④.)

雷慕沙比钱德明神父走得更远。他相信在分属于不同句子的三个音节组合——I, HI, WEI(夷、希、微) 中发现了耶和华（Jehova）这个词；可以直言不讳地说，他那篇关于老子的论文主要就是为了证明这个推测，并据此证明公元六世纪以前中西方之间就早已存在着交流。在他看来，"这三个字用在这里没有任何含义"，他认为，"它们在中文里只是三个互不相干的发音，可以把它们放在一起读（IHV），也可以分别读首字母（I，H，V）……诚如我们所见，引人瞩目的是由此发现了原本在中文中并不存在的三字神名 I-HI-WEÏ 或者 IHV 的来源"。"在我看来，这个词实际上和古希腊的历史学家西西里的狄奥多罗斯（Diodore de Sicile）⑤所说的犹太人对上帝的称

---

① 原文中的人名拼写为：les PP. Regis, Lacharme, Visdelou——译者注

② 蒙突奇（Antonio Montucci 1762—1829）：意大利汉学家，著有《汉学研究》（De studiis sinicis ,1808）。蒙突奇认为《道德经》非常清晰地表达了一个"三位一体神"的存在。——译者注

③ 蒙突奇：《语文学评论》(Remarques philologiques)，第 69 页，注释 C（参见《赴京传教士回忆录》Mémoires des missionnaires de Péking,4 开本，第 1 卷第 299—300 页）。

④ 除了在翻译中使用 I, HI, WEÏ 之外，雷慕沙还在翻译中尽可能地做到比钱德明神父更加注重字对字地翻译：(Celui que vous regardez et ne voyez pas se nomme I; celui que vous écoutez et que vous n'entendcz pas se nomme HI; celui que votre main cherche et qu'elle ne peut saisir se nomme WEI.)

⑤ 西西里的狄奥多罗斯（Diodore de Sicile）：生活在公元前一世纪的希腊历史学家、编年史作家。著有《历史丛书》（Bibliotheca historica）40 卷，共 3 部分。——译者注

呼①……完全一致［源自希伯来语的四字神名 יהוה（Jehova）］。显然，最权威的手稿中记载的这个神圣的名字恰巧出现在一本中国书籍中②，是因为老子保留了希腊人无法用字母表达的对上帝的热忱。另一方面，希伯来语的四字神名在《道德经》中被缩减成三个字。这对发音来说几乎没有任何影响，因为从字面来看，יהוה 中的最后一个字母 ה 是不发音的……""在一本中国古书中有一个希伯来语或者叙利亚语的名字出现的情况"，至今为止无从解释，"一直以来都是独一无二的"，"而且我认为，这充分证明即使想以一种令人满意的方式解释它还有许多工作要做……""这个神名以这样的方式在《道德经》中的出现，让我们可以说中国人比希腊人更好地了解它并且更加准确地记录下它。它真正有其特殊的属性。在我看来没有理由怀疑，以这种形式出现的这个名字源自叙利亚，而且我把它看作一个无可争议的标志，标志着被我们称为'毕达哥拉斯式的'或者'柏拉图式的'思想沿着这条道路传到中国。"

无论我对雷慕沙先生的论文抱有怎样的敬意，如何赞叹他过人的智慧，我都必须声明：在我看来这个新颖且巧妙的假设还远不完备。如果我没弄错的话，读者在读过本书第十四章的译文和章末注释之后将会同意我的看法。这三个被雷慕沙先生视为中文里不存在的、纯为发音的并且他相信与希伯来语四字神名 יהוה（Jehova）的书写相符的发音组合 I，HI，WEÏ，根据活跃于公元前 163 年的道家思想家河上公（Ho-chang-kong）的权威解释，在中文里有一个清晰合理的意义，而且在雷慕沙先生本人看来，河上公也完全值得信任。可以假设如果雷慕沙教授有机会读到河上公珍贵且古老的注释的话，也许就会放弃自己的看法。

第一个音节"夷"（I）的含义是"没有颜色"；第二个音节"希"（HI）是"没有声音"；第三个音节"微"（WEÏ）是"没有形体"。

由此，第十四章第一句的意思即为：

Vous le regardez (le Tao) et ne le voyez pas : il est sans couleur (incolore);
您 它 看（道）但是 不能 它 看见：它是没有颜色（无色的）③
您能看它但不能见它：它没有颜色。

Vous l'écoutez et ne l'entendez pas: il est sans voix (aphone);
您 它 听（动作）但 不能 它 听见（内容）：它是无声（失音的）；

---

① 见雷慕沙的论文《论老子的生平及其著作》（*Mémoire sur Lao-tseu*）第 44 页，1 第 18、23 行；第 45 页，第 16、27 行。

② 同上，第 46 页，第 26 行；第 47 页，第 23 行；第 48 页，第 6 行。

③ 为方便读者更好地理解作者的观点，本行完全字对字的直译，下一行为译文。下同。——译者注

您能听但听不见它：它是无声的；

Vous voulez le toucher et ne l'atteignez pas: il est sans corps (incorporel).

您 想要 它 触碰 但是 不能 它 达到：它 是 没有 形体（无形的）

您想要触碰它但碰不到：它是无形的。

河上公的解释被《道德经》最著名的注疏者们进一步确认，比如：尹文子（Thi-we-tseu）、Fo-koueï-tseu，德清（Te-tshinng）①、李荣（Li-yong）等。这种解释还见于老子经常被引用的一段话，属于一本藏于皇家图书馆 (la Bibliothèque royale) 题名为 Tseu-p'in-kin-han② 的哲学随笔集。

另外一方面，我所阅读过的大量老子注疏中没有任何一条允许我将这三个词"夷 I（无色的）希 HI（失音的）微 WEÏ（无形的）"视为没有含义或者不存在于中文之中。注经者们远比任何欧洲语言文学家更加谨慎和坦诚，每当他们遇到一个从来没有人解释过的字词或者他们无法理解的含义时，他们就坦率地承认。这是我们在阅读中国典籍时经常遇到的情况，而且还经常看到每一页都附有《说文》(dictionnaire Tseu-weï) 中的解释。因此，如果这三个音节 I，HI，WEÏ 也属于同样的情况，那么中国的注疏者不会仅仅为了唤起（就像他们所说的那样）今后学者的注意，而不将其指出。

雷慕沙先生相信在《老子》中发现了"耶和华"之名，对他来说这个发现并不仅仅是建立在特殊的语文学考量之上，对此我已经在上文的概要中引用了他自己的表达。对于这些记述来说，可以确认的是：在将它们视作既成事实之前仔细寻找这个假设的起源才是重要的。"另外③一点"，他说："很难一直怀疑，这是老子远离中国的一场旅行。事实上，关于这场旅行的情况在不同的记述者眼中有所不同。司马迁（Sse-ma-thsien）把它列在老子④一生的结尾，在完成《道德经》之后，还说，此外人们对老子最终如何一无所知。"

另外一些人从纯历史的角度出发，认为老子隐居于昆仑山⑤(le mont Kouen-lun)。他们将老子著书、传道和升仙的场景放置在了和田（Khotan）以西八百里，距离地处

---

① 人名暂时未查证出，未译出。
② 署名暂时未查证出，未译出。
③ 雷慕沙：《论老子的生平及其著作》，第 12 页，第 25 行。
④ 这位作者没有发表过任何言论说老子曾从中国出发向西旅行。（详见本书后文"历史记录 la Notice historique"部分，第 XX 页；第 21—24 行）
⑤ 详见本书后文"老子传说（la légende fabuleuse de Lao-Tseu）"部分，第 XXV 页，注释 2。

巴克特里亚^①(la Bactriane) 最东端的巴达赫尚^②(Badakchan) 和巴尔赫^③(Balk) 不远。如果他曾经来拜访过罗马帝国统治下的国家，就像中国传说中所讲的一样，在周围各个国家传道，那么他旅途的终点还会更加遥远。"所有这一切让人感到有些尴尬是因为，在各种假设中老子与西方哲学家之间应该存在的联系发生在他完成《道德经》之后^④。"假设一位中国哲学家自公元前六世纪开始曾在波斯和叙利亚游历并没有什么不可信。

对我来说寻找这些传说的起源十分重要。一年以来，我查阅了皇家图书馆藏的各种中文文学和哲学类百科全书、二十四史和所有关于道家学说的回忆录以及原始资料，毫无疑问我发现所有关于老子从中国出发一路向西而行的传说，都像葛洪 (Ko-hong) 在"老子传说"中记录的一样，再没有其他的起点，也没有其他的源头。葛洪（又称抱朴子）生于老子之后十个世纪左右（约公元 350 年左右），这个传说被他收入《神仙传》(Histoire mythologique des dieux et des immortels) 并列在开篇处。出于这份考量我把它翻译成文并且全部收入本书"历史注释 (la Notice historique)"这一部分。

我还想谈一谈《道德经》(Tao-te-king) 中的关键词"道"(Tao) 这个字。

中国的文人、佛教徒和道士都会大量使用这个字但使用的含义各不相同。

儒家学派的注疏者取其引申义"道路 (voie)"，指人们应该遵守的规范性行为：或是为了更好地统治，或是为了践行社会道德准则；因此儒家会讲：仁义之道 (la voie de humanité)、正义之道 (la voie de la justice) 和礼仪之道 (des rites)。孔子曰："道之不行也，我知之矣。知者过之，愚者不及也。"^⑤

对于佛教徒来说，根据佛教词典《三藏法数》^⑥的解释，"道"的意思是"菩提"(Pou-thi)，是梵文 (bouddhi) "觉悟"^⑦的中文音译。"在秦朝和（刘）宋朝（从

---

①　巴克特里亚 (la Bactriane 或 Bactrie)：中亚古地名，中国史籍称之为大夏（Daxia 或 Ta-Hsia，上古汉语 dalgra)，此地一说为吐火罗。主要指阿姆河以南，兴都库什以北地区。巴克特里亚主要由今日阿富汗北部、塔吉克南部和乌兹别克东南部所组成。——译者注

②　巴达赫尚 (Badakchan)：曾译为"巴达克山"，也译作"拔达克山"，今译巴达赫尚，中亚古国，其控制范围大致位于今日阿富汗东北部和塔吉克斯坦东部。——译者注

③　巴尔赫（Balk）：巴尔赫是阿富汗巴尔赫省内一个小镇，在首府马扎里沙里夫西北 20 公里处。古时巴尔赫城曾是波斯东部呼罗珊省 (Le Khorassan) 内的一个城市，是祆教的中心，传说祆教的创立者琐罗亚斯德死于巴尔赫城。这里也是阿富汗佛教中心。

④　这个严肃认真的考量似乎在反对老子西行说的中国批评家和没有权利将老子西行记录下来的皇室史官中有重要的影响。（参见 Chin-i-tien. liv LVIII, section Eul-chi-pou-tsa-lo, fol. 1,2 dans la collection Kou-kin-thou-chou de la Bibliothèque royale.)

⑤　见《中庸》第四章。子曰："道之不行也，我知之矣：知者过之；愚者不及也。道之不明也，我知之矣：贤者过之；不肖者不及也。"——译者注

⑥　San-ts'ang-fa-sou, liv. XLII, fol. 14 verso, lin.4

⑦　参见《佛国记》第 108 页第 30 行；Wilson, Dictionn. 梵文，第二版第 605 页。

公元 265 年到公元 501 年），佛陀的教义在中国刚刚开始传播。那时佛教徒还不叫作"僧"(Seng)；一般被称为"道人"(Tao-jin) 指"悟道"之人（致力于达到"觉悟"即佛陀的主要属性和圆满的最高境界的人）。

在 Chin-i-tien[①] 中，我们读到道人（Tao-jin 指佛教徒）与道士 (Tao-sse) 联合起来对抗"儒"（Jou 或者称为孔子学派的文人）。

借此机会我想纠正老子思想传播历史上的一个严重错误，这个错误最开始出现在克拉普罗特先生 (M.Klaproth) 为《佛国记》加的注释中，还在伦敦亚洲学会 (la Société asiatique de Londres) 期刊上刊登的 W.H. 赛克斯先生 (M.W.H.Sykes) 的一篇学术文章[②] 中反复出现 (t. XII, p. 248—486)。

法显 (Fa-hien) 在书中经常用到"道人"（Tao-jin 这里指佛教徒）这个表达方式，有时也会称其为"道士"[③](Tao-sse) 或者"道的信徒"(sectateur du Tao)。克拉普罗特[④](Klaproth) 曾极其荒谬地混淆了这个定义。"非常明显"，雷慕沙说：[⑤]"法显在游记中经常会讲到'道士'在他生活的时代，不仅在中亚存在，在印度也有。由此可见，这种富有哲学意味的教义当时已经在中国西部和西南部邻国广泛流传。我们已经在上文中看到道士阿夷[⑥](le Tao-sse' Aï) 在释迦牟尼出生的时候来到迦毗罗卫国[⑦](Kapila) 为他占卜。"

在《佛国记》(Fo-koue-ki) 中，法显本人——我们不会把他和"道士"(Tao-sse) 混淆——作为"道人"[⑧](Tao-jin) 在书中出现。然而，从上述概念和对史实的记述中可以得知，克拉普罗特先生谈及的《佛国记》段落中"道人"仅指佛教徒。

文献学家感兴趣的是探究克拉普罗特先生为什么会把"道人"（佛教用语，指觉悟之人）翻译成"道士"或者"道的信徒"。在中国的韵律辞典《五车韵瑞》[⑨](Ou-tche-yun-soui) 中"道人"被定义为"得道人"，意思是觉悟之人。同样的解释也出

---

① Chin-i-tien (dans la collection Kou-Kin-thou-chou), liv. LVII, fol. 6. 书名暂时未查证出，未译出。

② *Notes on the religions, moral and political state of India*, etc. by lieut. colon. W.H.Sykes.

③ 《佛国记》第 22，227，230 页。也见于第 208 页，注释 7。同上第 98 页，注释 2。

④ 克拉普罗特（Heinrich Julius Klaproth, 1783—1835）：德国东方学家、亚洲学者、语言学家。与法国著名汉学家雷慕沙一起被视为带领欧洲汉学真正走入学术研究的先驱。——译者注

⑤ 同上，第 230 页，注释 6。

⑥ 同上，第 208 页，注释 7。

⑦ 文中的 Kapila 即 Kapilavastu 现在多称为"迦毗罗卫国"，在《佛国记》中被译为"迦维罗卫国"。传说乔达摩·悉达多成佛之前曾在此生活了 29 年，其父曾为迦毗罗卫国国王。——译者注

⑧ 同本页注释 5，第 367 页，注释 16。

⑨ 这部字典现存于皇家图书馆（参见《佩文韵府》第十一册，A，对开页 49，正面）。据我所知，这部字典共有一百十八卷，其中包括二十卷增补本，是一部按照韵母音序排列的辑录了各类词语的庞大索引。

现在佛教典籍《大智度论》(*Ta-tchi-tou-lun*[①])。但由于克拉普罗特忽视了这本著作的本质和佛教对于"道"（觉悟）的解释——我多亏了《三藏法数》(*San-tsang-fa-sou*) 这本字典,而且至今为止还没有人这样解释过——他将这个字的意思解释为"道理"(raison) 并以此来指称"老子的学说"（称为"道理之学"）,随后我将在下文中对此进行讨论。如此一来,公元五世纪初"道士"在印度的存在就以这样一种令人好奇又奇怪的方式消失了。另外还有几种类似的重大错谬偶现于数位著名汉学家的论文中。但只要翻译忠实于中文原文,在大家已经注意到的地方着意阐明它们的含义,就可以避免这些错误。

写到这里,应该讲讲本书中"道"的特殊含义了。"道士用它",在雷慕沙[②] 先生看来,"指明最高的道理和形成这个世界的智慧,这种智慧像支配身体的精神一样支配着世界"。在这个意义上,他们自称为"道理的信徒"。在我看来,这个字有"至高无上的存在""道理"和"言语"三重含义,除了用 λóγος 这个词,无法恰当地将其翻译出来。很明显柏拉图所说的 λóγος 包含宇宙 (univers) 的含义,也包含芝诺 (Zénon)、克里安西斯 (Cléanthe) 和其他斯多葛学派哲学家所说的"理性"(raison);这就是哲学家尤西比乌 (Eusèbe) 和圣 - 让 (saint Jean) 所信仰的,被阿米利亚斯 (Amélius) 称为"上帝之理性"的存在。

由此,人们用"道士"(Tao-sse) 指"唯理主义者"(les rationalistes) 和他们"唯理主义"的信条。我希望,我在下文中提供的证明,可以让学者们放弃这种错误的用法。

应该不难达成共识:解释老子之"道"(Tao) 最令人信服的办法就是向老子本人求解,或者问道于道家学派中与老子时代最接近的、生活于公元前的哲学家们,比如:庄子 (Tchoung-tseu)、鹖冠子 (Ho-kouan-tseu)、河上公 (Ho-chang-kong) 等。然而,在他们看来,"道"摒除了行动、思考、判断和智慧[③]。因此似乎不可能将其视为"至高理性"(la raison primordiale),视为创造世界和统治世界的最高智慧 (l'intelligence sublime)。

然而,几位我所尊敬的有着共同信仰的学者坚定不移地想要在老子之"道"中找到这种观点。但从学术的角度出发,我们应该致力于在古代哲人的著作中探寻著书者真正想说的东西,而不是我们想要在书中找到的东西。我把"道"(Tao) 翻译成"道路"(voie),简单来说是根据老子的这几段话:"使我介然有知,行于大道。大道甚夷,而民好径"。（第五十三章）"道"可以"为天下母"。"吾不知其名,字之

---

①　《三藏法数》中经常引用该书（见《佛国记》第 12 页,注释 b,第 33 页,注释 i）。

②　雷慕沙:《关于老子道回忆录》,第 19、24 页。

③　老子的思想看起来有些奇怪,但它在哲学史上并不是史无前例的。虽然宗教和理性都不赞成使用"自然"(nature) 来指称摒除了思想和智识的"第一原因",难道哲学家们就没有使用过这个词?

曰道。"①（第二十五章）

河上公生活在公元前二世纪，是最早注释《道德经》的人。他这样解释这段话："我不见道之形容，不知当何以名之，见万物皆从道所生，故字之曰道也。"②

道家学派哲学家鹖冠子，也就"道"这个字给出（第三册第20页）一个类似的定义："万物一物也，万神一神也，斯道之至矣。"③

还可以与庄子——孟子同时代的道家学派哲学家——进行比较④。

我们可以在《道德经》译文第二十一章的注释6⑤中读到一个耐人寻味的段落，在这一段中老子将"道"比作一扇门，万物都可以通过这扇门"以阅众甫"。

从上文的记述和接下来我将会提到的大量《老子》中的段落以及道家学派距今最久远的先哲们的思想中可以看出，"道"这个词的使用和定义排除了一切"智识的原因 (cause intelligente)"。当哲学家们谈到"道"之强大和广阔时，应该译其为"道路 (Voie)"，这样在回应哲学家言论的同时赋予了这个词更宽广的内涵。

老子将"道"的表现形式阐释成"无为、无知、无欲的存在"，为了达到最高形式的圆满，他希望人像"道"一样保持一种绝对的寂静主义的状态；老子摒除思考、欲望，甚至摒除知识的明晰——在老子看来这是造成混乱的一个原因。所以在《道德经》中，"道"（le Tao）的含义有时可以被解释为万物可以借以抵达生命最高圆满的崇高的"道路"⑥（la Voie），有时可以解释为像"道"本身一样保持着无为、无知、无欲⑦的状态，是对"道"的模仿。后一种含义有时被具体化为"行于大道""（坐）进此道""得道"。

在《道德经》的一些段落中还可以看到：关于"以太的发散 (la doctrine de l'émanation)"理论和"灵魂的回归⑧ (le retour à l'âme universelle)"有很多可以讨论

---

① 中文译文见1842年儒莲《道德经》法译本第91页提供的中文对照。——译者注

② 见《老子道德经河上公章句》，北京：中华书局，1993年，第102页。——译者注

③ 见《鹖冠子》（春秋）鹖冠子撰，《化书》（五代）谭峭撰，长春：时代文艺出版社，2008年，第62—63页。法文为：Le Tao est ce qui a donné passage aux êtres.——译者注

④ 原文本句末附典籍版本信息，但暂时无法考证，未译出。原文为：liv . V, fol. 1.

⑤ 根据注释具体内容推断，应为为译文第二十一章注释8。或原文标注有误，或因6与8极其相似电子版扫描生成有误，有待进一步考证。——译者注

⑥ 见第1、4、6、21、25章等。

⑦ 见第18、30、31、32章等。

⑧ 雷慕沙：《亚洲杂文集》第1辑。第95页："毕达哥拉斯把人类的灵魂视作以太的发散物，它们发散的灵魂将人死后重新聚集在一起。柏拉图也持同样的看法，同时他拒绝让恶人进入灵魂的宇宙。"这些话很明显出自他对《道德经》第四十二章最后一句话的翻译（见《关于老子一生的回忆录》第31页第22行及下一页）："物或损之而益，或益之而损。人之所教，我亦教之。强梁者不得其死。"（万物消耗"宇宙的灵魂"而有所增长，或反过来，由于对方的消耗而增长。我在这里只教别人教给我的东西。但强盗不配拥有这种死法——他们的灵魂死后不会重聚）（参见本书译文第四十二章第158页和第160页注释8，第161页注释9）

的内容。能让读者自己注意到书中——尤其是第四十二章中提到的这一点——我就很满足了。我并不想把老子的学说和柏拉图以及柏拉图学派的思想家进行对比。尽管我对希腊哲学并不陌生，而且喜欢阅读希腊文原文文献，我还是应该把机会留给专门从事哲学史研究并且想要专门进行比较研究的学者们。

虽然长久以来我一直致力于中国语言和文学的研究，但仍然担心只是在深邃的领域做了表面的研究，担心只是从个人观点出发，缺乏对人文科学领域人类精神进步和哲学研究发展愈发完备的方方面面新知识的了解，从而可能弱化了这个问题。未来专业的哲学家可能会毫无困难地从各个侧面把握这个宏大而且精彩的问题，并且知道如何把它涉及的各个方面和它所有的进展公之于众。

此外，我迫切盼望完成这项持续了多年的艰苦工作。从开始的时候，我就早已知道会遇到各种各样严峻的困难，这是雷慕沙先生已经着力指出并给出了中肯评价的。尽管原文只有三十多页但完成遥遥无期。我在维克多·库赞 (Victor Cousin) 先生的建议下于 1826 年开始翻译《道德经》，很快完成了上半部的翻译，其中包括库赞先生最为关注的几个章节。尽管如此，我仍然感到极其担心和犹豫，面对仅仅有一份评注可供参考的情况，我感到如此地孤立无援，继续走下去显得鲁莽而且危险。

非常幸运的是 1834 年得到了明万历十六年 [①] 焦竑撰集注本的刻本，这本集子里完整地保留了以苏子由 (Sou-tseu-yeou)、李息斋 (Li-si-tchaï)、吴幼清 (Ou-yeou-thsing) 和吕吉甫 (Liu-kie-fou) 等人对《道德经》最著名的评注以及其他约六十余家的评注段落，使我对老子智慧的理解向前推进了一大步。想要深入到老子思想体系之内并且完整地翻译他的著作，我不想说不可能，但对我来说仍然是异常困难，如果没有从中国得到老子最早的注疏者河上公名副其实的评注的话——河上公于公元前 163 年成书并进献给汉文帝 (l'empereur Hiao-wen-ti)。我先翻译了这本书和书中所有的注释；然后在 1836 和 1837 年，我又得到了几个带有评注和释义的版本，让我重新润色我的法语译文，重新融汇、补充和完善各部分未完成的阐释。终于在 1840 年，德清 (Te-tshing) 的完美注释本为我提供了最后的宝贵帮助。他清晰、简洁的注释解答了绝大部分我长久以来的疑惑。这样一来，我得以对译文进行了一丝不苟的、整体的修改，让我可以将其称为第三稿；从那时起直到 1841 年 9 月，在反复重读和修改之后，直到现在这一版我才敢将其公之于众。

在想要兼顾清晰和重视的时候，我力求在法语允许的范围内做到字对字地翻译，借此为研究汉语的人提供分析文本的便利，并且在看到所附评注之后能够逐字地理解译文。那些不懂汉语的人能够相信我从未改变任何一个句子、任何一个词的含

---

① 原文为 1588 年。

义——如果不是某一个或几个中文评注考证过需要修改的话。首先我会给出我认为最恰当的解释，然后当一个难懂的段落同时有多个迥然不同的解释的时候，我会把它们都分别列出，一边让读者能够自己选择对他们来说最好的解释——如果有必要的话，也可以修正我的注释和翻译。

对于这项工作的未竟之处没有人比我更清楚，在六年多的时间里，为了完成本书的翻译我与无数的困难和时常出现的气馁角力。我丝毫没有掩饰——在我们当前的知识水平下，在不能像在北京的传教士一样就老子晦涩的思想向道家学派学者请教的情况下——想要凭借现有条件完全理解老子几乎是不可能的这个事实。我希望有识之士们能够注意到我长久以来为了能够让学界了解到中国最古老的哲学典籍所做的默默努力，希望他们能够在给予我所期待的、最大限度的宽容的同时，注意到这本书中的智慧——中文原文也是如此晦涩不明——让我们这个时代被视为大师和榜样的、声名远播的赴华传教士也难以捉摸；还注意到翻译的每一步所遇到的，曾让远见卓识、博学多才的雷慕沙先生望而却步的困难还将在未来很长一段时间内让欧洲的汉学家们难以应对。

道德经教学研究

《道德经》教学实践的探索和反思

林蟊生 *

内容提要：经典的传承与发展是当前时代的重要课题，也是我们提高文化自信的重要途径。《道德经》是道家的主要经典，詹石窗先生用"道、德、善、静、安"五个字来概述其主要思想内涵。在学习《道德经》时，应当持有敬畏之心和非功利的态度，从而真正实现入乎其内。当下属于新媒体时代，网络平台逐渐成为新的公共领域。因此要利用 MOOC、QQ 直播、腾讯会议、公众号等网络平台，丰富《道德经》的教学模式，从而进一步适应学生的生活习惯和心理需求，将学生带入经典之门，认识《道德经》的魅力，使得学生真正地对传统文化产生喜爱之情，推动教学相长。

关键词：《道德经》 教学实践 经典传承 文化自识

在通识教育的背景下，人文学科日渐受到重视，各个高校纷纷开设了相关课程。经典传承与研读是通识教育的一个有机组成部分。《道德经》作为道家文化最主要的经典，在我们民族文化的发展过程中，起着举足轻重的作用，对人们的思维方式和生活方式起到了潜移默化的影响。笔者开设了"《道德经》原著讲读"的校公选课程，在教学实践过程中，也对该课程做了相应的探索和反思。

一、《道德经》的文化魅力

传承《道德经》，首先需要明确为什么要传承该经典，即意义的问题。对于本科学生和其他初学者而言，首先需要告知他们学习《道德经》的意义，从而引起学习兴趣与热情。并且，在阐述《道德经》的意义时，事实上也是对应当以何种态度面对《道德经》以及选择什么方法来学习《道德经》等问题的变相说明。因此，站在

---

* 林蟊生（1987—），男，福建宁德，宁德师范学院讲师，哲学博士，研究方向：易学与道家道教文化。

学习者的角度观之，对意义问题的探讨是必不可少的。意义问题并不是自明的，不能简单地说经典本身就意味着意义，然后如此草草了事。如果这样，教学从一开始就会变成一种压迫式的价值观输出，这对于经典传承与学习而言是极为有害的，同时也没有给予学生和其他学习者足够的尊重，正如《道德经》言"人之所教，我亦教之"，王弼注曰："我之教人，非强使人从之也，而用夫自然。举其至理，顺之必吉，违之必凶。"① 王注说的便是不可强行而为，不可只是贴价值标签，当要设身处地，顺性而为。关于《道德经》的意义，主要可以从两个方面来说明：第一，经文中所蕴含的深刻思想内涵；第二，这些思想所具有的现实指导意义。

（一）《道德经》的深邃思想

詹石窗先生将道家精神概括为道、德、善、静、安，此若儒家之仁、义、礼、智、信。这五个字也是对《道德经》深邃思想的精炼总结。

"道"是《道德经》的核心概念。经文中的其他内容都是"道"这一概念的具体展开，若经文所言"朴散则为器"②。这个"朴"就象征着"道"，"器"则是"道"展开后的具体形式。陈鼓应先生在《老子今注今译》中认为"道"有四层含义：第一，道是构成世界的实体；第二，道是创造宇宙的动力；第三，道是促进万物运动的规律；第四，道是人类行为的准则。这里可以做一个补充，即道就是"道路"的意思。"道"是学习者把握《道德经》内涵的根本所在，这一概念既是学习的起点，也是学习的终点，即从"道"出发，最终又要返回"道"。

《说文》曰："德，升也。"段注曰："升当作登，……得即德也。……今俗谓用力徙前曰德。"③ 按照《说文解字》，"德"意味着一种向上的状态，由于个体向上而有所得。这自然是后来人们对"德"字的理解，已经偏向伦理化。在《道德经》中，"德"乃是"道"的最初显现，即经文所谓"道生一"④的"一"。故"德"又有"上德""玄德""孔德""常德""广德""不争之德"等称谓，这些概念皆可视作"道"的不同表达。后来伦理化的"道德"的概念，只是经文中"德"概念的一个内涵。

"善"的内涵最直接地体现在经文第八章："上善若水，水善利万物而不争。"⑤ 这里由"善"的概念引出了《道德经》中的一个重要意象——水。水有如下特点：第一，甘居于下，处卑而不争，滋养于万物。这就是经文说的"善利万物而不争"；第

---

① （魏）王弼注，楼宇烈校释：《老子道德经注》，北京：中华书局，2008 年，第 118 页。
② （魏）王弼注，楼宇烈校释：《老子道德经注》，第 74 页。
③ （清）段玉裁：《说文解字注》，上海：上海古籍出版社，1981 年，第 76 页。
④ （魏）王弼注，楼宇烈校释：《老子道德经注》，第 117 页。
⑤ （魏）王弼注，楼宇烈校释：《老子道德经注》，第 20 页。

二，柔软、无定形。容器是什么形状，水便是什么形状。当容器打碎了，水便又变换成其他形状；第三，包容万物。经文说道"心善渊"，意指心灵当像深渊一样，幽冥深厚而包容万物，不轻易为外界所搅扰。第四，以柔克刚，即经文所言"天下莫柔弱于水，而攻坚强者莫之能胜"①。这些特点都是"善"的具体体现。

"静"体现了生命的一种状态，即经文说的"归根曰静"，指的是一种复归生命本根的素朴状态。《道德经》认为"重为轻根，静为躁君"，故当以静制动。人们习惯于动，却忽略了静是一种更加深层的动，即静并非不动，而是随时、随势而动，是一种自然而然的顺性之动，故经文言"致虚极，守静笃"，又言"不欲以静，天下将自定"②，强调要笃实守静，不可妄动。这说明"静"不仅仅是一种身心状态，同时也是克服欲望的一种重要方法。

"安"是个体尊道贵德后一种富足的心灵状态。经文言"甘其食，美其服，安其居，乐其俗"③，描述了一种自我富足的身心状态。人们回到小国寡民的自给自足的"道"的状态之中。这里的小国寡民并非一种故步自封的状态，它更多是一种符号象征，指的是心安理得、悠然自在、少私寡欲的生命状态。可以说，"安"是一个重要的衡量指标。个体是否做到了尊道贵德？是否做到了少私寡欲？便可以个体是否心安来衡量，而不能用行为的多寡来判断。有的人可能什么都没做，但却心猿意马；有的人同时在做很多事情但可以保持内心平和。

（二）《道德经》的现实启示

《道德经》对个体的现实启示主要表现在两个方面：第一，启发个体养成一种健康的思维方式；第二，引导个体在面对现实问题时做出理性的选择。

《道德经》为人们提供了一个新的观察世界、看待问题的视角，即一种逆向思维。这对于文化的发展以及人们的行为而言是至关重要的。儒家尚贤，道家不尚贤；儒家贵仁，道家讲不仁；儒家讲进取，道家讲无为；儒家讲事功，道家讲素朴……显而易见，道家提供了一个与儒家不同的看待问题的视角。这使得我们的文化和我们的思维变得极具弹性。而弹性则是文化包容性的基本前提。为什么我们的文化能够吸收、消化佛教思想，原因就在于我们的文化具备这样的弹性。当前时代，中西文化交融日渐加深，可以预见在未来的某个时刻，又将形成一个更加圆融契合的新的文化形态，就像当初的禅宗一样。这都归功于我们文化本身具有的包容性，而这种包容性又与道家的这种逆向思维是不可分割的。但需要注意的是，《道德经》中的

① （魏）王弼注，楼宇烈校释：《老子道德经注》，第187页。
② （魏）王弼注，楼宇烈校释：《老子道德经注》，第35、69、91页。
③ （魏）王弼注，楼宇烈校释：《老子道德经注》，第190页。

"不尚贤""不仁""无为"等概念不是简单地对"尚贤""仁""有为"进行否定，毋宁说《道德经》更重要的是提供一种观察和思考的视角，这种视角自然而然会消解"尚贤""仁""有为"等概念，从而超越这些概念，但同时也依附于这些概念，就像经文说的"有无相生，难易相成"①。所以不能简单地把"不尚贤"看作对"尚贤"的否定。逆向思维之外，《道德经》还提供了一种抽象思维，这主要体现在"道"的概念之中。《道德经》中把"道"当作最高的概念，并对之进行相应的论述，例如第四章、第六章、第二十一章、第二十五章等相关内容，都有相关论述。这使得我们的文化上升到哲学层面，使得现实中的个体在思考相关问题时，能够从更高的层面进行审视，而非仅仅局限于现实问题本身。当个体学会用更多视角来审视同一个问题时，他对这个问题才会有更加精确而圆融的认知。所以说，这些思维都有利于丰富个体的思维模式，从而有助于个体养成一种健康的思维方式。

对于个体而言，养成一种健康的思维方式的重要目的就在于指导日常实践，即运用这种思维方式来审视各种事物，从而做出理性的判断和选择。这些事物主要分为两类：第一类是个体的生命，第二类是个体要做的具体事务。《道德经》是成就个体生命的智慧之学。个体要对自我的生命形成一种理性认知，《道德经》所表达的思维方式便是重要工具，当掌握了这个工具之后，便要结合具体概念来应用它。例如《道德经》第四十八章说道的"为学"与"为道"的损益关系，又如第三十七章说道的"无为"和"无不为"的关系。当自我对这些概念有了理性认知，也就意味着对"时间"的概念有了认知，而对生命的理解本质上就是对时间的理解。当面对具体事务时，《道德经》的指导意义就更为明显了。例如经文中说道"图难于其易，为大于其细。天下难事必作于易，天下大事必作于细"，这告诉人们开始做事情时要循序渐进，先易后难，不可急功近利。同时又补充说"千里之行，始于足下"，强调了坚持以及工具、外缘的重要性，最后还戒之曰"慎终如始，则无败事"②，告诉个体一件事情越是到了快要成功时，越要小心谨慎。这样，《道德经》便把一件事情在不同阶段所要注意的事项都讲述出来了。当然，《道德经》的指导意义是纲领性的，它很少涉及具体操作手段，更多是给予个体方向上的引导。

二、明确对待《道德经》的态度

在说明了学习《道德经》的意义之后，便要讨论对待《道德经》的基本态度。《道德经》教学实践，面对的是本科学生。由于本科以前所受的应试教育的影响，使得学生对经典通常会存在或多或少的误解和偏见。因此，《道德经》教学实践，首先

---

① （魏）王弼注，楼宇烈校释：《老子道德经注》，第6页。
② （魏）王弼注，楼宇烈校释：《老子道德经注》，第164、165、166页。

要明晰的乃是学生（当然也包括教师）对待经典的态度问题，或者说如何对经典进行定位。在我们的文化之中，定位是非常重要的一个概念，《周易·系辞》开篇便言"天尊地卑，乾坤定矣"，又言"天地定位，山泽通气，雷风相搏，水火不相射"①。可见"定位"这个概念，是我们讨论问题、观照世界的一个基本前提。如果天地不分，一切混沌，那么讨论便无从谈起。同样，从个体生命的角度而言，定位与意义是紧密关联的。我们生于天地之间，总是需要一个自我定位，我们的生命意义也因着明确的自我定位而变得清晰。经典本来就是与生命问题直接相关的，不可将二者割裂对待。于是问题便进一步转化为个体如何定位的问题。这就涉及个体如何选择的问题。"道"的甲骨文（𧗢）和"德"的甲骨文（𢔏）都是一个人位于十字路口进行方向的选择之象，由字形最初的意思看来，"道"与"德"的原本内涵中就包含了选择的意思，也即一种定位和立场。

（一）敬畏之心

《说文解字》言："经，织也，从糸巠声。"段玉裁注曰："织之从丝谓之经。必先有经而后有纬。是故三纲五常六艺谓之天地之常经。大戴礼曰：'南北曰经。东西曰纬。'"②所以经典的意思就是指那种具有恒常意义的典籍。《道德经》延绵至今，不断地被历代学者所传授，其根本原因就在于经文中具有恒常且历久弥新的生命智慧。因此，在面对《道德经》时，首先要有的态度便是当存敬畏之心。但需要说明的是，敬畏之心的培养并不是一蹴而就的，并非说要有敬畏之心，便有了敬畏之心。事实上，敬畏之心的养成需要经过严格的训练。所以作为教师（以及其他有志于传承经典的个体），应当先明确这一点，当先意识到问题的重要性和严肃性。

对这种敬畏之心的培养，可以从两个方面着手进行训练：第一，信；第二，学。所谓信者，信《道德经》中蕴含着指导个体实践的生命智慧；所谓学者，结合自身特点，理性学习经文内容，从而形成对经典的合理认知，并指导自己的现实生活。信，而后能勤勉学之；学，而后有所觉，觉经典之义理诚不欺我也，而日增其信也。在教学过程中，学生在此处便会提出这样一个问题，即为什么要选择信这种态度。这个问题可以分为两个角度来讨论：第一，从经典的角度而言，信是个体进入经典的门径，不信则无以入也。信是一种入门途径，否则只是在门外徘徊。当前信息时代，师生都可以接触到海量信息，孰真孰假？常常无标准可言，这些充斥于生活中的各种信息使得学生产生了两种极端：一方面因为没有了标准，对事物总是持一种

---

① （唐）孔颖达：《周易正义》，北京：九州出版社，第 350、433 页。
② （清）段玉裁：《说文解字注》，第 644 页。

怀疑和否定的态度，另一方面则因为没有标准便凡事都随波逐流，在海量信息中迷失了自我。这个时候便显示出了《道德经》的作用，即经文可以提供一个理性看待这个世界的视角。《道德经》并未自诩经文中的内容就是绝对正确的真理，《道德经》更重要的是提供给读者一种看待世界和生命的视角。因此，对《道德经》选择信的态度，可以克服当前时代标准模糊化的危险，同时仍然使学习者保留自己的立场和独立思考。这对学习者而言自然是利大于弊。信然后言学，这个学才是真正入乎其内的学，否则虽然形式上也是学，但终究只是在门外，无法登堂入室，或者说进入宝藏之中却空手而归。至于学，则要有为学次第，即道德经所言"为学日益"，这里可以借鉴《大学》所言的"止、定、静、安、虑、得"之事物发展终始之理；第二，从经典学习者的角度观之，每个人都需要选择一个立场和态度，要么信，要么不信，要么有的信有的不信。那么如何选择呢？《道德经》第二章言"有无相生，难易相成，长短相较，高低相倾"①，此即说明看待事物需要在一种关系中来审视它，因此，对于"信"这个立场，也是需要以这样的思维来审视。一方面，要把"信"确立为进入经典的门径，从这个角度来说，要信得决绝，不能有丝毫犹豫，就如"逝者如斯夫，不舍昼夜"的时间一样，它的流逝是绝对的，个体稍不留心，它就会悄然而逝。《道德经》之门也是这样的，稍微犹豫，就会关闭。所以，学习者首先要有"信"这一坚定信念，以此进入经典之中。进入之后，则要懂得结合自身特征以及具体时空背景，来审视经文内容，并力求古为今用。所以，对于具体内容而言，就要持一种怀疑态度，当然这里的怀疑需要建立在理性的基础上，不能盲目怀疑，不能用怀疑来标榜自己，而是要切切实实在实际运用中发现经文内容与自己的具体情况有不相符合之处，从而调整对经文的理解角度。

（二）非功利心

当确立了面对《道德经》的基本态度之后，接着便要讨论在学习《道德经》具体内容时的态度问题。通过教学实践，笔者以为对当前学生而言，极为重要的一点就是学习《道德经》需要有非功利的心态。这种非功利心态，不仅是在学习《道德经》时需要有的态度，更重要的是要通过学习《道德经》，把这种态度变成自我的一种习惯，从而来更好地面对现实生活中的各种欲望与诱惑。这也就是《道德经》所说的"见素抱朴，少私寡欲"②。当前人们的一个思维习惯便是凡做一件事情都希望有利可图，都要问"为什么"，否则便觉得这件事情没必要去做。事实上，问"为什么"

---

① （魏）王弼注，楼宇烈校释：《老子道德经注》，第6页。
② （魏）王弼注，楼宇烈校释：《老子道德经注》，第45页。

是好的习惯，只是不能仅仅在利益面前才问为什么，在追求知识和经典学习上反而忘了求索、追问的精神。在学习《道德经》过程中，需要学习者不断地去问"为什么"，因为从时间上来说，经文已经距离我们两千多年了，那么经文内容如何与当下的这个"我"发生联系？这就需要学习者不断切磋琢磨，并且要将自己纳入经文之中，这也就是《道德经》所说的无为自然的一种学习状态。所以，面对经典时，除了敬畏之心这个基本前提外，还要以平常心作为贯彻学习始终的指导原则。这个"平常心"就是《道德经》中的"无为"的思想，也就是上文论述的一种非功利的态度。事实上，这种非功利的态度如果能够贯彻到底，恰恰能够大有所获，即《道德经》所说的"无为而无不为"。这才是真正的大有所为，是一个人获得自己的生命，获得自己的态度和价值，从而悠游于天地之间，"挫其锐，解其纷，和其光，同其尘"①。

另外，要将上述论及的"为什么"式的功利化思维导向精细化、分析化的方向，从而把对利益的执着转化成对知识的执着。这种转化也是非功利化的一种表现形式，即面对知识所应当有的一种求真态度。在教学过程中，文科生常有分析思维不足的特点，偏重于感性思维，但是逻辑思维相对缺乏。尤其《道德经》这些典籍，重要概念通常有多层含义，这个时候应该着重培养学生的分析思维，让学生学会从某一个具体概念入手，分析概念的具体内涵，以及概念之间的联系。例如第一章中"道"的概念，教师就要引导学生去探讨"道"究竟有几层内涵，需要将之一一罗列出来，切不可似是而非。虽然这有割裂"道"的整体性之嫌，但对于学习者而言，开始阶段的"分"是必不可少的。可以说，若没有"分"，则难有"合"。同时，概念与概念之间的关系也是需要学习者去反复琢磨的，例如《道德经》第二十五章说道："吾不知其名，字之曰道，强为之名曰大。大曰逝，逝曰远，远曰反。"②经文中"道""大""逝""远""反"这一组概念之间究竟是什么关系？这便需要先对各个概念作细致分析，在此基础上再讨论彼此之间的关系。笔者认为，培养学生的分析思维是《道德经》教学实践中需要重点关注的，也是学生适应未来社会发展需要所必须准备的能力之一。何以言之？新文化运动之后，我们进一步了解了西方的科学精神，改革开放之后，这种中西之间的结合已然成为大势所趋，而西方的分析思维正好补充了我们传统思维中的不足。因此，在《道德经》的教学过程中，应当强调这种求真的非功利态度，从而更好地理解和应用经文内容。

三、教学形式与方法次第

在讨论了学习《道德经》的意义和对待《道德经》的态度之后，最终还需要落

---

① （魏）王弼注，楼宇烈校释：《老子道德经注》，第148页。
② （魏）王弼注，楼宇烈校释：《老子道德经注》，第63—64页。

实到经典文本的学习中来。这一点主要分为两个方面来讨论：第一，《道德经》的教学形式；第二，学习《道德经》的方法次第。

（一）教学形式

随着技术的进步，新媒体得到不断发展，人们的生活与之有了日渐密切的联系。新媒体所塑造的网络平台成为当前时代新的公共领域，"网民"一词不仅仅是对一个群体的称谓，同时还象征着一种权力，这种权力能够现实生活中的价值选择与判断。由此可见，互联网所建构的世界已经不再虚拟，线上与线下逐渐连成一片。尤其是庚子年新冠肺炎的爆发，更是加快了这种融合。线上办公、线上教学、线上会议成为一种常规模式，因此，《道德经》教学实践也要结合这种发展趋势进行调整，融合传统教学与线上教学。

中国大学 MOOC 上的《道德经》是由厦门大学谢清果教授主讲的一门课程，这一门线上的《道德经》课程，既面向厦门大学的学生群体，又面向社会所有对《道德经》感兴趣的人群，这使得《道德经》的传播面迅速扩大。受众可以根据自己的需求进行有选择性的学习。同时，网络的一个特点就在于它的可重复性。所以，学习者有充分的时间进行独立思考，可以反复观看视频。这是非常值得借鉴的，但是它对讲课者提出了很高的要求，所以存在相应的难度。

QQ 直播和腾讯会议等也是很好的网络平台。MOOC 面向任何一个感兴趣的个体，讲授者是无法控制观众规模的。相对来说，QQ 直播和腾讯会议则可以进行把握，能够较好地控制受众规模。同时，这两种线上教学模式的一个优点是能够及时讨论，看到观众的反馈意见，从而进行比较有效的交流。这种交流沟通既可以采用语音，也可以使用文字，形式灵活。在线上教学的过程中，可以发现学生相对传统课堂教学要活跃很多。这或许就是媒介本身所具有的力量。当然，这与当前不少学生通过网络来表达自我情感的生活习惯和思维习惯也是紧密相连的。个体在这个信息技术时代，已经慢慢习惯于让技术成为自己生活的一部分，因此，在《道德经》的教学实践中自然要引进相应的教学模式，从而达到更好的教学和传播效果。

当然，还可以运用公众号，将师生之间的教学讨论整理推送出来，例如上海师范大学的陈成吒老师运营的公众号"凤来学园"就是一个很好的案例。他将其课堂与学生的讨论互动在公众号上推送出来，这也是学习和传播《道德经》的一种有效方式，同时也是保存资料的一种手段。

需要注意的是，线上教学对学生的自主性提出了更高的要求。不少学生的教育经历使得他们更多是一种被动学习的状态。所以，对于讲授者而言需要关注受众的接受效果和意见反馈，从而及时调整教学实践模式及其内容。同样，线上教学对讲授者也提出了更高的要求。例如讲授者首先要在思维习惯和生活习惯上接受新的教学模式，这其实是有相当难度的。因此，传统教学模式和线上教学模式究竟该如何融合仍然是一个需要不断探讨和实践的问题。也只有通过不断实践才有可能对这一问题提出相对合理的方案。

（二）方法次第

笔者在教学实践的过程中，逐渐归纳出了学习《道德经》的四条注意事项，这四个注意事项也可视作学习《道德经》的四个次第：第一，要通晓经文的基本含义；第二，要有"玩"的心态；第三，"玩"而约之以"敬"；第四，持之以恒。

首先便是要通晓经典的本来内涵，这是学习经典的基本前提。现在社会上有一种说法叫作"老实读经"，即个体只管读经便可，不需晓得经文到底讲了什么，只要不停地读，最后效便会出现，个体便将受益。读经的益处自然是有，然如果只是不知所以然地、机械地反复诵读，极有可能出现的结果就是经典成为一种束缚，成了个体生命之外的存在。经典是经典，读经的人是读经的人，两者不能形成内在联系。这对人们认识经典和传承经典是非常有害的，因为如果方向出错了，那么走得越远便陷得越深。所以，学习《道德经》，首先便需要通晓文义，这样无论这一个体能否真正走进《道德经》中，至少不会在方向上出错。

其次，便是要有"玩"的心态。这个"玩"的心态，主要取象于《道德经》中的"婴儿"意象。"玩"的心态意味着一种乐趣，这是学习经典所当有的心态，正如《论语》言"学而时习之，不亦说乎"，学习应当与内心喜悦相联系。对经典的学习则更需要如此。学习经典可以增加个体的知识，但更重要的是提升个体的生命状态。学习者需要效仿婴儿所求甚少、用心专一、并且对这世界充满好奇心的特点。《周易·系辞》言："是故君子所居而安者，易之序也，所乐而玩者，爻之辞也。"[①]也强调了"玩"的重要性。"玩"的心态意味着学习者已经入了经典学习之门。

第三，"玩"而约之以"敬"。在《道德经》的学习中，"玩"的心态意味着兴趣和动力，"敬"则意味着规范。这种规范是一种由内而外的规范，是学习者意识到《道德经》所包含的生命智慧后而产生的一种自然而然的情感。这种"敬"的情感能够帮助学习者克服"玩"的心态可能会引起的散漫与怠惰。这个"敬"可以说是登堂入室的重要途径，是畅游于经典所必须有的一种情感，既理性又恒久。需要注意的是，一个人并非轻易就能培育出这种情感，它本身就象征着一种能力。这种情感恰恰需要个体沉浸在《道德经》这样的经典中，并且将经文内容与现实情况相结合，

---

① （唐）孔颖达：《周易正义》，第358页。

反复切磋琢磨方可得之。因此，"敬"乃是学习《道德经》的一个更高要求。

第四，持之以恒。《道德经》言"为学日益，为道日损"，无论是"为学"还是"为道"，这里都强调一种持续性，即经文中的"日"字，意指日复一日，不可中断，此亦与经文所言"不失其所者久"①之"久"是相互贯通的。何以能久？当不失其所也。何为其所？一己之心也。何以能够寻得此心？切磋琢磨，恒于实践者也。故学贵有恒，尤其是学习《道德经》这样的经典则更是如此。同样，正是因为这种持之以恒的品质，《道德经》才有可能真正融入学习者的生命实践之中，成为个体生命的一个有机组成部分。如此一方面丰富了《道德经》的内涵，另一方面则让学习者开出新的生命向度。因此，若无恒心，则将半途而废。前三个阶段的积累也会黯然失色，无所取焉。

四、结语

《道德经》的传承是一个日久弥新的问题。尤其在当前中西文化深入融合的时期，如何对经典进行定位是一个需要严肃探讨的问题。本文从学习《道德经》的意义，即为什么要学该经典、学习《道德经》该有的态度以及教学形式和方法次第等三个方面总结了笔者在《道德经》教学实践中的相关探索与反思，力图反省自我之不足，从而在今后的教学实践中能够使自我保持戒慎恐惧之心，临渊履冰，尊道而行。

---

① （魏）王弼注，楼宇烈校释：《老子道德经注》，第84页。

后老学文本研究

老学佚籍八角廊竹简《文子》新注

张丰乾 *

基金项目：国家社科基金后期资助项目"《文子》新刊及综合研究"（19FZXB059）成果。

说明

竹简《文子》1973 年出土于定州八角廊村 40 号汉墓，墓主被确定为西汉中山怀王刘修。该墓位于河北省定州城关西南 4 公里的八角廊村，[①] 按照考古学界的惯例，应称之为"八角廊竹简《文子》"。同时出土的还有《论语》等典籍。据竹简整理者介绍，中山怀王墓约于西汉末年被盗，由于盗掘者在墓中引起大火惊骇逃出，使墓中一些重要文物得以保存。竹简位于椁室东侧，虽因过火炭化避免了腐朽，但经过盗扰火烧，也使竹简受到严重损坏。竹简散乱残断，炭化的黑地上墨迹已多不清晰。1976 年 7 月，唐山大地震中，盛简木箱被不知情者搬倒，使竹简又一次散乱，并有一定损毁。[②]

1981 年定州汉简整理小组发表了工作简报，正式宣布发现了竹简《文子》。1995 年，《文物》杂志发表了河北省文物研究所定州汉简整理小组所作的竹简《文子》释文，据整理小组介绍，八角廊竹简中初步被认定为是《文子》的竹简有 277 枚，2790 字。现据今本《文子》，可看出其中属《道德篇》的竹简有 87 枚，1000 余字。另有少量竹简文字与今本《文子》中《道原》《精诚》《微明》《自然》等篇的内容相似，余者皆是今本《文子》中找不到的佚文。竹简中虽未发现篇题，但有"《文子·上经》"及"□经》者，圣知之道也"之语，另有"百一十八字"的标注，所以竹简《文子》可能是分为上、下经，且是有篇题的。但因竹简屡遭损毁，在何处分篇已无

---

* 张丰乾（1973—），男，甘肃古浪人，中山大学哲学系副教授，主要研究中国古代文献与思想。

① 经笔者实地考察，该村现名"八角郎"，汉墓是 1972 年村民在取土时发现的。

② 河北省文物研究所定州汉简整理小组：《定州西汉中山怀王墓竹简〈文子〉的整理和意义》，《文物》1995 年第 12 期。

稽可考。现存的八角廊竹简《文子》为残篇断简，其原来的篇章顺序已经散乱。今本《文子》虽篇章有序，但经后人窜乱严重。两者参照只发现一部分竹简文字与今本《文子·道德》篇中文字相似，但其中差异甚多。这给竹简文的对接和排序带来了很大困难。①

《文子》一书，汉魏以来屡被称引，班固《汉书·艺文志》著录九篇，属道家类著作。班固自注："文子，老子弟子，与孔子并时，而称周平王问，似依托者也。"《抱朴子内篇》追述："昔庚桑胼胝，文子厘颜，勤苦弥久，及受大诀，谅有以也。""至于文子庄子关令尹喜之徒，其属文笔，虽祖述黄老，宪章玄虚，但演其大旨，永无至言。"

竹简《文子》虽然损毁比较严重，但仍具有重要价值。竹简《文子》的出土证明今本《文子》确非无源之水，无本之木。但二者从形式到内容相去甚远，不可相提并论。

竹简《文子》以问答的方式，对于"道""德""执一无为""圣知之道""致功之道"等范畴做了非常独到的阐释，有鲜明的融合众家而自成一体的特征。

关于竹简《文子》的撰作年代，目前尚无统一的意见。但竹简《文子》中说"吾闻古圣立天下，以道立天下"，"以道立天下"显然出于《老子》，而把"老子"称为"古圣"，说明其年代不会很早。

《汉书·艺文志》云："老子弟子，与孔子并时；而称周平王问，似依托者也。"《论衡·自然》有言："以孔子为君，颜渊为臣，尚不能谴告，况以老子为君，文子为臣乎？老子、文子，似天地者也。"周平王与孔子非同时人，竹简《文子》中"平王"前虽未见有"周"字，但班固误读《文子》的可能性比较小。

已发表的竹简《文子》释文残缺之处甚多，但对于研究《文子》一书的原貌、今本《文子》的结构、道家思想的演变等重要问题仍然具有不可替代的作用。在已有研究的基础上，② 对竹简《文子》的释文做出进一步的厘定和注释，为更加深入具体的研究提供较为可靠的文本，是比较困难，但是很有意义的事情。

① 河北省文物研究所定州汉简整理小组：《定州西汉中山怀王墓竹简〈文子〉的整理和意义》，《文物》1995年第12期。

② 可参看张丰乾：《柳宗元以来的〈文子〉研究述评》，北京大学中国传统文化研究中心主办《国学研究》第七卷，北京：北京大学出版社，2000年；李锐：《〈文子〉问题后案》，华东师范大学中国现代思想文化研究所编《思想与文化》第十七辑，上海：华东师范大学出版社，2009年；亦见于氏著《新出简帛的学术探索》，北京：北京师范大学出版社2010年；何志华：《竹简〈文子〉研究四十载回溯——从"朝请""壹异"两词说起》，方勇主编：《诸子研究》第四辑，上海：上海古籍出版社，2010年。

凡例

一、此次校注的竹简《文子》，底本是河北省文物研究所定州汉简整理小组发表于《文物》杂志 1995 年第 12 期的《定州西汉中山怀王墓竹简〈文子〉释文》，在此校注中称为"原释文"。

二、原释文为简体字，现转为正体字，对部分标点和个别竹简的对接也做了调整。

三、因已公布之简文与今本《文子·道德》对应最多，故将这些释文依今本《文子·道德》中的次序刊列于前，其他简文按其文义刊列于后。但因为该竹简散乱残断，整理者称未发现篇题，所以此处也不加篇题。

四、为尽量保持竹简的原貌，保留了简文编号，但将竹简编号作为下标列于释文之后，一简有两个或两个以上编号者，也一同列于释文之后。

五、简文以黑体字标出，文中的通假字、异体字以 [ ] 注出其通用字。简文残缺或残涣无法辨识的字，可据行文格式推定字数而未能补释的，以"□"表示，一个"□"代表一个字。

六、语句不通，疑有夺文处，以"〈 〉"内文字补之。

七、传世本《文子》相关内容列于竹简文之后。根据传世本《文子》及竹简本上下文补充的文字置于"( )"内。

八、上下文有残缺处，用"……"表示。

九、所据传世本《文子》为《四部备要》本（上海中华书局据守山阁本校勘）；所引用《老子》，为朱谦之所校释的景龙碑本。

十、释文中未识的文字，保留其原字。

十一、原整理者称，释文中尚有未能校对的简文，不再标出。

十二、注释符号用【 】表示。

十三、释文按照内容分为十八部分，前十七部分大致有一个主题，如"修道德""天道""淳德""用仁""用义""教化""用兵"等等。残缺过甚的简文作为第十八部分统一列于文末。

释文

第一部分

"……之。"文子曰："用道德。"平王曰：2201……

……曰："主哉乎？是故圣王务修道德，2211……

（平王问德，文子曰：）"修德非一听，[1] 故以耳听者，学在皮肤；以心听 2482（者），学在肌月 [肉]；以神听者，0756（学在骨髓）。[2]（故听之）不深者知不远，而不能尽其功，不能 2500（行之成）。

　　"……之也。"文子曰："臣闻传曰：'致功之道 0565……

　　……地之守也，故王者以天地为功 0574[3]

　　……□□善，致其功□□□功，不以 0754

　　……以养其神，故功成名遂，与天地歆，宵宵以致 2438……[4]

　　……道德之力也。夫宿其夜取务循之，后 0902……

　　{注释}

　　【1】传世本《文子·上仁》："古者，修道德即正天下，修仁义即正一国，修礼智即正一乡。"

　　【2】《庄子·人间世》："回曰：'敢问心斋。'仲尼曰：'若一志，无听之以耳，而听之以心；无听之以心，而听之以气。听止于耳，心止于符。气也者，虚而待物者也。唯道集虚。虚者，心斋也。'"《吕氏春秋·先己》："故心得而听得，听得而事得，事得而功名得。"

　　【3】《庄子·天道》："夫天地者，古之所大也，而黄帝、尧、舜之所共美也。故古之王天下者，奚为哉？天地而已矣。"

　　【4】《鹖冠子·天则》："举善不以宵宵，拾过不以冥冥。"

　　文子问道。老子曰："学问不精，听道不深。凡听者，将以达智也，将以成行也，将以致功名也，不精不明，不深不达。故上学以神听，中学以心听，下学以耳听，以耳听者，学在皮肤，以心听者，学在肌肉，以神听者，学在骨髓。故听之不深，即知之不明；知之不明，即不能尽其精，不能尽其精，即行之不成。"（传世本《文子·道德》）

　　第二部分

　　（视之）非见，听之不闻 2472。[1]毋刑［无形］、毋［无］声，万物□ 2481 而生，侍［恃］之而成。[2]2469

　　{注释}

　　【1】《老子》第十四章："视之不见，名曰夷；听之不闻，名曰希；抟之不得，名曰微。此三者不可致诘，故混而为一。"传世本《文子·精诚》："无形者，视之不见，听之不闻，是谓微妙，是谓至神。"

　　【2】传世本《文子·道原》："天常之道，生物而不有，成化而不宰，万物恃之

而生，莫知其德，恃之而死，莫之能怨。"《老子》第三十四章："大道泛，其可左右。万物恃之以生而不辞，成功不名有。"《韩非子·解老》："宇内之物，恃之以成。"

　　（平王问万物，文子曰："夫万物者，）产于有，[1] 始于弱而成于强；始于柔而0581（而成于刚；）[2]（始）于短而成于长；始（于）寡而成于众；始2331（于下而成高，百仞）之高，始于足下；[3]（高始于）下，先始于后，大始于小，多始于少。0899千方之群，始于寓强。1178[4]（此天之道也。）圣人法于天道，[5] 卑者以自下0871(退者以自后，俭者以自小，损之以自少；）卑、退、敛、损，所以法天也。"[6]平王曰："0912……

　　{注释}
　　【1】《老子》第四十章："天下万物生于有，有生于无。"《淮南子·俶真》："物莫不生于有也。"
　　【2】《老子》第三十六章："柔胜刚，弱胜强。"第七十八章："天之柔弱莫过于水，而攻坚，强莫之能先。其无以易之。故弱胜强，柔胜刚，天下莫能知，莫能行。"
　　【3】《老子》第六十四章："合抱之木，生于毫末；九层之台，起于累土；千里之行，始于足下。"
　　【4】此句比较费解，传世本作"十围之木，始于把"。《说苑·正谏》："十围之木，始生于蘖。"《淮南子·主术》："夫举重鼎者，力少而不能胜也，及至其移徙之，不待其多力者。故千人之群无绝梁，万人之聚无废功。"晁福林指出："本句的'寓强'，疑即作为四方极远处的神灵'禺强'。寓通禺，此可举一证。"① 但语义最为接近的当是《列子·汤问》所言："帝恐流于西极，失群仙圣之居，乃命禺强使巨鳌十五举首而戴之。""千方之群"即"群仙圣之居"。
　　【5】《老子》第二十五章："人法地，地法天，天法道，道法自然。"
　　【6】《老子》第九章："功成、名遂、身退，天之道。"《老子》第七十七章："天之道，其犹张弓！高者抑之，下者举之，有余者损之，不足者与之。天之道，损有余而补不足；人道则不然，损不足，奉有余。"

　　夫道者，原产有始，始于柔弱，成于刚强；始于短寡，成于众长；十围之木始于把；百仞之台始于下，此天之道也。圣人法之，卑者所以自下，退者所以自后，俭者所以自小，损之所以自少，卑则尊，退则先，俭则广，损则大，此天道所成也。

　　① 晁福林：《定州汉简〈文子·道德〉篇臆测》，《中国历史博物馆馆刊》2000年第2期。

（传世本《文子·道德》）

第三部分

（文）子曰："臣闻，道者，万物以 0868……

……□者。"平王曰："善。好乎道，吾未尝闻道也。0976

（文子曰："夫道者，德之）元也，百事之根 1181[1]（万物恃之而）生，恃之而成，恃 0792（之而宁）[2]（天）子有道，则天下皆服，长有 0590 □社稷；公侯 0629（有）道，则人民和陆 [睦]，长有其国；土庶有（道），2218（则全其）身，葆其亲必 [密]；[3]强大有道，则不战 0619 而克；弱小有道，则不诤得识；[4]举事有道，2462 则功成得福。[5]是以，君臣之间有道，则 0625（忠惠）；（父子之）间有道，则慈孝；土庶间有道，则 2445（则相爱。故有道则和，无道则苛。由是观）之，道之于人也，1179（无所不宜也。）

（夫道者），小行之小得福，大行之大得福。0937（尽行之天下服，服则怀之，）则帝王之功成矣。故帝者，天下之 0929（适也；王）者，天 <下之> 住 [往] 也。天下不适 [敌] 不住 [往]，（不可谓帝王）0990 矣。是故，帝王者不得人不成，得人失 0798（道，亦不能守。）[6]

……纯则不矜其 0836……

……以矜其贤则□，则□下不□□养，养则 0940……

（夫失道者，）[7]① 徒暴寡，广奢骄溢，[8]谩裾陵降，[9]见余 1194、1195（，自显，自明，[10]执雄坚强，作难结怨），为兵始，为乱首。[11]小人行之，身受大秧 [殃]；大人行 2437（之，国家灭亡，浅及其身，深及子孙。）夫罪，莫大于无道；怨，莫深于无德，天道然也。"

……□□理，则祸乱不起。2485

{注释}

【1】传世本《文子·道原》："老子曰：'万物之总，皆阅一孔。百事之根，皆出一门。'"《淮南子·道原》："万物之总，皆阅一孔；百事之根，皆出一门。其动无形，变化若神；其行无迹，常后而先。"

【2】《老子》第三十四章："大道泛兮，其可左右。万物恃之以生而不辞，成功不

---

① 《后汉书·樊宏传》："博士议郎，一人开门，徒众百数。"其他经传中，"徒"亦多为"众"之意。见晁福林：《定州汉简〈文子·道德篇〉臆测》。

名有。"

【3】原释文作"必"，疑为"密"之讹。《汉书·萧望之传》："前少主在乌孙四十余年，恩爱不亲密，边境未以安，此已事之验也。"

【4】得识，得以认识。《后汉书·章帝纪》："朕得识昭穆之序，寄远祖之思。"

【5】《韩非子·喻老》："随时以举事，因资而立功。"《韩非子·南面》："人主欲为事，不通其端末而以明其欲，有为之者，其为不得利，必以害反。知此者，任理去欲。举事有道，计其入多，其出少者，可为也。惑主不然，计其入，不计其出，出虽倍其入，不知其害，则是名得而实亡，如是者功小而害大矣。凡功者，其入多，其出少，乃可谓功。今大费无罪而少得为功，则人臣出大费而成小功，小功成而主亦有害。"《淮南子·俶真》："是故举事而顺于道者，非道之所为也，道之所施也。"

【6】《吕氏春秋·慎大览·下贤》："帝也者，天下之适也；王也者，天下之往也。得道之人，贵为天子而不骄倨，富有天下而不骋夸，卑为布衣而不瘁摄，贫无衣食而不忧慑。"

【7】《庄子·盗跖》："以强凌弱，以众暴寡。"

【8】洫，败坏之意。《庄子·则阳》："与世偕行而不替，所行之备而不洫。"

【9】《说文》："谩，欺也。"《吕氏春秋·仲夏纪·侈乐》："强者劫弱，众者暴寡，勇者凌怯，壮者傲幼，从此生矣。"《战国策·齐四》："据慢骄奢，则凶从之。"传世本《文子·就守·守弱》："小者倨傲凌下，用心奢广。"

【10】《老子》第二十四章："自见不明，自是不彰，自伐无功，自矜不长。其在道，曰余食赘行，物或有恶之，故有道不处。"

【11】"为兵始，为乱首"，原释文作"为兵，始为乱首"，标点有误。①帛书《黄帝四经·十大经》："不广其众，不为兵邾，不为乱首。""兵始"，战争的肇始者；"兵主"意为军队主管，《管子·地图》："凡兵主者，必先审知地图"；"缮器械，选练士，为教服，连什伍，遍知天下，审御机数，此兵主之事也。"

夫道者，德之元，大之根，福之门，万物待之而生，待之而成，待之而宁。夫道，无为无形，内以修身，外以治人，功成事立，与天为邻，无为而无不为，莫知其情，莫知其真，其中有信。天子有道则天下服，长有社稷；公侯有道则人民和睦，不失其国；士庶有道则全其身，保其亲；强大有道，不战而克；小弱有道，不争而得；举事有道，功成得福；君臣有道则忠惠；父子有道则慈孝；士庶有道则相爱，

---

① 李缙云：《〈文子·道德篇〉传世本与八角廊竹简校勘记》，陈鼓应主编《道家文化研究》第18辑，北京：生活·读书·新知三联书店，2000年，第138页。

故有道则知，无道则苛。由是观之，道之于人，无所不宜也。

夫道者，小行之小得福，大行之大得福，尽行之天下服，服则怀之，故帝者，天下之适也，王者，天下之往也，天下不适不往，不可谓帝王。故帝王不得人不能成，得人失道亦不能守。

夫失道者，奢泰骄佚，慢倨矜傲，见余，自显，自明，执雄坚强，作难结怨，为兵主，为乱首，小人行之，身受大殃，大人行之，国家灭亡，浅及其身，深及子孙。夫罪，莫大于无道；怨，莫深于无德，天道然也。（传世本《文子·道德》）

第四部分

（平王问德。文子曰："养之，遂之长之，兼利无怿，与天地合，此之谓德。"【1】"何谓仁？"曰："为上不矜其功，为下不羞其病，大不矜，小不偷，兼爱无私，久而不衰，此之谓仁也。""何谓义？"曰："为上则辅弱，）为下则守节，【2】循道宽缓，【3】穷 0582（不易操，一度顺理，不私枉桡，此之谓义也"。何谓礼？曰："为上则恭严，为下）则敬爱、损退、辞让、守柔，【4】服之以 0615（为天下雌，立于不敢，设于不能，此之谓礼也。故修其德则下从令，修其仁则下不争，修其义则下平正，修其礼则下尊敬，四者既修，国家安宁。故物）生者，道也；养者，德也；【5】仁 2466（者，爱也；正者，义也；敬者，礼也。不畜不养，不能遂长；）不慈不爱，不能成遂，不正 0600（不匡，不能久长；不敬不宠，不能贵重。故德者，民之所贵也；仁者，民之所怀也；义者，民）之所畏也；礼者，民之所敬也。此四 2259（者，文之顺也，圣人之所以御万物也。蹢节谓之无礼。毋德者则下怨，无 0591 仁则下诤，无义则下暴，无礼则下乱。0895、0960（四经）不立，【6】谓之无道，而国不 0811（亡者，未之有也。"）尽行之，帝王之道也。0925

……今何，而德加 1773……【7】

{注释}

【1】《老子》第十章："生之畜之，生而不有，为而不恃，长而不宰，是谓玄德。"

【2】《管子·君臣》："是以上之人务德，而下之人守节。"

【3】《韩非子·五蠹》："夫古今异俗，新故异备，如欲以宽缓之政、治急世之民，犹无辔策而御駻马，此不知之患也。"

【4】《老子》第五十二章："守柔曰强。"

【5】《老子》第五十一章："道生之，德畜之，物形之，势成之。是以万物莫不尊道而贵德。道之尊，德之贵，夫莫之命而常自然。故道生之，德畜之，长之育之，

成之熟之，养之覆之。生而不有，为而不恃，长而不宰。是谓玄德。"

【6】《文子》以"德、仁、义、礼"为"四经"。《管子·牧民》有"四维"之说："一曰礼，二曰义，三曰廉，四曰耻。礼不逾节，义不自进，廉不蔽恶，耻不从枉。"传世本《文子·上仁》又有"六纲维"之说："古之为道者，深行之谓之道德，浅行之谓之仁义，薄行之谓之礼智；此六者，国家之纲维也，深行之则厚得福，浅行之则薄得福，尽行之天下服。"

【7】《春秋繁露·必仁且智》："福及子孙，德加万民，汤武是也。"《白虎通义·京师》："德加于人然后食其禄，所以尊贤重有德也。"《白虎通义·王者不臣》："德加于百姓。"《后汉书·邓寇列传》："但愿明公威德加于四海。"《后汉书·祭祀志》："其德加于民。"

平王问德。文子曰："畜之养之，遂之长之，兼利无怿，与天地合，此之谓德。""何谓仁？"曰："为上不矜其功，为下不羞其病，大不矜，小不偷，兼爱无私，久而不衰，此之谓仁也。""何谓义？"曰："为上则辅弱，为下则守节，达不肆意，穷不易操，一度顺理，不私枉桡，此之谓义也"。何谓礼？曰："为上则恭严，为下则卑敬，退让守柔，为天下雌，立于不敢，设于不能，此之谓礼也。"故修其德则下从令，修其仁则下不争，修其义则下平正，修其礼则下尊敬，四者既修，国家安宁。故物生者，道也；长者，德也；爱者，仁也；正者，义也；敬者，礼也。不畜不养，不能遂长；不慈不爱，不能成遂；不正不匡，不能久长；不敬不宠，不能贵重。故德者，民之所贵也；仁者，民之所怀也；义者，民之所畏也；礼者，民之所敬也。此四者，文之顺也，圣人之所以御万物也。君子无德则下怨，无仁则下争，无义则下暴，无礼则下乱，四经不立，谓之无道，无道不亡者，未之有也。（传世本《文子·道德》）

第五部分

……（圣）知。"平王曰："何谓圣知？"【1】文子曰："闻而知之，圣也。0896、1193（见而知之，智也。圣人尝闻祸福所生）而知择道；知者见祸福1200（成）刑[形]，而知择行。故闻而知之，圣也；0765（见而知之，）知也。""成刑[形]者，可见而0834（知之），未生之，〈可〉闻而知之乎？"文子曰："未生者可0904（闻而知之。圣者闻）未生，知者见成形0711，（故知祸福之门。"）

[祸]福。"平王曰："何谓[祸]福。"曰：2444

[祸]福得失之枢，而0204

……□经者，圣知之道也。【2】王也不可不0909……

{注释}

【1】帛书《五行》："闻君子之道，聪也；闻而知之，圣也；圣人知天道，知而行之，圣也。见而知之，知也，知而安之，仁也。"

【2】对照竹简本及传世本，《文子》书中有"四经之说"。《韩非子·八经》有"因情""主道"等"八经"之说。《管子·五辅》谓"礼有八经"：上下有义，贵贱有分，长幼有等，贫富有度。凡此八者，礼之经也。①

文子问圣智。老子曰："闻而知之，圣也；见而知之，智也。圣人尝闻祸福所生而择其道，智者尝见祸福成形而择其行，圣人知天道吉凶，故知祸福所生，智者先见成形，故知祸福之门。闻未生，圣也；先见成形，智也，无闻见者，愚迷。"（传世本《文子·道德》）

第六部分

〈平〉王曰："吾闻古圣立天下以道，立天下（以道），2262[1]为之奈何？"文子曰："执一无为。"[2]平王曰：（"执一奈何？"）0564 文子曰 2360："（天）地，大器也。[3]不可执，不可为，为者贩[败]，执者失 0870。是以圣王执一者，见小也；无为者，0593（守静也，守静能为天）下正。"平王曰："见小、守静奈何？"文子曰：0775："（执一无为者，见小守静）也，见小故能成其大功；守静能 0908 为天下正也。大而不衰者，所以长守富 0806；（在上不骄），高而不危，高而不危者，所以长守民。0864 富有天下，贵为天子，富贵不离其身 2327。[4]（禄及子孙，古之王道其于此矣。"）

〈文子曰：〉"……矣。故有道者立天下，则天下治。"0717

治矣，毋[无]道而立之者则乱。故治乱 0695

毋[无]道以立天下者，□□□，故曰 2273

……行，道所以立 1007……

"……□"文子对曰："我自有立，何下之有？ 1061"

---

① 李学勤先生认为此处是指《文子·上经》，见氏著：《试论八角廊简〈文子〉》，《文物》1996 年第 1 期。

{注释}

【1】原释文作"以道立天下"，标点有误。① 传世本《文子·自然》："所谓天子者，有天道以立天下也。立天下之道，执一以为保。反本无为，虚静无有，忽悦无际，远无所止。视之无形，听之无声，是谓大道之经。"

【2】执一，持守均衡统一之道。各家对"执一"的理解不尽相同。《孟子·尽心上》："执中无权，犹执一也。所恶执一者，为其贼道也，举一而废百也。"《吕氏春秋·执一》："王者执一而为天物正。军必有将，所以一之也，国必有君，所以一之也，天子必有天下，所以一之也。天子必执一，所以搏之，一则治，两则乱。"《韩非子·扬权》："用之一道，以名为首，名天物定，名倚物徒。故圣人执一以静，使名自命，令事自定。不见其采，不故素正。因而任之，使自事之，因而予之，彼自将举之；正与处之，使皆自定之。"《管子·心术下》："慕选而不乱，极变而不烦，执一之君子。执一而不失，能君万物。日月之与同光，天地之与同理。"《文子·自然》："所谓天子者，有天道以立天下也。立天下之道，执一以为保。反本无为，虚静无有，忽悦无际，远无所止。视之无形，听之无声，是谓大道之经。"

【3】"天地"，疑为"天下"之误，传世本《文子·道德》做"天下"。《庄子·让王》："故，天下，大器也，而不以易生，此有道者之异乎俗者也。"《大戴礼记·礼察》："天下，器也。今人之置器，置诸安处则安，置诸危处则危；而天下之情，与器无以异，在天子所置尔。"

【4】《孝经·诸侯章》："在上不骄，高而不危；制节谨度，满而不溢。高而不危，所以长守贵也；满而不溢，所以长守富也。富贵不离其身，然后能保其社稷，而和其民人。盖诸侯之孝也。"

文子问曰："古之王者，以道莅天下，为之奈何？"老子曰："执一无为，因天地与之变化，天下，大器也，不可执也，不可为也；为者败之，执者失之。执一者，见小也，小故能成其大也；无为者，守静也，守静能为天下正。处大，满而不溢，居高，贵而无骄；处大不溢，盈而不亏，居上不骄，高而不危；盈而不亏，所以长守富也；高而不危，所以长守贵也。富贵不离其身，禄及子孙，古之王道其于此矣。"（传世本《文子·道德》）

老子曰："天子公侯，以天下一国为家，以万物为畜。怀天下之大，有万物之多，即气实而志骄。大者用兵侵小，小者倨傲凌下，用心奢广，譬犹飘风暴雨，不可长

① 李缙云：《〈文子·道德篇〉传世本与八角廊竹简校勘记》，陈鼓应主编《道家文化研究》第18辑，北京：生活·读书·新知三联书店，2000年，第141页。

久。是以圣人以道镇之，执一无为，而不损冲气，见小守柔，退而勿有，法于江海；江海不为，故功名自化；弗强，故能成其王。为天下牝，故能神不死；自爱，故能成其贵。万乘之势，以万物为功名，权任至重，不可自轻，自轻则功名不成。夫道大以小而成，多以少为主。故圣人以道莅天下，柔弱微妙者，见小也，俭啬损缺者，见少也。见小故能成其大，见少故能成其美。"（传世本《文子·九守·守弱》）

第七部分

文子曰："一者，[1]万物之始也。"平王曰："何（谓也？"）2246

……□□万物也。国家 2288

……美壹，[2]至于此之大耶？"文子曰："然。能 0588……"

平王曰："王者几道乎？"文子曰："王者一道。"2419

（平）王曰："古者有 0829 以道王者，有以兵 0850 王者，（何）以一道也？"[3]文子曰："古之以道王者，（德也）；2210 以兵王者 1035，（亦德也。用兵有五：有义兵，有应兵，有忿兵，有贪兵，有骄兵。诛暴救弱，谓之义；敌来加已不得巳而用之，谓之应；争小故不胜其心，谓之忿；利人土地，欲人财货）者，谓之贪兵；恃其国家之大，矜其人民 0572（之）众，欲见贤于适[敌]者，谓之骄兵。义兵 2217（王，应兵胜，忿兵败，贪兵死，骄兵灭，此天道也。"）[4]故王道唯德乎！臣故曰一道。"平王 2385……（曰）："……一道，昶[倘]其不行奈何之？"文子曰：0573 "……"

{注释}

【1】《荀子·富国》："先王明礼义以壹之。"《庄子·达生》："壹其性，养其气，合其德，以通乎物之所造。"《管子·权修》："有地不务本事，君国不能壹民，而求宗庙社稷之无危，不可得也。"

【2】《老子》第三十九章："昔之得一者：天得一以清，地得一以宁，神得一以灵，谷得一以盈，万物得一以生，侯王得一以为天下正。"《韩非子·主道》："道者，万物之始，是非之纪也。"《淮南子·原道》："所谓无形者，一之谓也；所谓一者，无匹合于天下者也。""道者，一立而万物生矣。"《淮南子·齐俗》："夫一者，至贵；无适于天下，圣人托于无适，故民命系矣。"《列子·天瑞》："一者，形变之始也。"传世本《文子·道原》："无形者，一之谓也。"

【3】传世本《文子·自然》："万物变化，合于一道。"传世本《文子·下德》："顺善意，防其邪心，与民同出一道，则民可善，风俗可美。"

【4】《汉书·魏相传》："臣闻之，救乱诛暴，谓之义兵，兵义者王；敌加于己，不得已而起者，谓之应兵，兵应者胜；争恨小故，不忍愤怒者，谓之忿兵，兵忿者败；利人土地货宝者，谓之贪兵，兵贪者破；恃国家之大，矜民人之众，欲见威于敌者，谓之骄兵，兵骄者灭：此五者，非但人事，乃天道也。"《长短经·兵权》："救乱诛暴，谓之义兵，兵义者王。敌加于己，不得已而用之，谓之应兵，应兵者胜。争恨子故，不胜愤怒者，谓之忿兵，兵忿者败。利人土地宝货者，谓之贪兵，兵贪者破。恃国之大、矜人之众，欲见威于敌，谓之骄兵，兵骄者灭。是知圣人之用兵也，非好乐之，将以诛暴讨乱。"

平王问曰："王道有几？"文子曰："一而已矣。"

平王曰："古有以道王者，有以兵王者，何其一也？"曰："以道王者，德也；以兵王者，亦德也。用兵有五：有义兵，有应兵，有忿兵，有贪兵，有骄兵。诛暴救弱谓之义；敌来加己不得已而用之谓之应；争小故不胜其心谓之忿；利人土地，欲人财货谓之贪；恃其国家之大，矜其人民之众，欲见贤于敌国者谓之骄。义兵王，应兵胜，忿兵败，贪兵死，骄兵灭，此天道也。"（传世本《文子·道德》）

第八部分

平王曰："为正[政]奈何？"文子曰："御之以道，【1】养 0885 之以德，【2】勿视以贤，勿加以力；□以□□0707□言。"平王曰："御 2205 之以道（奈何）？"文子曰："勿视以贤则民自足，毋加以力则民自（朴）2324；（御之以道，）可以治国；不御以道，则民离散；不养（以德）2325、0876，则民倍[背]反；视之贤，则民疾诤；加之以（力），0826 则民苛。兆民离散，【3】则国执[势]衰；民倍[背]0898（叛则）上位危。"【4】平王曰："行此四者何如？"【5】文子 0886 曰："四者诚修，正道几矣。"【6】

{注释}

【1】《管子·国蓄》："视物之轻重而御之以准。"

【2】《管子·兵法》："畜之以道，则民和；养之以德，则民合。"《管子·幼官》："通之以道，畜之以惠，亲之以仁，养之以义，报之以德，结之以信，接之以礼，和之以乐，期之以事。"

【3】《尚书·周书·吕刑》："一人有庆，兆民赖之，其宁惟永。"《礼记·月令》："命相布德和令，行庆施惠，下及兆民。"

【4】《老子》第三章："不上贤，使民不争；不贵难得之货，使民不盗；不见可欲，

使心不乱。圣人治：虚其心，实其腹，弱其志，强其骨。常使民无知无欲，使知者不敢为，则无不治。"《老子》第五十七章："我无为，人自化；我好静，人自正；我无事，人自富；我无欲，人自朴。"

【5】"四者"，指前文所言"御之以道，养之以德，勿视以贤，勿加以力。"

【6】几，接近，相差不多。

文子问政。老子曰："御之以道，养之以德，无示以贤，无加以力，损而执一，无处可利，无见可欲，方而不割，廉而不刿，无矜无伐。御之以道则民附，养之以德则民服，无示以贤则民足，无加以力则民朴。无示以贤者，俭也；无加以力，不敢也；下以聚之，赂以取之，俭以自全，不敢自安。不下则离散，弗养则背叛，示以贤则民争，加以力则民怨。离散则国势货，民背叛则上无威，人争则轻为非，下怨其上则位危。四者诚修，正道几矣。"（传世本《文子·道德》）

第九部分

平王曰："子以道德治天下，夫上世之王 2255（继嗣因业，亦有无道，各没其世，而无祸败者，何道以然？"）

〈文子曰："以道德〉观之。[1] 古之天子以下，至于王侯，无〈不〉2376 欲自活也，[2] 其活各有薄厚。人生亦有贤 0877〈愚〉。使桀、纣修道德，汤、武唯 [虽] 贤，毋所建（其功也。）2252（夫道德者，所）以相生养，所以 2213 相畜长也，相 2206（亲爱也，所以相敬贵也。夫蜎虫虽愚，不害其所爱。诚使天下之民皆怀仁爱之心，祸灾何由生乎？夫无道而无祸害者，仁未绝，义未灭也。仁虽未绝，义虽未灭，诸侯以轻其上矣。诸侯轻上，）朝请不恭，[3] 而不从令，不集。"[4] 平王 2212（曰："仁绝、义灭）者，奈何之？"文子曰："仁绝、义取者，[5] 0567 诸侯倍 [背] 反 [叛]，众人力政，[6] 强乘弱，大陵小，以（攻击为业，灾害生，祸乱作，其亡无日，何期无祸也？"）2321

……然也。何失于人乎，以此观之，道德 0613……

……□从时也。由是观之，人主若能修 0614……

{注释}

【1】原释文"观之"下无句读。

【2】《吕氏春秋·制乐》："为人君而杀其民以自活也，其谁以我为君乎？"

【3】朝请，诸侯或大臣定期朝拜天子。《史记·陈丞相世家》："（王）陵怒，谢疾免，杜门竟不朝请，七年而卒。"《史记·魏其武安侯列传》："太后除窦婴门籍，不得

入朝请。"《史记集解》引孟康之言曰:"律,春曰朝,秋曰请,如古诸侯朝聘也。"传世本作"朝廷",与文意不合,何志华认为"廷"疑为"请"之声误。① 李锐则以《大戴礼记·曾子立事》所言"临事而不敬,居丧而不哀,祭祀而不畏,朝廷而不恭"为由,认为做"朝廷"不误。② 而黄怀信怀疑《大戴礼记·曾子立事》"朝廷"为"朝请"之误。③

【4】《孙子·九地》:"卒离而不集,兵合而不齐。"

【5】"义取"通常之意为"以义取之"。传世本《文子·上仁》:"德贵无高,义取无多。不以德贵,窃位也。不以义取者,盗财也。"竹简释文"取"应为"灭"之误。然,晁福林认为:"'义取'的取,不是取得之取,而应当通'投'。这种用例不多,但并非无迹可寻。'投'意为抛掷,与'取'义正反,可以反训相通假。"④ 可备一说。

【6】《墨子·天志上》:"顺天意者,义政也。反天意者,力政也。"

文子问曰:"夫子之言,非道德无以治天下。上世之王,继嗣因业,亦有无道,各没其世,而无祸败者,何道以然?"

老子曰:"自天子以下至于庶人,各自生活。然,其活有厚薄。天下时有亡国破家,无道德之故也。有道德则夙夜不懈,战战兢兢,常恐危亡。无道德则纵欲怠惰,其亡无时。使桀、纣循道行德,汤、武虽贤,无所建其功也。夫道德者,所以相生养也,所以相蓄长也,所以相亲爱也,所以相敬贵也。夫聋虫虽愚,不害其所爱。诚使天下之民皆怀仁爱之心,祸灾何由生乎?夫无道而无祸害者,仁未绝,义未灭也。仁虽未绝,义虽未灭,诸侯以轻其上矣。诸侯轻上,则朝廷不恭,纵令不顺。仁绝义灭,诸侯背叛,众人力政,强者陵弱,大者侵小,民人以攻击为业,灾害生,祸乱作,其亡无日,何期无祸也?"(传世本《文子·道德》)

第十部分

〈平〉王曰:"人主唯[虽]贤,【1】而曹[遭]淫暴之世,以一人0880之权,欲化久乱之民,其庸能乎? 0837"

〈文子曰〉:"然。臣闻之,王者盖匡邪以为正,【2】振乱以为治,【3】化淫败以为朴。淳德【4】1172、0820(复生,天下安宁,要在一人。人主者,民)之师也;【5】上

① 何志华:《出土〈文子〉新证》,香港浸会大学《人文中国学报》1999年第5期。
② 李锐:《文子问题后案》,华东师范大学中国现代思想文化研究所编:《思想与文化》第17辑,上海:华东师范大学出版社,2009年,第250页。
③ 黄怀信主撰,孔德立、周海生参撰:《大戴礼记汇校集注》(上),西安:三秦出版社,2005年,第250页。
④ 晁福林:《定州汉简〈文子·道德〉篇臆测》,《中国国家博物馆馆刊》2000年第2期。

者，下之义法也 2208。[6]（上美之，则下食之；上有道）德，则下有仁义，下有仁义则治矣。0575〈上无〉道德，则下册[无]仁义之心，下册[无]仁义之（心）2248

〈文子〉曰："积怨成亡，积德成王，[7]积（石成山，积水成海，）0737 天之道也，不积而成者寡矣。臣闻 2315 有道之君，天举之，地勉之，[8]鬼神辅 0569（之，凤凰翔其庭，麒麟游其郊，蛟龙宿其沼。故以道立天下，天下之）德也；以册[无]道立者，天下之贼也。以□六曰君 2442

……积之乃能适之，此言多积之谓也。尧口 2249……

〈文子〉曰："……（以）一人任与天下为雠，[9]其能久乎？此尧 0579（舜以是昌，桀纣以是亡。"

平王曰："寡人闻命矣。"）

{注释}

【1】《韩非子·三守》："人主虽贤，不能独计。"《吕氏春秋·长攻》："汤武虽贤，其王，遇桀纣也。遇桀纣，天也，非汤武之贤也。若桀纣不遇汤武，未必亡也。桀纣不亡，虽不肖，辱未至于此。若使汤武不遇桀纣，未必王也。汤武不王，虽贤，显未至于此。"

【2】传世本《文子·下德》："伐乱禁暴，兴贤废不肖，匡邪以为正，怀险以为平，矫枉以为直。"

【3】振乱，治理乱局。《吕氏春秋》中有《振乱》之篇。

【4】淳德，淳厚之德。《史记·秦本纪》："上含淳德以遇其下，下怀忠信以事其上，一国之政犹一身之治，不知所以治，此真圣人之治也。"

【5】《史记·太史公自序》："国有贤相良将，民之师表也。"

【6】义法，即"仪法"，仪式和法度，《史记·叔孙通列传》："高帝悉去秦苛仪法，为简易。"此处指可供臣下依照的标准和尺度。

【7】《老子》第五十九章："治人事天，莫若啬。夫唯啬，是谓早服。早服谓之重积德。重积德则无不克，无不克则莫知其极。"《淮南子·兵略》："故良将之用兵也，常以积德击积怨，以积爱击积憎，何故而不胜！"

【8】"天举之，地勉之"，传世本作"天与之，地助之"。"举"，选拔、提升之义。《庄子·徐无鬼》："尧闻舜之贤，举之童土之地。""勉"，鼓励。《荀子·王制》："勉之以庆赏，惩之以刑罚。"

【9】《韩非子·解老》："今举动而与天下为雠，非全身长生之道也，是以行轨节而举之也。"

平王问文子曰："吾闻子得道于老聃。今贤人虽有道，而遭淫乱之世，以一人之权，而欲化久乱之民，其庸能乎？"

文子曰："夫道德者，匡邪以为正，振乱以为治，化淫败以为朴。淳德复生，天下安宁，要在一人。人主者，民之师也；上者，下之仪也；上美之，则下食之；上有道德，则下有仁义。下有仁义，则无淫乱之世矣。积德成王，积怨成亡，积石成山，积水成海，不积而能成者，未之有也。积道德者，天与之，地助之，鬼神辅之，凤凰翔其庭，麒麟游其郊，蛟龙宿其沼。故以道莅天下，天下之德也；无道莅天下，天下之贼也。以一人与天下为雠，虽欲长久，不可得也。尧舜以是昌，桀纣以是亡。"平王曰："寡人闻命矣。"（传世本《文子·道德》）

第十一部分

（文子）辞[1]曰："道者，先圣人之传也。天王不贵不□2391"[2]

{注释}
【1】辞：辞谢，辞让。
【2】天王：天子。

此功者，天道之所成，听圣人，[1]守道□0766[2]

{注释}
【1】《商君书·徕民》："然则非圣别说，而听圣人难也。"
【2】传世本《文子·自然》："守道周密，于物不宰。"《荀子·天论》："官人守天而自为守道也。"《韩非子》中有《守道》篇。

……有道而上下亲矣，上下亲则君2293……[1]
……□亲随，是以国家之昌而功名0587……

{注释}
【1】《韩非子·用人》："如此，则上下亲，内功立，外名成。"《管子·五行》："民足财，国富，上下亲，诸侯和。"

令远者[来]，令□□□□0818[1]……

{注释}

【1】《论语·子路》："叶公问政。子曰：'近者说，远者来。'"《管子·形势解》："明主之使远者来而近者亲也，为之在心。"传世本《文子·微明》："古者，亲近不以言，来远不以言，使近者悦，远者来。"

江海以此道为百谷王，^[1]故能久长，功（传于世）。^[2]0916

{注释}

【1】《老子》第六十六章："江海所以能为百谷王，以其善下之，故能为百谷王。"传世本《文子·九守·守弱》："江海处地之不足，故天下归之奉之。"

【2】原释文"功"前无句读。《论衡·非韩》："享国久长，功传于世。"《后汉书·文苑列传》："功传于后嗣。"

国无有贤不宵□不□□□ 0724^[1]

{注释}

【1】《荀子·王霸》："无国而不有贤士。"《韩非子·安危》："有贤不肖而无爱恶。"《淮南子·主术》："是故群臣辐凑并进，无愚智贤不肖，莫不尽其能。"

……□，故天刑[形]其物各不同，能文其□ 2371^[1]……

{注释}

【1】《关尹子·三极》："贤人曰物，物物不同，旦旦去之，旦旦与之，短之长之，直之方之，是为物易也。"《吕氏春秋·异用》："万物不同，而用之于人异也。"

（平王曰：）"胡象于天道？"^[1]文子曰："天之道，高（者抑之，）0585；大者，损有损之；持高者，下有下之。0926"^[2]（平王）曰："何谓损有损之，下有下之？"文 0813（子曰："……"）

{注释}

【1】《管子·形势解》："明主法象天道，故贵而不骄，富而不奢，行理而不惰。故能长守贵富，久有天下而不失也。故曰：'持满者与天。'"

【2】《老子》第七十七章："天之道，其犹张弓！高者抑之，下者举之，有余者损

之，不足者与之。天之道，损有余而补不足；人道则不然，损不足，奉有余。"《老子》第四十八章："为学日益，为道日损，损之又损之，以至于无为。"

天之道抑高而举下，损有余补不足。（传世本《文子·九守·守弱》）

……矣，故王道成。闻忠而陈其所□言 0571

而民毋维，毋多积□，[1] 而民毋病；毋好味 0583

{注释}

【1】传世本《文子·九守》："不贪得，不多积。"

……百姓。百国之君，皆欢然思欲爱 0699……[1]
欢愉而无忧者，0251[2]

{注释}

【1】《淮南子·道应》："臣有道于此，使天下丈夫、女子，莫不欢然皆欲爱利之心。"

【2】《列子·说符》："视之欢然，无忧斉之色。"

"……道。"平王曰："此天道也。0887
……天道，德之行也，自天地分畔 [判] 至今，未 2216
"……乎是。"平王曰："吾不能尽学道，能□学人，2470
（文子曰："人）法天道。"平王曰："人法天道奈何？0689[1]"

{注释}

【1】《老子》第二十五章："人法地，地法天，天法道，道法自然。"

（平王曰：）"请问人道？"文子 0918……

"……观之。难事，道于易也；[1] 大事，道于细也。0595[2] 不道始于弱细者，未之有也。"① 0696

_____

① 本句末有"百一十八字"的标注。

辅细弱，公正而不以私为已，故□ 0584……

{注释}

【1】原释文"观之"下无断句。"道"同"导"，下文同此例。

【2】《老子》第六十三章："图难于易，为大于细。天下难事，必作于易；天下大事，必作于细。"

……德，而毋息邻国之兄于竟内乎？[1]上有道 2309……

{注释}

【1】原释文"息"字下断句，"乎"字处未断句。"竟"通"境"。《墨子·号令》："入竟"；《礼记·曲礼上》："入竟而问禁"，"入竟"即"入境"。《汉书·王莽传》："缘边又置竟尉"，"竟尉"即"境尉"。

……之天。王若能得其道而勿废，传之后嗣 0892……

"……世必无患害。"平王曰："请问其道。"08

……用道 2204[1]……

{注释}

【1】传世本《文子·符言》："天为盖，地为轸，善用道者终无尽。地为轸，天为盖，善用道者终无害。"《尹文子·大道》："用得其道，则天下治；用失其道，则天下乱。"

"……无道。"平王曰："请问无道之过"文子曰：0780"王者无道，如此而咸□，以子之事 1086……"

无道之 1812……

……（有失其）天下者，有失其国者，[1]故其所道者□ 2339……

{注释}

【1】《淮南子·诠言》："能有天下者，必不失其国；能有其国者，必不丧其家。"

第十二部分

……亦用德，用德则不 0723[1]……

"……德。"平王曰："不修德 2397……

……□鬼，鬼则服矣，[2] 是谓王德 0712[3]

……积硕，生淳德。淳德与大恶之端以□ 0300……

{注释}

【1】《新论·王霸》："三皇以道治，而五帝用德化。"《孔子家语·颜回》："身不用礼而望礼于人，身不用德而望德于人，乱也。"

【2】《庄子·天地》："《记》曰：'通于一而万事毕，无心得而鬼神服。'"

【3】王德，为王之德。《庄子·天地》："夫王德之人，素逝世耻通于事，立于本原而知通于神。故其德广，其心之出，有物采之。故形非道不生，生非德不明。存形穷生，立德明道，非王德者邪！荡荡乎！忽然出，勃然动，而万物从之乎！此谓王德之人。"

……有殆德，[1] 王若知 0952……

……者，是殆德也 0631，

……是殆德也，人□□ 0647……

□德□□□□□□ 1130

……者，□德则士女 0747……[2]

……者必残亡；德义在人者 0624……[3]

{注释}

【1】殆，同"怠"，懈怠。《老子》第二十五章："周行而不殆。"《国语·晋语》："因乱以入，则必喜乱，喜乱必怠德。"

【2】《史记·外戚世家》："非王侯有土之士女，不可以配人主也。"

【3】《吕氏春秋·孝行》："凡举人之本，太上以志，其次以事，其次以功。三者弗能，国必残亡。"郭店竹简《尊德义》："尊德义，明乎人伦，可以为君。"《管子·形势解》："德义者，行之美者也。德义美，故民乐之。民之所歌乐者，美行德义也，而明主鸿鹄有之。"《淮南子·兵略》："故德义足以怀天下之民。"《吕氏春秋·先识》："晋太史屠黍见晋之乱也，见晋公之骄而无德义也，以其图法归周。"《晏子春秋·内篇问下》："上惛乱，德义不行。"

第十三部分

"……仁？"文子曰："□夫御以道者，下之也者2364……"

平王曰："用仁何如？"[1]文子曰："君子0917……是谓用仁。"0920……理事，故必仁且0208……

……兹谓之无仁，淫0874……不仁者，虽立不□□其1097

{注释}
【1】《老子》二十八章："善用仁者为下。"《大戴礼记·礼察》："夫用仁义礼乐为天下者，行五六百岁犹存；用法令为天下者，十余年即亡；是非明敩大验乎？"

第十四部分

……耶。平王曰："用义何如？"[1]文子曰："君子□0869……
……有行义者如是0852……[2]
……义而兄0759……
……□□是胃[谓]用义。2436
……□也。义者，以之象德也而艰2236……
……不义是胃[谓]2373……
……足佳生义，义2356&……
……之所义，唯1188……[3]

{注释}
【1】《淮南子·人间》："古者，五帝贵德，三王用义，五霸任力。"①
【2】《庄子·天地》："跖与曾、史，行义有间矣，然其失性均也。"《淮南子·人间》："义者，人之大本也，虽有战胜存亡之功，不如行义之隆。"《淮南子·缪称》："人能尊道行义，喜怒取予，欲如草之从风。"
【3】"所义"，同"所宜"。《商君书·开塞》："赏施于民所义，则过不止。"

第十五部分

（平王）曰："何谓万物，何谓天地？"[1]
……万物"。文子曰："万物者，天地之谓也。"0607

―――――――
① 传世本《文子·微明》"霸"作"伯"。

也，兵之门，天地之间物。0914

"……为本。"平王曰："天地之间物几，独人者□9772……"

"□□□人也。"平王曰："诸物几1171……"

{注释}

【1】《列子·汤问》："含万物者，亦如含天地。"

第十六部分

"……□何可谓德？"文子曰："不然，夫教人……"2389

"……（以）教化之。"平王曰："何谓以教化之？"文子2310……

"……民何如？"文子曰：2461……

"……古圣王以身先之，[1]命曰教。"平王0694……

"……□不化为之奈何？"文字曰："不□人0570……

"……反本，教约而国富，[2]故圣0635……

"……□焉，已必教之，所以1803……

"……猷。故民之化教也，毋卑小行，则君服之。[3]甚2260……"

"……道也。然议兵诛□□□，[4]不足禁会2278……"

主国家安宁，其唯化也。刑罚不足2243……[5]

"……而无诤心，[6]亦可得耶。"文子曰："等0865……"

{注释}

【1】《大戴礼记·子张问入官》："欲政之速行也者，莫若以身先之也。"

【2】原释文"本"下无句读。教约，教化约束。《论衡·自然》："教约不行，则相谴告。"

【3】毋卑小行，不要轻视微小的行为。原释文"行"下无句读。《淮南子·人间》："见小行则可以论大体矣。"

【4】《史记·秦始皇本纪》："故兴兵诛之。"

【5】《墨子·尚同上》："若苟上下不同义，赏誉不足以劝善，而刑罚不足以沮暴。"《淮南子·主术》："刑罚不足以移风，杀戮不足以禁奸，唯神化为贵，至精为神。"①

【6】"诤"同"争"。原释文于"诤"下句读。《晏子春秋·外篇上》："是以政平而不干，民无争心。"

---

① 亦见于传世本《文子·精诚》。

第十七部分

……耆欲者，1739……[1]

{注释}

【1】耆，同"嗜"。《淮南子·原道》："嗜欲者，性之累也。"传世本《文子·道原》："嗜欲者，生之累也。"《淮南子·精神》："嗜欲者，使人之气越。"

……七十里举伊尹，[1]而天下归之，故圣人之治□2329……

{注释}

【1】原释文于尹下句读，误。《孟子·公孙丑上》："以德行仁者王，王不待大。汤以七十里，文王以百里。"《淮南子·兵略》："汤之地方七十里而王者，修德也。"《论语·颜渊》："汤有天下，选于众，举伊尹，不仁者远矣。"

……以壹异，知足以知权，疆[强]足以蜀[独]立，节□0198……[1]

{注释}

【1】原释文在"知"下句读，误。① 《淮南子·泰族》："明于天道，察于地理，通于人情。大足以容众，德足以怀远，信足以一异，知足以知变者，人之英也；德足以教化，行足以隐义，仁足以得众，明足以照下者，人之俊也；行足以为仪表，知足以决嫌疑，廉足以分财，信可使守约，作事可法，出言可道者，人之豪也；守职而不废，处义而不比，见难不苟免，见利不苟得者，人之杰也。"《说苑·指武》："其知足以移众，强足以独立。"

不敢作骄暴之人，不敢起比臣之□2242
不敢者，【1】所以自□也；天子居中央者2215……
不敢恶，所以无怨。而容□以1843……

{注释}
【1】《老子》第七十三章："勇于敢则杀，勇于不敢则活。"

---

① 何志华：《出土〈文子〉新证》，香港浸会大学主办《人文中国学报》1999年第5期。

其失□生君不死，六畜不潘，人民不 2379……【1】

{注释}【1】潘，同"蕃"，《墨子·鲁问》："人徒多死，六畜不蕃。"《管子·七臣七主》："六畜不蕃，民多夭死。"

《文子·上经》圣□明王 2465【1】

{注释}
【1】《管子·桓公问》："此古圣帝明王所以有而勿失，得而勿忘者也。"《论衡·感虚》："夫河出图，洛出《书》，圣帝明王之瑞应也。"

（君）子自爱也，【1】小人自气也。2322

{注释}
【1】《老子》第七十二章："是以圣人自知不自见，自爱不自贵。"《荀子·子道》："仁者自爱。"传世本《文子·九守》："自爱，故能成其贵。"

第十八部分①
已闻道矣。请□ 2477
而义可极，所必不可随，所立不可□□ 0379
不得意焉。赏则虚府□毋□ 2486
□国之道也。1182
平王曰："何谓□□？"文子曰：2501
文子曰："王者 2240
……□曰："此不生而喜□，不□而□，0822……
雠龙庆 2502
闻所□□□ 0451
无为信，不足以□其心，故胃 [谓] 0722
者，□得失之胃 [谓] 也，故斯人得失者，0984
□□□□□□□平王曰："何谓□ 0901……
平王曰："□□□□□□公侯之上也，吾 0890……

① 这一部分收录残缺严重的简文，未敢轻易注释。

乎？"文子曰："不然，臣 0740……

□□□也，非君子之所闻也。"平王曰：0873……

……道哉乎？"文子曰："其禀……"

……□不 0993

……也。"文子曰："……"1054

文子曰："□ 2336……

……之，以□奈何？"文子曰：2220……

……道。"平王曰："□ 1024……

□"平王曰："吾未明也。"文子曰："□ 2214

文子曰："圣人 0992

□。平王曰："□□□□□道。"文子曰："臣闻 1176

道。"平王 2265

夫以文王之贤辅 1157

王曰："王天下者，宅"0919

□则息津汤下，息津汤下，耳目说［悦］□；耳目说［悦］□，［则］□□□□□ 0962

远者。"曰："未富□□ 1002

（文）子曰："天地之间 1018

□王者以友，为佐□□ 1145

中，是胃［谓］上章下塞，忠臣死伤，万民 1180

所不得言焉，言而得之，则其人 1841

其对曰所曰修者，1858

未尝不然胃［谓］之信。2326

□也，外各物耳。世而适过，是则不必 0883

知所亲，不知所信。今余何修何昭，使□ 2341

损而下。其君子者，□有此 1068

□□富□□天子□ 1196

□可以无罪矣，请问师徒之道。1198

传曰："人主 1805……"

间言不当义行 1816

工器左右□□，不□□□ 1827

□平而先，知人 1828

曰："王知者，先王行成败功，谓之 2390……"

于天地之间 2475

夫受之□之，行□□□□ 2503

子子可而□ 2504

曰：不可□此言甚浅，用之甚隧，行之□ 2209

故天孰不乐，则天下 2353

□，是以圣人周征谁举过 2359

□人喜，故□者，毋□毋行，过喜则□□ 2366

□而□乎？”文子曰：“不然，王 0755

言则分争，凤 0633

……之道也，故命曰：2446……

……闻之传曰：‘道者博 0741

王曰：“请问 0743

毋骄于臣，毋敬不肖，毋贤 0773

[唯] 未尝之有 0809

□不能富，不能贵，□ 0830

□则行下，行下则畏其威，下畏其威则不 0907

者□之实也，文之质也，□□之□也，0616

如四时之□受，如风雨之 0645

□□□洒洒□，□者怀其离心，唯 0651

□而□□□不生，祸乱不起，0674

□□仁者取人，百 0749

□□圣□□子成 0753

欲足则贞廉，贞廉则无□心，无□心则 0846

□臣于物不可生知□ 0856

王嗣后 0978

……之王者，期于此矣。1015